云南开放大学(云南国防工业职业技术学院)
社会科学界联合会·马克思主义学院思政课研究丛书(二)

思政课多维协同育人模式构建研究

主　编　孙　昀　刘保香
副主编　刘怀刚　戢　颖

中国言实出版社

图书在版编目（ＣＩＰ）数据

思政课多维协同育人模式构建研究／孙昀，刘保香
主编. — 北京：中国言实出版社，2023.10
　　ISBN 978－7－5171－4628－5

　　Ⅰ．①思… Ⅱ．①孙… ②刘… Ⅲ．①开放大学－思
想政治教育－研究－云南 Ⅳ．①G724.82

　　中国国家版本馆 CIP 数据核字（2023）第 205704 号

思政课多维协同育人模式构建研究
责任编辑 王战星
责任校对 郭江妮

出版发行 中国言实出版社
　　　　地　址:北京市朝阳区北苑路 180 号加利大厦 5 号楼 105 室
　　　　邮　编:100101
　　　　编辑部:北京市西城区百万庄路甲 16 号五层
　　　　邮　编:100088
　　　　电　话:64924853(总编室)　64924716(发行部)
　　　　网　址:www. zgyscbs. cn
　　　　E-mail : yanshicbs@ 126. com
经　销 新华书店
印　刷 天津市蓟县宏图印务有限公司
版　次 2024 年 3 月第 1 版　　2024 年 3 月第 1 次印刷
规　格 787 毫米×1092 毫米　1/16　18.25 印张
字　数 450 千字
定　价 58.00 元　　ISBN 978－7－5171－4628－5

编写委员会

主　　编　　孙　昀　刘保香
副 主 编　　刘怀刚　戢　颖
编　　委　　（按编章顺序排序）
　　　　　　刘保香　戢　颖　王　灿　杨海超
　　　　　　殷　波　罗　蕾　晏　源　孙　珂
　　　　　　孙　昀　刘怀刚　陈　定　甘佳慧
　　　　　　胡炜龙

云南开放大学（云南国防工业职业技术学院）
资助出版

项目来源1:教育部提质培优遴选项目——思政课教学创新团队建设

项目来源2:云南省高等教育本科教学成果立项培育项目——育德育心育才:以思政课改革创新为引领的多维协同育人模式构建

前　言

党的十八大以来,党中央高度重视思想政治理论课建设。习近平总书记2019年3月18日在学校思想政治理论课教师座谈会上强调:"思想政治理论课是落实立德树人根本任务的关键课程,思政课作用不可替代,思政课教师队伍责任重大。"思政课要聚焦学生这个中心,围绕学生、关照学生、服务学生,引导学生"扣好人生第一粒扣子"。

习近平总书记强调,办好思想政治理论课关键在教师,关键在发挥教师的积极性、主动性、创造性。"经师易求,人师难得。"教师承载着传播知识、传播思想、传播真理,塑造灵魂、塑造生命、塑造新人的时代重任。对思政课教师的素养提出了"政治要强、情怀要深、思维要新、视野要广、自律要严、人格要正"的"六要"新要求,构成了新时代思政课好老师的基本标准。

2020年9月,为贯彻落实《国家职业教育改革实施方案》,办好公平有质量、类型特色突出的职业教育,提质培优、增值赋能、以质图强,加快推进职业教育现代化,更好地支撑我国经济社会持续健康发展,教育部等九部门特制订职业教育提质培优行动计划(2020—2023年)(以下简称"行动计划")。第一项重点任务就是落实立德树人根本任务,推动习近平新时代中国特色社会主义思想进教材进课堂进头脑、构建职业教育"三全育人"新格局、创新职业学校思想政治教育模式,明确提出到2023年,培训10000名左右德育骨干管理人员、思政课专任教师,遴选100个左右思政课教师研修基地,分级培育遴选1000个左右思想政治课教学创新团队、10000个左右思想政治课示范课堂、10000个左右具有职业教育特点的课程思政教育案例。

云南开放大学(云南国防工业职业技术学院)以信息技术为支撑,坚持学历教育与非学历教育并举,紧紧围绕国家推动职业教育、终身教育发展和建设学习型社会的总体目标,形成了学校独具风貌的职业教育、高等教育、继续教育协同发展、有机融合的办学特色和优势。为打造一支让党放心、人民满意的新时代思政课教师队伍,助力学校更好服务云南学习型社会建设和云南经济社会高质量发展需要,努力为推动云南经济社会跨越式发展,谱写好"中国梦"的云南篇章作出更大贡献。2021年以来学校承接"行动计划"任务,以"思政课教学创新团队"为牵引,"思政课专任教师培训项目""五个思政示范课堂"和"课程思政教育案例"协同建设,作为校内建设项目由马克思主义学院具体负责立项建设。经过马克思主义学院干部职工近10余年不断的探索和积累,2020年以来由学校党委书记罗国权教授领衔开展以"育德育心育才:以思政课改革创新为引领的多维协同育人模式构建"为主题的马克思主义学院教学成果培育,立项为云南省高等教育本科教学成果培育项目。截至2023年7月,在学校党委的领导下,在学校领导和职能部门(学院)的支持下,在全体教师的通力合作下,马克思主义学院取得了一系列骄人的成绩。团队建设有突破,马克思主义学院现有专职教职工42名、兼职教师5名,有教授3名、副教授9名,博士研究生6名(博士后研究人员1名);省高校思政课教指委委员1名、云岭大讲堂主讲专家1名、"云岭青年"宣讲团成员1名,新增云南省高层次人才1名,学校高层次人才2名;《大学生心理健康教育》入选教育部课程思政示范课程,8名教师入选教育部课程思政教学名师和团队,已编写出版《大学生心理健康教育》配套教材;建设思政课数智化学习广场(任务驱动教学平台)一个。科学研究有提升,立项国家社科基金项目、全国教育科学规划项目、教育部人文社科项目、省社科基金项目等国家级、省部级科研项目15项,厅级项目13项,校级项目31项。教学研究上台阶,获思政课教学展示国家级特等奖1项,"五省区"高校思政课教学比赛一等奖1项,省级教学比赛一等奖5项,二等奖3项,三等奖2项,立项云南省高校本科教学成果培育项目1项,高校思政工作精品项目1项,省级精品在线课程2门,省级思政课教学研究项目2项,建设思政示范课和精品课程7门;理论宣讲展新貌,马院老师为党政干部、企业职工、社区党员、高校学生进行理论宣讲38场,覆盖10000余人次,得到了广泛的认可和信赖。合作共建见成效,现与昆明市委党校、云南西仪股份有限公司、雨花街道等7家单位开展校校、校企、校地合作共建,并与昆明理工大学马克思主义学院、云南社会主义学院等5家单位达成意向合作单位,开展实质性合作事项10余件。

通过思政课教学创新团队和"育德育心育才:以思政课改革创新为引领的多维协同育人模式构建"的建设,推动立德树人根本任务融入教学全过程和大思政育人格局的构建,为促进云南经济社会发展和提高国家竞争力提供优质人才资源支撑。结合云南实际和学校开放教育与高职教育"双模式"发展,面向全体社会成员开展终身学习服务的办学定位和特色,深度挖掘思政课教学效果和延伸思政课教学领域,助力职业教育服务建设现代化经济体系和实现更高质量更充分就业需要,以促进就业和适应产业发展需求为导向,探索培养社会主义建设者和接班人,培养高素质劳动者和技术技能的高职人才培养"12345"模式构建。即一个团队,打造"1+1"(1位思政课专任教师,至少拥有1项职业技能)双师型思政课教学团队;两个推动,推动立德树人根本任务融入教学全过程和推动构建主渠道主阵地大思政育人格局;三个定位,立足云南、面向南亚东南亚和服务"一带一路";四个特色,国防精神、开放精神、工匠精神和劳动精神;五个抓手,以金课建设为动力创新思政模块化和主辅课程教学,以学生就业为导向探索专业融合的思政课精准教学,以课程思政为手段推动课程思政与思政课程同向同行,以产教融合为突破共建思政课实践育人与服务平台,以网络思政为阵地,发挥"互联网+"育人引领功能。

本书将书名确定为《思政课多维协同育人模式构建研究》,以中国特色社会主义协同改革理论为具体指引,推进云南开放大学马克思主义学院治理体系和治理能力现代化,将马克思主义学院思政课教学创新团队建设和"育德育心育才:以思政课改革创新为引领的多维协同育人模式构建"培育成果进行理论化归纳。主要内容包括:新时代思政课教学创新团队的建设基础、新时代思政课教学创新团队的建设思路、新时代思政课教学创新团队的建设内容、新时代打造1个高素质思政课教学创新团队、新时代思政课教学创新团队建设形成2个推动、新时代思政课教学创新团队建设传承4种精神、新时代思政课教学创新团队建设探索"五位一体"、新时代高素质思政课教学创新团队建设保障、新时代高素质思政课教学创新团队建设思考。一方面是对3年来马克思主义学院承接的提质培优项目建设的总结，有助于今后进行反思和提升；另一方面将探索形成的高职人才培养"12345"模式进行系统阐释，为高校尤其是"统筹职业教育、高等教育、继续教育协同创新"进行思政课教学创新团队建设和教学改革创新提供参考和借鉴。

本书是集体智慧的结晶，云南开放大学（云南国防工业职业技术学院）组编并资助出版，由1位教授、7位副教授和2位优秀硕士共同撰写。具体工作由孙昀、刘保香负责策划统筹，刘怀刚、戢颖负责统稿校对。按照撰写章节顺序，参与编撰的有孙昀（前言，第五章第2节，第10章第3、4节和拓展资料1、5，共2.65万字），刘保香（第一章第1、2节，第二章第3、4节和拓展资料3，共2.5万字），戢颖（第一章第3、4节，第二章第1、2节，第九章和拓展资料4，共3.3万字），王灿（第三章和第五章第1节，共2万字），杨海超（第四章第1、6节和第八章第4节，共3.1万字），殷波（第四章第2节、第七章和第八章第1节，共2万字），罗蕾（第四章第3节和第八章第2节，共1.05万字），晏源（第四章第4节和第八章第3节，共2.3万字），孙珂（第四章第5节、第八章第5节和拓展资料6，共2.1万字），刘怀刚（第六章，第十章第1、2节和拓展资料2，共5万字），第十一章成果篇由陈定、甘佳慧、胡炜龙、杨海超、刘怀刚等进行收集汇总。全书由戢颖、刘怀刚、刘保香、孙昀统稿、校对并审定。

本书在撰写组编过程中得到了众多专家同行和领导的支持和帮助。云南开放大学党委书记罗国权教授和校长郑毅教授给予很多帮助指导，云南开放大学马克思主义学院欧文辉院长统筹策划指导、修订撰写提纲，学院党总支岑云英书记给予很多指导和大力支持，学院各位同仁在项目建设中付出了辛勤努力，为本书的撰写给予了大量的成果贡献和支持，还有出版社各位编辑辛勤地付出。在此一并致以衷心的感谢！同时，特别感谢马克思主义学院历任主要领导王晓晴、张联伟、朱卫洪、刘保香等对学院建设的辛苦付出和为学院发展奠定的很好的基础。需要说明的是，由于本书的性质所系，在编写过程中，参考和引用了众多专家学者和政策方针的观点和研究成果，参考文献尽量采用页下注和文后注，还有一些尚未注明，对于这部分文献作者深表歉意和谢意！

限于撰写者的水平和视野，不妥之处，诚恳地欢迎各位专家、学者、老师和读者予以批评指正！

路漫漫其修远兮。在思政课多维协同育人之路上，我们一直在思考！在实践！

孙　昀

2023年11月于昆明

目录
Contents

第一章

新时代思政课教学创新团队的建设基础

"思想政治理论课是落实立德树人根本任务的关键课程,思政课作用不可替代,思政课教师队伍责任重大。"坚持社会主义办学方向,坚持立德树人,充分发挥课堂教学主渠道作用。新时代思政课教学创新团队建设是现代化学校一项重要的管理工作,它是为了加强师生间的合作,强化师生间的协作机制,旨在把所有利益共同体结合成一个具有协同作用的整体,从而增强团队的凝聚力和执行力,提高教学效率,实现目标的最大化,形成专业、教学团队、课程协同育人格局,努力培养德智体美劳全面发展的社会主义建设者和接班人。

1.1　思政课教学创新团队的建设背景与学理分析

1.1.1　思政课教学创新团队的建设背景

《国家职业教育改革实施方案》明确指出,在落实立德树人根本任务,构建职业教育"三全育人"新格局中,将党建和思想政治工作评价指标全面纳入学校事业发展规划、专业质量评价、人才项目评审、教学科研成果评估等。到2023年,培育200所左右"三全育人"典型学校,培育遴选100个左右名班主任工作室,遴选100个左右德育特色案例。思政课教学创新团队是思政课教师开展马克思主义理论教育、用习近平新时代中国特色社会主义思想铸魂育人的中坚力量。思想政治素质是思政课教师首要的基本素质。2020年1月,教育部颁发的《新时代高等学校思想政治理论课教师队伍建设规定》强调,高等学校应当严把思政课教师政治关、师德关、业务关。因此,思政课教学创新团队建设坚持把政治标准摆在首位,强化政治引领和师德师风建设,提升教师思想政治素质。其中政治素养、师德素养、教学能力、科研能力是思政课教师的核心素养,也是高素质思政课教学创新团队建设的基本内容。

2020年9月,为贯彻落实《国家职业教育改革实施方案》,办好公平有质量、类型特色突出的职业教育,提质培优、增值赋能、以质图强,加快推进职业教育现代化,更好地支撑我国经济社会持续健康发展,教育部等九部门特制订职业教育提质培优行动计划(2020—2023年)。明确提出到2023年,分级培育遴选1000个左右思想政治课教学创新团队。云南开放大学积极响应"行动计划",承接多个建设任务,其中"思政课教学创新团队"由马克思主义学院作为校内建设项目具体负责立项建设。通过思政课教学创新团队的建设,增强师资力量,提升教学科研效果,有利于建设公平有质量、类型特色突出的职业教育。以思政课教学创新团队为引领协同建设一批提质培优项目,为学院发展增值赋能,团队成员积极进行科研教研提高教学质量、提升育人效果,加快推进职业教育现代化,更好地支撑区域经济社会持续健康发展。

党的二十大报告指出,"建成教育强国、科技强国、人才强国、文化强国、体育强国、健康中国,国家文化软实力显著增强",建设思政课教学创新团队对教育强国具有现实意义。

结合实际情况,经过培育和建设,打造师德高尚、创新能力和教学能力突出,能够满足职业教育教学需要的思想政治理论课教学创新团队,优化团队成员配备结构,提升思政课教师队伍建设,起到示范引领作用。

(一)加强团队师德师风建设

教书育人,立德为先。组织开展师德师风学习、研讨、培训等活动,全面贯彻党的教育方

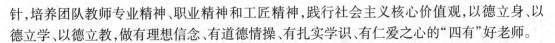

针,培养团队教师专业精神、职业精神和工匠精神,践行社会主义核心价值观,以德立身、以德立学、以德立教,做有理想信念、有道德情操、有扎实学识、有仁爱之心的"四有"好老师。

（二）加强团队教师能力建设

建立健全团队管理制度,落实工作责任,保障思政教师的来源、数量和质量,保证教学质量有效提升,整合校内外优质人才资源,不断优化团队成员配备结构。提升团队创新能力,组织团队成员开展教学法、课程开发技术、信息技术应用培训以及专业教学标准等专项培训,提升团队模块化教学设计实施能力、课程标准制定水平、教学评价能力、成员协作能力和信息技术应用能力。组织团队教师参加教学能力大赛,掌握竞赛要求,提高专业能力;组织团队中专任教师成员定期到企业考察实践,学习挖掘学校各专业领域的思政元素,提升创新能力。

（三）建构专题课程标准,创新思政教学

研究制订专题式课程教学方案,建设数智化教学支持环境下的课程资源,按照模块单元开发教学资源。组织团队成员集体备课、协同教研,规范教案编写、严格教学秩序,做好课程总体设计和教学组织实施,推动课堂教学革命。

（四）创新团队协作的模块化教学模式

开展教学改革课题研究,创新模块化教学模式,打破学科教学的传统模式,探索"问题导向"教学、精准教学、情境式教学等新教法,支持团队成员形成特色教学风格。积极参加职业院校技能大赛教学能力比赛,促进团队成员教育教学能力提升。明确团队成员职责分工,每位成员要全面参与人才培养方案制(修)订、课程标准开发、教学流程重构、课程结构再造、学习管理与评价等专业建设全过程,成员分工协作开展模块化教学,探索"精准教学"模式,不断提升教学质量。充分利用先进的教学资源在教育教学中的应用,通过教学督导和诊改评价,有效开展教学过程监测、学情分析、学业水平诊断和学习资源供给,推进信息技术与教育教学融合创新。

（五）形成高质量有特色的经验成果

团队积极与行业优秀企业、国内一流职业院校开展交流合作,学习先进经验并不断优化团队建设方案。总结、凝练、转化团队建设成果,并在全省职业院校中推广、应用,形成具有特色、国内一流的职业教育教学模式。

（六）提升服务经济社会发展能力

充分利用团队实施的职业竞赛成果转化,提高思政课教学效果,以点带面全面促进学校思政教育。充分利用校企合作育人基地的红色资源,积极开展传统文化教育,团队思政素材,将团队教师培养成为弘扬传统文化的先锋,形成研究成果。

1.1.2　思政课教学创新团队的建设价值

思政课教学创新团队中的"团队(Team)"作为一种工作组织形式,是团队成员之间形成一个共同体,合理利用每一个成员的知识和技能协同工作解决问题,达到共同的目标。思政课教学创新团队是由若干名具有丰富教科研能力、熟练职业技能、勇于创新精神的教师个体组成,是目标一致,团结协作,共同研究和实践高等职业教育、教学的新思想,组织实施先进教学模式的教师群体。思政课教学创新团队建设具有重要的理论价值、教育价值和实践价值。

（一）思政课教学创新团队建设的理论价值

思政课教学创新团队成员应具备坚定正确的政治立场和理想信念，具备科学的世界观、人生观和价值观，具备高度的责任感和无私的奉献精神，具备高尚的职业道德和优良的政治理论素质。这样的团队在政治理论上像一面旗帜引领学院建设和学生成长成才，同时，通过创新团队建设可以促进理论研究和成果的产出。

思政课教学创新团队的重要理论建设价值主要表现在以下几个方面：一是探索新的教学理论。思政课教学创新团队通过实践探索和研究，可以提出新的教学理论，丰富和完善思政课教学理论体系。这些新的理论可以更好地指导教师的教学实践，提高教学效果。二是创新思政课教学方法。思政课教学创新团队可以通过尝试和实践，探索适合思政课教学的新方法。这些方法可以更加注重学生的主体性和参与性，培养学生的思辨能力和创新精神，提高思政课的吸引力和实效性。三是建立新的教学评价体系。思政课教学创新团队可以通过研究和实践，建立起科学合理的教学评价体系。这个评价体系可以更加全面地考察学生的思政课学习情况和综合素养，为教师提供有针对性的改进建议，推动思政课教学的进一步优化。四是推动教学改革与发展。思政课教学创新团队成员积极参与教学改革的研究和实践，提出改革方案和政策建议，促进思政课教学的创新发展，推动思政课的现代化建设。五是引领思政课教学方向。思政课教学创新团队通过对教育理念、学科内涵、教学目标等方面的深入研究和探索，引领思政课教学的发展方向。他们可以提出新的教学理念和方法，推动思政课教学朝着更加科学、系统、有针对性的方向发展。

（二）思政课教学创新团队建设的职业发展模式价值

高职院校思政课教学创新团队应在长期的马克思主义理论研究和思想政治课教学实践中形成。团队建设目标明确，团队成员相对稳定，合作氛围浓厚，队伍的学历结构、职称结构、年龄结构合理，老教师或优秀教师的"传、帮、带"作用突出，中青年教师勤学善思、奋发有为。教师团队职业发展模式具有重要的价值，它可以帮助教师团队实现个人和集体的职业成长和发展，提升教师队伍的整体素质和专业水平。一是促进个体发展。教师团队职业发展模式可以为每个教师提供明确的职业发展路径和目标，帮助他们规划和实施个人的职业发展计划。通过参与各类培训、研讨和交流活动，教师可以不断提升自己的专业知识和技能，拓宽自己的视野，提高教学水平和科研能力。二是促进集体发展。教师团队职业发展模式鼓励教师之间的合作和共享，促进团队的整体发展。通过定期的团队培训和研讨，教师可以相互学习和借鉴，共同解决教学中的问题，提高教学效果。同时，教师团队职业发展模式也可以促进团队成员之间的相互支持和合作，增强团队凝聚力和协作能力。三是提高教育质量。教师团队职业发展模式可以提高教师的专业水平和教学能力，进而提高教育质量。通过不断地学习和成长，教师能够更好地应对教育改革和发展的需求，提供更高质量的教学效果。四是增强教师的职业认同感。教师团队职业发展模式可以建立起一种共同的理念和价值观，使教师在职业发展过程中形成共同的认同感。团队成员可以通过相互交流和合作，共同追求卓越的育人目标，从而增强对教师职业的认同感和团队归属感。五是提升教师职业形象。教师团队职业发展模式可以帮助教师树立良好的职业形象。通过参与各类培训和研讨活动，教师可以不断更新自己的知识和技能，提高教学水平，增强教育教学能力，从而使自己成为学生和家长心目中的榜样和引领者。六是促进教育改革与创新。教师团队职业发展模式可以鼓励教师参与教育改革与创新。团队成员可以通过研究探索新的教学方法和教学模式,共同研发教育资源和教材,推动教育创新和改革,提高教育质量和效果。

显而易见,教师团队职业发展模式的价值在于为教师提供了职业发展的机会和平台,促进个体和集体的成长与发展,提高教师的专业素养和教育能力,从而提高教育质量和教育改革的效果。同时,高水平的专兼结合教学团队既是当前高职教育人才培养质量的保证,又是高职教育改革与发展的必然要求。建立特聘、联聘教授制度,聘任一些国内重点高校专家学者或党校教授、学校所在地方党政机关或企事业单位长期从事思想政治工作的领导干部等,参与思政课教学创新团队建设,也成为思政课教学创新团队结构优化的必然要求。

(三)思政课教学创新团队建设的实践应用价值

注重教学业绩的提升已成为思政课教学创新团队的基本要求。高职院校思政课教学在基本知识、基本理论把握上,应坚持与经济社会发展紧密结合,及时跟踪产业行业发展与学生专业发展,促进教学与社会、经济发展密切结合,与时俱进,及时更新教学内容,深化教学改革,创新人才培养模式。同时,思政课教学创新团队建设还应坚持开放、动态发展的理念,要根据专业人才培养的规律和趋势,不断吸收教学改革的新思想、新方法。在教学过程中,要建立健全团队成员间的互动合作、相互学习、共同提高的机制;要不断改进教学方式方法与教学手段,高度重视思政课实践性教学、研究性教学和信息化教学;要引导学生进行研究性学习和创新性实验,培养学生发现、分析和解决问题的能力和实践创新能力。

一是思政课教学创新团队建设成效的重要体现在于丰富的教学成果。思政课教学创新团队成员通过积极申报各级各类教学改革研究项目和教学、科研成果奖,高度重视思政类统编或规划教材、精品资源共享课程及教学资源库建设,踊跃申报省级、国家级思政课课程、教材和课题项目,并通过教学改革研究项目和教学、科研成果奖,不断深化思政课实效性教学改革。通过深入研究思政课教学过程中出现的新情况,深入探索解决社会转型时期大学生出现新问题的方法,以达到理论指导实践,及时地将教学成果应用与技术技能人才的专业培养紧密结合,与实际育人工作紧密结合。

二是"创新"成为教学创新团队建设的鲜明要求。党的二十大报告中有 55 次提到"创新"。思政课教学创新团队中的"创新",是指创造性地取得、传播和运用知识,以获取新的经济、社会效益和提高人类认识水平的过程。归纳来说,教学创新团队的创新性要求包括教学创新、技术技能创新、协同创新和融合创新。教学创新是教学创新团队的基本任务,也是其他创新任务实现的载体。教学创新包含多重含义:其一,成员构成的创新,即打破原有的个别教师单打独斗的状态,由思政课教师、心理健康教师、专业课教师、实习指导教师和企业兼职教师组成,并且团队成员结构合理,教师职责分工明确,每位教师都会全面参与教学全过程。其二,教学过程的创新,包含结合新的专业人才培养方案、制定新的课程标准、重构教学流程、调整课程结构等。其三,教学内容的创新,即将思政课和职业技能培养等有关内容融入课程教学中。其四,教学方式方法的创新,团队中的教师能够运用信息技术,打破学科教学的传统模式,探索适合技术技能学习的新教法,如行动导向教学法、项目教学法、情境教学法、工作过程导向教学法等。技术技能创新指教学创新团队充分发挥结构化师资中的校企资源与优势,在产品开发、技术革新和工艺创新上下功夫,产出更多技术研发和应用的科研成果,解决行业企业面临的现实问题,从而促进企业关键技能的改进与创新,提高企业生产力和竞争力,推动产业创新发展。协同创新主要指来自政府、行业企业和学校的教学创新团队成员,通过政校行企协同创新平台的建设与运行,构建校企命运共同体,探索跨院校和跨机构的协作运行机制。协同创新是模块化教学中的成员协同、成员背后的机构协同以及机制协同,最终达成教学模式创新、技术创新、机制创新的目的。融合创新包括思想政治教育与技术技能培养融合创新、信息技术与教育教学融合创新、产教融合创新三个方面。其中,思想政治教育与技术技能培养的融合创新是指全面推进"三全育人",推进"思政课程"与"课程思政"有机结合,在技术技能教学中培养学生的职业道德,使学生德技并修。信息技术与教育教学融合创新是在教育教学过程中创新性地运用人工智能和大数据等技术,实现教育教学的信息化、智能化和个性化。产教融合创新是指学校教师与企业高级技术人员共同制订人才培养方案、确定课程设置、重构教学内容、再造教学流程、承担教学任务,使专业设置与产业需求相融合、课程内容与职业标准相融合、教学过程与生产过程相融合。

三是教育创新活动从个体行为发展到强调集体行为,呈现出团队创新的发展趋势。随着现代科学技术的迅速发展,各学科间不断交叉、集成和相互融合,一些新的学科、新的知识不断产生。这些新的学科领域往往需要多学科、跨学科合作,需要团体合作攻关才能完成。高职院校作为国家科技创新体系的重要阵地,努力构建一批高水平的思政课教学团队,迫切需要富有创新精神。一个教学团队只有不断创新,才能推动课程建设、人才培养、师资队伍、实践创新等诸多方面的工作。可以说,思政课教学团队没有创新,就不会有新的发展。先进的管理机制是催生创新团队,提升团队创新能力的重要措施。为提升思政课教学团队的创新水平,高职院校应实施教学科研团队择优支持计划,将思政课教学科研骨干培养与干部队伍建设结合起来,支持教学科研骨干、马克思主义学院负责人到相关部门挂职或实践锻炼。积极探索有效的创新管理机制,促进思政课课程相互融通,推进教师走团队创新之路。

教师到教师团队的建立和培养在学校思想政治课中发挥着至关重要的作用。思想政治理论课的根本目的在于解决人才培养问题,坚持贯彻党的教育方针不动摇,是保障人才培养政治方向不动摇的根本之策。相互融通作为马克思主义理论的主要信仰者、传承者和研究者,其职业素养的高低将直接影响思政课所能发挥的教育价值。基于此,思政课老师必须以"守正创新"理念为基本遵循,立足站稳课堂,具备理论自信能力、价值引领能力、教学设计创新能力、教学科研能力、新媒体技术应用能力。

思政课教学创新团队建设旨在提升新时代职业教育现代化水平,为促进经济社会发展和提高国家竞争力提供优质人才资源支撑。关键问题在创新团队的打造,而思政课教学创新团队有别于专业教学创新团队的建设,不仅要坚持《全国职业院校教师教学创新团队建设方案》的标准,还要坚持《普通高等学校马克思主义建设标准》和《高等学校思想政治理论课建设标准》,创新的广度和深度有限,难度较大,创新度难以把握,需要提高政治站位和具备较高的马克思主义理论水平,方能既坚持标准不逾矩,又能创新突破助思政。

1.2 云南开放大学的办学特色和优势

2009年7月,经云南省人民政府批准,云南开放大学与云南国防工业职业技术学院合并办学,实行"两块牌子、一套班子、一个法人"的开放教育与高职教育"双模式"办学模式及其相应的管理体制和运行机制。云南开放大学是一所由云南省人民政府主办、云南省教育厅主管,以信息技术为支撑,坚持学历教育与非学历教育并举,以开放教育方式,面向全体社会成员开展开放教育学历教育和非学历教育的省属公办新型本科高等学校。其前身是 1979 年 5 月建校的云南广播电视大学。2010 年 10 月,国务院批准云南作为国家深化教育体制综合改革、探索开放大学建设模式的 5 个试点省(市)之一。2012 年 12 月 26 日,教育部批准云南广播电视大学更名为云南开放大学,成为全国六所之一、中西部唯一试点建设的开放大学。2012 年 12 月 28 日,云南开放大学正式挂牌成立。云南省终身教育服务中心、云南省现代远程教育中心、云南省社区教育指导中心、云南省干部在线学习学院、云南乡村振兴教育学院、云南老年开放大学、云南省学分银行设置在其中。同时,学校作为国家开放大学云南分部,是国家开放大学办学体系的重要组成部分,承担着国家开放大学开放教育在云南招生办学的具体任务,具体负责在云南省内组织开展国家开放大学开放教育本科、专科招生、教学、教学管理、学生管理等各项办学工作。

学校成立以来,紧紧围绕国家推动职业教育、终身教育发展和建设学习型社会的总体目标,结合我省经济社会发展对职业人才培养需要,始终坚持社会主义办学方向,坚持职业人才培养要求,落实立德树人根本任务,形成了学校独具风貌的职业教育、高等教育、继续教育协同发展、有机融合的办学特色和优势。多年来,学校先后荣获云南省文明单位、云南省征兵工作先进单位、云南省直招士官先进单位、云南省普通高校毕业生就业工作目标责任考核一等奖等荣誉,并积极推进实施职业教育"提质培优"和"双高"建设,先后成为云南省示范性高职院校、云南省优质高职院校、云南省高水平职业院校培育单位。

学校现有呈贡、学府两个校区,校园面积 904 亩,建筑面积 35.3 万平方米,纸质图书 71.4 万册、电子图书 541.11 万册,拥有各类数据库 21 个。建有实验实训大楼和产教融合大楼,以及校内实验实训室 138 个、校内外实训基地 119 个和云南省第 49、106 两个职业技能鉴定所。开设有国家开放大学开放教育本科专业 23 个、专科专业 43 个;云南开放大学开放教育本科专业 15 个、专科专业 45 个,其中 12 个本科专业具有学士学位授予权,"高原农业资源与环境"学科遴选成为"云南省新学科培育计划"25 个一流建设学科;云南国防工业职业技术学院高职教育专科专业 43 个,其中信息与通信技术(ICT)专业群成为云南省 A 档专业群,13 个专业被评为省级现代学徒制试点建设专业。现有在编教职工 777 人,其中专任教师 693 人,正高职称 48 人、副高职称 225 人,博士 35 人,硕士 495 人,"双师型"教师 314 人;有云南省级重点学科带头人 1 人、云南省两类人才 2 人、云南省千人计划人才 1 人,国家级省级教指委委员 19 人,昆明市中青年学术和技术带头人 1 人,省级教学名师 3 人,省级技能大师 1 名,省级名师工作室 2 个,省级立项重点实验室 1 个,国家级省级科技创新、教学团队 5 个。现有各类学历教育在校在籍学生 20.06 万人。

学校根据办学需要,按照总部＋开放学院、学习中心、教学点的方式,建设覆盖全省城乡的办学体系以及辐射南亚东南亚的境外学习中心,现有 28 所州(市)和行业(企业)开放学院、23 所县(市、区)学习中心、174 个教学点;在孟加拉国、马尔代夫、斯里兰卡设立了 3 个境外学习中心。

今后一个时期,学校将以习近平新时代中国特色社会主义思想为指导,高举中国特色社会主义伟大旗帜,深入学习贯彻党的二十大精神以及省第十一次党代会和学校第二次党代会精神,坚持社会主义办学方向,全面贯彻党的教育方针,全面落实立德树人根本任务,坚定不移按照学校第二次党代会确定的发展目标和任务,坚持以育人为根本、坚持以质量为目标、坚持以人才强支撑、坚持以体系为基础、坚持以改革促发展、坚持以创新增活力、坚持以开放促合作、坚持以平台为载体、坚持以管理增效益、坚持以文化创品牌,加快推进高水平新型大学和高水平职业院校建设,全面建设覆盖城乡、开放高效的终身学习服务体系,更好服务云南学习型社会建设和云南经济社会高质量发展需要,努力为推动云南经济社会跨越式发展,谱写好中国梦的云南篇章作出更大贡献。

学校建立了完整的开放教育专业群,继续做强做优云南开放大学线上教学的传统优势,也根据职业教育的特点和要求,丰富了云南国防工业职业技术学院的办学内容和方式;同时在高职教育中进一步完善育训结合、校企合作、产教融合的社会实践实训体系。相比较其他普通高校或者其他类别的职业院校,长期一以贯之的、成熟的线上教育平台和多年积累的多类型多层次多专业的线上教学、课程建设经验,为马克思主义学院建设、思政课程建设、思政课教师队伍建设以及推动课程思政建设提供了有利条件。

1.3 云南开放大学思政课教师的现状

马克思主义学院是马克思主义理论教学、宣传和人才培养的坚强阵地,是办好学校思想政治理论课的坚强战斗堡垒,是学校思想政治教育的重要阵地。云南开放大学为贯彻落实教育部出台的《新时代高等学校思想政治理论课教师队伍建设规定》(教育部令第46号)等文件精神,推进马克思主义学院建设,已经按照专职思政课教师配备师生比不低于1∶350的比例,率先配齐思政课师资队伍,马克思主义学院截至2020年12月有教师39名,其中具有正高级职称2人,副教授8人,讲师13人,助教15人,博士研究生(含在读)5人,硕士研究生31人,学士2人,双师型教师14人。于2020年8月起兑现每月2000元的思政教师津贴。在完成师生比例过程中,马克思主义学院通过校内转岗一批、人才新引进一批和新招聘一批等多措并举,坚持专职思政课教师是中共党员的原则,须具备马克思主义理论相关学科背景及硕士以上学位。鼓励政治素质过硬、能胜任思政课教学的党政管理干部、相关学科优秀教师转任为专职思政课教师。在完成师资数量配比后,把"培养骨干、造就名师"作为师资能力建设目标。通过思政课教学创新团队建设,可以在相对较短时间内对转岗教师和新入职教师的业务能力有很大提升。

学校在现有思政师资基础上,贯彻落实《新时代高等学校思想政治理论课教师队伍建设规定》,其中推动思政课高层次人才组建高水平团队,在理论宣讲、教学改革、学术研究、培育青年教师等方面发挥示范引领作用。建立思政课教师队伍校际协同机制。加大思政课校际协作力度,发挥思政课建设强校和高水平思政课教师、团队的示范带动作用,实施校际合作共建协作计划。推动协作高校共同开展教学研讨、课题研究、人才培养等工作,促进高校思政课教师队伍均衡发展。马克思主义学院将思政课教学创新团队建设,融入思政教学改革、教学改革、素质竞赛等工作,打造一支由思政课教师组成,师德高尚,能够坚守专业精神、职业精神、工匠精神,实践社会主义核心价值观,弘扬传统文化,具有创新意识,具备扎实专业理论、过硬教学能力,并在全省起到示范引领作用的教学创新团队;改革创新思政课教学模式,全面提升思政教育在人才培养中的重要作用,以点带面,引领带动其他学科及专业教学创新团队建设,整体提升学校办学质量。

经过近三年的不断发展,学院建设了一支政治素质高、道德修养好、有凝聚力、有专业能力和有坚强战斗力的师资队伍。思政课教师在思政教育教学中教学效果优良,教学科研成果突出,截至 2023 年 7 月,主持国家社科基金 1 项,主持省部级课题 7 项,厅级项目 11 项,校级项目 22 项;获全国思政课教学展示特等奖 1 项,省级教学比赛一等奖 5 项,二等奖 3 项,三等奖 2 项,2 门省级在线精品课程,省级思政课教学研究项目 2 项,建设思政示范课和精品课程 7 门;新增云南省高层次人才 1 名,学校高层次人才 2 名,《大学生心理健康教育》入选教育部课程思政示范课程,8 名教师入选教育部课程思政教学名师和团队;马院老师为党政干部、企业职工、社区党员、高校学生进行理论宣讲 38 场,覆盖 1 万余人,得到了广泛的认可和信赖;现与昆明市委党校、云南西仪股份有限公司、雨花街道等 7 家单位开展校校、校企、校地合作共建,并与昆明理工大学马克思主义学院、云南社会主义学院等 5 家单位达成意向合作,开展实质性合作事项 10 余件。

1.4　思政课教学创新团队的问题导向及解决措施

在建设过程中,也存在一些挑战,《全国职业院校教师教学创新团队建设方案》主要是针对专业教学团队的建设标准,没有一个完整的针对思政课教学团队建设的指导方案和标准。

1.4.1　思政课教学创新团队建设存在的困难

（一）马克思主义学科专业的思政课教师、优秀拔尖的团队带头人和专家型教师仍显薄弱

从目前思政课教师队伍的整体情况来看,马克思主义学科专业的思政课教师、优秀拔尖的团队带头人和专家型教师仍显薄弱。其中,校内兼职教师中大部分兼任行政管理工作,参与教研科研的时间和精力相对有限;校外兼职教师也很难有条件融入学校的管理和建设中,只是承担有限教学工作,浅层次地参与到学院其他项目和建设。进行思政课教师创新团队的构建,可以有效整合兼职教师队伍的优势,发挥创新团队建设的整体作用。

（二）缺乏引领团队建设的高水平团队带头人和专家型教师

从国家创新型教学团队的评审标准来看,其中一个指标是高水平的团队带头人、专家型教师作为引领。但是这类教师在职业院校教师中数量很少。这和思政课教学创新团队的建设是相辅相成、互相促进的。思政课教学创新团队可以培养出一名或者多名优秀的思政课学科带头人或专家型教师,这也再次凸显出思政课教学创新团队建设的重要性。此外,还需要职业院校长期的、大力的投入和培养。这些人才不仅是教学的专家、名师,而且对思政课程的规律深有研究,能够承担校内大型思政类项目的申报、建设,承接对外服务项目等。

1.4.2　新时代高职人才"12345"培养模式的建构是团队建设的方向

高职院校思政课教学创新团队建设,是提高思政课教学质量,深化思政课教学改革的重要举措。高职院校思政课教学创新团队,是思政课教师与跨学科跨专业跨课程教师在自愿

合作的基础上,以思政课课程建设或教学改革为载体,以提高教师教研科研水平和教学质量为共同目标,形成知识技能互补、有效分工协作的思政教学团队。围绕思政课教学创新团队建设,建构新时代高职人才"12345"培养模式,这个模式没有先例可循,构建好这个高职人才培养模式,需要处理好几个问题:

第一,需要处理好思政课的守正和创新。

第二,需要认识到思政课与专业课协同落实立德树人根本任务的一致性。

第三,需要理清思政课程与课程思政角色迥异、方式有别、职能不同、功能归一的关系问题。

第四,需要认识到思政课实践教学平台与专业课实践平台融合发展的深远意义。

第五,需要高度重视"互联网+"网络育人平台的建设重要性与管控的必要性。

第六,需要处理好云南面向南亚东南亚的战略定位的机遇与边疆少数民族地区中华民族共同体意识教育的协同问题。

我们将以《全国职业院校教师教学创新团队建设方案》为标准,以《普通高等学校马克思主义建设标准》《高等学校思想政治理论课建设标准》《高校思政课教师队伍建设专项工作总体方案》和《普通高等学校思想政治理论课教师队伍培养规划(2019—2023年)》为指引,从建设工作开始就高标准严要求,充分利用文献整理、梳理、研讨等方式积极探索研究,通过多方开展调研、召开研讨会等形式,博采众长,同时邀请思政课专家进行指导,力争形成清晰的工作思路和有效的研究方法。

第二章

新时代思政课教学创新团队的建设思路

新时代思政课教学创新团队建设是当前高校教育中的重要任务之一,落实"校院系(教研室)三级建制、两级管理、重心在院"的教学管理体制。随着社会的发展和教育的改革,高校教育不再仅仅是传授知识,更需要培养学生的思想道德素质和社会责任感。因此,新时代思政课教学创新团队成了高校教育中不可或缺的一部分。

思政课教学创新团队建设的重点是建构一个教学体系,在教学过程中注重结果,注重效果,加强师生的沟通,积极创造更多的互动机会。其中,需要有一支高素质的师资队伍。教师是团队建设的核心,他们的角色不仅仅是传授知识,还包括指导学生的发展和提供支持。建设过程中,还需要注重团队成员的协同配合,做好团队的知识管理、资源管理和信息管理,实现信息共享和知识产权的保护,推动教学的合理化和标准化。学校坚持提高教师的教学能力和教育教学理念,鼓励教师运用现代教育技术和教学方法,创设积极、开放、互动的学习环境,提高学生的参与度和学习效果。教育不仅仅是知识的传授,更重要的是培养学生的人文素养、实践能力和合作精神。

2.1 思政课教学创新团队建设贯彻落实"九个坚持"

思政课是落实立德树人根本任务的关键课程,培养一支专业化、高素质的思政课教师队伍,提高他们的学术水平和教学能力,通过案例分析、讨论、小组活动等多种教学方法,引导学生深入思考和参与社会实践,使学生能够从思政课中获取真知灼见,培养正确的世界观、人生观和价值观。思政课教学创新团队建设将充分挖掘自身的办学优势和国防职业教育的鲜明历史特征、现实要求,坚持学校先行先试、改革创新、无私奉献、团结干事的精神,传承优秀的国防工匠精神,塑造敢为人先的开放创新品质,融入新时代劳动光荣、创造伟大的奋斗精神。

思政课教学创新团队建设必须全面贯彻党的教育方针,坚持以习近平新时代中国特色社会主义思想为指导,坚持立德树人根本任务,坚持学校党委和学院党总支的领导,坚持《普通高等学校马克思主义建设标准》《高等学校思想政治理论课建设标准》和《高校思政课教师队伍建设专项工作总体方案》为统领,坚持贯彻落实教育部《职业教育提质培优行动计划(2020—2023年)》精神和云南省关于职业教育提质培优行动计划(2020—2023年)实施工作的部署以及《云南国防工业职业技术学院实施职业教育提质培优行动计划(2021—2023年)工作方案》要求,坚持《全国职业院校教师教学创新团队建设方案》为标准,坚持高职院校着力培养高素质劳动者和技术技能人才为中心,坚持以促进就业和适应产业发展需求为导向,坚持思政课教师为主导和打造"1+1"双师型思政理论课教师为着力点等"九个坚持",推动全员全过程全方位"三全育人",注重坚守专业精神、职业精神和工匠精神,践行社会主义核心价值观,以德立身、以德立学、以德立教。

2.1.1 "九个坚持"为思政课教学创新团队建设提供了遵循

"九个坚持"聚焦新时代我国教育改革创新的重大命题,系统回答了"为谁培养人、培养什么人、怎样培养人"的根本问题,全面反映了习近平总书记关于教育的重要论述的基本理论、基本观点、基本方法,是加快推进教育现代化、建设教育强国、办好人民满意的教育的根本遵循。其中,坚持党对教育事业的全面领导,是办好我国教育事业的根本保证;坚持把立德树人作为根本任务,是对新时代中国特色社会主义教育事业根本任务的新诠释;坚持社会主义办学方向,是必须坚持的道路问题。这个价值导向也回答出"为谁培养人"的问题。学院进行思政课教学创新团队建设,深刻领悟"两个确立"的决定性意义,增强"四个意识"、坚定"四个自信"、做到"两个维护",自觉在政治立场、政治方向、政治原则、政治道路上同党中央保持高度一致。

马克思主义学院认真学习领会"九个坚持"的历史渊源与思想基础,这就是科学社会主义、马克思主义哲学和中国特色社会主义教育理论。科学社会主义和马克思主义哲学为"九个坚持"提供了理论基础、科学的世界观和方法论。中国共产党人在把马克思主义基本原理同中国具体实际相结合、同中华优秀传统文化相结合的过程中,不断丰富、发展马克思主义教育理论,形成了中国特色社会主义教育理论。

2.1.2 "九个坚持"为思政课教学创新团队建设指明了方向

坚持优先发展教育事业,是办好我国教育事业的战略部署;坚持深化教育改革创新,提出了新时代坚持创新驱动发展与全面深化教育综合改革的新任务。"坚持优先发展教育事业",能够培养更多的人才,提高国民素质,推动社会进步。而"坚持深化教育改革创新",教育改革创新是一项长期而艰巨的任务,但它对于提高教育质量和培养创新人才至关重要。改革教育体制,突破传统的教育观念和模式,建立以学生为中心的教育理念,提倡个性化教育,培养学生的创新能力和综合素质。采用多种教学方法,如项目制学习、合作学习、探究式学习等,激发学生的学习兴趣和主动性,培养学生的创新思维和解决问题的能力。只有将优先发展教育事业与深化改革创新结合起来,才能够推动我国教育事业的全面发展,并适应新时代的需求和挑战。

教育事业的持续发展需要不断推动改革创新,而改革创新也需要教育事业的支持和推动。将两者结合起来,可以实现教育事业的持续发展和提高教育质量的目标。首先,优先发展教育事业可以为深化改革创新提供良好的基础。教育是培养人才和推动社会进步的重要途径,优先发展教育事业可以为改革创新提供人才支持,为社会发展注入新的动力。同时,教育事业的发展也需要不断推动改革创新,以适应社会发展的需求和教育的变革。其次,将教育事业与改革创新结合可以提高教育质量。改革创新可以带来教育教学方法和手段的更新,提升教育质量。通过引入新的教育理念、教育技术和教育资源,可以提高学生的学习效果和培养能力。同时,改革创新也可以推动教育体制和机制的优化,提高教育管理和服务水平,为学生提供更好的教育环境和资源。最后,将教育事业与改革创新结合可以促进社会公平和可持续发展。教育是实现社会公平的重要途径,通过改革创新,可以提供更多的教育机会和资源,减少教育的差距,实现教育的普惠和公平。同时,教育事业的持续发展也需要深化改革创新。通过改革教育体制和机制,优化资源配置,提高教育质量和公平性。同时,注重教育的可持续发展,培养创新能力和可持续发展意识,推动教育的绿色、可持续发展,为未来社会的可持续发展培养更多人才。所以,将优先发展教育事业与深化改革创新结合起来,可以实现教育事业的持续发展和提高教育质量的目标。这需要教育部门和相关机构加强合作,积极推动改革创新,不断优化教育环境和资源,提升教育质量和公平性,为社会的可持续发展培养更多人才。

建设思政课教学创新团队是对学院建设和发展的新要求。它可以提高教学质量、适应时代需求、推动学院发展、培养师资队伍、增强学生发展,为学院的思政课教育事业注入新的活力。习近平总书记强调,坚持以人民为中心发展教育,坚持把教师队伍建设作为基础工作。这意味着,贯彻落实立德树人根本任务,要以人民为中心,办好人民满意的教育,深化教育体制改革,健全立德树人落实机制,努力构建德智体美劳全面培养的教育体系,形成更高水平的人才培养体系,紧紧依靠人民教师提升育人质量。

2.1.3 "九个坚持"为思政课教学创新团队建设明确了目标

唯物史观中以人为中心的思想强调人类在历史发展中的主导作用和重要地位。根据唯物史观的基本原理,人类的社会存在决定其社会意识,而人类的社会意识又反作用于其社会存在,形成社会历史的辩证运动。以人为中心的思想在唯物史观中体现了人类的价值和尊严,强调了人类的自由意志和创造力。它指导着我们关注人民的利益和幸福,推动社会的公平正义和人的全面发展。在教育发展中,要紧紧围绕人民的需求和利益,注重培养德智体美全面发展的社会主义建设者和接班人。同时,教师队伍建设是教育事业发展的关键,要加强师德师风建设,提高教师的专业素养和教育教学水平。教育的使命是为中华民族伟大复兴服务,通过培养具有民族自豪感和责任感的新一代人才,为实现中华民族伟大复兴中国梦作出贡献。在教育中要注重培养学生的民族精神、爱国情怀和文化自信,传承中华民族的优秀传统和文化,培养具有国际视野和全球竞争力的人才。

在新时代,教育要紧紧围绕人民的需求和国家的发展目标,坚持以人民为中心的发展理念,注重教师队伍建设,服务中华民族伟大复兴,为实现中国梦贡献力量。

2.2 思政课教学创新团队建设传承凝练"四个特色"

云南开放大学和云南国防工业职业技术学院是两块牌子一套班子,各有优势,又各有渠道和教育教学方式。云南国防工业职业技术学院多年深耕国防工业专业群建设,形成了特点鲜明、专业积累深厚的人才培养的专业模式,为云南国防甚至是国家国防工业培育了众多政治素质过硬、专业素质强和能力出众的人才,以优质国防职业教育体系为核心形成完整的职业教育链,传承优秀的国防工匠精神。云南开放大学坚持以现代信息技术为支撑,秉承"开放办学、服务终身"的理念,坚持开放、灵活、全纳、终身、优质等终身学习思想,远程开放教育、终身教育、云南干部在线培训和乡村振兴学习方面,在云南省终身教育体系构建中先行先试,积累了丰富的线上、线下职业教育经验,具备了专业建设和渠道建设方面的天然优势。思政课教学创新团队既要传承云南国防工业职业技术学院多年形成的国防精神和工匠精神,又要凝练云南开放大学敢于先行先试、服务终身的开放精神,更要整合融入新时代的劳动精神,凝练为新时代职业人才培养的四个鲜明特色,并将国防精神、开放精神、工匠精神和劳动精神贯穿到思政课教学团队建设全过程。

在创新团队建设中,以学生就业为导向,探索与专业融合的思政精准教学。思政课精准教学的内涵是指,以"现实的学生"为对象,精准把握学生现实需求,将精当的教学内容以精巧的教学时机、精妙的体验场景精准地传导给学生,推动解决教学供需矛盾,满足青年大学生日益增长的成长需要,实现立德树人的教学目标。

2.2.1　思政课教学创新团队建设传承国防精神

国防精神是一种社会意识,是人类在长期的国防实践和斗争中形成的。我们中华民族自古就有"御敌图存,尚武卫国"和"天下兴亡,匹夫有责"的传统美德,这也是我国早期的国防精神。在建立新中国的伟大斗争中,这一精神得到进一步发扬,并扎根于中国无产阶级斗争的实践中,渗透于中国共产党领导全国人民夺取政权和保卫政权的全过程。我校有国防军工的历史渊源,在育人过程中,将国防精神融入教学创新团队建设可以更好地将这种优秀的群体意识,在大学生成长成才过程中转化为他们的内心情感。

在思政教育中,推进国防精神融入思政课专题是一项重要的任务。建设思政课教学创新团队的相关方法,一是推进国防精神融入思政课专题集体备课工作。二是学习国防相关知识,团队成员不断学习国防相关知识,了解国家安全战略、国防建设和军队现代化发展等方面的内容。三是制订教学计划,根据学院的教学要求和学生的需求,将总体国家安全观融入思政课教学,并确保与国防精神相关的知识和理念得到充分传达。四是开展案例研究和讨论。通过引入国防相关的案例和问题,组织学生进行案例研究和讨论。可以通过分组讨论、小组演讲和辩论等方式,培养学生的思辨能力和综合素质。五是组织实践活动。组织学生参观合作基地云南西仪股份有限公司和云南北方光电仪器有限公司,参与军事训练或参加国防教育活动,让学生亲身体验和感受国防精神。这样可以增强学生的国防意识和责任感,激发他们对国家和社会的热爱和担当精神。六是融入创新教学方法。采用多元化的教学方法,如案例教学、角色扮演、小组讨论和项目研究等,以激发学生的学习兴趣和主动性。同时,可以运用现代教育技术和多媒体手段,增加教学的互动性和趣味性。鼓励团队成员进行国防精神融入思政课专题的研究和论文撰写,并参与学术交流和研讨会。

学院建设思政课教学创新团队,推进国防精神融入思政课专题内容和教学改革创新。将国防精神融入学生关注点、思想疑点、理论热点,向学生清晰阐明中国从哪里来、处于什么样的历史方位、中国往哪里去的时代之问;阐明新的历史方位与学生人生发展的内在关联,引导学生增强使命担当,争做"有理想、有本领、有担当"的时代新人。

2.2.2　思政课教学创新团队建设彰显开放精神

开放教育,广义上说是人人享有终身接受教育的权利,不仅意味着对教育对象的开放,更重要的是教育观念、教育资源和教育过程的开放。开放教育的核心理念是使教育更加普惠、包容和灵活。它强调个体的自主学习和能力发展,以及社会对教育资源的共享和开放。一是教育观念的开放意味着尊重学习者的多样性和个体差异,鼓励学习者根据自身需求和兴趣选择学习内容和学习方式。开放教育倡导学习者主动参与,培养批判性思维和创造性解决问题的能力。二是教育资源的开放是指将教育资源以开放的方式分享和利用,例如开放教材、开放课程和开放教学资源。这样可以降低学习成本,提高教育资源的可及性和可持续性。三是教育过程的开放强调学习者与教育机构、教师和其他学习者之间的互动和合作。开放教育倡导学习者积极参与实践和社会活动,将学习与实际问题相结合,培养实践能力和创新精神。

开放教育通过普及教育权利、尊重个体差异、共享教育资源和促进学习者参与,致力于实现教育的平等与发展。云南开放大学在教育部门的领导下统筹云南开放教育体系建设,指导和服务全省开放教育办学业务,着力建设终身学习公共服务平台,面向全民提供终身教育及服务,促进"人人皆学、处处能学、时时可学"。其中有一个特点是采用线上、线下融合的学习形式,处处能学、时时可学,有效解决学员工学矛盾,轻松实现工作、学习两不误。

在进行创新团队建设中,充分重视和加强在线课程建设。课程团队负责人以现有的精品课程和精品资源共享课为基础,将相关的微课视频、文字材料、PPT 和习题集上传更新,有计划地申报省级和国家级精品资源共享课、省级和国家级精品在线课程。负责人按教务处在线课程建设管理文件完成建设项目,学院加强监督与管理。完成微课视频、文字材料、PPT 和习题集的撰写与制作;在线课程项目结项。线上、线下相结合,秉承开放精神,丰富教学资源库。将不同平台、渠道、媒体的思想政治教育资源进行整合,使其成为一个整体的资源系统,并在增加思想政治教育资源的数据内容量、提高学生关注度和增强学生参与性方面着力加强,抓出成效。

2.2.3 思政课教学创新团队建设弘扬工匠精神

"工匠精神"强调对工作的热爱和专注,追求卓越和完美的态度,注重细节和精益求精的工作方式。它不仅是一种职业精神,更是一种生活态度。具备工匠精神的个人和企业,往往能够在竞争激烈的环境中脱颖而出,取得更大的成功。在思政课教学创新团队中贯彻工匠精神的学习和践行,工匠精神是一种积极向上、追求卓越的态度和价值观。无论是个人还是企业,都应该培养和践行工匠精神,以提高自身的竞争力和创造力,为社会的发展和进步作出贡献。

培养工匠精神,需要对工作的专注、精益求精的态度,追求卓越和完美的工作态度。在工作中不断学习和提高自己的技能,通过不断地实践和磨砺,达到技术的精湛和高度的专业水平。社会需要重视技能人才的培养和发展,提供更多的机会和平台,让工匠精神在各个领域得到充分发展。践行工匠精神可以从以下几个方面思考:一是要将自己的工作视为一种艺术,努力超越自己的极限,不断提升技能和专业知识;注重工作中的每一个细节,不放过任何一个瑕疵,通过精细的工作态度和精确的操作,展现出对工作的专注和认真。二是要保持对行业的关注,积极参与培训和学习机会,不断更新自己的专业知识,以保持竞争力;不断寻找创新的机会和方式,为自己的工作带来新的思路和方法。勇于尝试新的创意和解决问题的方法,以提升工作的效率和质量。三是要面对困难和挑战时,积极主动地寻找解决方案,而不是抱怨或回避。拥有解决问题的能力和决心是培养工匠精神的重要一步;不满足于平庸,不断追求更好的结果和更高的标准,追求卓越,保持积极的工作态度,并坚持不懈地努力,从而取得更大的成功。工匠精神要求我们对工作充满热情,并且愿意付出努力去实现自己的目标。即使面临困难和挑战,也要坚持下去,不放弃,不断寻找解决问题的方法和途径。

思政课教学创新团队的建设,其中建设"传承军工文化　弘扬工匠精神"示范课,其中一堂课程在云南西仪股份有限公司现场录制。在传统的讨论、辩论、小组调查等基础上,将思政实践课与专业知识相对接,按照不同专业的特点有目地设计不同的实践教学内容,探索镜头实录、微视频、人物寻访等多种实践教学形式;结合专业学生的学习情况、思想意识、心理问题等因素深挖云南地方红色资源的内涵,增强红色资源的育人功能;强化对学生思政理论社团的指导,打造一支开展理论宣讲、优秀网文撰写、新媒体制作的学生团队。

2.2.4　思政课教学创新团队建设融合劳动精神

劳模精神是指社会的个人在平凡岗位上做出不平凡业绩所坚持坚守坚定的基本信念、价值追求、人生境界及其展现出的整体精神风貌。劳模精神是一种特殊的精神状态,它包含了以下几个方面的特征:一是坚守基本信念,劳模具备坚定的信念,对自己的工作充满热爱和执着,相信付出就会有收获。二是追求卓越价值,劳模对自己的工作有着追求卓越的价值观,他们追求工作的质量和效率,不停地提升自己的专业技能,以实现个人和组织的共同目标。三是人生境界高尚,劳模具备高尚的人生境界,他们认为工作是一种责任和使命,通过自己的努力来推动社会进步和发展。四是精神风貌积极向上,劳模在工作中展现出乐观向上、勤勉务实、团结协作、自我奉献等积极的精神风貌,他们以身作则,为他人树立了一个榜样。劳模精神的体现不仅仅是在获得荣誉和成就上,更重要的是他们通过自己的行动和态度,影响和激励了身边的人,推动了整个团队和组织的发展。劳模精神是一种可贵的品质和精神力量,对于个人和社会的发展都起到了积极的作用。

"劳动模范身上体现的'爱岗敬业、争创一流,艰苦奋斗、勇于创新,淡泊名利、甘于奉献'的劳模精神,是伟大时代精神的生动体现。"习近平总书记关于劳模精神的表述,为我们科学理解和大力弘扬劳模精神提供了正确的方向和指导。这需要我们一方面正确理解这一表述中六个词汇的各自含义,又要从整体上把握劳模精神的科学内涵。党的十八大以来,习近平总书记关于劳动和劳动精神的系列重要讲话是我们正确理解劳动精神的重要依据,也是大力弘扬劳动精神的重要参考。"我们要在全社会大力弘扬劳动精神,提倡通过诚实劳动来实现人生的梦想、改变自己的命运。"关于劳动,习近平总书记强调,劳动是财富的源泉,也是幸福的源泉。人世间的美好梦想,只有通过诚实劳动才能实现;发展中的各种难题,只有通过诚实劳动才能破解;生命里的一切辉煌,只有通过诚实劳动才能铸就。

高职教育中注重学生对劳动精神的学习和践行都尤为重要。建设思政课教学创新团队,增加实践教学以及劳动课程的学习,并结合不同专业背景和实践实习环节设计好专题内容,实现热爱劳动和劳动最光荣的价值标准。

2.3 思政课教学创新团队建设创新开启"两个探索"

思政课教学创新团队建设瞄准"两个探索"进行理论研究和实践思考。一是探索跨学科跨专业跨课程教师、校外教师、企业导师协同推进思政课教学的深度和广度。二是探索构建新型的高职人才"12345"培养模式。一是二的基础,二是一的发展。

2.3.1 探索跨学科跨专业跨课程协同推进思政课教学

先期团队成员由学院 4 位领导、本次具体负责提质培优项目的 4 个具体负责人、学院 1—2 位双师型或高职称(学历)教师、新进的优秀教师 2—3 名、校内双师型或高职称专业教师 2 名以及其他高校和企业双师型或高职称(学历)教师 2—4 名,共 18 位教师组成。团队学历结构:博士 2 人,硕士 14 人,学士 2 人;团队职称结构:教授/高工 4 人,副教授 7 人,讲师 3 人;本校专职教师 14 人,其中双师型教师 8 人,校外兼职企业家、专家 4 人,其中双师型 2 人。双师型教师合计 10 人,结构特征明显,占团队成员 50% 以上,符合《全国职业院校教师教学创新团队建设方案》的标准。结构如表 2-1 所示。

表 2-1

职称结构		学历结构		创业教师组合结构		职业资格证书	
教授/高工	4	博士	2	校内教师	14 人	心理咨询师	7 人
副教授	7	硕士	14	校外专家	3 人	KAB 讲师	1 人
讲师	3	学士	2	校外教师	1 人	其他	

在思政课教学创新团队建设中,以这样一支队伍为核心,实现思政课教师与跨学科跨专业跨课程教师协同,校内校外教师协同,高校教师与企业导师协同,形成了优势互补的师资团队,共同推进思政课教学的深度和广度。有助于实现思政课模块化和思政课"5+1"课程的融通教学(教育部规定的高校思政课设置"5+1"课程内容的融通,尤其是要把"马克思主义基本原理概论"与"中国近现代史纲要"的内容融入"思想道德修养与法治"和"毛泽东思想与中国特色社会主义概论"),有助于专业融合的思政课精准教学,有助于推进课程思政与思政课程同向同行,有助于共建产教融合的思政课实践育人与服务平台,有助于发挥"互联网+"育人引领功能的阵地建设。

学院进行思政课教学创新团队建设中跨专业和跨学科的探索取得一定成效,充分发挥了有心理学学科背景的思政课教师的专业能力。通过将心理学学科和思政教育之间的整合来实现思政课最佳育人效果。按照传统的课程设计大多数情况都是单一的,简单的设计,有时达不到教学的目的或者是设计过程不够完善,这样的课程在教学过程中很难适应学生的需求。思政课教学创新团队探索出"大学生心理健康教育"课程思政建设的必要性。心理健康课课程和思政课程相融合,也是高等职业院校协同育人目标达成的有力保障。以马克思主义思想武装头脑,在思想层面提高自己的认知高度,提升自身的思想境界和人文情怀,做到人格端正、修身自律、知行合一,用自身的言行感染和鼓舞学生;在教育过程中,以"润物细无声"的方式贴近学生、引导学生实现心理健康教育与思想政治教育的有机统一;敏锐地发现学生思想观念方面的问题,掌握学生心理健康状况的同时也要根据学生的思想动态并及时对学生进行有效的价值观引导。

2.3.2　探索构建新型的高职人才"12345"培养模式

在探索跨学科跨专业跨课程教师、校外教师、企业导师协同推进思政课教学深度和广度的基础上,进而探索培养社会主义建设者和接班人以及培养高素质劳动者和技术技能的高职人才"12345"培养模式构建:即1个团队:打造"1+1"(1位思政课专任教师,至少拥有1项职业技能)双师型思政课教学团队;2个推动:推动立德树人根本任务融入教学全过程,推动构建全员全方位全过程大思政育人格局;3个定位:立足云南,面向南亚东南亚,服务"一带一路";4个特色:国防精神,开放精神,工匠精神,劳动精神;5个抓手:以金课建设为动力——创新思政模块化和思政课"5+1"课程的融通教学,以学生就业为导向——探索与专业融合的思政课精准教学,以课程思政为手段——推进课程思政与思政课同向同行,以产教融合为突破——共建思政课实践育人与服务平台,以网络思政为阵地——发挥"互联网+"育人引领功能。如图2-1所示。

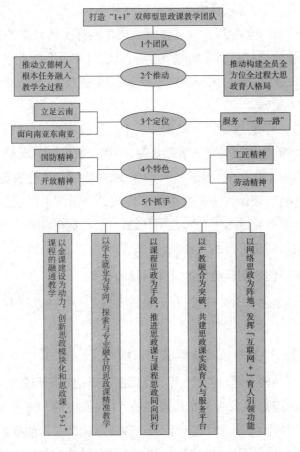

图 2-1

2.4 思政课教学创新团队建设实现"一个目标"

通过思政课教学创新团队的打造和"两个探索"的实现,以国家思政课程标准做强高职思政课程,推动立德树人根本任务融入教学全过程和大思政育人格局的构建,提升新时代职业教育现代化水平,为促进经济社会发展和提高国家竞争力提供优质人才资源支撑。

2.4.1 思政课教学创新团队建设的总体目标

通过思政课教学创新团队建设,推动立德树人根本任务融入教学全过程和大思政育人格局的构建,为促进云南经济社会发展和提高国家竞争力提供优质人才资源支撑。结合云南实际和学校开放教育与高职教育"双模式"发展,面向全体社会成员开展终身学习服务的办学定位和特色,深度挖掘思政课教学效果和延伸思政课教学领域,助力职业教育服务建设现代化经济体系和实现更高质量更充分就业需要,以促进就业和适应产业发展需求为导向,探索培养社会主义建设者和接班人以及培养高素质劳动者和技术技能的高职人才"12345"培养模式构建。

以产教融合为突破,共建思政课实践育人与服务平台。要进一步整合校内生产化实训基地和校外实习基地资源,把实习、实训基地打造成思政课实践教学基地,用以开展职业素质教育。充分依托和整合学校长期形成的校企合作资源,在企业探索建立"思政课教师研修基地",培养培训优秀的能工巧匠,用技术讲思政、用思政讲技术,形成有特点、有效果的校外会讲思政掌握技术的专家队。

同时,以网络思政为阵地,发挥"互联网+"育人引领功能。要依托"互联网+职业教育"的新模式,借助"互联网"支撑的"数字化自主学习""灵活学习"方式,为构建时间和空间上更加灵活、机动的学习工作模式,促进职业教育、职业培训一体化发展创造条件。把信息技术和思政教育有机融合,增强育人的吸引力和时代感。抓住信息技术革命的规律和互联网的优势,加强思政课数智化学习平台和数字马院建设,将优质课程资源上网的同时主动发声和正面引导,把握网络意识形态的主动权,引领青年。

2.4.2 思政课教学创新团队建设的具体目标和任务

依据思政课教学创新团队总体建设目标,最终实现1个打造、1个探索、4个建成、2个构建的具体目标和建设任务。

(一)打造1支"1+1"双师型思政课教学团队

通过培训打造一支结构合理,拥有较高马克思主义理论水平和具备较强教学能力,并拥有1项职业技能的在云南高职系统中有代表性的40人规模的"1+1"(1位思政课专任教师,至少拥有1项职业技能)双师型思想政治理论课教学团队。以此推进复合型技术技能人才培养培训模式改革,借鉴国际职业教育培训普遍做法,促进1+X证书制度试点工作开展;

并力争建成辐射带动云南乃至全国职业院校高素质"双师型"教师队伍研修基地和云南省思政课教学创新团队示范基地,为全面提高复合型技术技能人才培养质量提供强有力的师资支撑,成为落实立德树人根本任务、培养社会主义建设者和接班人的典型示范。

(二)探索 2 种思想政治理论课创新教学方法

以教育部线上金课、线下金课、线上线下混合式金课和社会实践金课建设为标准,探索组建高水平、专业化教师教学创新团队。一是教师分工协作进行至少 1 门思政课模块化教学。二是为了提升教师的知识结构化和体现思政理论课一体化的目标,探索思政课"5 + 1"课程的融通教学,打造 5 堂思想政治理论课示范课堂。

(三)建成 2 个与专业融合的思政课精准教学示范点

3 年建设时期,分别选取一个文科学院和一个工科学院,探索与专业融合的思政理论课精准教学,并形成与两个专业融合的思政课精准教学案例和完成一部思想政治理论课精准教学研究著作。

(四)建成 1 个具有职业教育特点的课程思政示范中心

推进课程思政与思政课程同向同行,形成 1 个具有职业教育特点的课程思政教育教学案例,依托"大学生心理健康教育"建设课程思政示范中心。

(五)合作建成 10 个"双师型"教师研修基地和高职实训基地

深化产教融合、校企合作,育训结合,健全多元化办学格局,建成 10 个"双师型"教师研修基地和集实践教学、社会培训、企业真实生产和社会技术服务于一体的高水平职业教育实训基地,推动企业深度参与协同育人。

(六)建成 1 个"互联网 +"网络育人阵地

提升网络思政育人功效,发挥"互联网 +"育人引领功能占领无形主战场。网络思政以开发思政公众号、校园网站建设等为重点,主动占领网络思想政治教育主战场。"互联网 +"就是"互联网 +学生疑点痛点盲点难点困惑点",但这并不是简单的两者相加,而是利用信息通信技术以及互联网平台,通过互联网解答学生的各种困惑和茫然,最大限度地帮助学生树立正确的世界观、人生观和价值观,积极健康追求美好生活。"互联网 +"核心不在互联网,而在于后面的" +",它代表一种以学生为本和以学生问题为导向的新时代思政工作理念。

(七)构建 1 个将立德树人根本任务融入教学全过程的大思政育人格局体系

探索创新"一体化领导、专业化运行、协同化育人"的思想政治工作体制机制,构建以思政课程、课程思政、日常思政为主体,思政课精准教学,文化思政、网络思政为浸润,高质量就业思政平台为支撑的大思政育人格局体系。

(八)构建 1 种新时代高职人才"12345"培养模式

通过思政课教学创新团队建设,最终将整个项目建设成果汇总,构建新时代高职人才培养"12345"模式,并将成果进行理论化归纳,出版《思政课多维协同育人模式构建研究》著作一部,为高职院校双师型团队建设和高校思政课教学团队建设、教学创新改革提供借鉴和参考。

2.4.3 探索思政课创新团队建设的长效机制

思政课教学创新团队建设的长效机制是指一种能够持续推动和支持思政课创新工作的体系和机制。可以从以下几个方面进行把握。

（一）明确目标和任务

建立和完善思政课创新团队的长效机制,首先要明确团队的目标和任务。团队成员应该明确自己的使命和责任,明确团队的工作重点和发展方向。

（二）建立科学的管理体系

思政课创新团队建设需要建立一套科学的管理体系,包括团队组织结构、人员配备、岗位职责等方面的规定。同时,还应制定一套科学的考核评价机制,对团队成员的工作进行量化评估。

（三）培养团队成员的能力

思政课创新团队建设应该注重培养团队成员的能力。可以通过组织学习培训、开展研讨交流、参加专业会议等方式,提升团队成员的专业素养和创新能力。

（四）建立激励和奖励机制

激励和奖励机制,对思政课创新团队成员的优秀表现给予肯定和奖励。可以通过评选先进个人、发放奖金、提供晋升机会等方式,激发团队成员的积极性和创造力。

（五）加强与外部资源的合作

思政课创新团队建设需要积极与外部资源进行合作。可以与相关高校、研究中心、专家学者、社会组织等建立合作关系,共同开展研究项目、举办学术交流活动,分享资源和经验,促进思政课创新团队的发展。

（六）建立信息共享平台

建立一个信息共享平台,用于团队成员之间的沟通交流和知识分享。可以利用互联网技术建设一个专门的平台,包括线上论坛、资源库、学术期刊等,方便团队成员之间的合作和交流。

（七）持续改进和创新

思政课创新团队建设是一个不断发展和完善的过程。团队应该持续改进和创新,不断尝试新的方法和理念,提高思政课创新工作的质量和水平。

（八）建立健全领导机制

思政课创新团队建设的长效机制需要充分发挥领导的作用,形成上下贯通、协同合作的工作格局。只有通过科学的机制和有效的管理,才能够确保思政课创新团队的长期稳定运行和取得更好的成果。

在团队建设中充分发挥教学团队每个成员的积极性和创造性,健全管理制度至关重要。如明确学科带头人、课程负责人、骨干教师的职责;建立教学团队关于课程建设的定期研讨制度,等等。贯彻好思政课教学工作规范化建设,思政课教师在传授知识的同时,努力做到"八个相统一",建设优质教育教学资源共享机制;提供思想政治理论课教师自我完善的发展机制;形成思想政治理论课教师与其他课程教师的交流机制;健全思想政治理论课青年骨干教师的成长机制;坚持用好"全国高校思政课教师网络集体备课平台"并持续组织开展"面对面集体大备课",实施"习近平新时代中国特色社会主义思想大学习领航计划";外出研修机制等。

第三章

新时代思政课教学创新团队的建设内容

高职院校思政课教学创新团队建设,是提高思政课教学质量,深化思政课教学改革的重要举措。通过高职院校思政课教学团队建设,使思政课教师与跨学科跨专业跨课程教师在自愿合作的基础上,以思政课课程建设或教学改革为载体,以提高教师教研水平和教学质量为共同目标,形成知识技能互补、有效分工协作的思政教学团队。

2015 年 9 月,中共中央宣传部、中共教育部党组印发《关于加强和改进高校宣传思想工作队伍建设的意见》(教党〔2015〕31 号),就思政课教师工作队伍建设,配备思政课专任教师等工作,提出"遵循教育规律和人才成长规律,坚持问题导向,统筹队伍发展规划,统筹队伍思想政治素养和业务知识培训,统筹队伍发展保障体系建设,分层分类推进队伍科学发展"。通过思政课教学团队建设,可以强化团队成员教学质量意识,深化思政课教学改革,规范思政课教学管理;可以有效整合全社会资源,创新教育教学手段,突破制约思政课的实效性瓶颈;可以提升团队成员的整体素质,统领团队成员的行动,建设全员全方位全过程育人格局。

3.1　顶层设计:坚持党对思政课教学创新团队建设的全面领导

党的全面领导是落实高校立德树人根本任务和办好思政课的根本保证,面对我国意识形态领域出现的新情况、新问题、新变化,必须坚持党组织在职业院校的领导核心和政治核心作用,牢牢把握学校意识形态工作领导权,将党建工作与学校事业发展同部署、同落实、同考评。推进职业教育领域"三全育人"综合改革,构建内容丰富的思政课课程体系,使各类课程与思想政治理论课同向同行,努力实现职业技能和职业精神培养高度融合,促进协同育人机制全面形成,进而推进高校思政课创新改革向纵深发展。为深入贯彻落实习近平新时代中国特色社会主义思想和党的十九大精神,贯彻落实习近平总书记关于教育的重要论述,特别是在学校思想政治理论课教师座谈会上的重要讲话精神,全面贯彻党的教育方针,解决好培养什么人、怎样培养人、为谁培养人这个根本问题,坚持不懈用习近平新时代中国特色社会主义思想铸魂育人,2019 年 8 月中共中央办公厅、国务院办公厅印发《关于深化新时代学校思想政治理论课改革创新的若干意见》,明确提出建设一支政治强、情怀深、思维新、视野广、自律严、人格正的思政课教师队伍。2020 年 12 月 18 日,为全面贯彻党的教育方针,深入落实中共中央办公厅、国务院办公厅《关于深化新时代学校思想政治理论课改革创新的若干意见》精神,充分发挥思想政治理论课在立德树人中的关键课程作用,循序渐进、螺旋上升地开设好大中小学思政课,中央宣传部、教育部印发《新时代学校思想政治理论课改革创新实施方案》,要求立足于思政课的政治性属性,对大中小学思政课课程目标进行一体化设计,以了解学习、理解把握习近平新时代中国特色社会主义思想为课程主线,在政治认同、家国情怀、道德修养、法治意识、文化修养等方面提出明确要求,引导学生坚定"四个自信",做德智体美劳全面发展的社会主义建设者和接班人。党的二十大以来,党对思政课教学创新团队建设的全面领导得到了进一步体现,有力推动了思政课建设与党的各项事业同步发展。

3.1.1　保证思政课教学创新团队建设正确的政治方向

思政课作为政治性、思想性较强的课程,必须坚持正确的政治方向与政治原则。学校党委对思政课建设高度重视,构建了党委统一领导、党政齐抓共管、有关部门(学院)各负其责、协同配合的工作格局,为思政课教学创新团队的建设发挥举旗定向、关心指导和支持保障的作用。马克思主义学院高度重视教学创新团队建设,加强对承接任务(项目)建设的组织领导,制订《马克思主义学院职业教育提质培优行动计划(2020—2023年)承接任务(项目)建设工作方案》,成立学院建设工作领导小组、项目工作组、承接任务(项目)建设专家咨询组。学院领导班子成员作为团队建设主要成员参与其中。充分发挥学院党总支的政治核心作用,按照"双带头人"标准要求,选配教工党支部书记,建好支委班子,高起点、高标准推进党支部规范化建设,充分发挥支委班子"领头雁"作用、党支部战斗堡垒作用、党员先锋模范作用,为团队建设提供坚强的政治引领和组织保障。

思政课作为一门具有政治性和思想性强烈特点的课程,其核心使命在于坚持正确的政治方向和政治原则,以培养德智体美全面发展的社会主义建设者和接班人为根本目标。在这一重要使命下,学校党委高度重视思政课建设,构建了党委统一领导、党政共同管理、各相关部门(学院)各司其职、协同协作的工作架构,从而为思政课教学创新团队的建设提供了明确的指引、热情的指导和有力的支持。马克思主义学院在思政课教学创新团队建设方面投入了极大的关注和努力。特别是在承接任务和项目建设方面,学院积极组织领导,制订了《马克思主义学院职业教育提质培优行动计划(2020—2023年)承接任务(项目)建设工作方案》,并成立了学院建设工作领导小组、项目工作组以及承接任务(项目)建设专家咨询组。这一举措有效地将各方资源汇聚,形成了有力的合力,以推动团队建设的顺利进行。学院领导班子成员在这个过程中发挥了重要作用,他们积极参与团队建设,不仅是支持的象征,更是推动的力量,为团队建设的高效推进提供了坚实的保障。

学院党总支在思政课教学创新团队建设中发挥着重要的政治核心作用。遵循"双带头人"标准,学院党总支精心选派并配备了教工党支部书记,致力于建设更加高效的支部班子,以实现党支部规范化建设的目标。这一标准不仅要求领导班子在思政课团队建设中扮演积极角色,也要求党员在其中起到先锋模范作用。支委班子在这个过程中具有"领头雁"的作用,党支部则充当了战斗堡垒和组织核心,共同促进了团队建设的良性发展。在这个追求卓越的过程中,学校党委的指导不仅为团队建设提供了明确的政治定位,还为团队的整体发展提供了有力的组织支持。学院党总支的政治核心作用则在思政课教学创新团队建设中得以充分发挥,既推动了教学创新的实现,也加强了党员的思想引领。通过强化组织保障,团队建设得以高效推进,教学创新蓬勃发展,为培养社会主义建设者和接班人作出了积极贡献。

在校院党组织的明确引领下,思政课教学创新团队建设得以深入践行"四个服务"的要求,充分体现出其在高校立德树人根本任务中的重要性。思政课,作为关键的一门课程,具有深刻的政治使命,旨在培养具备社会主义事业建设素养的人才,并肩承担国家的接班人责任。从根本层面来看,思政课在培养学生坚定理想信念、培养高尚情操、提升道德修养、拓展知识广度以及提高综合素质等方面具有不可忽视的作用。通过思政课的教育,大学生可以更好地理解并践行"爱国情怀、强国志向、报国行动"的要求,将这些情感和信念融入实现中华民族伟大复兴的伟大奋斗之中。这样的教育旨在培养具有历史责任感和时代使命感的新时代青年,让他们以独立的世界观和深刻的中国情怀走向世界舞台,为国家的繁荣昌盛作出积极贡献。校院党组织在思政课教学创新团队建设中的引领作用不容忽视。正是在这个引领下,团队在坚守立德树人的核心任务时,不断调整教学内容和方法,以更好地培养学生的思想道德素质。通过将社会主义核心价值观融入教学,引导学生树立正确的人生观、价值观和世界观,促使他们成为有社会责任感、具有家国情怀的时代新人。

综上所述,思政课教学创新团队的建设离不开正确的政治引领和坚实的组织保障。学校党委、马克思主义学院以及学院党总支在这一过程中发挥着重要作用,共同推动思政课教学创新团队的蓬勃发展,为培养更多优秀的社会主义建设者和接班人作出了不可替代的贡献。思政课教学创新团队的建设正是在校院党组织的引领下,不断践行"四个服务"的要求。这一团队在高校教育体系中扮演着举足轻重的角色,通过塑造学生正确的人生观和价值观,培养具有时代情怀和责任担当的社会主义建设者和接班人。未来,随着各级党组织的持续努力,思政课教学创新团队必将继续砥砺前行,在培养更多具有家国情怀和国际视野的杰出人才方面作出更为卓越的贡献。

3.1.2　筑牢思政课教学创新团队建设坚定的思想基础

在思政课教学创新团队建设中,有几个关键要点需要得到更加充分的发挥和实践,以确保思政课的有效性和深远影响。首先,必须始终以马克思主义为指导,坚守党对高校意识形态的领导权。这意味着要在思政课教学中深入贯彻党的理论路线,将马克思主义的基本原理融入教学内容中,使思政课成为坚定的马克思主义阵地,从而增强社会主义意识形态的凝聚力和引领力。其次,用习近平新时代中国特色社会主义思想塑魂育人。将习近平新时代中国特色社会主义思想融入思政课教学,可以有效引导学生牢固树立社会主义核心价值观,增强对中国特色社会主义事业的认同感和自豪感,培养有责任感、有担当精神的新时代青年。同时,坚定的理想信念对于大学生的培养至关重要。思政课应该通过讲述"四史"和党的创新理论成果,加强大学生的理想信念教育,引导他们坚定自己的人生信仰,树立为共产主义和中国特色社会主义事业奋斗终身的信念。社会主义核心价值观也应该贯穿于思政课教学全过程,培养学生积极向上、勇于担当、关心他人、崇尚真善美的价值观。最后,要将政治认同、思想认同、理念认同、情感认同贯穿于思政课教学创新团队的建设过程中。团队成员应具有坚定的共产主义信仰,对中国特色社会主义有清醒的认识,同时也应具备强大的理论素养和教学水平。通过共同的理念和目标,团队成员可以更好地协同合作,推动思政课教学的深入发展。

思政课教学创新团队的建设需要从多个方面入手,充分发挥马克思主义的指导作用,深入贯彻习近平新时代中国特色社会主义思想,培养学生坚定的理想信念和社会主义核心价值观。只有在这样的基础上,思政课教学创新团队才能真正发挥其应有的作用,为培养社会主义建设者和接班人作出积极贡献。

3.1.3　发挥基层党组织的战斗堡垒作用和共产党员的先锋模范作用

在推进思政课教学创新的过程中,马克思主义学院的教工党支部与专业融合实施的思政课精准教学在学院学生党支部中开展党建育人基地,充分发挥党支部的职能与使命。这一举措不仅有利于党支部教育、管理和监督党员,还在组织群众、宣传群众、凝聚群众、服务群众方面发挥着积极作用。这种支部共建的方式可以让学生感受到党员思政课教师队伍高尚人格和学识魅力,从而在精神上产生共鸣,增强信仰。这对于引导学生信师信道,将真理的力量传递给学生,起到了积极作用。在这一过程中,马克思主义学院的教工党支部书记作为双带头人,在支部共建中发挥着引领和带动作用。党支部的双带头人建设不仅可以助力共建学生党支部双带头人的培养,更可以为学生树立正确的思想导向,引导他们树立正确的人生观、价值观。通过这种示范作用,可以逐渐在校园中营造出浓厚的思政氛围,推动立德树人根本任务融入教学全过程,实现教育目标。在学生党支部中开展党建育人基地,不仅仅是一种组织安排,更是为了构建"大思政"格局,推动协同育人机制的形成。党的领导在高校意识形态领域的发挥,以及思政课的育人功能,都需要在各个环节得到有效融合和实施。这一共建共享的模式,使得党支部与思政课教学的各个环节更加紧密相连、相互促进,共同推进学生思想政治教育的深入开展。

总体而言,通过马克思主义学院教工党支部与专业融合实施思政课精准教学的学院学生党支部开展党建育人基地,可以实现党的领导在高校思想政治教育中的有机融合,更好地发挥党支部在引导学生思想、培养党员的过程中的作用。这种模式不仅有利于学生的思想政治教育,也有助于构建校园的良好思政氛围,为学生成长成才提供有力支持。同时,这也是推进立德树人根本任务的创新实践,为高校思政课教学的创新与发展注入了新的活力。

3.2 师资队伍建设:构建职业教育"三全育人"新格局

习近平总书记曾明确强调:"办好思想政治理论课关键在教师,关键在发挥教师的积极性、主动性、创造性。"这一重要指示充分体现了教师队伍建设在思政课教学中的关键地位。习近平总书记对教师队伍建设的高度重视,不仅将其视为教育事业发展和教师个人专业成长的重要方面,更将其融入国家繁荣和民族复兴的整体战略中。因此,在推动"大思政"格局的落地过程中,必须对专职思政课教师进行有力整合,以构建一支坚定信仰、高水平能力的思政课教育教学队伍。

教师作为教育事业的中坚力量,承担着培养人才、传承文化、引领思想的重要使命。在思政课教学中,教师既是知识传递者,更是思想引领者。因此,构建一支高素质的思政课教育教学队伍至关重要。这不仅需要加强对专职思政课教师的培养与引进,更需要将各类教育力量融合起来,形成合力。习近平总书记重要指示要求我们充分发挥教师的积极性、主动性和创造性,这意味着我们应该为教师提供更广阔的发展空间,鼓励他们不断创新教学方法,丰富思政课程内容,使思政课更加生动有趣,更加贴近学生的实际需求。在专职思政课教师队伍建设中,应该注重培养教师的思政素养和教学能力。思政课的特殊性要求教师不仅要具备扎实的政治理论知识,还需要有丰富的教育教学经验,能够将抽象的政治理论融入生活实际中,引导学生深刻理解和领会。此外,教师还应该具备较强的沟通能力和团队合作精神,能够与学生进行良好互动,引导他们积极思考,形成独立的政治观点。

习近平总书记重要指示为构建高水平的思政课教育教学队伍提供了重要遵循。通过整合专职教师和其他教育力量,我们可以打造一支充满活力和创新的队伍,为学生成长成才提供坚实的思想引领和教育支持,助力"大思政"格局的顺利实施和落地生根。这既是对习近平总书记重要指示的有力响应,也是对我国高校思政课教育事业的积极探索和创新。

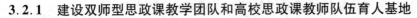

3.2.1 建设双师型思政课教学团队和高校思政课教师队伍育人基地

积极开展学习贯彻习近平新时代中国特色社会主义思想专题轮训,是培养高水平思政课教学团队的关键举措。习近平总书记强调,思政课教师要做到既要有德才,更要有才德,这为思政课教学团队建设提出了明确要求。因此,我们将通过深入学习和领会习近平新时代中国特色社会主义思想,培养一支富有热情和活力的思政课教学团队,他们热爱思政课教学,深入研究马克思主义理论,具备卓越的教学能力,同时拥有广阔的发展潜力。

在推动复合型技术技能人才培养培训模式改革方面,我们将借鉴国际职业教育培训的成功经验,积极探索创新。特别是我们将启动 1 + X 证书制度试点工作,以更加贴近实际职业需求的方式,培养学生的职业技能,增强他们的就业竞争力。通过"请进来"和"走出去"的方式,我们将打造"1 名专任教师"、拥有"1 项职业技能"的双师型教学团队,使教师不仅具备扎实的理论素养,还能够将理论与实际紧密结合,为学生提供更加实用的教学内容和指导。为了进一步提升教师的素质,我们将积极组织骨干教师进行省内外的研修访学,以拓宽他们的学术视野和教学经验。同时,我们将争取在三年内建成云南乃至全国高等院校高素质"双师型"思政课教师队伍研修基地,为广大教师提供一个交流、学习和成长的平台。这将有助于形成良好的教学互动,促进教师之间的经验共享,提高整体教学水平。

推进习近平新时代中国特色社会主义思想的学习贯彻,以及复合型技术技能人才培养模式改革,是构建高水平思政课教学团队的重要路径。我们将以习近平总书记重要指示为指导,通过不断创新和实践,培养一支充满活力、敬业奉献的教学队伍,为培养更多有理想、有信仰、有担当的复合型技术技能人才作出积极贡献。

3.2.2 构建专兼结合的思政课教师队伍合力推进思政课教学的协同育人机制

学校对思政课教师队伍建设予以高度重视,这体现在严格按照 1∶350 的师生比例配置足够数量的专职思政课教师。同时,我们认识到"大思政"教育对思政课教学团队的建设提出了更高的要求,这需要充分整合学校的人力资源,形成合力,以推动思政课教学的深度和广度。

在思政课教学团队建设方面,我们不仅注重专业教师的配备,还将广泛吸纳拥有思想政治教育专业背景的人员,包括学校领导、各学院的党政主要负责人、学校职能部门直属党支部书记、学工部的教师、辅导员等。这种多元化的师资队伍构建方式,旨在形成相对稳定且数量充足的队伍,确保思政课教学团队的专业性和广度。在这个团队中,每位教师都将被充分重视和发挥,发挥其个体特长,充分运用专业素养和教学经验,以更好地推进思政课教学的深入和广泛。例如,学校领导和学院党政负责人可以为思政课建设提供战略指导和资源支持,教师和辅导员可以在教学中提供更具体的指导和关怀,而专职思政课教师则可以承担更多的教学任务和研究工作。

我们将以综合性思政课教学团队的构建为契机,充分发挥每位教师的优势,形成合力,以更加全面、深入的方式推进思政课教学的质量和效果。通过多元化的师资队伍,我们将确保思政课教学不仅在数量上得到保障,更在质量上得到提升,为学生成长成才提供坚实的思想政治理论支撑。

3.2.3　挖掘社会思政资源推进示范引领的育人功效

为了进一步丰富思政课教学内容,我们积极探索新的思政教育模式,计划从企业中聘请一批具有杰出业绩和道德榜样形象的劳动模范、技术能手、大国工匠、道德楷模,组建兼职思政导师团队,以拓展学生的视野,提升思政课教学的实效性。兼职思政导师作为一支有丰富阅历和亲和力的团队,将为思政课教学注入新的活力。我们将邀请党委政府、企事业单位领导干部,以及在工作岗位上表现突出的国防工匠、脱贫攻坚的模范人物,进行现场报告和分享。通过举办"大国工匠进校园""劳模进校园""优秀校友校园分享"等活动,让学生近距离接触这些楷模,了解他们的事迹和精神,激发学生的积极性和责任感。这样的实际案例和身边人物的故事将深刻影响学生,引导他们树立正确的人生观和价值观,进一步传承和培育工匠精神。

兼职思政导师的引入不仅能够拓宽学生的认知范围,还能够将实践领域的经验与理论知识相结合,使思政课教学更具实际意义和可操作性。他们将为学生提供真实的案例分析,让抽象的思想理论更加具体可感,帮助学生更好地理解和应用。同时,兼职思政导师还能够协助教师,共同推动思政课教学的深化和创新,形成一种新的教学模式和风格。通过这种方式,我们将进一步增强思政课教学团队的实效性和吸引力,为学生提供更加丰富多样的学习资源和体验。同时,这也有助于实现"三全育人"的大格局,让学生在思政教育中获得全面培养,既具备坚定的理论信仰,又具备实际操作和实践能力,为培养社会主义建设者和接班人打下坚实基础。

3.3　课程内容建设:构建五位一体的思政课教学育人体系

在思政课建设中,课程内容的构建被视为核心要素,它直接关系到如何塑造培养何种人的关键问题。因此,我们积极倡导建立一个多元化、综合性的思政课教学育人体系,旨在切实解决培养有思想、有担当、有品德的社会主义建设者和接班人的迫切需求。积极构建五位一体的思政课教学育人体系,即以金课建设为动力,创新思政课专题式示范和思政课"4+1"课程的融通教学;以学生就业为导向,探索与专业融合的思政课精准教学;以课程思政为手段,推进思政课与课程思政同向同行;以产教融合为突破,共建思政课实践育人与服务平台;以网络思政为阵地,发挥"互联网+"育人引领功能。

3.3.1　以金课建设为动力,创新思政课模块化和思政课"4+1"课程的融通教学

以国家线上金课、线下金课、线上线下混合式金课以及社会实践金课的建设作为标杆,我们积极展开思政课专题式示范教学和思政课"4+1"课程的融通教学,致力于塑造五堂精彩纷呈的思政示范课。我们学校在开放教育、终身教育、职业培训、干部培训、中高衔接等领域拥有多年的办学历史,这为我们在思政示范课堂的教育教学整合与创新中积累了丰富的专业经验和资源基础。同时,我们也在思政课程社会实践实训方面建立了广泛的合作渠道和资源网络。

五堂思政示范课堂分别是:习近平总书记考察云南重要讲话精神,弘扬云南军工企业发展中的爱国主义精神、传承军工文化,弘扬工匠精神,铸牢中华民族共同体意识教育,新时代

劳模精神教育。在这些示范课堂中,我们将充分利用国家线上金课平台,为学生提供高质量的远程教育资源,使得思政课的覆盖面更广、深度更深。同时,通过线下金课的传授和互动,我们能够更好地促进学生的思考和交流,提升他们的综合素质。在线上、线下混合式金课中,我们将借助现代科技手段,实现线上、线下教学的有机融合,为学生创造更加灵活和自主的学习环境。而社会实践金课则将引导学生深入社会,亲身感受社会发展的脉搏,培养他们的实际操作能力和社会责任感。

这些思政示范课堂旨在通过多样化的教学方式,传递爱国主义、劳模精神、劳动精神、大国工匠精神以及中华民族共同体意识等核心价值观,引导学生在实践中增强家国情怀,锤炼坚韧意志,培养创新精神,助力学生成为有担当有作为的时代新人。我们学校将以这五堂精心打造的思政示范课堂为抓手,不断加强思政课教学的内涵建设,提升教学质量,为培养德智体美劳全面发展的社会主义建设者和接班人贡献力量。

3.3.2　以学生就业为导向,探索与专业融合的思政课精准教学

思政课精准教学的内涵是指,以"现实的学生"为对象,精准把握学生现实需求,将精当的教学内容以精巧的教学时机、精妙的体验场景精准地传导给学生,推动解决教学供需矛盾,满足青年大学生日益增长的成长需要,实现立德树人的教学目标。

一是以问题链重构教学内容。突出理论性,把马克思主义基本原理讲清楚,把道理讲透彻,把问题讲明白,深刻回答中国共产党为什么能、马克思主义为什么行、中国特色社会主义为什么好。突出时代性,深刻阐明我国发展面临着复杂的国内外环境、艰巨的改革发展任务、严峻的矛盾风险挑战,突出实效性,着力引导学生对中国梦与个人梦、社会价值与个人价值、公德与私德、权利与义务等关系的认识,引导学生辩证对待人生矛盾,树立正确的幸福观、苦乐观、顺逆观、得失观、生死观、荣辱观。

二是建设优质教学资源库。将不同平台、渠道、媒体的思想政治教育资源进行整合,使其成为一个整体的资源系统,并在增加思想政治教育资源的数据内容量、提高学生关注度和增强学生参与性方面着力加强,抓出成效。将资源建设与资源使用相统筹,实现在资源建设中培养教师队伍,在资源使用中锻炼教师队伍。

三是以舆情分析为前提组织精准教学。围绕重大理论现实问题和社会价值误区,进行集中回应和"定点爆破"。积极发挥社会舆论"风向标"和"引导器"的重要功能,巩固马克思主义在意识形态中的领导权。

四是精准对接专业实施实践教学。在传统的讨论、辩论、小组调查等基础上,将思政实践课与专业课知识相对接,按照不同专业特点有目的地设计不同的实践教学内容,探索镜头实录、微视频、人物寻访等多种实践教学形式;结合专业学生的学习情况、思想意识、成长规律等因素深挖云南地方红色资源的内涵,增强红色资源的育人功能;强化对学生思政理论社团的指导,打造一支开展理论宣讲、优秀网文撰写、新媒体制作的学生团队。

3.3.3　以课程思政为手段,推进课程思政与思政课程同向同行

习近平总书记强调:"其他各门课都要守好一段渠、种好责任田,使各类课程与思想政治理论课同向同行,形成协同效应。"在推进思政课教师团队建设的过程中,我们应充分利用各

种力量,与广大"课程思政"教师及团队紧密融合。我们要深入挖掘其他课程和教学方式中潜藏的思想政治教育资源,将各门课程的教师都纳入广义的思政课教师团队之中,从而拓展育人工作的覆盖面和感染力,实现全员全程全方位的育人目标。

通过思政课创新团队的建设,结合心理教研室归属于马克思主义学院的独特优势,我们能够充分发挥思政课教师的双师型特点。借助《大学生心理健康教育》这门公共课程,我们将进行有针对性的课程思政建设,创造出有实际推广价值的心理健康教育课程思政案例。通过这一创新,我们有望探索出一种新的教学模式和长效机制,使思政课与课程思政能够同频共振,形成合力,最大程度地发挥每门课程在立德树人方面的作用。这种合作模式不仅可以加强思政课的教学效果,还有助于拓展学生的视野和思维,使他们在各个学科中都能够感受到思想政治教育的渗透。通过各门课程的集体努力,我们可以更好地引导学生树立正确的世界观、人生观和价值观,培养他们的爱国情怀、责任感和创新精神,为培养更多优秀的社会主义建设者和接班人打下坚实基础。

我们在思政课教师团队建设中,积极促进不同学科、不同教学方式的融合,打破学科壁垒,实现课程思政与思政课程的同向同行,从而为学生的全面发展和成长提供更加丰富多彩的育人资源和渠道。这不仅是对教育教学的一种创新尝试,更是培养德智体美劳全面发展的社会主义建设者和接班人的迫切需要。

3.3.4 以产教融合为突破,共建思政课实践育人与服务平台

为了更好地开展职业素质教育,我们需要进一步整合校内生产化实训基地和校外实习基地的资源,将这些基地打造成富有思政教育特色的实践教学基地。这一举措能够更好地将理论与实际相结合,让学生在实际操作中体验思政课所传达的核心价值观。同时,我们还可以借助校企合作资源,建立校企思政教育研究中心,以此为桥梁,构建学生第一课堂和第二课程的无缝连接,确保思政教育的持续性和质量。在实训企业中,我们可以打造校企思政教育研究中心,邀请能工巧匠和思政教师充当双导师,共同指导学生的实际工作,并将思政教育融入其中。这种模式可以使学生在学习技术的同时,也能够感受到思政教育的熏陶,从而培养出更具社会责任感和价值观的技术人才。同时,我们可以考虑在企业中建立长期驻点的思政教育研究中心,培训一批优秀的能工巧匠,使他们不仅精通技术,还能够运用技术手段进行思政教育,将"技术讲思政,思政讲技术"的理念贯彻到实际行动中。

这一体系不仅可以培养出专业技术精湛、同时具备思政素养的人才,还可以促使思政教师走出校园,走向企业一线,深入了解前沿技术和社会需求,获得相关的职业资格证书,从而提高思政教师的专业素养和双师型教师的数量比例。这样的双向培养模式能够促进思政教师与技术领域的相互交流,不仅丰富了思政教育的内涵,还提升了教师的教学水平和学科知识。综上所述,通过将思政教育与实际技术应用相结合,我们可以构建出一支既懂技术又会讲思政的专家团队,为学生的全面发展和素质提升提供强有力的支持。

3.3.5 以网络思政为阵地,发挥"互联网+"育人引领功能

要依托"互联网+职业教育"的新模式,借助"互联网"支撑的"数字化自主学习""灵活学习"方式,为构建时间和空间上更加灵活、机动的学习工作模式,促进开放教育、非学历教

育培训一体化发展创造条件。按照大思政的课程建设视野,不仅着眼于学生学校思政课学习的需要和发展需求,而且充分利用我校线上教育长期积累的经验和教学体系,整合云南省干部在线学习学院、乡村振兴学院、思政课数智化学习平台等资源,形成线上学习为主、线下学习为辅的课程体系,让学生通过菜单式组合课程自主学习线上课程资源,同时加强教师线上辅导和线下答疑解惑相结合的方式,设计全过程全环节的终身职业思政课程衔接体系。把信息技术和思政教育有机融合,增强育人的吸引力和时代感。抓住信息技术革命的规律和互联网的优势,加强 MOCC 平台建设和 SPOC 翻转课堂推广,将优质课程资源上网的同时主动发声和正面引导,牢牢把握网络意识形态主动权引领青年。

2020 年 1 月以来,在抗击新冠疫情的人民战争中,教育部组织多所高校开展的"思政战疫小课堂"作为网络教学第一讲,就生动地诠释了中国特色社会主义制度和体制机制优势,增强了大学生的向心力和凝聚力。团队建设要善于总结凝练这样融通网络媒体和思政育人功能的案例,适时适地用身边的人事物培育学生的使命担当和责任情怀。

3.4　机制建设:探索思政课教学创新团队建设的长效机制

构建高校思政课教师队伍建设的长效机制是推进思政课教学质量持续提升的重要举措。这一机制的多维度构建将为思政课程的全面发展提供坚实保障,促进思政课教师队伍的建设步入规范、高效、可持续的轨道。在推动思政课教师队伍建设的过程中,需要紧密结合国家发展需求,充分发挥思政课在培养社会主义建设者和接班人中的关键作用。正如习近平总书记所强调的,思政课是立德树人的关键课程,必须确保思政课教师的素质和水平与之相匹配。因此,应加强人才培养,注重选拔和培养具有深厚政治素养和教学能力的思政课教师,使其在理论水平和教学技能上都达到高标准。在建设长效机制的过程中,还需关注制度建设。建立健全的评价体系,明确思政课教师的岗位职责和教学要求,将其绩效考核与教学质量、学生评价等相结合,推动思政课教师的教学能力和表现不断提升。此外,要加强教师培训和交流,鼓励思政课教师参与学术研究和教学改革,不断拓展自身的学术视野和教育理念。在构建长效机制的同时,还需关注思政课教师的权益保障。要建立健全薪酬和福利政策,激励和吸引更多优秀人才投身于思政课教育事业。此外,加强对思政课教师的政治关怀和思想引导,确保他们在教学中保持高度的政治敏锐性和正确的政治方向。

构建多维度的高校思政课教师队伍建设长效机制,有助于强化思政课教育在培养社会主义建设者和接班人中的核心地位,实现思政课程的全面育人目标,为国家的现代化建设和中华民族伟大复兴提供有力的人才支持和智力保障。正如习近平总书记所强调的,思政课教师要"把立德树人作为第一位的教书育人使命",而这一使命的实现离不开科学有效的长效机制的支持。

3.4.1　健全管理机制,打造结构化教师教学创新团队

发挥教学团队成员的积极性和创造性,必须在健全有效的管理制度下进行。构建高效的领导决策管理机制是至关重要的一环。为此,可以设立教师教学团队建设领导小组,其职责包括规划、协调和管理教学团队的各项事务。同时,明确学科带头人、课程负责人和骨干

教师的职责,建立定期研讨制度,推动课程建设的不断创新与完善。高校应当致力于引进和培养高层次人才,激励机制是不可或缺的一环。建立有效的人才引进机制,如高薪酬、研究项目支持等,可以吸引国内外优秀人才加入教学团队,丰富团队的学术力量和创新能力。此外,校企互派共育机制的探索也是重要的一步。通过与企业合作,教师有机会走进实际工作场景,深入了解产业需求,从而更好地为学生提供实际应用的教学。同时,实施"双岗互聘"模式,即教师在校内和校外双重岗位之间轮换,可以促进教学与实际工作的有机结合,提升教师的教学质量和实践能力。

要优化教学团队的专兼结构,引入五一劳模、技术能手、技能大师等优秀人才,构建"双师"素质和结构相结合的高水平专业教学团队。这将有助于在教学中融合实际经验和理论知识,使学生受益匪浅。同时,也要注重培养科研与教学相结合的跨领域高水平创新团队。通过将前沿研究成果融入教学内容,激发学生的创新思维和科研热情,培养具有创新能力和实践能力的优秀人才。通过建立多元化的管理机制和激励机制,高校可以有效地发挥教学团队成员的积极性和创造性,促进教学团队的全面发展,提升教学质量,为学生成长成才提供坚实的支持和引导。正如习近平总书记所强调的,要"推动教师教育高质量发展,使广大教师真正做到心中有党、忧国忧民、爱校爱生、德技双馨",这需要学校在教师队伍建设上不断进行创新和完善,为教师提供更好的成长平台和发展机会。

3.4.2 健全思政课教学队伍的成长发展机制

坚持思政课教学工作规范化建设,是高校培养社会主义建设者和接班人的重要举措。在传授知识的同时,思政课教师努力实现"八个相统一",即理论与实践相统一、知识与能力相统一、国内与国际相统一、思政与业务相统一、课内与课外相统一、传统与创新相统一、师生与同行相统一、个体与团队相统一。构建优质教育教学资源共享机制,将教学经验、教案、案例等教学资源进行共享,促进思政课教学水平的整体提升。

为激发教师的内生动力,需要建立健全一系列机制。教师培训机制应当包括定期的教学培训,引导教师不断提升教学方法和教育理念。人才聚集机制可以通过优厚的薪酬、科研支持等方式吸引高水平人才加入思政课教学团队,提升团队整体素质。业绩考核机制要充分考虑教学和教育成果,为教师提供发挥优势的平台。绩效分配机制要公平合理,鼓励教师积极参与团队建设。

为推动教师的自我完善,应建立完善的发展机制。思政课教师可以参与教育研究、学术交流等活动,不断提升自己的学术水平和教学能力。与其他课程教师的交流机制有助于思政课教师借鉴其他课程的教学经验,丰富教学内容、提高教学效果。青年骨干教师的成长机制要注重培养新锐教师,帮助他们在教学实践中逐步成长为优秀教师。

为了量化教学效果,可以建立精细的考评机制。这可以包括学生评价、同行评价等多方面的评估方式,使教师能够清楚了解自己的优势和不足,从而有针对性地进行提升。将"六个要"标准融入考核评价中,能够更好地引导教师团队建设的方向和目标。

使用"全国高校思政课教师网络集体备课平台"是充分利用现代技术手段的体现,通过在线平台,教师可以分享教学资源和经验,促进教学内容的创新和提高。此外,"面对面集体大备课"活动可以促进教师之间的交流与合作,共同探讨教学难题,提升教学质量。举办

"习近平新时代中国特色社会主义思想大学习领航计划"以及展示交流大会,有助于教师更好地学习和贯彻习近平新时代中国特色社会主义思想,引领学生树立正确的世界观和价值观。外出研修机制可以让教师深入了解国内外最新的教学理念和技术,为思政课的创新和发展提供新的思路和方向。

　　总之,通过多维度的机制建设,可以不断激发思政课教师团队的活力和创造力,推动思政课程的全面提升,为培养社会主义建设者和接班人作出更大贡献。

第四章

打造 1 个高素质思政课教学创新团队

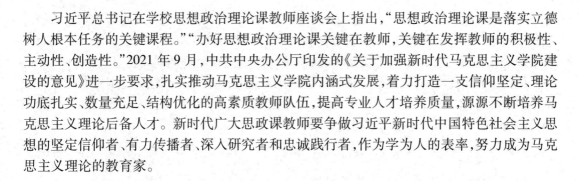

习近平总书记在学校思想政治理论课教师座谈会上指出,"思想政治理论课是落实立德树人根本任务的关键课程。""办好思想政治理论课关键在教师,关键在发挥教师的积极性、主动性、创造性。"2021 年 9 月,中共中央办公厅印发的《关于加强新时代马克思主义学院建设的意见》进一步要求,扎实推动马克思主义学院内涵式发展,着力打造一支信仰坚定、理论功底扎实、数量充足、结构优化的高素质教师队伍,提高专业人才培养质量,源源不断培养马克思主义理论后备人才。新时代广大思政课教师要争做习近平新时代中国特色社会主义思想的坚定信仰者、有力传播者、深入研究者和忠诚践行者,作为学为人的表率,努力成为马克思主义理论的教育家。

4.1 以思政教师培训和研修基地建设为手段培育 1 支 "1+1"双师素质思想政治理论课教学团队

党的二十大报告强调:"教育、科技、人才是全面建设社会主义现代化国家的基础性、战略性支撑。必须坚持科技是第一生产力、人才是第一资源、创新是第一动力,深入实施科教兴国战略、人才强国战略、创新驱动发展战略,开辟发展新领域新赛道,不断塑造发展新动能新优势。"报告首次将教育、科技、人才三者放在一起进行一体部署,并且将其放在"加快构建新发展格局,着力推动高质量发展"之后的突出位置,足以突出科教兴国战略在中国特色社会主义现代化建设全局中的重要地位与作用。功以才成、业由才广,当今世界的综合国力竞争,说到底还是人才资源的竞争,人才越来越成为推动经济社会发展的战略性资源。职业教育是实现人才资源转化的重要途径,也是建设教育强国、人力资源强国和技能型社会的重要支撑。在 2022 年 4 月 20 日第十三届全国人民代表大会常务委员会第三十四次会议通过的《中华人民共和国职业教育法》修订中,提出:"职业教育是与普通教育具有同等重要地位的教育类型,是国民教育体系和人力资源开发的重要组成部分,是培养多样化人才、传承技术技能、促进就业创业的重要途径。"这是自 1996 年颁布实施《中华人民共和国职业教育法》以来首次明确职业教育与普通教育具有同等重要地位,这一明确更新了大众对职业教育的观念,也对职业教育高质量发展提出了任务要求。教育是国之大计,党之大计。2014 年 9 月 9日,习近平总书记在同北京师范大学师生代表座谈时强调:"当今世界的综合国力竞争,说到底是人才竞争,人才越来越成为推动经济社会发展的战略性资源,教育的基础性、先导性、全局性地位和作用更加突显。'两个一百年'奋斗目标的实现、中华民族伟大复兴中国梦的实现,归根到底靠人才、靠教育。源源不断的人才资源是我国在激烈的国际竞争中的重要潜在力量和后发优势。"教师作为发展教育的第一资源,在人才的培养中起着关键的作用。2019年 3 月 18 日,习近平总书记在学校思想政治理论课教师座谈会上对我们所培养的人才这样说:"我们党立志于中华民族千秋伟业,必须培养一代又一代拥护中国共产党领导和我国社会主义制度、立志为中国特色社会主义事业奋斗终身的有用人才。"无论从革命、建设、改革到新时代,对人才培养的要求或许有所不同,但对人才培养的目标是不变的,那就是要培养社会主义合格的建设者和可靠的接班人。育人先育德,思想政治理论课是落实立德树人根本任务的关键课程,思想政治理论课的作用不可替代,思想政治理论课教师队伍责任重大。基于职业教育与普通高等教育人才培养模式的区别与联系,职业教育彰显出其在技能型人才培养方面的重要性与特殊性，因此决定了高职院校思想政治理论课教师既要具备高校思想政治理论课教师的普遍性，也要具备高职教师的特殊性。这两种特性既反映了高职思想政治理论课教师的理论素养，也突出了高职思想政治理论课教师的实践能力。

依托提质培优项目，开展了思想政治理论课专任教师培训，培训中，特别针对思想政治理论课教师的"双师"素质进行培育，回答为什么培育思政教师"双师"素质、怎么进行"双师"素质的培训、双师素质能力获得的效果。

4.1.1 为什么要培育思政教师"双师"素质

（一）"双师型"教师概念的历史起源

"双师型"教师这一名词是根据职业教育人才培养模式中对专业课教师所具备的素质要求提出来的，在职业教育领域，随着教育的不断发展，还提出了与"双师"本质接近但表述不一概念，比如"双能力"教师、"双职称"教师、"双证书"教师等，无论是哪一种概念，其本质都要求职业教育教师要具备多种能力以胜任职业教育对技能型人才培养的教学工作。当然，这种认识也体现了早期对我国职业教育问题研究不深刻，特性认识不充分的情况。

1990年，时任上海冶金专业专科学校仪电系主任王义澄在《建设"双师型"专科教师队伍》一文中提出该校在"双师型"教师培养方面的具体做法，通过"参与学生实习过程、选派教师到工厂实习、参与重大教学科研工作、多承担技术项目"来达到"双师型"教师的基本要求。在政府层面的正式文件中提出这个概念是从1995年开始的，原国家教委在《关于开展建设示范性职业大学工作的原则意见》（教职〔1995〕15号）中，对申请试点建设示范性职业大学的基本条件之一是："有一支专兼结合、结构合理、素质较高的师资队伍。专业课教师和实习指导教师具有一定的专业实践能力，其中有三分之一以上的'双师型'教师"，示范性职业大学建设的目标要求中对师资队伍建设提出"专业课教师和实习指导教师基本达到'双师型'要求"，这是在国家层面首次提出"双师型"教师的概念，由此也标志着对"双师型"教师以及"双师型"教师队伍的建设研究上升到了国家战略层面。之后，在《国家教委关于高等职业学校设置问题的几点意见》（教计〔1997〕95号）中的第一条中提到："中级专业技术职务以上的本专业非教师职称系列的或'双师型'专业教师2人。"1997年由教育部首次召开的全国职教师资队伍建设工作座谈会明确提出：职教师资工作以建设"双师型"师资队伍为重点，今后中等职业学校要不断提高师资队伍中的"双师型"教师所占比重，至2010年，"双师型"教师所占比例应不少于60%。在1998年原国家教委在《面向21世纪深化职业教育教学改革的意见》中提到："要重视教学骨干、专业带头人和'双师型'教师的培养"。同年，《教育部关于贯彻十五届三中全会精神促进教育为农业和农村工作服务的意见》中提出构建"双师"素质和"双师"结构的双师型师资队伍的要求。1999年《中共中央国务院关于深化教育改革全面推进素质教育的决定》中更进一步的明确了"双师型"教师的内涵。2002年教育部印发的《教育部办公厅关于加强高职（高专）院校师资队伍建设的意见》（教高厅〔2002〕5号）中，提出："建设一支理论基础轧实、又有较强技术应用能力的'双师型'教师队伍"，对我国高职学校师资队伍的建设提出了明确的指导意见。2004年，教育部办公厅在《关于全面开展高职高专人才培养工作水平评估的通知》（教高厅〔2004〕16号）的附件《高职高专院校人才培养工作水平评估方案（试行）》中再次对"双师型"教师的内涵进行了明确的阐述，对

"双师型"教师队伍的培养提供了方向指引。2005 年国务院在《关于大力发展职业教育的决定》（国发〔2005〕35 号）文件中提出坚持以服务为宗旨、以就业为导向的职业教育办学方针，推行工学结合、校企合作的培养模式，在师资队伍建设中明确要求加强"双师型"教师队伍建设。这是"双师型"教师首次写入国务院文件。2006 年教育部《关于建立中等职业学校教师到企业实践制度的意见》中指出："中等职业学校专业课教师、实习指导教师每两年必须有两个月以上时间到企业或生产服务一线实践"，拓展了"双师型"师资的培养途径，为"双师型"教师的成长提供了制度保障。从"双师型"教师概念的提出、发展历程我们可以看到职业教育中对师资队伍建设的目标，这一目标在 2019 年由教育部四部门印发的《深化新时代职业教育"双师型"教师队伍建设改革实施方案》（教师〔2019〕6 号）（以下简称《方案》）中有具体的体现，《方案》中提出："到 2022 年，职业院校'双师型'教师占专业课教师的比例超过一半，建设 100 家校企合作的'双师型'教师培养培训基地和 100 个国家级企业实践基地，选派一大批专业带头人和骨干教师出国研修访学，建成 360 个国家级职业教育教师教学创新团队，教师按照国家职业标准和教学标准开展教学、培训和评价的能力全面提升，教师分工协作进行模块化教学的模式全面实施，有力保障 1 + X 证书制度试点工作，辐射带动各地各校'双师型'教师队伍建设，为全面提高复合型技术技能人才培养质量提供强有力的师资支撑。"

"双师型"教师概念体现了职业教育教师专业发展的要求，更加突出了随着时代的发展对促进职业教育教师终身学习的理念。教师队伍是发展职业教育的第一资源，高素质"双师型"教师队伍建设是加强职业教育现代化基础性工作有力的推手，建设一支师德高尚、技艺精湛、专兼结合、充满活力的高素质"双师型"教师队伍也是新时代国家职业教育的迫切要求。

(二)"双师型"教师与"双师"素质

一是"双师型"教师的定义。在开展"双师型"教师的培训中，首先要准确理解"双师型"教师的内涵。自"双师型"教师提出后，国内学者开展了"双师型"教师的相关研究，当然，对"双师型"教师的定义也多达十余种，这些定义的视角各不相同，有从狭义到广义的、有从本义到引申义的、有从过程到结果的、有从静态到动态的，等等，现从搜集到的具有代表性的定义来对"双师型"教师的内涵进行理解。

卢英认为，"双师型"教师是同一位教师，他既是理论教师能担任专业理论的教学工作，同时也是实训教师能胜任专业技能的训练工作，也能指导学生进行生产实习。刘春生强调不同系列职称的对应结合，他认为，职业教育的"双师型"教师，是具备不同系列技术职称中相对应的两种职称，也就是教师系列职称与工、农、医、经、警、法等社会技术职称的教师。余群英对"双师型"教师的认识，体现出"双师"要具备的能力。他认为"双师型"教师是在其从事的职业教育领域，既能传授专业理论知识，又能指导专业实践，具备"双师"知识、素质、能力的教师。栗显进对"双师型"教师的定义更加突出"双师型"教师的指导能力及相关的要求，他认为"双师型"教师是具有扎实的基础知识，较高的专业理论水平，又具有规范的专业技能指导能力，掌握专业理论知识和操作技能的联系与规律，同时又具有教师资格证书和相应的中级以上的职业资格证书的教师。蔡雪峰对"双师型"教师的定义中强调了"双师型"教师的师德修养，指出"双师型"教师是具备良好的师德修养、教学与科研能力，具备良好的行业与职业态度、知识、技能和实际操作能力的专业教师。张斌强调"双师型"教师的"双证"性,提出"双师型"教师是具备良好的师德修养、教学能力、教育科研能力和实践能力,具备良好的行业职业态度、知识、技能和实操能力的,持有"双证"的专业教师。姚贵平则提出"双师型"教师的复合型,要求"双师型"教师在能讲授专业知识、开展专业实践的基础上要能够引导学生人生价值,指导学生获得与个人个性匹配的职业的复合性。无独有偶,在贺文瑾对"双师型"教师的定义中,体现了"双师型"教师的"两栖"性,即"双师型"教师是集普通素质和工程师素质于一体,既能够从事理论教学,又能够指导技能训练的新型教师。对"双师型"教师的要求是学术性与师范性统一、理论与实践并重的高质量的复合型教师,而这种能力也正是我国职业教育一线所需的"两栖"型教师。

从以上具有代表性的对"双师型"教师的定义中,我们不难看出,虽然学者对"双师型"教师的认识存在不同的视角,呈现出理解的多样化,然而,这些多样化都有一个共同点,那就是"双师型"教师的能力不仅仅是体现在理论教学上,更重要的是能指导学生开展实践,使学生的能力获得与社会的发展保持密切的联系。基于此,"双师型"教师的多样性理解对职业教育师资队伍建设提出了一个共同的目标,那就是职业教育的发展,需要高素质的师资队伍支持。

为加快推进职业教育"双师型"教师队伍高质量建设,2022年10月25日,教育部印发《教育部办公厅关于做好职业教育"双师型"教师认定工作的通知》(教师厅〔2022〕2号)(以下简称《通知》),《通知》中,对什么是"双师型"教师,"双师型"教师如何进行认定等问题进行了统一,此次文件的出台,从根本上解决了"双师型"教师在认定时无标准可参考、程序不规范、工作难开展等问题,也对我们准确把握"双师型"教师的内涵提供了依据。

二是"双师型"教师的内涵。教育部发布的《职业教育"双师型"教师基本标准(试行)》(以下简称《标准》)中提出,职业教育"双师型"教师具备相应的理论教学和实践教学能力,掌握先进的教学理念和教学方法,积极参与教学改革与研究;具有企业相关工作经历,或积极深入企业和生产服务一线进行岗位实践理解所教专业(群)与产业的关系,了解产业发展、行业需求和职业岗位变化,及时将新技术、新工艺、新规范融入教学。从《标准》中对"双师型"教师的定义,我们可以从三个方面来理解职业教育"双师型"教师的内涵。

政治素质。《标准》的第一条,开宗明义地提出"双师型"教师要贯彻党的教育方针,热爱职业教育事业,具有良好的思想政治素质和师德素养,自觉践行社会主义核心价值观,弘扬劳模精神、劳动精神、工匠精神,为人师表,关爱学生。政治素质是对"双师型"教师的基本要求,教育是为党育人、为国育才的大工程,肩负着培养担当民族复兴大任的时代新人的使命,而在教育强国的建设中,教师扮演着重要的角色,发挥着极其重大的作用。作为科学文化知识的传播者,其思想、行为、言谈等都会影响着教育活动的实施。政治素质无疑是贯穿"双师型"教师培养全过程的重要素质,"双师型"教师政治素质要求要贯彻党的教育方针,增强"四个意识"、坚定"四个自信"、做到"两个维护",践行社会主义核心价值观等方面。习近平总书记在2018年5月2日北京大学考察时的重要讲话中提出,培养社会主义建设者和接班人,是我们党的教育方针,是我国各级各类学校的共同使命。对于职业教育而言,"双师型"教师首要表现就是在教育实践中完全地、不折不扣地贯彻执行党的教育方针,坚持将培养社会主义事业的建设者和接班人作为职业教育工作的根本遵行和行动指南,也作为开展教育活动的出发点和落脚点。意识是行动的先导,有什么样的意识就决定了有什么样的行动。"双师型"教师在政治上的合格与否,取决于其是否牢固树立了政治意识、大局意识、核心意识、看齐意识。只有牢固树立"四个意识","双师型"教师才有开展教育教学相关工作的根本保证。"双师型"教师要坚定正确的政治立场,坚定理想信念,坚守对马克思主义的信仰;自觉主动将教育工作放在国家发展大局中去分析,放在职业教育改革发展的大局中去思考;坚持中国共产党的领导,坚决贯彻党中央决策部署,用党的先进理论武装头脑,主动向党中央看齐,向党的理论和路线方针政策看齐,向党中央改革发展稳定、内政外交国防、治党治国治军等各项决策部署看齐。

坚定"四个自信"是"双师型"教师政治定力和政治立场的体现,从"四个自信"中深刻认识中国特色社会主义道路是实现社会主义现代化的必由之路,也是创造人民美好生活的必由之路;深刻认识中国特色社会主义理论体系的科学性、真理性、正确性;深刻认识中国特色社会主义制度先进性和优越性;深刻认识中华优秀传统文化的价值和文化生命力所蕴含的强大精神力量。"双师型"教师在开展教育教学实践活动中,要切实践行社会主义核心价值观,做社会主义核心价值观的倡导者、践行者、示范者。同时,将社会主义核心价值观融入教育活动中,以创新理念引领教学改革,突破在教育实践过程中遇到的瓶颈,运用多种技术手段,不断推进,久久为功。

师德素养。"双师型"教师的身份,首先是师,为师者,便要有为师者的要求与标准。教师是教育之本,师德是教师之本。师德师风是教师素质评价的第一标准,更是教师行为边界划定的基本依据。习近平总书记高度重视教育和教师发展工作,先后用"大先生""筑梦人""引路人"等称谓表达对教师的期望,提出了"四个标准""四个引路人""四个相统一"等师德建设标准和要求。作为"双师型"教师的个人,在进行理论教学与实践教学的过程中,有责任通过自己的端正的师德与良好的师风为学生做表率,以德化人、立德树人,扮演好"引路人"的角色,帮助学生树立正确的世界观、人生观与价值观,从而引导他们实现人生的理想。作为融入团队建设的"双师型"教师,团队建设的目标是什么样的,那自己首先就要成为什么样的人,这就要求"双师型"教师加强自我进步、率先垂范、以身则,爱岗敬业、甘于奉献,有团队意识与合作意识,努力做精于"传道授业解惑"的"经师"与涵养德行的"人师"的统一体。

业务素质和能力。职业教育的"双师型"教师业务素质和能力主要体现在知识结构与能力结构两方面,突出"双师型"教师的教育性、职业性及专业性。其中,知识结构主要是"双师型"教师对专业知识的掌握,它是"双师型"教师专业性的体现。"双师型"教师作为理论与实践教学的传播主体,这就要求"双师型"教师必须有一定深度及广度的知识储备,扎实的理论基础是开展理论教学的前提。能力结构主要指"双师型"教师能够胜任"双师"教学的能力,是"双师型"教师教育性、职业性的体现,包括开展教学活动的能力、实践能力、科研能力、社会服务能力四个方面。教学能力主要指"双师型"教师根据课程的安排,学生的个性特征进行有效的教学为设计,从而开展有效的教学活动的能力;实践能力是"双师型"教师在指导学生开展实践、实习、将理论知识运用于实践活动的能力;科研能力要求"双师型"教师始终要有问题意识,从发现问题与解决问题的过程中,不断促进自身研究能力的提升,推动"双师型"教师队伍建设;社会服务能力要求"双师型"教师与社会的发展进行密切的联系,关注行业、产业发展,将新技术、新工艺、新规范融入教学,保持知识的"新鲜"性,让培养的学生既能跟上时代，又能服务于时代。

三是对"双师"素质的认识。"双师型"教师与普通教师相比，在教学能力与综合素质方面要求更高，也就意味着"双师型"教师需要具备"双师"素质，在提出"双师型"教师的概念后，国内有大量的学者对职业教育中的"双师"素质也进行了探讨与研究。出现了"双师型"教师就是具备"双职称（教师＋工程师）""双证书（职称证书＋技能等级证书）""双能力（理论教学能力＋实践教学能力）"等的理解，无论是哪种层次的理解，都反映了"双师型"教师能力的复合性，他不是简单的不同类型的职称叠加，也不是不同类型证书的堆砌。在教育部明确了"双师型"教师的概念及标准后，对"双师"素质的理解也就比较清晰和明确了，"双师"素质的明确对于"双师型"教师的培养有着重要的指导作用。从"双师型"教师的定义来看，"双师"素质要求教师既要具备专业知识的基本教学为能力，又要经常性地参与专业实践活动，使其具备良好的实践操作能力和科研创新能力，换言之，"双师"素质是一种教学与实践能力相结合的素质内涵。

四是"双师型"教师的认定标准。《标准》是国家第一个"双师型"教师认定标准，分别对中职和高职教师设置了初级、中级和高级三个不同层级的标准条件。我们在此处讨论的是职业教育中的高职教育，因为，对于"双师型"教师的相关研究也是基于高职教育中的"双师型"教师队伍建设而言的。《标准》中体现了"三个突出、三个层级、多个维度"的特点，"三个突出"，即突出政治引领、突出教学创新、突出企业实践；"三个层级"，即以初级、中级、高级三个层级搭建了"双师型"教师的进阶路径；"多个维度"构建了"双师型"教师的评价标准，不是以证书或者是职称取胜，而是通过教师的教学能力、创新能力、实践能力、社会服务能力四个维度来评价，所倡导的是"以师德为先、以能力为重、紧跟产业、终身学习"的内容体系，更加注重教师的综合能力的提升。

国家对于高职学校不同级别的"双师型"认定标准表4-1所示。

表4-1

初级	1. 具有较扎实的专业知识和技能，掌握所教课程的课程标准、教学原理，以及教学、生产实习实训方法等，教学经验比较丰富，教学效果好。 2. 具有一定的组织和开展教育教学研究的能力，积极参与并承担教学研究任务，在教育思想、专业建设、课程改革、实践教学改革、教学方法等方面积累了一定经验。有发表、出版的学术论文、教学研究成果、著作或教科书等代表性成果。 3. 具有一定的企业相关工作经历或者实践经验，了解本专业工作过程或技术流程，在实习实训教学、设备改造、技术革新、成果转化等校企合作方面取得一定的成果，取得一定的经济效益和社会效益。获得相关的国家职业技能等级证书或职业资格证书，或具有本专业或相近专业非教师系列初级及以上职务（职称），或具有相应的能力水平。
中级	1. 具有扎实的理论基础、专业知识和精湛的操作技能，了解本专业发展现状和趋势，掌握先进的教育理念、教学方法，教学业绩显著，形成一定的教学特色和可供借鉴的教学经验。 2. 具有较强的指导与开展教育教学研究、实习实训教学研究、专业建设、技术革新的能力。参与过重要教学研究或科研项目，在教育思想、专业建设、课程改革、实践教学改革、教学方法等方面取得较突出的成果，起到带头人的作用。有发表、出版的有较大影响的学术论文、教学研究成果、著作或教科书等代表性成果，受到学术界的好评。

续表

	3.具有较为丰富的企业相关工作经历或者实践经验,掌握本专业工作过程或技术流程,在实习实训教学、设备改造、技术革新、成果转化等校企合作方面取得较突出成果,取得较显著的经济效益和社会效益。获得相关的国家职业技能等级中级及以上证书或职业资格中级及以上证书,或具有本专业或相近专业非教师系列中级及以上职务(职称),或具有相应的能力水平。 4.作为主要参与者获得技能竞赛类、教学成果类、科技发明类等代表本领域较高水平的奖项;或指导学生获得地市级及以上技能竞赛类、教学成果类、科技发明类等奖励。
高级	1.深入系统地掌握本专业基础理论,具有丰富的专业知识和精湛的操作技能,掌握国内外本专业发展现状和趋势,掌握先进的教育理念、教学方法,教学业绩突出,教学特色鲜明,形成可供推广和借鉴的教学经验或模式。 2.在教育教学团队中发挥关键作用,担任地市级以上专业带头人、教学名师、教学创新团队带头人、技艺技能传承创新平台负责人等,主持过重要教育教学改革项目、教学研究项目或科研项目,在教育思想、专业建设、课程改革、实践教学改革、教学方法等方面取得显著成果,发挥示范引领作用,在指导和培养其他教师方面作出突出贡献。有发表、出版的有重要影响的学术论文、教学研究成果、著作或教科书等代表性成果。 3.具有丰富的企业相关工作经历或者实践经验,熟练掌握本专业工作过程或技术流程,在实习实训教学、设备改造、技术革新、成果转化等校企合作方面取得突出成果,取得重大的经济效益和社会效益。获得相关的国家职业资格高级证书或职业技能等级高级证书,或具有本专业或相近专业非教师系列高级职务(职称),或具有相应的能力水平。 4.作为主要参与者获得技能竞赛类、教学成果类、科技发明类等代表本领域先进水平的奖项;或指导学生获得省级及以上技能竞赛类、教学成果类、科技发明类等奖励。

4.1.2 如何培育"双师型"思想政治理论课教学团队

2019 年,习近平总书记在学校思想政治理论课教师座谈会上强调:"办好思想政治理论课关键在教师,关键在发挥教师的积极性、主动性、创造性。"因此,推进思想政治理论课教师队伍建设对于思想政治理论课的教学改革有着极其重要的作用。在《国家职业教育改革实施方案》《深化新时代职业教育"双师型"教师队伍建设改革实施方案》等文件中均有提出大力发展高职院校"双师型"教师队伍,大幅提高"双师型"教师占专业课教师总数的比例要求。思想政治理论课教师作为高职教育教师队伍的重要组成部分,也是职业教育中落实立德树人根本任务的第一资源。近年来,一方面由于学校思想政治理论课专任教师队伍扩展迅速,新增教师多为转岗及高校应届毕业生,缺乏相应的教学及实践经验,"双师"素质提升缓慢;另一方面对思想政治理论课"双师型"教师的认识不足,加之受社会实践形式单一的限制,方向不明确,导致在"双师"素质的培养及发展上有所滞后,从而使能够体现职业教育特色的思想政治理论课"双师型"教师的占比远远低于专业课"双师型"教师占比。因此,加强"双师型"思想政治理论课教师队伍建设非常必要。对照国家对职业教育"双师型"教师队伍建设的标准与要求,基于学校的发展情况,立足于学院的实际,确立了通过培训打造一支结构合理,拥有较高马克思主义理论水平和具备较强教学能力,并拥有 1 项职业技能的在云南高职系统中有代表性的 40 人规模的"1+1"(1 位思想政治理论课专任教师,至少拥有 1 项职业技能)"双师型"思想政治理论课教学团队的目标。

（一）思想政治理论课教师队伍建设现状

一是思想政治理论课教师队伍建设基本情况。教育部在 2020 年 1 月发布的《新时代高等学校思想政治理论课教师队伍建设规定》中明确加快配齐建强专职教师队伍，"严格按照师生比不低于 1∶350 的比例核定专职思想政治理论课教师岗位"。本校也基于全日制学生总数，通过校内选调具有思想政治理论课教学相关的学科专业背景、有一定年限的团学工作或党务工作经历的教师党员；引进博士或高级职称的高层次学科人才；招聘符合条件的硕士及以上人员入职，以这三种渠道为主要方式旨在建成了一支专职为主、专兼结合、数量充足的思想政治理论课教师队伍。然而，思想政治理论课教师人员上的配齐只是思想政治理论课教师队伍建设的第一步，伴随着人数的迅速增加，当前高校思想政治理论课教师队伍在一定程度上面临着多而不优、多而不强的挑战。

通过调研，在本校配齐的思想政治理论课教师队伍中，不同年龄段人数及职称统计情况如图 4－1 所示。

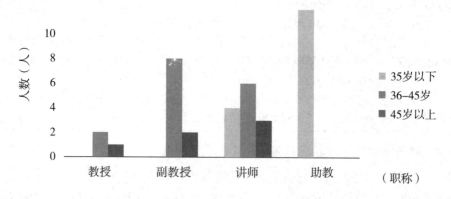

图 4－1　本校思想政治理论课教师各年龄段职称统计图

在配齐思想政治理论课教师之前，马克思主义学院思想政治理论课教师队伍梯队建设力量薄弱、数量不足，中青年教师缺乏，呈现一定的老龄化。在配齐思想政治理论课教师后，中青年教师所占的比重不断增大，为思想政治理论课教师队伍良性发展注入了新鲜血液，带来了新的活力。在职称方面结构不尽合理，其中，初级与中级职称教师数量居多，高级职称中特别是正高级职称较少，尤其是青年教师所担任的高级职称比重偏低，规模效应不强，优质师资力量不平衡导致学院缺乏马克思主义理论学科的带头人。透过这个数据，我们还能看到，虽然青年教师人数占比明显，但骨干人才数量不足，还未形成思想政治理论课教师的中坚力量，队伍结构仍有较大的优化空间。

二是思想政治理论课教师素质能力现状。本校马克思主义学院思想政治理论课教师中，8% 拥有博士学历，81.2% 属于硕士学历，10.8% 是本科学历。从学历情况可以看出，学院思想政治理论课教师硕士学历占比较高，硕士以上学历的思想政治理论课教师数量略显不足。在配齐的思想政治理论课教师中，引进教师占 10.5%、转岗教师占 15.8%、新进教师占 28.9%。其中，引进的教师均为高知人才，具有丰富的马克思主义理论教学经验，专业素质过硬,具有较强的专业带头作用;转岗教师的学科背景有哲学、法学、教育学等,呈现多元化的学科集合,这一部分教师对思政教师队伍的学缘结构进行了有益补充,也为思想政治教育与其他学科融合研究的探索奠定了良好的基础。新进教师为马克思主义学院需求专业的应届硕士毕业生,处于学生角色向教师角色的转换过程中,他们富有激情、学习能力强,在教学能力的提升方面还需要一定的时间去积累教学经验,在个人的综合能力提升方面还有较大的空间。

三是"双师型"思想政治理论课教师认定情况。丰富的学科背景为思想政治理论课教师团队的建设提供了跨学科交流学习的土壤,大家在各自特长及优势的领域中获取相应的技能实践,增强技能实践能力,也使得马克思主义学院的思想政治理论课教师职业技能的类型更加丰富多样,比如心理学背景的教师获得心理咨询师的相关资格证、法学背景的教师获得法律执业资格证、有教育学背景的教师获得学前教育或在线学习支持服务等相关的资格证、有信息技术背景的教师获得计算机方面的相关资格证,等等。在国家文件的指导下,依据学校出台的《云南开放大学　云南国防工业职业技术学院关于印发"双师型"教师培养与管理办法(试行)的通知》,开展对马克思主义学院的思想政治理论课专任教师中满足相应层级的教师进行"双师型"教师认定,通过认定,"双师型"思想政治理论课教师的占比为37%,其中,初级"双师型"教师占"双师型"教师的73.3%,中级"双师型"教师占"双师型"教师的13.3%,高级"双师型"教师占"双师型"教师的13.3%。

总的来说,"双师型"思想政治理论课教师的占比比重不足,离目标比例还有差距。初级"双师型"教师占"双师型"教师的比例较大,意味着"双师型"的质量不高,从"双师型"教师认定的数量及质量来看,仍然有不断进步的空间,这也为"双师型"思想政治理论课教师的培育提出了要求。

(二)"双师型"思想政治理论课教学团队培育思路

"双师型"教师的认定标准决定了对"双师型"教师的培育框架,决定了对"双师型"思想政治理论课教学团队的培育内容。新时代背景下,为推动优质高职院校建设,"双师"队伍建设必须关注教师的专业知识能力和专业实践能力是"双师"素质,培养所必须具备的关键属性。与其他专业课的"双师型"教师培育不同,思想政治理论课承担着马克思主义理论的教学任务,是思想政治教育的主渠道,马克思主义理论的本质特征也体现在其实践性上,与之相适应的即要求思想政治理论课"双师型"教师的培育要结合其学科的特色及育人的目标进行具备实践指导能力的实施,适应职业教育中"工学结合,校企合作"的人才培养模式。基于此,提出"四个一"的"双师型"思想政治理论课教师培育模式。即1条主线:围绕思想政治理论课教师职业发展规划为主线;1种手段:依托思政教师培训和研修基地建设;1个框架:从政治素质、道德修养、综合能力3个维度来构建培育的"四梁八柱",形成"双师型"思想政治理论课教师的培育框架;1个结果:建设高质量的"双师型"思想政治理论课教学团队,如图4-2所示。

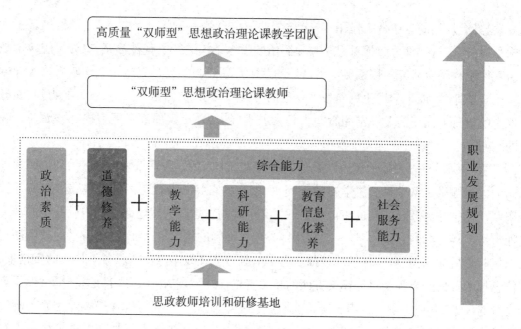

图 4 - 2

（三）培育案例探讨"双师型"思想政治理论课教师培养关键因素

通过访谈、调研学院"双师型"思想政治理论课教师素质培养案例，"双师型"思想政治理论课教师"双师"素质的关键因素在于：以内在动力为驱动、外在引力为指引，内外结合的自主力促进教师知识结构的深化与实践经验的获取。

一是依托思想政治理论课教师培训基地开展系统的"双师"素质培训。"双师型"思想政治理论课教师培育案例一：

A 教师，副教授，自 2018 年开始从事学生管理实践与心理健康教学工作，教育部课程思政教学名师。作为一名高职教育教学工作者，A 教师既有思想政治教育背景，又有心理咨询师的资格，利用业余时间，依托思想政治理论课教师培训基地的学习资源与能力培育项目进行个人专业知识与实践能力提升。

在与 A 教师的访谈中了解到，其阐述能力提升的关键是有系统的培训课程，培训课程的安排是根据自身职业发展规划来量身定制的，本身对课程的学习目标就很明确，对学习内容充满期待，所以在学习过程中就有动力，学习的效率也会得到提高。新的理论学习，更加期待将其实践到教学中，将思政课与专业课相结合，不仅提升了思政课的实践性，而且也与专业课产生了课程思政的良性互动。近几年，基于思想政治理论课教师培训基地的培育，A 教师在教学成果方面屡出佳绩，主持开展了不同级别教学改革项目多项，指导多门专业课程开展课程思政研究，发展学术论文多篇，长期进行马克思主义理论宣讲等。

二是研与修互动结合，依托思政课教师研修基地促进思政课教师综合能力提升。"双师型"思想政治理论课教师培育案例二：

针对传统思想政治理论课教师培养模式存在培养目标不明确、实践能力不突出等问题，学院以"提质培优"项目为依托，探索培养具有高素质满足"双师型"思想政治理论课教师队伍建设需求，促进思政课成长发展，通过"请进来""走出去""动起来"突出思政课教师教学内容、课程建设与社会实践相结合的能力提升。经过多年的探索与实践,构建了"1 + 1"双师素质思想政治理论课教学团队,一方面聚合了"双师型"思想政治理论课教师的双师素质;另一方面丰富及完善了校本思想政治理论课双师结构,提升了思想政治理论课教师的核心竞争力。

(四)"双师"素质教学团队培育探索与实践

一是构建"1 + 1"双师素质思想政治理论课教学团队的培养模型。高职院校中的思想政治理论课"双师"素质教师因其专业性、实践性、技能性不同于其他专业课程的"双师"教师,因此,从思想政治理论课教师队伍建设层面,建立以思政教师培训和研修基地建设为手段,稳定输出具备"双师"素质的思想政治理论课教师的培养实践是对提高高职学校"双师"教师素质的一个重要参考。思想政治理论课教师"双师"素质既是职业教育高质量发展的必然要求,也是思想政治理论课教师落实立德树人根本任务的题中应有之义。

二是从顶层设计上构建"双师"素质思政课教师培训体系的"四梁八柱"。教育是国之大计,党之大计。思政课是落实立德树人根本任务的关键课程,习近平总书记在学校思想政治理论课教师座谈会上说:"讲好思政课不容易,因为这个课要求高","对教师综合素质要求很高","思政课教学内容要跟上时代,只有不断备课、常讲常新才能取得较好教学效果","讲好思政课不仅有'术',也有'学',更有'道'"。这些重要的论述,不仅体现了思政课的重要性,也对思政课教师及思政课教学人才队伍的建设提出了具体要求。

思政课教师要不断提高自身综合能力,改进教学方式,丰富教育手段,创新教学方式,加强实践教学,增强教学亲和力和针对性,实现术、学、道的一体化融合,发挥思政课铸魂育人的作用,不断提升思想政治理论课教学质量,落实好立德树人的根本任务。因此,在校本培训路径探索中,以政治素质、道德修养、综合能力搭建思政课教师培养框架的"四梁",分别以政治、情怀、思维、视野、自律、人格作为"八柱",通过"四梁八柱"搭建了思政课教师培养的框架,整体回答了为什么培训的问题。培训项目依托可分解的子项目开展实施,每个子项目即为一个模块,每个模块的培训目标围绕这六个方面从高度、深度、广度、温度方面进行,通过开展系统的、持续的、有针对性的培训活动,推动思政课教师能力提升优势转化为学校促进立德树人发展的新动能,为建设中国特色高校思想政治工作大格局提供强有力的人才保证。

三是以"职前 + 职后"双轮一体化驱动"双师"素质提升。无论是新进教师还是转岗教师,在正式授课前都会有影响个体"站上讲台"的各种问题,虽然相关的部门也会积极组织一些职前培训,以帮助新进人员完成不同角色的转变,更好地适应思政课教学岗位要求,但思政课所涉及的学科内容之多、知识范围之广等,决定了对思政课教师的培训规划应该是可持续的,不因角色的顺利转变或者岗位要求的暂时实现而中断,还需更进一步体现精准性、连续性、高效性。思政课教师不仅能站上讲台,还要能站稳讲台,更要站好讲台。在培训中,以教师的实际情况为基点,以教师个人职业成长规划为半径,通过职前培训的前轮带动教师岗位适应能力提升,职后培训为思政课教师完整的、协调的、可持续的职业发展规划提供动态指引,"职前 + 职后"一体化双轮驱动(如图 4 – 3 所示)思政课教师"双师"素养不断提升,画出思政课教师的发展轨迹。

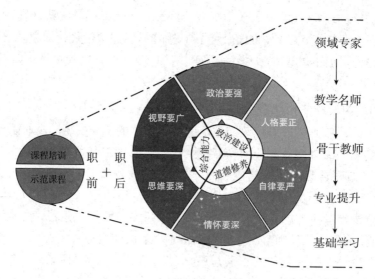

图4-3 "职前+职后"一体化双轮驱动思政课教师培养路径

在上岗前,对新进、转岗的思政课教师制订参加教育部、省委宣传部、省委高校工委组织的示范培训或课程培训等职前培训计划,制定《新教师传帮带考核办法》,规范新教师职前培训和入职培养标准。制定教师"传帮带"机制,以导师制模式开展"传帮带",形成教师成长共同体,助力思政课教师快速成长。采取混合式培训方式,从基础教育教学理论、教学基本功、专业技能、信息技术素养、双师能力等方面进行有针对性的培训,从而实现理论与实践能力双提升。积极创造一切有利人才成长的条件,鼓励青年教师进行脱产或半脱产进修,赴省内外思想政治理论课教学实践基地进行观摩学习。支持思想政治理论课专职教师攻读马克思主义理论相关学科博士学位,提高专职教师学历水平。根据思政课教师个人发展情况,遴选并重点支持专业成果突出的骨干教师参加国际国内专业进修、访学、学术会议及教育科研等活动,培育在专业领域内有一定影响力的骨干教师、教学名师,形成结构合理的思政课教师人才梯队。支持并鼓励思政课教师开展以将新技术、新规范纳入教材为重点的教材改革培训;进行以教学、实践相融合为目标的教法改革培训等。培养既拥有较高马克思主义理论水平和具备较强教学能力,又拥有1项职业技能的"1+1"双师型思政课团队,能为云南开放大学开放教育中的思想政治教学工作提供支持,又能将"双师"素质中的技能与学习者的专业背景相适应,为云南国防工业职业技术学院的高职思想政治教育提供更加精准的教学服务。思政课教师通过一系列的基础理论学习与专业能力提升,从学科骨干教师成长为教学名师,甚至是领域专家。

四是依托"三维一体"的线上与线下开放式学习。搭建思政课教师培训学习的线上与线下环境,结合本校办学特色,聚焦"四梁"、围绕"八柱",形成具有鲜明特色的思想政治教研科研能力提升平台,为思政课教师综合能力提升提供全方位的条件支持。

第一,以加强"政治素质"为第一维度,实施政治理论培训。

思政课具有鲜明的意识形态属性,政治性是第一位的。习近平总书记围绕如何办好思政课作了重要讲话,其中"让有信仰的人讲信仰"就是对思政课教师最基础的要求。坚定的马克思主义信仰是思政课教师最鲜明的政治底色,其强大的思想指导性指引着思政课教师能够把准政治方向,站稳政治立场,旗帜鲜明地讲政治。对思政课教师的培养,必须将政治建设放在首位,坚持用"四个意识"护航、"四个自信"强基、"两个维护"铸魂,开展政治教育培训,使思想政治理论课专任教师树立正确的政治观,始终在政治立场、政治方向、政治原则、政治道路上同以习近平同志为核心的党中央保持高度一致,打造政治素质过硬的思想政治理论课教师队伍。

第二,以提高"道德修养"为第二维度,实施师德师风培训。

习近平总书记在党的二十大报告中提出:"加强师德师风建设,培养高素质教师队伍,弘扬尊师重教社会风尚。"高校教师的师德是高校教师的职业道德,即是高校教师在从事教育劳动过程中形成的比较稳定的道德观念、道德品质和行为规范的总和。人无德不立,思政课教师在落实立德树人根本任务中肩负着重大责任和使命,在铸魂育人的过程中,党和国家不仅需要能教书的好老师,更需要有德行的"大先生",以思想铸魂,引领思政课教师筑牢信仰之基。因此,在思政课教师培养中,也尤其注重思政课教师师德师风的培训。实施师德师风培训,围绕习近平总书记所号召的争做"四有好老师"标准,以理论与实践学习相结合的方式开展。理论学习,用习近平新时代中国特色社会主义思想武装思政课教师头脑,增进思政课教师对教育事业的理解、中国特色社会主义的认同,切实将身心建设融入教育事业发展中;实践学习,通过身教行动使思政课教师深入了解世情、党情、国情、社情、民情,强化思政课教师课教师的责任担当,厚植思政课教师的教育情怀,以德立身、以德立学、以德施教,真正做到"德高为师,身正为范"。

在实践培养规划中,以红色教育实践基地、爱国主义教育示范基地、专题性教育基地、纪念馆、博物馆等为依托,开展实践教育,实施理想信念教育行动,坚定教师的理想信念;通过思想政治理论学习、教师职业道德教育、学术规范教育、师德弘扬、感人事迹诠释师德内涵等方式,实施道德情操教育行动,涵育教师道德情操;深入探索思想政治教育"集体备课"流程与模式,发掘"集体备课"优势与特色,实施扎实学识培养行动,扎实教师教学能力;正人先正心,以教师心理健康教育培训为载体,实施仁爱之心教育行动,用爱铸师魂。

第三,以增强"综合能力"为第三维度,实施能力提升培训。

思政课教师的综合能力是涵盖内容更多、学习范围更广、技能要求更强的维度,主要包括教学能力、科研能力、教师信息化素养、课程思政指导能力、社会服务能力等多方面的能力,综合能力提升培训依托三级联动,分别从国家、社会、学校三个层面组织思政课教师开展教研科研、信息化素养等培训,协同促进综合能力提升。比如,通过国家层面或上级部门组织的专题理论轮训计划、示范培训计划、项目资助计划等进行专业能力提升;从社会层面组织的教学研究会、学术分享会、社会考察活动、社会宣讲活动等,聘请校外有影响力的思想政治理论课建设方面的领导干部、专家、学者、行业先进模范、企事业单位负责人等,对学校思想政治理论课建设进行指导,邀请相关专业学者进行科研项目申报指导、科研能力提升培训等,以教研促进科研、以科研反哺教研,两者互动,提升思政课教师的专业素养;思政课教师的宣讲能力是体现其社会服务能力的一个方面,通过集体备课、示范展示、专家指导、朋辈引领等方式开展精准培训,提升思政课教师理论宣讲能力,从而提升社会服务能力。不同维度多管齐下,共同促进思政课教师综合能力的提升。

第四,以促进"多方协同"为第四维度,共同保障培训项目的开展。

为保证培训项目的顺利开展,院级成立思政课教师培训项目领导小组,统筹规划和组织实施思想政治专任教师培训项目建设,本校对思政课教师培训设有专项资金,学院对思政课教师培训制定相关办法,实现培训项目所需要人、财、物等资源的充分保障。建立培训积分制管理,根据思想政治专任教师学习情况,建立教师个人发展档案,通过定性和定量相结合方式,建立健全培训考核评价机制,确保思政课教师学有所得、得有所长、长有所成。

(五)为个体成长赋能,为团队协作提质

通过思政教师培训和研修基地建设,实现了教师个体的强赋能,为"双师"素质思想政治理论课教学团队的构建提质增效。对思想政治理论课教师的培训是一个由量变到质变的过程,依托思想政治理论课专任教师培训项目,教师分阶段分步骤参加了政治理论、师德师风和综合能力三个维度的培训学习,累积达 6200 学时,人均 155 个学时。每个维度培训的时长分布如图 4-4 所示。

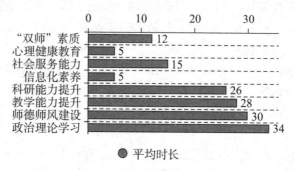

图 4-4 思想政治理论课教师各能力平均培训时长

思想政治理论课教师个体在培训中获得各方面能力的提升,为团队协作提质奠定了基础。"双师"素质教学团队的构建,以个体培养为抓手、能力提升为支点,在教学能力比赛、科研项目申报、课程思政指导、社会服务开展等各方面实践教学团队的"双师"素质,不断增强教学团队的"双师"力量。其中,以课程思政指导为例,"双师"素质教学团队与学校各专业学院结队,针对专业或专业群开展一对一课程思政协作,专业课教师与思政课教师一起深入专业,协同挖掘专业课程中的思政元素,使得课程思政与思政课程同向同行。

4.1.3 "双师"素质思想政治理论课教学团队培育的成效

(一)关注教师职业认同感,做好教师"双师"角色转变

一直以来,教师的职业以园丁、烛火、春蚕等工具性的价值进行定位,随着时代的发展,教师在职业被赋予了更多的温度与色彩,不再只强调付出与奉献,而更多的是突出创造与引领,这对教师提出了更多的要求,尤其是对承担落实立德树人根本任务的思政课程教师而言,要有坚定的政治信仰、在职业定位与自我创造中相互促进,正确的职业定位能产生职业成就感,职业成就感使得教师在职业活动中可以得到自身价值的体现与满足,从而产生对职业的高度认同。教师的职业认同感是指个体认为教学工作是有价值的、有意义的,从内心深处接纳、认可和热爱这一份职业的心理状态。职业认同感在教师的成长中起着非常重要的作用,也是一名教师成长为一名优秀教师必须具备的内驱力。高职院校的思想政治理论课教师的职业认同感,体现在思想政治理论课教师对其作为思想政治理论课教师这一职业的

认可与接纳,它反映了教师对这一职业的喜爱程度,也直接影响着他们在实施教学的过程中的投入与效果,会直接影响整个思想政治理论课教师队伍的可持续建设。因此,在进行系统的培养前,我们对于不同来源的思想政治理论课教师,借鉴学界对教师职业认同的相关研究成果,从职业价值认同、职业环境认同、职业行为认同、职业期望认同四个方面对学院教师进行职业认同感的调查,通过问卷调查,发现:教师在职业价值认同方面,对思想政治理论课的社会价值有非常高的认同,而对职业的自我价值认同度普遍不高;对职业环境的认同度,对职业行为的认同度方面,新进的思想政治理论课教师由于教学中需要大量的时间与精力准备而达不到高度的职业行为认同感,对于老教师而言,则对于新知识新技能的学习有比较大的压力从而使得职业行为认同感降低;在职业环境认同方面,思想政治理论课教师对于自己的辛苦付出而得不到学生对这门课学习态度与兴趣的尊重和认可,导致青年思想政治理论课教师对职业环境的认同感较低;在职业期望的认同方面,95.6%的教师表示希望自己能成为一名优秀的思想政治理论课教师,89.4%的教师觉得自己有潜力、有信心在工作中取得好成绩,87.2%的教师打算将思想政治理论课教师职业进行到底。从这里可以看出,绝大部分思想政治理论课教师的职业期望认同度较高。

基于调查情况,我们发现思想政治理论课教师在职业价值认同、职业环境认同、职业行为认同方面的认同度受到主观和客观因素的影响,导致认同度还有提升,而职业期待认同却非常高,这对我们关注教师的成长多了一个切口,那就是即便成长的过程中对现状有一些不认同,但教师对未来的期待是好的,而且对职业有一份坚守的初心,这份初心是引导教师不断成为更好的自己的灯塔。因此,以教师个人的职业期待为目标,从关注教师的职业认同感出发,引导并鼓励教师进行"自主发展",通过教师心理健康教育、职业技能提升等培训,帮助教师进行职业生涯规划,让每一个独一无二的教师能明确自身职业发展目标和发展方向,以及通过什么方法来进行自我发展。科学的职业生涯路径规划,突出个体的发展主线,不断创造外部及内部的环境完善自己。实践证明,具有不同专业背景的思想政治理论课教师,对于除了思想政治教育以外的与专业学习相关的技能掌握都具有较强的兴趣与能力,在教学实践中,这些思想政治理论课教师也能更好地应用技术能力开展对学生的专业指导。总的来说,思想政治理论课教师以职业认同感驱使自己更好成长,促使自己获得更多有助于开展思想政治教育工作的能力,不断地适应不同阶段的能力需要,从而更好地完成"双师"角色的转变。

(二)根据个人职业发展规划,制订链式研修计划

为了激发思想政治理论课教师的主体性,在"1+1"双师素质的培育中,并不是采用固定的培训模式,而是根据个人职业发展规划,从"教师最近发展区"出发,制订符合个人发展需求的链式研修计划。链式研修计划,一共有五个阶段,即适应期—熟练期—风格期—骨干期—理想期,每一个阶段为新阶段的起点。从适应期到理想期,体现了教师"现有发展水平"与"目标发展水平"之间的待跨越地带。这是一个持续不断的成长过程,突显的不仅是教师发展的状态,也是教师成长的过程,这个过程是动态的、发展的,在不同的阶段将会面临不同的发展区,从而推进教师的成长取得阶段性的进步。适应期,对不同来源的教师通过适应期的培训使其能快速地适应新岗位的职责与工作内容,解决的是站上讲台的问题;熟练期,主要是通过教学能力、科研能力的提升培训,让教师能熟练开展教学活动,解决好站稳讲台的问题;风格期,突出每个教师的个体风格,这一阶段将与教师的专业背景、兴趣爱好、综合能

力等结合,形成具备各自特点的教学风格及研究方向;骨干期,在这一时期便是教师综合能力集中发力的时期,如果说前面几个时期是能力的积累阶段,那么这一时期更加注重对教师综合能力的发挥,通过思想政治理论课教师的精准培训,发掘教师的成长为骨干教师的潜力;理想期,教师"双师"素质获取的阶段,在夯实每个思想政治理论课教师的理论基础上,教师可选择与专业背景相关、兴趣方向一致的技能进行学习,从而获得互助或互补的能力,形成"双师"素质。比如团队中的一名思想政治理论课教师,具有信息技术专业背景,但又对心理健康教育感兴趣,未来也想在学生的心理健康教育方面开展深入的研究,基于此,学校为该名教师制订了"思政+心理咨询"的"双师"研修成长计划,随着计划的不断开展,该名教师的思想政治理论教学能力得到较大提升,而且还获得心理咨询方面的资格证书,具备开展思政课教学及心理健康教学实践的能力。总的来说,链式研修计划的制订,使每一个教师能够更加容易地找到自己的成长起点与目标,在跨越起点与目标的每个小阶段中,发掘自己的潜力,发挥自己的优势,在"双师"素质的教学团队中,能形成互助或互补的合力。

（三）根据个体能力差异,开展强基研修实践

思想政治理论课教师的培训采用了"必选动作"与"自选动作"结合的方式。其中对于政治理论学习、师德师风建设等培训为规定培训项目,而在教学能力、科研能力、信息化素养、双师素质等方面,则根据个体能力起点,开展强基研修实践。比如,个别教师想提升实践教学能力,则在培训计划中,提供以实践教学类的培训资源或培训渠道给教师选择,通过自选培训,精准开展能力提升,达到强弱项的目的,从而夯实教学团队的综合能力。

习近平总书记重要讲话为高校思政课教师探索新的培训路径指明了方向。在"双师"素质教学团队培养实践中,以培训项目为抓手,边实施边探索边总结,将思政课教师个体素质与能力的提升作为"双师"素质团队构建的关键点,通过思政课教师培训体系的"四梁八柱",多维度多渠道对思政课教师开展整体素质提升,为创新"双师"素质思政课教师更快更好成长提供了可供参考的培养模式。

4.2　以打造5堂示范课和探索2种教学方法为载体,深化1支思政课数字化教学型团队

云南开放大学(云南国防工业职业技术学院)是"两块牌子,一套班子,两种教学类型,多种教学模式,多层次办学渠道",充分奠定了在示范课堂建设中能"宽领域探索,多层次实践和多类型推进"的教学优势和丰厚的实践基础,以5堂示范课为引领,全面探索符合国家教育方针政策,适合云南省省情,贴近我校校情和学情,全面打造质量过硬、能解决学生现实困惑、帮助学生成长的教学内容和教学体系,探索思政课专题式教学和融通教学2种教学方法,助力提升思政课的亲和力和感染力。

4.2.1　思想政治课示范课堂建设的人才培养目标

2020年,学院积极承接教育部提质培优行动计划的5堂思政示范课,结合云南和学校的实际,确定统领思想政治课示范课堂的主题为终身职业教育背景下的中国精神教育。通过整合资源、凝集队伍,学校筹措了充足的经费,集合了优秀的校企、校内外的专家,力求在职

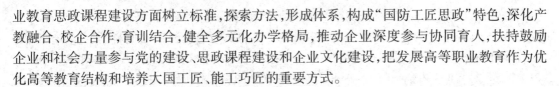

业教育思政课程建设方面树立标准,探索方法,形成体系,构成"国防工匠思政"特色,深化产教融合、校企合作、育训结合,健全多元化办学格局,推动企业深度参与协同育人,扶持鼓励企业和社会力量参与党的建设、思政课程建设和企业文化建设,把发展高等职业教育作为优化高等教育结构和培养大国工匠、能工巧匠的重要方式。

（一）课程目标

思想政治课示范课堂建设充分整合各门思政课程的教学目标和内容,以建设落实立德树人根本任务额总体目标为统领,打通各门思政课的课程壁垒,建立分门别类的教学内容和教学环节,探索同样教学目标和精神用不同教学内容和方法呈现的方式,以思想政治课示范课堂为引领,塑造一个数量众多、形式丰富多样的微课堂完备体系,为终身职业教育教学提供菜单式思政课堂教学产品,在教学实践和社会实践中,教师和学生可以根据从事职业特点、教学目标、教育需要和兴趣特点等选择不同组合的微课堂产品,达到思政教育的目标精准性、内容针对性、方法有效性的教育教学目标。

教学是包括教和学两个方面,只有教师的教学能力和素质可持续提升,才能为学生的成长成才奠定坚实的基础。在思想政治课示范课堂建设中,分为教师培养目标和学生培养目标。

（二）教师队伍建设目标

部分思政教师由于不直接教授专业知识,课程的社会实践内容和方式参差不齐,效果差强人意。通过思想政治课示范课堂建设,第一要增强教师科研项目的统筹和实施能力;第二要提高教师利用现代信息化手段组织教学的能力;第三要提升教师专业课程研究能力;第四要提高教师构建终身职业教育社会实践实训体系的能力;第五要提高思政课双师型教师的数量和比例;第六要构建一支内外联动的咨询和指导专家队伍。

（三）学生培养目标

围绕中国精神融入思政课教学主题,以服务边疆民族地区地方经济社会发展为着眼点,打造线上与线下于一体、第一课堂与第二课堂于一体、高职教育与开放教育于一体、本专科高职于一体的大思政课,通过充分挖掘革命、改革和建设历史中的典型事迹和精神,打造系列专题思政选修课,以更加贴近学生、凸显地方特色、突出国防工匠特点的素材更好发挥思政课价值引领作用,致力于培养为社会主义现代化服务的边疆建设人才。

（四）方法体系目标

5 堂示范课既是"5＋1"课程融通的成果,也是学校结合云南实际开发的特色课程。以学习党的创新理论为目标,以爱国主义为主线,培训学生的工匠精神、劳动精神,铸牢中华民族共同体意识。一是课程融通渠道和方法体系目标。高职教育中的思政课程主要包括"思想道德与法治""毛泽东思想和中国特色社会主义理论体系概论""习近平新时代中国特色社会主义思想概论"以及"形势与政策"等主干课程,部分学校和教师在课程设置中思政教育内容和方法教育不足,马克思主义理论体系和方法体系教育不够,造成了高职学生应用马克思主义立场、观点和方法分析问题、解决问题的能力欠缺。在思想政治课示范课程建设中,用中国精神贯穿三门主干课程的主要教学内容和教学目标,充分挖掘和整合我校的办学优势和积累的专业群建设资源,补齐高职教育的思政课程教育短板,补足高职学生马克思主义理论和方法体系教育。同时向为学生终身职业教育服务进行有效延伸,扩展学生在每个职业发展和规划阶段思政教育的可持续性课程开发,形成结构合理、布局科学、扎实有效、效果明显的思政课程体系,不仅为在校学生的学校学习布局完整科学的思政课程体系,同时也设计为学生终身职业生涯服务的思政课程环节和体系,保障学生在校学习和职业生涯的可持续性的思想改造和进步。

二是线上、线下课程融合体系建设目标。在"工学结合,校企合作"的背景下,要实现思政教育在学生实习、实训期间全覆盖、不断线,只有依托"互联网 + 职业教育"的新模式,借助"互联网"支撑的"数字化自主学习""灵活学习"方式,为构建时间和空间上更加灵活、机动的工作模式,促进职业教育、职业培训一体化发展创造条件。按照大思政的课程建设视野,不仅着眼于学生在校思政理论的需要和发展需求,而且充分利用我校线上教育长期积累的经验和教学体系,整合云南省干部在线学习学院、乡村振兴学院等资源,形成以线上学习为主、线下学习为辅的课程体系,让学生通过课程菜单式组合自主学习线上课程资源,同时加强教师线上辅导和线下答疑解惑相结合的方式,设计全过程全环节的终身职业思政课程衔接体系。

三是校企合作社会实践实训体系目标。思想政治课示范课堂的实践教学要进一步整合校内生产化实训基地和校外实习基地资源,把实习、实训基地打造成思政课实践教学基地,用以开展职业素质、职业精神教育。

4.2.2 思政示范课堂的建设思路

按照"管好两端、规范中间、书证融通、办学多元"的原则,严把教学标准和毕业学生质量标准两个关口,落实好立德树人根本任务,健全德技并修、工学结合的育人机制,完善评价机制,规范人才培养全过程。学校思想政治课示范课堂建设将充分挖掘自身的办学优势和国防职业教育的鲜明历史特征、文化资源、实践特色,整合以为党育人、为国育才为使命,以终身教育体系和优质国防职业教育体系为核心形成完整的职业教育链,传承优秀的国防工匠精神,塑造敢为人先的国防工匠创新品质,形成乐于奉献的终身教育追求。

(一)专红结合。全面贯彻党的教育方针,坚持"四个相统一",推动全员全过程、全方位"三全育人",注重坚守专业精神、职业精神和工匠精神,践行社会主义核心价值观,以德立身、以德立学、以德立教,推进国防工匠精神教育。国防工匠精神教育坚持正确的政治方向,坚守正确的政治立场,树立鲜明的政治旗帜,实践为党育人、为国育才的教育使命。红色不仅是国防工匠精神的底色,国防工匠精神的历史传承和文化价值取向,也是国防工匠精神教育的方向,在国防职业教育中不仅旗帜鲜明地亮明身份和定位,同时也根据时代和未来发展的需要,鲜明的红色政治底色和国防职业高精尖职业才干相结合,做到人才培养全环节全过程终身教育又红又专的基本要求。

(二)专优结合。云南开放大学远程开放教育、终身教育、云南干部在线培训和乡村干部素质学历双提升项目等卓有成效的工作,在云南省终身教育体系构建中先行先试,积累了丰富的线上、线下职业教育经验,具备了体系建设和平台建设方面天然的优势。云南国防工业职业技术学院多年深耕国防工业专业群建设,形成了特点鲜明、专业积累深厚的人才培养模式,为云南国防工业乃至国家国防工业培养了众多政治素质过硬、专业素质和能力出众的人才,在国防工业体系中形成了专业人才队伍梯队。学校充分整合我校培养的、业绩突出的国

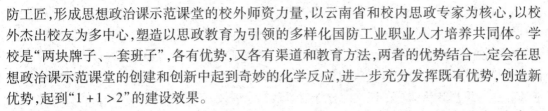

防工匠,形成思想政治课示范课堂的校外师资力量,以云南省和校内思政专家为核心,以校外杰出校友为多中心,塑造以思政教育为引领的多样化国防工业职业人才培养共同体。学校是"两块牌子、一套班子",各有优势,又各有渠道和教育方法,两者的优势结合一定会在思想政治课示范课堂的创建和创新中起到奇妙的化学反应,进一步充分发挥既有优势,创造新优势,起到"1+1>2"的建设效果。

(三)专精结合。学校马克思主义学院现有一支结构合理、素质优良、有凝聚力、有专业能力和有坚强战斗力的"四有好老师"队伍,由于教学效果优良,教学成果突出,获得国家级、省级、厅级表彰十余次,承担国家、省部级、厅级科研项目十余项。在教师教学素质和能力培养中,在教师科研素质和能力提升中做到高要求、高标准,打造了一支信仰坚定、能力水平突出的国防工业思政课教育教学队伍。在思想政治课示范课堂建设中,以这样一支队伍为核心,细化国防工业职业教育全环节的终身教育体系,延展国防工匠全过程的思政教育体系,做到思政课程的专业性和专业领域的深入性相结合,形成特点鲜明、社会效果良好的国防工匠思政课程教育内容和方法体系。

(四)专兼结合。专兼结合要做到三个基本结合,一是做到校内和校外专家相结合,充分利用和整合思政课程首席专家力量,夯实有我校特点的国防工匠思政课的基本队伍和能力基础。二是做到学校思政课程教育与实验实训体系相结合。思政示范课程建设不仅坚持"引进来"的建设方向,同时也探索"走出去"的建设创新。在课程中主动设计杰出国防工匠思政教育环节和课时,聘请信仰坚定、业绩突出的国防工匠为兼职思政教师讲授思政课程;同时,思政教师也要走入军工企业及相关企业,主动介入、协调和帮助军工系统相关企业搭建全产业链全过程的终身思政教育,创建内外联动、优势互补、特色鲜明、效果突出的国防工匠思政教育体系。三是中心任务与边际效应延展相结合。国防工匠思政课程建设立足于我校的专业群建设和发展作出的一个创新和探索,但就云南省乃至全国而言,从行业办学发展而来的职业院校众多,这样的探索将为这些职业院校的协同育人大思政教育体系积累经验,开拓职业院校思政课程建设的方法和途径。

4.2.3　思想政治课示范课堂的建设任务

(一)课程建设任务

以终身职业教育背景下的中国精神课程建设的主题,细化五个基本主题作为思想政治课示范课堂的主题,以爱国主义为核心的民族精神和以改革创新为核心的时代精神为主线,分解为爱国主义精神、劳模精神、劳动精神、工匠精神、中华民族共同体意识五个具体思想政治示范课主题,形成资源丰富、获取方便、方法多样的课程体系。总而言之,思想政治课示范课堂主要的建设任务就是"三个一":一个高度聚焦的课程主题,一个完整的云南特色高职思政课程体系,一个课程教育公众号。

(二)人才培养任务

思政课教学结合职业道德、职业精神、企业文化等内容设计、选取案例,实践教学要与专业实践相结合,深入企业,与专业教师分工合作,共同探索模块化教学,使思政教育融入学生开展的实践、实训全过程,实现思政教育与专业教育的融合。思想政治课示范课堂建设的主要任务有:一是改变思政教师为思政而讲思政的单一枯燥模式,贴近学生成长成才的发展需要,多方面提升教师教学能力、科研水平和社会实践实训体系组织等综合能力,通过思想政治课示范课堂建设,提高思政"双师型"教师的数量和比例,争取我校马克思主义学院"双师型"教师比例达到60%以上;二是建立校外技术型思政专家队伍,让懂技术有信仰的能工巧匠走进思政课堂,进入思政内容,构建结构合理、生动活泼、紧贴现实的思政课堂体系,争取30%左右的思想政治课示范课堂由校外技术型专家讲授;三是构建立场坚定、富有成效的学生思政队伍。用学生讲政治、用学生讲故事,能形成积极向上的学风。

(三)实验实训体系建设任务

高职思政课程教育中有两个难点和痛点:一是社会实践实训是思政课程的短板和难点,思想政治课示范课堂除了课程内容和资源建设之外,另一个创新和探索就是在企业建设思政教育研究中心,扎根校企合作,充分整合校企资源,创建企业用得上、学生用得好、教师用得熟的思政教育内容和方法;二是学校思政教育的即时性难题。学生在学校可以获得较为系统的思政课程教育,但一旦走上工作岗位,思政教育就较为松散。很多企业也在为党的建设、思想政治教育和企业文化教育而苦恼,思想政治课示范课堂不仅仅把关注点聚焦到现阶段的学生思政教育上,也把眼光放远到企业的实际思政需求和企业职工(学生)的职业生涯发展需要上,探索建立完整科学的终身职业教育思政课程体系。

4.2.4 思政示范课堂建设内容

(一)优质高效的终身职业思政课程教育体系

在产教融合的人才培养模式下,学生由原来的一元身份转变为学生与员工并重的二元身份。由于学校与企业之间一定程度上存在着价值取向、制度体系、文化氛围等方面的不同,容易使学生在进行角色转换时产生思想困惑。首先在国内没有一个统一的职业院校课程建设标准和先行的课程建设经验可资借鉴,需要融合第一课堂、第二课堂、第三课堂甚至是第四课堂,线上线下教学方式,干部在线、职工在线、乡村振兴和终身教育等模式,充分发挥各种教育渠道和模式的优势,形成方便可行的特色思政课程体系;其次,国内的部分高职院校关注更多的是学校教育本身,而忽视了思政课程在时间上的有效延展。思想政治课示范课堂建设也需要为企业的实际需求和企业职工的职业发展需要服务,依托我校形成的完整职业培训体制,对思想政治课示范课堂内容和方式进行有效的延展,增强了思政教育教学的针对性和有效性。

(二)优质高效的思政课程社会实践和实训体系

学生参与企业生产实践的过程,既是内化理论知识的过程,也是体验、思考、感悟的过程,更是学生发挥自身主体性,提高其在思想道德领域内认知能力和实践能力的过程。校内依托现有的重点实验室和实训基地,建立专业实训和思政教育体系的有机融合,探索理论课程思政、实训课程思政互补共同发展模式,增强专业教师组织思政教育资源的能力,以一个或几个专业或专业群的代表性课程和实训环节为载体,形成课程思政深度融入的合作体系或工作室;校外与学生实验实训企业合作,培育和培训一批信仰坚定、技术过硬的技术能手,联合成立企业的思想教育研究中心,形成稳定的思政课程社会实践实训孵化基地和中心,解决思政教师不懂技术、技术能手不懂思政的现实难题。

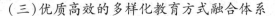

（三）优质高效的多样化教育方式融合体系

学校和企业是两类不同性质的组织,文化环境大不相同。因此,为确保思想政治教育的连续性与有效性,需要实现学校文化与企业文化的互融互通,既要将职业文化带入职业课堂,又需将优秀传统文化、革命文化、社会主义先进文化等带入生产过程。学校在开放教育、终身教育、职业培训、干部培训、中高衔接等领域具有多年的办学历史,为我校在思想政治课示范课堂教育教学整合和创新方面积累了丰富的专业和资源基础,同时也积累了开展思政课程社会实践实训的渠道和资源。在此基础上,思想政治课示范课堂建设将充分挖掘各类教学模式的优势,整合校内外的优势资源形成合理建立一套优质高效的多样化思政课堂教育体系,为学生提供丰富的思政教育产品种类,菜单式的思政课堂是我们最主要的优势和创新。

（四）关键问题和重点领域

高职院校要进一步建好、用好校内外实践教学平台,采取认知实习、跟岗实习和顶岗实习等多种方式进行实习、实训,学生理论学习的时数将相应缩短,教学安排会更加灵活、富有弹性,思政课教学必须适应这个变化,积极探索思政课实践教学的新模式,整合与利用各种实践教学资源,把思政课教学开到工厂车间、部队军营、田间地头、社区小院,尝试学生在哪里,思政教育就延伸到哪里。依据思想政治课示范课堂建设的原则和标准,联系我校的专业群资源和师资基础,梳理了五个关键问题和重点领域,建成思想政治课示范课堂五门:

《习近平总书记考察云南重要讲话精神》

《弘扬云南军工企业发展中的爱国主义精神》

《传承军工文化 弘扬工匠精神》

《铸牢中华民族共同体意识》

《新时代劳模精神教育》

五门课程已在学堂在线和云开平台正式上线运行,并作为选修课在校开设,现选课学习人数已超过 2 万余人。其中《习近平总书记考察云南重要讲话精神》和《弘扬云南军工企业发展中的爱国主义精神》两门课程最早于 2022 年 4 月建成上线,开设 3 期,并于 2022 年 8 月获云南省在线精品开放课程。通过示范课堂的建设,历练了教师,帮助教师实现从线下授课到线上授课的体验,有助于提升教师运用信息技术融合思政课教学水平,为进一步推动数字思政奠定了一支思政课数字化教师队伍。同时在示范课的建设中凝练总结了思政课专题式教学和融通教学 2 种教学方法,为推进思政课教学创新改革和教学创新团队建设作出了有益的尝试。

4.3 以建设 2 个专业融合的思政课精准教学示范点为目标,建设 1 支思政精准教学团队

习近平总书记在全国思想政治理论课教师座谈会中指出,要"推动思想政治理论课改革创新,不断增强思想政治理论课的思想性、理论性和亲和力、针对性"。这为新时代思想政治理论课的教学改革提出了目标和努力方向。增强思想性、理论性需要教师加强自身的理论

研究和阐释能力,把马克思主义理论和党的创新理论讲透、讲彻底。增强亲和力、针对性则需要教师深入研究学生,"教师只有深度对接教育对象的学习需求,深度契合教育对象的心理特性,才能吸引学生积极参与思政课的学习,才能切实提升'到课率''听课率'与'抬头率'。"教育部颁布的《高校思想政治工作质量提升工程实施纲要》强调:"加强问题导向,注重精准施策,聚焦重点任务、重点人群、重点领域、重点区域、薄弱环节","加强分类指导、着力因材施教"。运用大数据优化思想政治教育供给和评估,推动思想政治工作精准化。云南开放大学(国防工业职业技术学院)思政精准教学团队运用精准教学理念改进和创新思政课教学实践,结合高职学生的思想和行为实际进行了有益的探索和尝试。

4.3.1　思政课精准教学的提出

精准教学这一概念最早由美国堪萨斯大学的林斯利提出,国外学者主要是运用标准变速图表记录学习者的学习行为变化,为学习者的学习行为调整提供决策依据。国内学者在此基础上将信息技术与精准教学理论结合,从教学模式角度讲精准教学的内涵定义为精准教学目标、材料开发与教学、统计学生表现、数据决策。从教学方法论的角度围绕目标精准、问题精准和干预精准三个方面赋予了精准教学新的含义。有学者因此将中国的精准教学称之为"精准教学2.0",而把国外精准教学研究统称为"精准教学1.0"。精准教学也受到了思想政治理论课教学研究者的关注,学者们也从不同角度对精准教学在思政课中的运用进行了研究,从概念上界定其基本含义,将其定义为是发挥信息技术在教学资源利用、教学过程实施和教学评价等环节的优势,确保教学数据精准、过程精准、反馈精准的一种教学模式。探索人工智能技术赋能思政课教学的理论与实践,提出运用人工智能多模态分析、人工智能算法、人工智能场景以及人工智能人机协同等为精准画像、精准供给、精准引领以及精准评价赋能,最大程度提升思政课教学的精准化水平。有学者将精准教学运用于验证思政课教学效果,应用语料库技术对教学行为、教学设计以及教学效果进行了测量和评价。有学者以精准思政理念入手,重构思政课教学,形成师资、课程、方案、考核"四位一体"思政课精准教学新模式。

4.3.2　思政课精准教学的思考

精准教学团队借鉴了多位学者的研究成果,将思政课精准教学界定为精准聚焦学生学习需求、精准设计教学过程、精准评价教学效果三大关键环节,选取了文科的学前教育和理科的智能新能源汽车技术专业进行试点。之所以选择这两个专业,其一,由于学前教育专业作为学校近年来的重点骨干专业,学生数量增长较快、基础较好,且专业要求的综合能力较为全面,作为思想政治理论课精准教学的研究对象能够提供较为多样化的研究成果。其二,智能新能源汽车技术作为学校新兴重点培育专业,代表了职业教育的新工艺和新业态,为思想政治理论课精准教学提供了新的观察对象。

从专业发展前景来看,学前教育和智能新能源汽车技术两个专业都有国家相关政策支撑,具有较为良好的发展前景,2018年11月,《中共中央国务院关于学前教育深化改革规范发展的若干意见》明确,"学前教育是终身学习的开端,是国民教育体系的重要组成部分,是重要的社会公益事业"。党的二十大报告中也强调要强化学前教育普惠发展。2020年11月,国务院办公厅印发《新能源汽车产业发展规划(2021—2035年)》,要求深入实施发展新

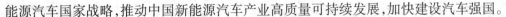

能源汽车国家战略,推动中国新能源汽车产业高质量可持续发展,加快建设汽车强国。

从地方产业发展来看,学前教育和智能新能源汽车技术两个专业都属于云南省重点发展的产业之一。《云南省"十四五"教育事业发展规划》中提出健全完善学前教育发展机制,普惠性资源进一步扩大,补齐农村、边境民族地区和城市学前教育短板,提供更加充裕、更加普惠、更加优质的学前教育。到 2025 年,全省普惠幼儿园占比达 85%,普及普惠县占比达 30% 以上,公办在园幼儿占比达 50% 以上。《云南省新能源汽车产业发展规划(2021—2025 年)》则提出,要努力实现云南省新能源汽车产业规模的快速提升和本地配套产业链的升级与完善,以云南省为中心构建面向东盟的新能源汽车产业国际化发展集聚区。

4.3.3 思政课精准教学的探索

学前教育和智能新能源汽车技术两个专业的思政课精准教学主要从需求精准聚焦、目标精准定位、问题精准干预、教师精准决策、效果精准反馈五个方面进行探索。

（一）精准聚焦专业和个人发展需求

从专业能力发展需求来看,学前教育的教师是幼儿健康成长的指导者和引路人,教师素质的高低直接影响着学前教育质量和教育成效。2014 年,习近平总书记在同北京师范大学师生代表座谈时,阐释了好教师的"四有"标准:有理想信念、有道德情操、有扎实学识、有仁爱之心。幼儿教师只有具备高尚的师德操守、教育情怀和人格魅力,孩子才能"亲其师,信其道;尊其师,奉其教;敬其师,效其行"。智能新能源汽车技术人才则需要具有良好职业道德素质,能独立学习与职业相关的新技术、新知识,对社会、企业和客户有强烈责任意识。相较于传统汽车行业,新能源与智能汽车领域对具有跨行业背景的复合型人才的需求较为突出。在思政课教学中如能有机结合本专业发展现状和产业发展趋势,将有助于思政课与职业教育的专业发展的有机融合,协同育人。

从个人发展需求来看,"00 后"大学生成长于更为优渥的经济环境,经济社会发展方式转变带来更多社会发展不确定性,社会心态发展变化,青年学生对自己的未来充满渴望,但在探索人生多种可能性的道路上难免有挫折,理想自我与现实自我会产生冲突和矛盾,容易受到"活在当下、注重物质享受"思想的影响,他们希望在思政课教学中不仅能够了解党的理论知识,树牢理想信念,更希望能通过案例讨论、理论辨析对世界观、人生观、价值观的很多困惑进行探索,增强理论对现实生活的解释力和说服力。

（二）精准定位课程目标

课程目标是课程教学改革的出发点和落脚点,新时代在世界百年未有之大变局和中华民族伟大复兴战略全局"两大大局"的总体时代背景下,高职思政课的改革创新需要既保持思政课宣传党和国家大政方针和服务经济社会发展的基本价值导向,又要结合时代的变化贯彻落实中国特色社会主义建设事业的新变化和新发展。在此基础上思考,本团队将高职思政课精准教学的总体课程目标定位为:以进一步增强中国特色社会主义"四个自信","厚植爱国主义情怀",培养"德智体美劳全面发展的社会主义建设者和接班人"和担当民族复兴大任的时代新人。增强文化素养、职业素养、自我发展、社会参与,增强自身职业适应能力。

课程目标的政治维度——实现中华民族伟大复兴,需要培养一代又一代拥护中国共产党领导和我国社会主义制度、立志为中国特色社会主义事业奋斗终身的社会主义建设者和接班人,开展马克思主义理论教育,用习近平新时代中国特色社会主义思想铸魂育人,引导学生增强中国特色社会主义道路自信、理论自信、制度自信、文化自信,厚植爱国主义情怀,把爱国情、强国志、报国行自觉融入坚持和发展中国特色社会主义、建设社会主义现代化强国、实现中华民族伟大复兴的奋斗之中。

课程目标的职业维度——随着我国产业结构升级,企业对人才的需求逐渐从"技能型"向"高阶型、复合型"转变,增强思想政治教育与产业发展的动态适应能力,推动思政课与行业企业深度合作,体现思想政治教育的职业性和跨界性特点,有机融入工匠精神、劳模精神,着力提高学生的职业精神和职业技能。使学生适应经济全球化深入推进,信息社会飞速发展,文化多样化深入发展的发展趋势,提升问题解决、创新思维、可持续发展能力。

(三)精准链接授课问题

习近平总书记指出"思政课的本质是讲道理",思政课要讲的道理内涵丰富,最本质的是要讲清楚中国共产党的"能"、中国特色社会主义的"好"、马克思主义的"行"。高职院校的学生无论是普通高中还是中职生源,在之前的学段都接受过体系化的思政课教育,思政课要讲的道理在是什么的层面已经得到一定程度的解决,在高职教育阶段的思政课的教学一方面应持续强化学生对"中国共产党能、中国特色社会主义行、马克思主义好"三大基本结论的深化认同以及党的创新理论的新提法、新论断的灌输。更重要的是要讲清楚在新的时代背景和条件下,"中国共产党为什么能? 中国特色社会主义为什么行? 马克思主义为什么好?",重点解决"为什么"和"怎么做"的问题,培养德智体美劳全面发展的社会主义建设者和接班人,成为有理想、敢担当、能吃苦、肯奋斗的新时代好青年。

(四)精准开展教学决策

精准教学团队在教学中逐步探索了"教师为主导、学生为主体",体现以学生为中心、以职业发展为导向的思政课问题链教学方法。主要做法是:

教学准备阶段——教师在吃透统编教材和专业人才培养方案的基础上,围绕课程标准和课程目标进行集体研讨,从教材文本和各类相关文件读本中梳理教材内容逻辑、党的创新理论逻辑、历史发展逻辑、社会实践逻辑聚焦授课重点难点;通过思政课教师集体备课、辅导员座谈会、校企合作企业访谈、问卷调查、网络大数据等方式开展学情分析,了解授课对象关注的聚焦授课热点、关注点;通过及时关注专家解读、网络热点、舆情信息聚焦理论热点。最终提炼出授课"问题库"。按照不同专题将"问题库"进行分类,将同一专题中的问题进行模块化重构,按照逻辑链接形成环环相扣的问题链。每个问题链中可按照信息性问题导入—问题性问题驱动—启发性问题激励—思考性问题创新的逻辑顺序进行设计。

教学实施阶段——课前利用学习平台或智慧教学工具向学生推送扩展阅读材料,课堂教学开始以信息性问题导入以测试课前阅读效果和学生授课前知识储备,之后以问题性问题激发学生学习动机,结合教材重难点、理论热点、学生思想疑点结合学生专业创设学习情境,采用讨论、辩论、角色扮演、经典导读、主题报告等教学形式,以学习小组为基本教学单元开展教学活动。在教学实施中应强调以思政课育人目标和职业标准为轴心,融合职业道德、现代产业要素、技术发展态势等相关内容,充分发掘思政课中与职业精神教育有关的特有资源。教学实施阶段应特别注意教师的有效引导,对教学活动中的错误观点和偏差实时进行评价和分析。

教学反思阶段——课堂教学结束后及时组织学生开展教学总结,扩展教学视角,增强教学实效性。精准教学团队结合两个专业进行了分众化教学设计,如在课后作业部分,针对学前教育采用了学习手册,鼓励学生运用手绘方式进行教学内容输出,针对智能新能源汽车专业则鼓励学生采用"云参观"强化对思政课理论知识的深入理解。在实践教学方面,针对学前教育学生女生较多,擅长听说的特点设计了主题微课大赛、经典红色舞台剧展演、经典著作朗读大赛等教学实践活动。针对智能新能源汽车专业则采取自制微电影、微视频、知识竞赛等教学实践活动。在教学评价方面采取平时成绩和期末成绩各占50%,平时成绩在进一步细分为小组互评、考勤、实践活动表现等,其中,小组互评从原有的评分制改为排序,较好解决了小组内部"人情分"的现象。

(五)精准反馈教学效果

教学反馈是教学诊改的关键要素。精准教学团队采取了学生意见反馈、教师内部交流和外部督导三种主要的教学反馈形式。

一是学生意见反馈。主要是采用网络问卷、学校教务平台学生评教、学生座谈会相结合,网络问卷侧重围绕思政课教学目标,客观题为主,主要了解学生对思政课教学的成效与普遍的思政教育规律之间的差异,为进一步诊改找准方向,同时设置了少量主观题,了解学生在教师的教学中还没有得到解答或疑惑的问题,以便为下一步问题链问题库的扩充打下基础。学校教务平台学生评教侧重观察思政课在学校总体教学中的学生评价水平以及不同思政课教师教学风格在学生中的认可程度,为教师的教学改进和示范课组织提供依据。学生座谈会为学生干部提供了当面与教学管理人员进行沟通的机会,在当面沟通的同时再次发放教学书面反馈表格,侧重于了解和把握教师教学的整体情况,避免学生个人评价中"以偏概全"的情况,同时也能够对教学管理中学生意见较突出的问题进行聚焦,改进工作作风,提升教学管理能力和水平。将学生意见的反馈给教师的这个环节非常重要,有助于教师的持续改进,强化思政课教学实效性。

二是教师内部交流。教师内部交流可视为集体教学反思的一种重要形式,通过对自己的教学过程和教学实践进行全面、客观、深入、冷静的思考和总结,同时在于其他教师的对话和讨论中得到反馈、启发和顿悟。针对性分析教学中自己感受最深或者感觉最难的教学现象,寻找教学理论的支撑,结合学生学习行为的共性问题进行分析,在与其他教师的共享、讨论、合作中将实践性教学知识内化为自身的教学实践性知识,从而在合作中进步、在反思中成长。

三是外部督导。教学督导是教学专家从规范性、内容性、创新性三个层次对教学客观状态进行的观察与评价。规范层次的督导聚焦教学的合规性、强调教学状态的共性和客观标准。内容层次的督导则强调教学的学术性和专业性,对督导专家的教学经验和教学声望、口碑要求较高。创新层次的督导则有机结合了"督教""督学""督管",对专家个人的督导能力和学校的管理能力和教改力度决心要求较高。精准教学团队在外部督导中强化内容层次和创新层次的督导规范,邀请校内外的思政课专家对问题链的设计、思政课教学规范进行指导,邀请课程设计专家和信息化教学分别开展精准教学过程、大数据在教学中应用等进行指导。

4.4　以建设 1 个具有职教特点的课程思政示范中心为方向,建成 1 支育德育心育人团队

立德树人是高等教育的根本任务,协同育人是新时代立德树人的重要原则。党的十八大以来,以习近平同志为核心的党中央高度重视高等教育改革的系统性、整体性、协同性,高度重视增强高校思想政治工作的协同效应。中央出台的关于加强和改进高校宣传思想工作、高校思想政治工作,关于思想政治理论课建设、马克思主义学院建设等重要文件都明确将协同育人作为创新理念和重要原则贯穿其中,要求"紧紧抓住教师队伍'主力军'、课程建设'主战场'、课堂教学'主渠道',让所有高校、所有教师、所有课程都承担好育人责任,守好一段渠、种好责任田,使各类课程与思政课程同向同行,将显性教育和隐性教育相统一,形成协同效应"。

4.4.1　课程思政的提出

"课程思政"在 2014 年由上海市教委提出并进行试验,取得了较好的成效。2016 年全国高校思想政治工作会议,习近平总书记强调:"其他各门课都要守好一段渠、种好责任田,使各类课程与思想政治理论课同向同行,形成协同效应。""教师不能只做传授书本知识的教书匠,而要成为塑造学生品格、品行、品位的'大先生'",要"把思想政治工作贯穿教育教学全过程,实现全程育人、全方位育人,努力开创我国高等教育事业发展新局面"。习近平总书记重要讲话推动了课程思政进一步发展。2017 年,中共中央印发了《高校思想政治工作质量提升工程实施纲要》,提出了以"课程育人"为首的"十大"育人体系,第一次在中央文件中正式提出了课程思政这一概念,指出要"大力推动以'课程思政'为目标的课堂教学改革"。2020 年 5 月 28 日,教育部印发《高等学校课程思政建设指导纲要》,强调要把思想政治教育贯穿人才培养体系,全面推进高校课程思政建设,发挥好每门课程的育人作用,提高高校人才培养质量。

4.4.2　课程思政示范课程的建设

学校马克思主义学院心理健康教研室从 2019 年开始,深入探索"大学生心理健康"课程的课程思政建设。2021 年,"大学生心理健康教育"课程被教育部首批认定为课程思政示范课程,授课教师被教育部认定为课程思政名师团队。在此基础上,学院主持申报了课程思政教学研究中心,中心共 37 名研究人员,在学校课程思政工作领导小组指导下,组建课程思政工作专班,构建起"党委统一领导、党政齐抓共管、马克思主义学院统筹抓总、教务处和开放教育学院分别牵头、学院落实推进、教师人人有责、双模式办学特色鲜明"的课程思政建设工作格局。中心以习近平新时代中国特色社会主义思想为指导,全面贯彻党的教育方针,落实立德树人根本任务,协同联动、同向同行、以点带面,全面推进学校课程思政建设工作。中心主要工作包括:负责学校课程思政教学实践和理论研究;负责制定学校课程思政建设工作规划;探索课程思政建设方法和路径,指导并推进学校、学院、教研室、教师不同层面的课程思政建设与实践;负责课程思政建设项目的立项及推进工作,评选优秀共享课程、优秀教学案例等,建设课程思政优质资源,并开展推广共享;定期组织课程思政建设教师交流、观摩、培

训、评优等活动,提升广大教师思政育人意识和思政建设能力;研究课程思政建设质量评价体系和激励机制,不断提高教师开展课程思政建设的积极性和主动性。

中心目前制定了《云南国防工业职业技术学院课程思政改革试点工作的意见》《云南开放大学、云南国防工业职业技术学院进一步推进课程思政的实施意见》等相关文件,初步构建了课程思政的顶层设计框架。形成了全校各专业大类的课程思政建设标准,组织修订了含有课程思政元素的人才培养方案和课程教学大纲,组织编写《云南开放大学课程思政学习参考材料》和《云南开放大学课程思政融入高职课堂教学方案设计》。组织申报和立项 34 门校级课程思政教学研究项目,选拔了优秀的教学示范课程,形成了具体鲜明特点的课程教学示范课;建设了丰富的课程思政网络资源,评选了优秀课程思政网络教学案例。

中心在思政课程和课程思政建设方面,着力研究、探索了一套基于成果导向、任务驱动理念下的课程思政建设实施模式,并以课程推进—课程管理—质量把控—反馈机制"四位一体"理念统筹设计了全校课程思政教育体系。针对不同专业,进行分类建设,首先从宏观层面,针对我校的工学类、经管法类、文史哲学类、农学类等专业类型,根据课程思政实施纲要确定课程思政的主线,以工学类专业为例,宏观上以强化学生工程伦理教育,培养学生精益求精的大国工匠精神,激发学生科技报国的家国情怀和使命担当为主线。其次,坚持课程思政和专业思政一体化设计、一体化实施,推动课程思政和专业思政一体化建设,既体现专业对课程思政的规定性,又体现课程思政自身的相对独立性和教师的自主性,专业构建符合专业特点的专业思政元素并形成列表(或路线图),作为整个体系的中观设计,在此基础上,专业中的每门课程根据课程特点,将知识体系进行分类,充分挖掘课程思政元素,形成课程思政元素列表,并将其落实到每门课程的教学目标中去,从而在立德树人上形成同向同行、同频共振的专业课程思政格局,最终通过课程目标达成情况评价,以及毕业要求达成情况评价来形成闭环。

中心以项目建设为抓手,以提升教师队伍教学能力为途径,促进学校思政建设做细、做实,搭建了资源丰富、功能齐全的思政课程建设网络平台,建立起一整套符合育人特点、符合认知科学要求、行之有效的课程思政教学体系。以课程思政建设与改革为载体,创新教学学术研究的激励机制,建设了一批充满思政元素、发挥思政功能的示范课;发挥名师引领作用,培养了一批高素质、教学能力高超的课程思政骨干教师;提炼了一系列可推广的课程思政教育教学典型经验和特色做法。如"育心与育德相统一的多维协同育人模式"。同时中心构建了基于任务驱动理念的课程教学体系。中心在广泛调研的基础上,基于成果导向,全面修订课程教学大纲,创设"六维"课程教学目标,促进所有课程在细化育人目标的同时和育才目标有机融合。

中心积极推动思政建设成果在校内外推广应用,以名师名课、现场观摩、信息共享、经验分享等方式,依托思政课程建设网络平台,分层、分类、分段逐步实施,全面推动学校课程思政建设;通过项目研究,在理论上形成可借鉴、可推广的理论成果,建立起指导课程思政建设的"路线图",完善学校—学院—专业三级立德树人体制机制;通过总结课程思政的整体情况,建立典型案例库,最终形成科学系统的课程思政建设机制,在校内外全面推广应用;中心通过项目实施,巩固并扩大课程思政建设成果,全面提高教师的课程思政教学能力,形成课程门门有思政、教师人人讲育人的良好氛围,同时产出一批高质量的课程思政成果,实现专业课程和思政课程高度的有机融合,促进学生健康全面发展。

4.4.3 建设育德育心育人教学团队

（一）育德育心协同育人理念的提出

2017年颁布的《高校思想政治工作质量提升工程实施纲要》明确指出:"坚持育心与育德相结合,加强人文关怀和心理疏导,深入构建教育教学、实践活动、咨询服务、预防干预、平台保障'五位一体'的心理健康教育工作格局,着力培育师生理性平和、积极向上的健康心态,促进师生心理健康素质与思想道德素质、科学文化素质协调发展。"

德、智、体、美、劳作为大学生全面发展的阶段性目标,其衡量的维度涵盖了思维、思想、心理、品德、技能、习惯等多个方面,其中思想与心理则是最为关键的环节。思想是核心,心理是基础。思想水平决定着大学生心理发展的方向和潜能,而心理状态也影响着大学生思想成长的动力与效率。其次,思想是内化升华,心理是外化体验。思想内容主要依赖于人类文明发展的客观成果,而心理反馈主要表现于对外部世界的主观体验。最后,思想是起点,心理是终点。人的本质决定了成长的要义即社会化,需要不断学习先哲的思想精华,而人的主观能动性也彰显了意识体系的创造性建构,以实现"从心所欲,不逾矩"的理想目标。

思想与心理在大学生全面发展过程中的重要地位,决定了育德与育心成为高校"立德树人"的重要支柱。育德即思想政治教育是高校明大德、守公德、严私德,开展社会主义核心价值观教育的主阵地和生命线;育心即心理健康教育是一门关注个体身心协调发展、悦纳自己、理解他人和适应社会的重要学问。思想政治教育根植于人的主观意识,要想思想政治教育工作做得好,就得从教师与学生两个主体去把握——教师乐教、学生乐学。教师除了具备专业素质之外,还须掌握学生的心理特点,具备能够影响学生学习、人生态度的热情与魅力,让学生切实感受到教师的方法、激情,使其自身受到激励。学生必须乐学,学生如果产生厌学等消极情绪也势必影响价值认同。部分大学生学习目标不明确,学习方式未转变,学习投入度不够,在大学学习生活中,难免产生各种心理问题,不敢面对挫折、对大学生活缺乏热情,深感前途渺茫,这就需要心理健康教育工作的干预。只有心理健康教育与思想政治教育的同频共振、深度融合,才能保证学生的大学生涯良性发展。

思想政治素养和心理健康水平都是价值取向、价值追求和价值评价的表达。不管是思想政治教育还是心理健康教育,共同具有一致的、稳定的行为规则和道德规范,这是社会保持动态有序平衡的价值基础。育心育德深度融合为良好的社会秩序运行、推动社会发展奠定了稳定的价值体系。

（二）育德育心育才教学团队建立

多年实践发现,高职院校学生思想政治教育存在三大问题。一是部分思政课"无心无能"使得课堂"无声无息"。在团队的教育教学和学生管理工作中,发现一个问题,部分高职学生不太喜欢思想政治理论课中的"理论",我们也看到有的高校老师在推动思政课"娱乐化",使之无理论,似乎学生当时是喜欢了,但已偏离思想政治理论课的初衷。经过多年的探索,我们通过贴近学生、贴近学生所学专业精心设计问题链,层层设问、抽丝剥茧,把教材体系转化为教学体系,解答学生的困惑,训练学生的理论思维,有效提升了思政课的理论性和学生的理论素养;我们找到在思政课堂引入心理学机制的路径,通过案例教学、情境体验等方式把道理与学生联结起来,增强学生的情感体验,把道理映刻在学生心灵深处。二是部分心理健康教育"无德无能"使得学生"无魂无力"。团队在长期实践中发现,如果纯粹就心理而谈心理,容易让学生囿于"小我",困于一时一事,陷于小情小怨。基于此,团队探索加强心理健康教育的价值引领,引导学生在关系中学会爱自己、爱他人、爱社会,把"小我"融入到中华民族伟大复兴的历史洪流中,活出生命的意义,绽放生命的精彩,这样学生的自我意识拓展了,对挫折的耐受力提高了,人生的方向和目标更加清晰了。同时,以编写具有职业教育特色的国家级课程思政示范课程"大学生心理健康教育"配套教材课程为契机,深入推进"育心"中的"育德与育能"。三是部分专业课程"无德无心"使得学生"无神无情"。专业课程与思政课同向同行,才能真正做到立德树人,使课程思政建设成为一个重要路径,然而,如何开展课程思政建设,我们着力于以马克思主义学院为课程思政建设的牵头统筹部门,充分发挥思政课教师的引领作用,以建设立项教育部课程思政示范课程为抓手,加强专业课程的价值引领和"入心"机制建设,推动专业课程"有神""走心"。基于上述三大问题,我们提出《育德育心育才:以思政课改革创新为引领的多维协同育人模式构建》的教育教学与研究的探索选题。

马克思主义学院由院长带队,组建了"育德育心育才教学团队",坚持目标导向和问题导向相结合。目标导向是使高职院校学生成为"有德有心有才"的高素质人才,而问题导向主要基于高职院校学生"修德""养心""成才"三者的协同不足,在国家治理现代化的视域下推动高校思政工作现代化,立项全国教育科学规划课题——"协同共治:高校学生管理的'治理'转向",以思想政治理论课教学改革如何把道理讲深讲透讲活、如何走深走实走心为出发点,以团队立项研究的国家社科基金项目"中国特色社会主义协同改革的理论与实践研究"为理论牵引推动思政课教育教学改革,推动思想政治教育现代化,形成了国家级课程思政示范课程、教学名师和团队、国家级教学比赛特等奖等初步成效,推动高职院校学生成长成才。

(三)育德育心育才教学团队的探索

一是高职院校思想政治理论课的协同改革。高职院校思想政治理论课的协同改革,坚持以习近平新时代中国特色社会主义思想为指导,加强理论研究与理论武装,加强"入心"实践探索,加强智慧化的问题导向,加强与职业特性的结合。

突出理论研究和理论武装的先导性。习近平总书记深刻指出,理论创新每前进一步,理论武装就要跟进一步。讲好高职院校思想政治理论课,首要的问题教师要深入理解和研究思想政治理论。高职院校的思想政治理论课不能没有理论,而是要结合心理特性和职业特性将思政课讲深讲透讲活。相比其他部分高职院校,我们通过密集的学习培训、集体备课磨课,读原著、学原文、悟原理,强化理论研究,成立习近平新时代中国特色社会主义思想研究室(中心)、学校思想政治工作理论研究会,立项并开展关于党的创新理论的国家社科基金项目、全国教育科学规划项目、教育部人文社科项目等研究,推进思政课往深里走、更往心里走。

突出思想政治理论课的教育教学心理机制。着重应用心理学、思政教育的理论进行教育教学,自觉地、有设计地而非盲目地进行教学,充分强调学生的体验感,激发学生的求知欲,培养学生的学习能力和自我规划、自我激励、自我调整和协作能力,培养学生学习知识、表达知识和创造知识的能力,提升学生的自信心。项目负责人及部分团队教师长期同时从事思想政治教育教学、心理健康教育教学,学院建立思政课与心理健康课程混编型的教育教学团队,立项关于思政课的心理机制的教学科研团队,对思政课堂进行教学与学生接受心理的调研,特别是研究高职院校学生的理论学习心理,从心理学的角度启发我们要把思政课的理论、价值引领与学生的成长成才建立深度的联结、深刻的体验,带领学生去思考和探索身边的理论、动态的理论、前沿的理论;从接受心理而言,人的接受、语言的接受、活动的接受、理论的接受是四个互动而又交融的层次。

突出思政课教学中智慧化的问题导向。师者,传道授业解惑也,思政课是兼具这三大功能的课程。学校建设思政课数智化教学平台,以问题为导向,设计类似于游戏的闯关模式,激发学生的求知欲,同时,将课堂讲授内容问题化、问题解释体系化、问题回答通俗化、问题提炼理论化。将学院思政课的科研方向,聚焦到教育教学中的突出问题、焦点问题上,使教学与科研深度融合,使教学方面产生全国教学展示特等奖等成效,科研方面立项国家社科基金项目等成效,学生在创新创业等方面得到国家级奖项。

突出高职院校思政课的职业特性。推进教育部高职院校提升培优的"八大项目",即一个教学创新团队、一个课程思政案例、一个思政课教师培训目、五堂具有职业特色的示范课。团队深入与学校关联的国防军工企业展开调研,开展深度的协同合作,建设以"中国精神"为主线的职业教育思政选修课,其中《习近平总书记考察云南重要讲话精神》和《弘扬云南军工企业发展中的爱国主义精神》被评为云南省高职教育精品在线课程,两门课均在学堂在线等平台上线,拓展网络思政教育空间。

二是高职院校学生心理健康教育工作的协同改革。团队在对育德与育心相结合开展心理健康教育工作方面进行了深入探索,实践过程中不断实现三结合:内容、方法、人员结合。

内容结合:心理与思政深度融合教学模式。中心设在马克思主义学院,心理健康教育教师参与思政课教学与研究,有心理学基础的思政课教师从事心理健康教育教学或研究,推动两支队伍的深度融合,协同提升育心与育德品质。"大学生心理健康"教学团队根据《高等学校课程思政建设指导纲要》和《普通高等学校学生心理健康教育课程教学基本要求》的要求,按照教学目标—教学逻辑—专题内容—教学形式—实践教学—考核评价的模式来构建特色鲜明的"大学生心理健康"课程思政教学体系,同时厘清心理健康与思政教育之间的逻辑关系,对思政元素进行全面的整理,挖掘和选取知识点中的思政元素,运用恰当的教学方法,潜移默化地进行教学。目前已通过第一轮教学实践。同行专家对"大学生心理健康"课程思政教学探索高度评价,教学团队力争通过多轮实践教学,不断调整和完善心理健康教育课程思政教学体系,形成其他公共课程可借鉴、可推广、可复制的模式。

方法结合:在育心过程中潜移默化"铸魂"。方法一,以学生喜闻乐见的活动形式实现价值引领。在社会风气、网络、朋辈等的影响下,大学生不可避免地会出现浮躁、迷茫、任性、脆弱等心理特点。中心坚持以学生心理发展需要、"使大学生作为大学生而成为大学生"为工作出发点,强化价值引领、学生互助、不断创新,在学生喜爱的常规心理健康教育活动的基础上,坚持每年推出全新、独特、有亮点的活动。

2016年举办"正心访谈——演绎人生平凡事,弘扬青春正能量"活动,结合学校特殊教育开放学院师生进行的艺术访谈节目,通过文雅艺术感染观众,用朴实、动人的故事打动心灵,访谈启示智慧,让观众了解残障同学们的故事,身临其境地感受他们的生活,感受他们身有残障、心向阳光的积极心态,受众人数1200余人次。

2017年举办心理沙龙"一人一故事"剧场,以"每个人的故事都值得聆听和尊重"为理念。沙龙的主角是每一个参与活动的人,通过用故事来服务彼此的方式,形成了观众与演员之间的共鸣和理解,将不同的人联系在一起,让每一位在场的参与者感受到了宽容、平等、尊重和接纳差异。通过这种形式引导学生重视自我身体和心理层面体验,提升自我内在的觉察能力,解除压力、释放身心,培育理性、平和的心态。受众人数200余人次。

2018年举办"有梦为马,随处可栖"心愿漂流瓶活动。学生现场填写了2600余只心愿瓶,包括定向瓶和随机瓶,定向瓶在每天活动结束后都由工作人员送到了学生指定的同学手里,这种形式让学生在轻松的氛围中表达了心底最想对他(她)说的话和最美好的愿望,让更多的学生学会关心理解他人,在相互激励中共同进步。受众人数3000余人次。

2020年疫情期间举办"美食治愈心灵"——主题照片征集活动,用制作美食的方式传递人情味、幸福感,发挥居家劳动在疫情期间独特的育人价值,培养学生积极向上、乐观进取的生活态度。为学生成才成长、幸福生活补充更多的心理营养,营造积极、和谐的心理氛围。受众人数300余人次。

2021年举办"拥抱情绪　为心赋能"——情绪体验站活动,中心现场为同学们提供了10个宣泄不倒翁,在情绪宣泄过程中引导学生转换视角、辩证看待情绪,情绪没有好坏之分,学会看到情绪背后隐藏的需要,拥抱、接纳情绪,学会做情绪的主人。受众人数2000余人次。

方法二,紧跟时代步伐,主动占领网络意识形态阵地。2020年疫情期间学生不能正常返校,中心及时调整工作思路,充分利用各网络平台有序、高效开展学生心理健康教育工作,营造积极阳光的网络文化氛围。其一,开通心理咨询热线,面向全校师生公布心理咨询教师联系方式、中心心理咨询QQ号码,安排心理健康教育咨询中心老师轮流值班,为学生提供线上心理咨询,全年咨询110人次,同时开展了一系列心理健康社会服务。其二,通过腾讯课堂、钉钉等方式开展"大学生心理健康"课程教学。其三,通过"开大心灵家园"微信公众号、学院心理辅导员QQ群等途径,不定期向师生推送疫情期间心理健康维护的相关资料。其四,中心老师通过线上直播形式为全校学工干部进行疫情期间心理维护培训;邀请校外专家多次为学生开展线上专题讲座;积极组织全校师生参加"大学生心理应激与应对""高校心理援助热线"等相关培训。其五,通过线上活动方式,成功举办了第十届"5·25"大学生心理健康宣传月线上活动、参与学生3000余人次,收集到作品近500份。组织全校师生积极参加云南省"抗击疫情·关爱心理"第一届社会心理健康征文大赛活动,并荣获优秀组织奖。

三是人员结合:心育和德育队伍形成合力。充分发挥学校心理健康教育教师主力队伍中专职心理咨询教师危机干预、心理咨询的优势,结合思政课教师、学工干部、各学院辅导员思想政治教育、学生日常管理的优势,形成合力开展工作,实现"1+1>2"的效果。2020年,二级学院一名毕业学生因感情问题引发心理危机,学生思想较偏激,多次自残,并多次威胁老师和当事女生。中心咨询老师从2月开始,第一时间对学生跟进、干预,多次化解学生心理危机,即使在学生7月正常毕业离校后仍然为学生提供咨询服务,关注学生心理健康状况,截至12月,为学生提供近50次线上心理咨询。此次危机干预工作的有效开展得益于学校四级危机干预机制的建立,学校领导、中心、各学院、辅导员、当事人家长的共同努力,密切配合。心理协会的学生充当"雷达兵"作用,及时将个案报告给指导老师。中心、学院及辅导员的通力合作是危机干预成功的前提,在疫情期间,学生不能正常返校,辅导员主动冲在第一线,通过电话、微信安抚陪伴学生,及时与家长沟通、协调;学院领导主动协调多方资源;中心3名心理咨询教师团队作战,迅速联动、相互补台,在干预中充分尊重、理解,给予学生关爱和帮助;多次邀请校外专家针对个案进行督导,保障了整个危机干预工作的开展。学生家长的理解和支持。本案例中,当事人家长从最初的不理解、不支持到后期主动配合开展工作,家长的支持、理解对学生症状的缓解和危机的成功干预起着至关重要的作用。

（四）育德育心育才多维协同结硕果

团队着力于学校教育教学的目标协同、队伍协同、课堂协同、阵地协同、实践协同、管理协同等六个方面的协同改革,实现效果倍增的实际效应,即"六协同一倍增"模式探索。

一是目标协同:高职院校教育教学工作的同向同行。学校加强了顶层设计和目标导向,其一,以立德树人为根本任务的顶层目标,其二,以"三全育人"为中观导向,其三,"十大育人"为具体目标和抓手。突出"修德养心成才"的价值导向,学校党委书记亲自抓思政课、心理健康教育、日常思政工作的统筹,马克思主义学院发挥抓总落实和示范引领作用,推动专业课程与思政课程同向同行,着力培养德智体美劳全面发展的社会主义建设者和接班人。

二是队伍协同:国家级教学名师的示范引领与力量凝聚。以教育部首批立项的国家级课程思政示范课程"大学生心理健康教育"的教学名师和团队为基础,整合思想政治理论课、心理健康教育、专业课教师、日常思想政治教育四支队伍(以下简称"四支队伍"),协同开展教学、教育管理、教研科研、理论宣传宣讲等工作,形成合力。通过虚拟教研室整合开放大学系统内的这四支队伍,形成了以习近平新时代中国特色社会主义思想研究为引领的教学研究团队。

三是课堂协同:打造育德育心育才相统一的"四大课堂"。以思政课改革为牵引,建设了"四大课堂",其一,建设了"有心有能"的思政课堂。思政课堂引入心理学的机制,结合职业院校的学生的"职业性",推进思政课提质培优,建设了云南省高职教育在线精品课程2门。其二,建设了"有德有能"的心理健康教育课堂。在心理健康教育过程中融入价值引领,心理健康教育课程的教师团队中加入多名有心理学背景和心理咨询师职业资格的思政课教师,深入开展课程思政建设,建设立项了国家级课程思政示范课程、教学名师和团队。其三,建设了"有德有心"的专业课课堂。思政课教师、心理健康课程教师分成小组分别一对一对应联系各专业学院和课程,协同提升专业课程的"修德""养心"功能。其四,建设了综合"修德养心成才"相结合的实践育人课堂,重点建设"田间课堂"。

四是阵地协同:数智化的平台建设与拓展。整合"四支队伍"进行网络思政教育内容开发。全日制教育强调线上线下混合式教学。开放教育强化教、学、管、考平台的人文关怀,打造线上线下协同的学习支持服务平台。创新师生、生生交互体验,陪伴式促学、导学、共学,赋予平台温度、交流互动,增强黏度。创新师生交互体验,学校党委书记牵头建设思政课数智化教育教学平台,重点打造"线上线下"协同的网络思政工作平台,含云南乡村振兴学习网、云南开放大学全网学习平台、云南省干部在线学习平台等,建立学生关注的思想政治热点和心理热点问题库,增强黏合度。

五是实践协同:以"田间课堂"为抓手拓展课内课外实践。建立思想政治教育与心理健康教育协同融入社会实践、志愿服务、实习实训机制,打造思政课"田间课堂",以习近平新时代中国特色社会主义研究中心(筹)、学生社团、师生理论宣讲团为重点,打造思想政治理论课实践育人品牌,开展了一系列以微电影、大学生讲思政课为载体的课堂实践,"我心中的思政课"《追梦》和《同心路 同行路》等实践育人成果受到教育主管部门、国家开放大学的多项奖励。

六是管理协同:突出整体性系统性协同性建构大思政工作体系。制定实施学生思想政治素质与心理素质测评体系,建立档案。检验育德育心育才的多维协同育人模式的效果。结合学校全日制教育和远程开放教育协同互促的办学特色,建立大思政工作制度体系,完善了针对不同学习者的思想政治考核评价方式,立项了云南省思政工作精品项目。

七是效果倍增:多维协同推动教学科研社会服务成效快速显现。通过"六协同"实现的效果倍增:国家级课程思政示范课程1门,教学团队1个、教学名师8名,省级教学技术能手1名;全国高校思政课教学展示特等奖1项,五省区、云南省教学比赛一等奖5项;国家社科基金项目1项、全国教育科学规划项目2项、教育部人文社科等科研项目20余项;国家级技能大赛1项;云南省精品在线课程2门;云南省思政工作精品项目1项;云南省"云岭大讲堂"主讲专家1名,省教育工委宣讲团专家1名,云岭青年宣讲团1名,云南省高校优秀辅导员、高校优秀党务工作者、优秀共产党员多名。

4.4.4 育德育心育人团队建设成效的启示

团队成立至今,能取得一定的成绩,得益于教育理念、机制和课堂三大创新,这三大创新的模式是可复制、可推广。

(一)教育理念的创新:育德育心育才多维协同育人。育德是价值引领,育心是有效路径,育才是最终目标,深层次理清了"修德""养心""成才"的关系,推动了学校教育教学改革。

(二)教育机制的创新:高位推动,协同发力,形成立德树人—三全育人—十大育人的三维机制。学校党委书记直接分管思政课建设和心理健康教育课程建设,牵头建设了数智化教育教学平台,思政课与心理健康教育课程统一领导、统一方向、统一实施;由马克思主义学院统筹"大思政"工作平台建设,工作项目化、项目清单化。

(三)"四大课堂"的创新:以思政课改革为牵引,建设了"四大课堂"。一是建设了"有心有能"的思政课堂。二是建设了"有德有能"的心理健康教育课堂。三是建设了"有德有心"的专业课课堂。四是建设了综合"修德养心成才"相结合的实践育人课堂,重点建设"田间课堂"。

截至目前,育德育心育人育才团队校内进行普遍推广,从马克思主义学院试点建设逐步上升到全校师生的应用,再推广到云南开放大学全体系生,含在校教师、教辅人员近万人,学生20余万人;将学校已立项的国家级课程思政示范课程的全套材料推广给校内的教师学习,产生很好的示范效应;在学校形成了课程思政建设的浓厚氛围,学校建设了课程思政示范课程11门,示范研究中心2个;在校内部门、学院、班级中开展党的创新理论的宣讲,"学习强国"等平台宣传了理论宣讲的成效;通过视频教学的方式对全校科研人员进行教学研究理念和方法的培训;通过云南开放大学全网学习平台等快速将育德、育心、育才相结合的教育教学传送到"村村寨寨"。

同时充分利用各类平台实现校外推广,协同开展大宣传大教育。在学堂在线等平台上线《习近平总书记考察云南重要讲话精神》和《弘扬云南军工企业发展中的爱国主义精神》两门课程,被评为省级在线精品课程,覆盖学生 3000 余人;利用云南开放大学全网教学平台、云南乡村振兴教育平台、云南省干部在线学习平台等开展学生(学员)思想政治教育和心理健康教育,覆盖学生 20 余万人;在"云岭大讲堂"、"云南乡村振兴大讲堂"、云南大学、昆明理工大学、昆明医科大学、云南司法警官学院、昆明学院、昆明冶金专科学院、楚雄医学高等专科学校、昆明铁道学院、丽江师范高等专科学校、江苏开放大学、无锡学院等平台和学校开展了理论宣讲和教学研究辅导,受众达 3 万余人;"学习强国"主平台、新华网、搜狐网、云南网、云南省教育厅官网、微信公众号等平台对我校思政教育成效进行了多次宣传推广,阅读学习量达 13 万余人次;人民网、中国社会科学网、学习强国、中国人才网、云南网、云南民族网等平台以及部分核心期刊刊发了团队成员的相关教学和科研成果,产生较大的影响。

大学阶段是一个人提升思想道德修养、提高政治觉悟、培养心理健康品质的重要时期,大学生的心理健康水平与思想政治素养相互促进、相互影响。习近平总书记指出"高校立身之本在于立德树人",高职院校的思政教育培养学生的"德",通过理想信念教育,引导学生树立正确的世界观、人生观、价值观;心理健康教育引导学生培养健康的心态和健全的人格,能够较好地应对现实生活、学习中遇到的心理困惑。高校心理健康教育与思想政治教育理论源头相近、教育目标一致,是落实高校立德树人根本任务的关键。中国特色社会主义进入新时代,高校思想政治教育工作面临新形势新任务。切实做好高校思想政治教育工作,一定要深入推进全员全过程全方位育人,着力构建"育德育心育才"工作格局,通过课程教学、优化活动形式等努力营造有利于思想政治教育和心理健康教育相融合的校园氛围,共同发挥出两者协同"1 + 1 > 2"的效应。

4.5　以培育 1 个"互联网 +"网络立德树人阵地为探索铸造 1 支网络思政育人教学团队

从全国高校思想政治工作会议到《关于加强和改进新形势下高校思想政治工作的意见》,再到全国教育大会,习近平总书记始终高度重视教师队伍建设。特别是 2019 年习近平总书记在学校思想政治理论课教师座谈会上发表的重要讲话,对思想政治理论课教师提出了"六个要",即"政治要强、情怀要深、思维要新、视野要广、自律要严、人格要正",为新时代思想政治理论课教师能力提升提供了重要遵循,其中,"思维要新""视野要广"突出强调了思政课教师不能因循守旧、故步自封,要结合新情况、新问题,改革思政课授课模式,革新思政育人方式,用学生喜闻乐见的方式进行政治引领、理论阐释和价值塑造,讲清楚社会热点、理论难点和学生关注的焦点。在网络勃兴的新时代,学生关注的焦点事件、热点话题绝大部分来自互联网平台,将思想政治教育同网络紧密结合,探索网络思想政治教育新模式早已是高校思想政治教育研究的重要课题,学校思想政治理论课教学创新团队在"育德育心育才多维协同育人模式构建"的研究与实践中,着力以培育 1 个"互联网 +"网络立德树人阵地为探索,努力锻造 1 支网络思政育人教学团队。

本节主要围绕"理论遵循、基本原则、构建成果、实践经验"四个维度,详细阐释学校探索"互联网 +"网络立德树人阵地、铸造 1 支网络思政育人教学团队的构建历程。

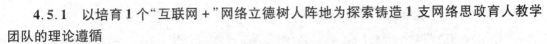

4.5.1 以培育 1 个"互联网 +"网络立德树人阵地为探索铸造 1 支网络思政育人教学团队的理论遵循

阵地的建设离不开理论的廓清,"互联网 +"网络立德树人阵地构建所依据的理论就是网络思想政治教育理论。仔细梳理我国网络思想政治教育发现,网络思想政治教育的研究和实践在我国二十多年的时间,知识体系还没有健全和完善,对于网络思想政治教育的概念,学界至今还没有形成统一认识。伴随着研究的不断深入,学者们提出了不同的定义。

(一)网络思想政治教育的概念探析

2000 年,学者刘梅首先提出了网络思想政治教育概念:网络思想政治教育,是根据传播学和思想宣传的理论,利用计算机网络所进行的思想政治教育。这个观点是从工具性和载体性的角度来定义的网络思想政治教育,没有体现出网络思想政治教育与传统思想政治教育的本质区别。这种认识当时影响了国内诸多学者,在相当一段时间内,学者们普遍认为网络思想政治教育是借助计算机科学的现代技术手段,以现代思想政治教育内容为主进行的网络拓展。例如,杨立英在《网络思想政治教育论》中也阐述了相似的观点。2002 年,学者曾令辉发展了这个概念,提出:网络思想政治教育就是借助现代信息传播技术,在对传统思想政治教育的继承和发展的基础上,以马列主义、毛泽东思想和邓小平理论为指导,运用马列主义基本原理和心理学、行为学、传播学、现代信息技术等相关科学知识,培养社会主义"四有"新人的教育活动。这个概念也被学界所广泛引用。从积极的角度来看,这个观点发展了网络思想政治教育运行的知识构成,尽管尚未形成清晰的系统关系或结构,但已经初步体现出网络思想政治教育所特需的方法和手段。但从概念的内涵上分析,这个观点明显继承了以刘梅为代表的学者对网络思想政治教育的工具性和载体性认识,没有形成实质的提升。2003 年,韦吉锋提出,网络思想政治教育是指抓住网络本质,针对网络影响,利用网络有目的、有计划、有组织地对网民施加思想观念、政治观点、道德规范和信息素养教育方面的影响,使他们形成符合一定社会发展所需要的思想政治品德和信息素养的网上双向互动的虚拟实践活动。韦吉锋试图从超越网络的工具性和载体性,从网络本质的角度出发,揭示网络思想政治教育的内涵,但是,究竟什么是网络的本质,如何利用网络进行最优的思想政治教育,韦吉锋并没有给出明确的答案。

总的来说,这些观点都没有从本质上厘清思想政治教育与网络的关系,都没有脱离对网络相对单纯的工具性和载体性的认识,其所谓的网络思想政治教育只不过是传统思想政治教育在网络上的再现。

产生这类认识是有知识背景原因的。河北省政研会经过深入调研,指出了产生这一认识的根本原因:政工干部既要有一定的政工理论知识,熟悉政工特点,把握政工规律,创新政工方法,又要懂得网络知识,掌握网络技术。从实际情况看,政工人员的网络知识还远远不能适应工作的需要。经查阅大量资料发现:研究思想政治教育的多数专家学者对于网络本质的探讨尚处于表面层次,其根本原因在于没有较为深厚的网络技术知识基础,不能深入全面认识网络;而研究自然科学的学者们又很少去讨论网络的本质,他们更注重网络的技术价值和应用价值以及随之带来的生产工具的革新和生产方式的进步。知识结构缺乏造成的科研屏障,导致了网络思想政治教育领域高水平研究成果较少,概念的探析与界定也进展缓慢。

（二）网络思想政治教育的内容意涵

要厘清网络思想政治教育的基本定义，要从两个维度去分析：一是要清楚了解网络与网络思想政治教育的有关属性；二是要清晰把握传统思想政治教育的概念。

于是，可以得出构成网络思想政治教育概念的有关理论支点：一是网络思想政治教育是以网络为工具和载体进行的教育；二是网络思想政治教育是在网络社会中进行的思想政治教育，教育的结果展现于现实社会并对网络社会具有反作用；三是网络思想政治教育受益于网络教育的先进特性，在教育的形式、内容、互动和效率上均有提升，同时也面临网络特性所带来的新的挑战；四是网络思想政治教育与传播的实效重在达成受教育者的"认同"，而不是对传统的灌输理论进行简单照搬；五是思想政治教育的核心任务是使受教育者形成与教育者相一致的思想观念、政治观点和道德规范。

此外，就网络思想政治教育与传统思想政治教育对比来看，也有明显不同：从宏观来看，网络思想政治教育的主体存在明显的去主体化态势，客体具有明显的主体化特征，环体主要处于"虚拟世界"，介体充分利用了现代计算与通信技术，构成教育系统的四大要素都与传统思想政治教育有明显不同；从微观来看，网络思想政治教育的教育方法、教育过程、教育载体也都与传统思想政治教育有显著区别。所以，网络思想政治教育是传统思想政治教育在信息社会中的拓展和延伸，而并不是简单的网络化再现。

根据以上知识点，创新团队成员尝试对网络思想政治教育概念提出新的理解：网络思想政治教育是依托互联网及大数据技术，基于虚拟社会的认知特点，应用网络传播和教育方法，对受教育者进行思想政治引领的信息化教育形式，在其中，网络思想政治教育充分结合并利用网络的优势，增强思想政治教育的覆盖面和实效性，着力规避网络对受教育者带来的价值层面的不利影响，在动态平衡中把握规律，发挥主动，获得政治引领、理论阐释和价值塑造的良好效果。

4.5.2 以培育1个"互联网＋"网络立德树人阵地为探索铸造1支网络思政育人教学团队的基本原则

（一）坚持方向性与科学性相统一的原则

思想政治教育是使社会成员形成符合社会发展要求的思想品德的社会实践活动，具有明确的方向性。高校网络思想政治教育具有的方向性要求其必须始终坚持社会主义和共产主义方向，引导青年大学生深刻领悟"两个确立"的决定性意义，牢固树立"四个意识"、坚定"四个自信"、自觉做到"两个维护"，为实现中华民族伟大复兴中国梦而贡献青春力量。同时，高校网络思想政治教育是具有自身发展规律的实践活动，其所具有的科学性要求网络思想政治教育遵循网络社会发展规律、网络传播规律、网络思想政治教育规律，有效避免互联网的自发性、盲目性和随意性。为此，学校"互联网＋"网络立德树人阵地的探索牢牢坚持正确的政治方向，遵循客观规律，坚持合目的性与合规律性的统一，始终做到方向性与科学性的统一；牢牢坚持马克思主义在意识形态领域的指导地位，始终坚持社会主义、共产主义方向，遵循网络社会发展规律、网络传播规律和网络思想政治教育规律。

（二）坚持主导性与主体性相统一的原则

在网络思想政治教育活动中，教育者处于主导地位，对大学生思想品德的形成和发展起着指导、引导、领导和统领作用①,是网络思想政治教育的主导力量。作为教育者,要充分运用网络技术加强教育管理,始终把握好教育内容的方向性,用科学理论、先进文化、主流价值占领网络阵地,不断增强网络思想政治教育的影响力和辐射面。高校网络思想政治教育的对象是精力充沛、思维活跃、知识丰富、具有强烈自我意识的大学生,教育者应当充分尊重学生的主体地位,承认、重视并充分发挥他们在教育活动中的重要作用,充分调动青年大学生的主观能动性。因此,教学创新团队坚持以学生为中心,在互联网平台上发布的一切思想政治教育信息都以促进大学生思想品德的形成和发展为中心,立足学校开放教育与高职教育"双模式"办学特色,分类别做好网络思想政治教育的"内容供给",根据不同层次青年学生的身心发展特点、规律及需求采用行之有效的教育方法和手段,做好耐心细致的教育引导工作和服务工作,尽可能增强教育内容的吸引力和感染力,充分发挥大学生的主动性和创造性,使其自觉选择和接受思想政治教育信息,不断提升他们自我教育、自我管理和自我服务的能力。

(三)坚持虚拟性与现实性相结合的原则

在互联网上,用户的信息传播行为与现实社会中面对面的交流不同,具有匿名性。高校网络思想政治教育是依托网络信息技术发展起来的思想政治教育新形态,是高校在网络环境下对大学生开展的思想政治教育活动。在网络思想政治教育活动中,网络的虚拟性和匿名性使大学生网民可以避免当面交流的尴尬,从而更容易吐露心迹,让教育者能够深入、真实地了解大学生思想状况,有针对性地对其进行教育引导,提高大学生的思想品德素质。同时,大学生网民是现实社会中活生生的人,他们在互联网中表现出来的网民(用户)与网民(用户)之间的关系,仍然是现实社会中人与人之间的社会关系的体现,是现实社会关系在网络社会中的拓展和延伸。因此,创新团队在探索"互联网+"网络立德树人阵地,开展网络思想政治教育时,无论是主体与客体,还是内容与形式,抑或方法与手段,都以现实社会为基础,充分将网络社会的虚拟性与现实社会的现实性有机结合起来,用现实社会中的思想政治教育去引领和统摄网络社会中的思想政治教育,更好地实现高校思想政治教育的目标和任务。

(四)坚持开放性与聚合性相结合的原则

网络的开放性决定了高校网络思想政治教育无论是理论灌输还是实践活动都不能是封闭的,而应是面向教育对象、面向学科、面向社会、面向世界开放的。因此,教育者应随着客观实际的发展和社会历史条件的变化,不断更新教育观念,打破旧观念、旧框框的束缚,认真研究新情况新问题,贴近大学生学习生活实际,在网络上筑牢马克思主义意识形态阵地,帮助大学生学会运用马克思主义立场、观点和方法认识问题、分析问题、解决问题,针对理论难点、社会热点问题做好"准确认识、科学认识、主动认识"。当前,校园网络社区已成为大学生开展网络活动的重要空间和载体,网络思想政治教育的一个基本任务就是将网络社区中的大学生有效聚合起来,有针对性地对其开展思想政治教育活动。教育者要充分考虑大学生的群体特征和心理需求,强化校园网络、自媒体平台在大学生学习生活、人际交往中的引领、

---

① 曾令辉.网络思想政治教育方法研究——论网络思想政治教育的原则方法[J].广西师范学院学报(哲学社会科学版),2011,32(3):70-73.

服务作用,在网络社区中开展丰富多彩的文化活动,提高大学生在校园网络社区中的归属感和认同感,在民主平等的基础上实现教育者与受教育者之间的双向互动和有效沟通,促进大学生更好成长成才。

（五）坚持显性灌输与隐性渗透相结合的原则

显性灌输是思想政治教育的常用方法,思想政治教育内容主要是通过显性灌输传达给教育对象的。高校应当积极主动地占领网络阵地,通过显性灌输来占领网络思想政治教育的制高点,在网络阵地上主动传播社会主义先进文化,弘扬主旋律和正能量,同一切反动、腐朽、消极的思想文化作坚决的斗争。高校必须积极主动地在互联网上筑牢意识形态主阵地,将思想政治教育内容灌输到大学生头脑中,引领他们树立科学的世界观、人生观、价值观,不断提高其思想道德素质和科学文化素质。青年大学生是具有自我意识和独立人格的主体,他们对高校网络思想政治教育的内容常常会选择性地接受。因此,高校网络思想政治教育在注重显性灌输的同时,也要采取隐性教育的方法,充分发挥互联网的特点和优势,将思想政治教育内容隐性地有机融入大学生喜闻乐见的信息之中,通过相应的文字、图片、音频、视频等,特别是"短、平、快"的信息传播平台"精准引导",增强网络思想政治教育议题设置能力,充分利用重大时间节点、重要社会事件和重要观点分析,主动"搭平台、发声音、亮观点",潜移默化地引导青年大学生听党话、跟党走,自觉以党的意志为意志,以人民为中心,同时代共奋进,逐渐接受思想政治教育内容并将其转化为自我意识和行为习惯,实现网络思想政治教育的目标要求。

4.5.3 以培育1个"互联网+"网络立德树人阵地为探索铸造1支网络思政育人教学团队的构建成果

习近平总书记在学校思想政治理论课教师座谈会上强调,办好思想政治理论课,关键在教师。思想政治理论课教学创新团队在探索构建学校"互联网+"网络立德树人阵地的实践中,着力铸造1支网络思政育人教学团队,团队的构建以学校思想政治理论课教师为主体,涵盖学校全体思想政治教育工作队伍,以现代信息技术为支撑,共同搭建"互联网+"网络立德树人阵地。

（一）建构"五端口·一社区"的网络思政育人阵地

目前,学校网络思政育人教学团队成员已突破百人,涵盖思政课教学、"大思政课"教育、学生日常教育等,聚焦青大学生全时段学习生活,实现全员、全程、全方位育人,网络思政育人教学团队根据互联网时代大学生思想特点,以促进学生自由而全面发展为出发点,培养堪当民族复兴大任的时代新人,充分运用学校互联网办学优势,依据媒介技术形式,区分传统的网站和以微博、微信、手机客户端等为代表的新媒体;根据媒介功能形态,区分网络电视、网络广播、网络报纸、网络期刊、网络图书等。对于网络媒介的选择和运用,在考虑网络媒介本身的形式特点和传播功能的同时,又考虑到思想政治教育内容和教育对象的影响。在阵地构建的实践中,建构起"五端口·一社区"的网络思政育人阵地。

学校网络思政育人教学团队牢牢聚焦"以教育内容为中心"模式,始终坚持"内容为王"育人导向,这一模式将思想政治教育内容处于中心地位,将教育内容作为选择网络媒介、设计和制定教育方法的出发点。在思想政治教育的内容确定之后,网络媒介的形式和传播对象的范围、类型都随内容的特点和要求来决定。

在学校范围内,网络思政育人教学团队结合新闻宣传和校园社交等,实现网络思想政治教育多样化、全覆盖,在涉及学校新闻宣传教育工作等,一方面加强学校综合信息网、新闻网以及官微等网络新媒体平台建设,通过主动发挥网络主阵地的综合服务功能和舆论引导功能,增强正面宣传教育的效果。另一方面,注重研究和把握校园社交网络,加强校园网络舆论引导。通过"校园集市"等社交网络渠道,了解学生思想热点,分析校园舆情状况,不断改进内容和方法,有效回应学生诉求,牢牢掌握学校网络舆论的主动权、主导权。

网络思政育人教学团队教师分工明确、协同配合,在学校"十大育人"体系中,将"网络育人"贯穿始终,通过建立"网络矩阵"来开展马克思主义理论教育工作,着力提高大学生的思想政治素质,针对网络空间社会思想文化多样的传播特点,坚持灌输原则,主动作为,旗帜鲜明地以马克思主义主导网络意识形态建设,通过各类网络阵地扩大马克思主义理论教育的覆盖面,通过"开大青年"微信公众号和视频订阅号,推送学生团队拍摄的"主题视频",将学生思想政治实践活动以"数字化资源"的形式呈现,灵活运用"大思政课"实践教学基地、博物馆育人资源,充分做到善用"大思政课"。

(二)发挥网络媒介的优势和特点助力思政课育人育心

根据不同网络媒介形式的特点和功能,采取相应的策略和方法,增强思想理论教育的辐射力和实效性。充分利用"云南开放大学马克思主义学院""在马研马""研马育人"微信公众号,每日推动时事政治和思想政治教育内容;开发"数智化思政课学习广场",以任务驱动为导向,实现思想政治理论课同现代信息技术的高度融合,通过提升思政课实效性对学生进行课堂教育;借助"易班""今日校园""易校园"等手机 APP,在重大节点、重大时段推送思想政治教育类讯息,实现重大节点有声音、重大时段有平台、重要话题亮观点,借助新技术新手段推进理论教育教学方式方法创新,学校马克思主义理论教育的网络阵地得到了有力构建和持续发展。

浇花浇根,育人育心,育人之本,在于立德树人。在以思政课教育教学为抓手的"课程育人"背后,融合心理健康教育教学的"心理育人"资源,充分发挥"开大心灵家园"新媒体平台作用,全天候推送心理健康知识科普、心理健康实践活动、心理健康教育微课程等,面向青年大学生广泛开展思政课认同感的调研,做到育德与育心相融通,同育人有机联通,在"内容为王"的模式中逐渐探索形成"育德育心育才相结合的多维协同育人"模式,将"立德树人、以心育心、成长成才"贯穿大学生的学习生活,围绕这一模式,教学团队成功申报云南省本科教学成果(培育)项目、云南省哲学社会科学规划重点课题、云南省高校思想政治工作精品项目和学校教学成果特等奖。

4.5.4　以培育 1 个"互联网 +"网络立德树人阵地为探索铸造 1 支网络思政育人教学团队的实践经验

创新团队在探索铸造 1 支网络思政育人教学团队的实践中,注重整合校内外资源,搭建起专家引领、思政名师创课、学校思政工作队伍整合、大思政课教学资源共享、信息技术人员保障的教育教学团队,立足整个网络社会环境来认识、思考和开展网络思想政治教育工作,在网络思想政治教育实践中取得了一定的经验,如图 4 - 5 所示。

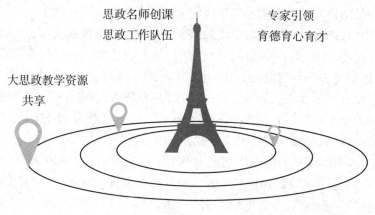

思政名师创课
思政工作队伍

专家引领
育德育心育才

大思政教学资源
共享

图 4 - 5

（一）主动增强网络思维

思维方式是一定时代人们的理性认识方式，是按一定结构、方法和程序把思维诸要素结合起来的相对稳定的思维运行样式。① 网络思政育人教学团队教师需要主动增强网络思维，具体表现在增强开放性思维、创新性思维、交互性思维等方面。

一是增强开放性思维。开放性是互联网的一个基本设计理念。开放的网络促进了世界的普遍联系和互联互通，推动了人的活动在时间和空间维度上无限展开。恩格斯曾经指出："人在怎样的程度上学会改变自然界，人的智力就在怎样的程度上发展起来。"②在信息时代，人的网络实践活动极大地促进了开放性思维方式的发展。对于思想政治教育而言，开放性思维方式尊重社会思想文化的多样性和差异性，提倡一元主导下的包容多样，在差异中求和谐、在多样中求统一，使思想政治教育更加丰富多彩、富有活力。开放性思维方式重视人的思想意识的复杂性和影响因素的多重性，强调思想政治教育的系统化和整体性，因此，网络育人教学团队成员注重吸收不同学科背景下的成员，相互交流探讨，力求在学校思想政治工作内容方面达成共识，碰撞火花。定期开展"星火聚力·集思广益"教学工作坊，针对学生关心关注的热点话题展开交流研讨，丰富网络思想政治教育的内容供给，团队成员注重联系政治、经济、文化等社会多领域的综合思考，注重整合学校、家庭、社区、网络等领域的工作协同，积极吸纳"跨界思维""融合思维""生态思维""大数据思维"等。推进思想政治教育的理念和实践创新。

二是增强创新性思维。网络时代是一个不断创造与超越的时代，创新从科技和经济领域向社会各个领域延伸，成为驱动社会发展的主要动力，深刻改变着人类的生产方式、生活方式和思维方式。习近平总书记指出："综观人类发展历史，创新始终是一个国家、一个民族发展的重要力量，也始终是推动人类社会进步的重要力量。"网络时代是人类社会快速变革的重要时期，也是我国实现跨越式发展的关键时期。思想政治教育需要树立起强烈的创新意识，把握网络时代的发展脉搏，走在网络创新的潮头，为此，团队成员充分汲取其他高校网络思政育人的成功经验，立足学校实际，以学校正在做的事情为中心，综合学校"一站式"学

---

① 李秀林.辩证唯物主义和历史唯物主义原理[M].4 版.北京:中国人民大学出版社,1995:398.
② 马克思,恩格斯.马克思恩格斯选集:第 3 卷[M].3 版.北京:人民出版社,2012:922.

生社区建设、数字马院建设、学工系统建设等项目,在建设项目中充分加入"网络思政"育人板块,实现系统的有机集成,在工作实践中不断超越既有的思维模式和理念,做到"因事而化、因时而进、因势而新",努力推进理念创新、手段创新、工作创新。

三是增强交互性思维。"社会不是由个人构成,而是表示这些个人彼此发生的那些联系和关系的总和。"社会作为一切社会关系的总和,是一种关系性存在。网络社会也不例外,它是人类社会已有的关系网络与信息技术网络相互作用和融合的产物。交互性思维是人们在网络社会关系基础上发展普及的重要思维方式,对思想政治教育而言,交互性思维强调的是基于平等关系开展互动交流的主体性,教育者和教育对象之间的互动关系不再是主动与被动的主客体关系,而是教育者的主导和教育对象的主动相结合的双主体交互关系。随着物联网、人工智能、ChatGPT 的进一步发展,人与物都将成为交互的节点,人与机器的结合、人与技术的融合必然推动交互性思维进一步发展,也必将有力地促进信息网络与思想政治教育的深度融合,教学团队成员吸收信息技术专业人员,从事信息的筛选、数据的收集整理、平台后台数据的分析等,有意弥补思政教师信息化整合能力的不足,同时,信息技术人员同思政课教师有效结合,从思政和技术的领域对平台的完善提供了新的结合点。

(二)积极深入网络实践

深入网络实践活动是增强网络思维的必由途径。对于思想政治教育而言,首先,要主动开展信息技术的应用实践,让各类新媒体新技术成为思想政治教育的积极力量。互联网已经广泛渗透到社会各个领域,思想政治教育与信息技术的融合是大势所趋。习近平总书记在全国高校思想政治工作会议上强调:"要运用新媒体新技术使工作活起来,推动思想政治工作传统优势同信息技术高度融合,增强时代感和吸引力"。面对互联网迅猛发展、新媒体持续创新的形势,创新团队成员不断学习,与时俱进,最大程度掌握各类信息技术的特点、规律和使用技巧,增强网络工作能力,提升信息媒介素养,主动运用各类新媒体新手段开展思想政治教育活动。

其次,深入网络社会生活,开展网络交往实践。人类社会历史上每一次科学技术的变革,都对社会交往的结构和形态带来新的改变。互联网的出现和网络交往实践塑造出新的社会组织模式、生发出新的话语体系,改变着人的思维方式和价值观念。思想政治教育者要深入网络社会生活,共建共享网络社区,在网络交往实践中强化网络思维,把握工作规律,提高教育效果。当前互联网发展进入社交网络的新阶段,科层交往场域、熟人交往场域、陌生人交往场域是三种较为典型的网络交往场域,它们既有共同的网络交往特点,也有不同的互动机制和社会功能。创新团队成员积极利用各类互联网平台、在线课程平台以及官微等加强正面阵地建设,发挥教育主导作用;同时创设"数智化思政课学习广场",增强思想政治理论课教育教学的亲和力和感染力;还主动参与自媒体舆论空间的舆论引导和网络治理,学会在开放多元、复杂多变的网络交往环境中开展思想政治教育工作。

最后,加强网络文明建设,促进人的全面发展。网络文明作为人类社会文明发展的新形态和新领域,反映了人类社会进入信息网络社会之后的进步状态及其积极成果。网络文明为人的需要、潜能、兴趣、爱好的充分发展,进而为人在实践中的主体性、能动性和创造性的提升提供了开放的环境和良好的条件。网络文明的建设过程也是每个人不断丰富和提升自己的精神世界的过程。人们把互联网从最初"电子蛮荒"地带逐渐建设成为今天丰富多彩、

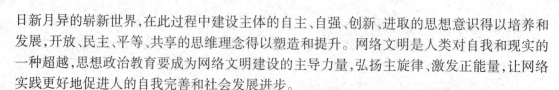

日新月异的崭新世界,在此过程中建设主体的自主、自强、创新、进取的思想意识得以培养和发展,开放、民主、平等、共享的思维理念得以塑造和提升。网络文明是人类对自我和现实的一种超越,思想政治教育要成为网络文明建设的主导力量,弘扬主旋律、激发正能量,让网络实践更好地促进人的自我完善和社会发展进步。

（三）建构网上网下育人合力

网络环境包括网上的虚拟社会环境和网下的现实社会环境,虚拟与现实的关系是网络思想政治教育的重要范畴,虚拟与现实的和谐是网络思想政治教育工作的重要价值目标。"互联网+"网络立德树人阵地建设要站在网络环境的宏观视角,认识和把握虚拟与现实的关系,构建线上与线下密切结合的思想政治教育工作合力。

首先,增强阵地意识,主动把思想政治教育工作延伸至网络空间。教育者要主动走进网络,打造网络阵地,引导网络舆论,引领网络文化,把握网络意识形态主导权。新媒体带来了传播格局的深刻变化,要主动推进传统媒体和新兴媒体的融合发展来强化思想理论宣传教育阵地建设,增强马克思主义科学理论对社会思潮的引导,增强社会主义核心价值观对思想舆论的引导。互联网促进着社会组织模式的深刻变化,应通过"互联网+"各类网络阵地建设,主动引导各类网络社群的健康发展,把党建和思想政治工作传统优势转化为网络空间的吸引力、凝聚力和影响力。信息技术推动传统意识形态工作的变革,要强化网络意识形态建设的重要性和导向性,以正确的政治方向、舆论导向和价值取向来培育理想信念、凝聚社会共识、汇聚广大网民,主动把各类社会群体的思想政治工作延伸到互联网上,在网上网下互动协作、教育和自我教育紧密结合的过程中提升工作实效。

其次,增强网络思维,加强和改进传统思想政治教育工作。思想政治教育者要树立互联网思维,深刻认识和把握信息网络化的发展大势,立足我国建设网络强国的战略目标提升思想政治教育的宏观视野,拓展思想政治教育的理念和方法。强化问题意识,坚持问题导向是思想政治教育的创新发展路径,要直面来自现实生活实际的"真问题"、聚焦社会广泛关注的"热问题"、扣准社会思潮脉搏的"大问题",在不断破解新问题的过程中提升思想政治工作效果。"内容为王"的精品意识是提高思想政治教育实效性的重要理念,应大力提高优质思想文化产品的供给能力,在提升教育内容质量上下功夫,在创新教育教学方法上下功夫,牢牢占领舆论引导、思想引领、文化传承、服务人民的传播制高点。以教育对象为中心是加强和改进思想政治教育工作的重要原则,应遵循信息时代人的发展和成长规律,围绕教育对象、关照教育对象、服务教育对象,提升思想政治教育亲和力和针对性,始终贴近大众,注重平等交流,做到润物无声。

最后,统筹线上线下,形成思想政治教育工作合力。虚拟是现实的延伸,现实是虚拟的基础。思想政治教育要把握虚拟与现实的关系,统筹线上和线下,形成思想政治教育的立体格局和工作合力。网络环境包括线上和线下的诸多要素,它们彼此联系又相互作用,这要求思想政治教育工作必须强化顶层设计和宏观规划,加强对网络思想政治教育的体制机制、平台融合、内容生产、人才队伍等重要方面的系统规划和建设。5G、大数据、云计算、物联网、人工智能等信息技术不断创新发展,既丰富了思想政治教育的技术手段,也改变着思想政治教育的环境,创新团队成员作为阵地的建构者,不断从整体环境的视角来认识和推进传统思想政治教育与信息技术的高度融合,用先进的技术传播先进的文化,以有力的组织建设支撑网上的舆论导向,让思想政治教育在继承与发展中迸发出时代感和创造力。面对新时代的发展要求和形势需要,网络思想政治教育的探索者应努力把握信息网络社会发展趋势和变化规律,深入研究人的思想政治素质发展规律和思想政治教育规律,在人类网络发展进程中始终牢牢把握思想政治教育的主动权。

综上所述,创新团队注重理论与实践相结合,做到了理论清晰、原则分明、实践充分、成果丰硕,在以"互联网 +"网络立德树人阵地为探索铸造 1 支网络思政育人教学团队构建中有机发挥教师的积极性,增强了教师的思想政治素质,锤炼了教师的思想政治工作能力,提升了教师的"网络育人"水平,提振了教师的"立德树人"信心,建强了学校"网络思政育人"队伍。从陌生到熟悉、从不熟到娴熟,学生目之所及,就是思想政治工作的场域,就是思想政治工作队伍的研究方向所在,作为中国梦的追梦人、民族复兴大任的圆梦人,青年大学生的理想信念、精神状态、综合素质,是一个国家发展活力的重要体现,也是一个国家核心竞争力的重要因素,将直接影响中华民族伟大复兴事业能否实现。因此,新时代高校思想政治教育必须因时而进、因势而新,聚焦于人的全面发展,理直气壮培养担当民族复兴大任的时代新人,培养为人民服务、为中国共产党治国理政服务、为巩固和发展中国特色社会主义制度服务、为改革开放和社会主义现代化建设服务的优秀人才。然而,新时代的青年大学生思维更加活跃,接受并运用互联网的能力较强,极易受网络事物的影响,所以,"网络思政""网络育人"是一项充满实践性和挑战性的事业,需要团队在实践中步步探索,"找准目标,学生中心,探索规律,发挥主动"一直是教学团队的口号,立足学校实际,探索网络育人的真谛,通过将现代信息技术有机植入与应用,让思想政治教育走近、走进学生,让"铸魂育人"直抵人心!网络育人教学团队与学生同在、与学生共进!

4.6　以构建 1 种新时代高职教育人才培养模式为平台培育 1 支思政课教学科研名师团队

高职院校的发展关乎着教育强国战略目标的实现,高职师资队伍建设是办好高职院校的关键,通过构建新时代高职教育人才培养模式,从而对高职院校思政教学科研名师应具备的能力素质找到依据与标准,促进高职思政课教学团队专业化发展,实现高职教育质量提升。

4.6.1　高职教育"12345"人才培养模式的建构

结合云南实际和学校开放教育与高职教育"双模式"发展,根据面向全体社会成员开展终身学习服务的办学定位和特色,深度挖掘思政课教学效果和延伸思政课教学领域,助力职业教育服务建设现代化经济体系和实现更高质量更充分就业需要,以促进就业和适应产业发展需求为导向,探索高职人才"12345"培养模式,旨在培养社会主义建设者和接班人以及培养高素质劳动者和技术技能人才。

"12345"的培养模式如图 4-6 所示:

1 个团队:打造"1+1"(1 位思政课专任教师,至少拥有 1 项职业技能)双师型思政课教学团队;2 个推动:推动立德树人根本任务融入教学全过程,推动构建全员全方位全过程大思政育人格局;3 个定位:立足云南,面向南亚东南亚,服务"一带一路";4 个特色:国防精神,开放精神,工匠精神,劳动精神;5 个抓手:以金课建设为动力——创新思政模块化和思政课

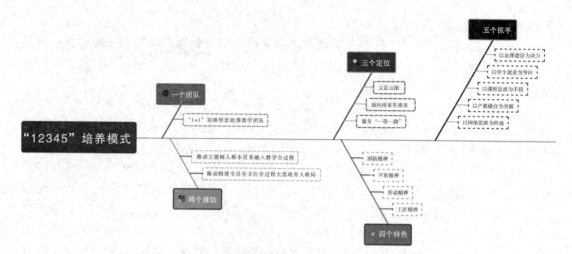

图4-6 "12345"高职教育人才培养模式图

"5+1"课程的融通教学(教育部规定的高校思政课设置"5+1"课程内容的融通,尤其是要把"马克思主义基本原理概论"与"中国近现代史纲要"的内容融入"思想道德修养与法治"和"毛泽东思想与中国特色社会主义概论"),以学生就业为导向——探索与专业融合的思政课精准教学,以课程思政为手段——推进课程思政与思政课同向同行,以产教融合为突破——共建思政课实践育人与服务平台;以网络思政为阵地——发挥"互联网+"育人引领功能。

基于"12345"人才培养模式,对每个要素所对应的人才培养所需求的教师能力素质进行深入分解,从而精确地培育思政教学科研名师,以适应及胜任新时代高职教育人才培养目标。

4.6.2 思政教学科研名师的内涵

(一)教学名师概述

相对于普通高校及中小学教学名师的研究来说,对高职院校教学名师的研究较少,研究领域更加狭窄。教学名师是教师专业发展的一个阶段和重要目标,是教育研究中的一个内容。不同的研究者对教学名师的内涵特征有不同的理解,国内学者从学术水平、作用发挥、培养标准等角度阐述教学名师的内涵。比如,杜贤兵等认为高校教学名师是指知识渊博、学术造诣高深、教学成就突出的高校教师,将知名度、美誉度与广泛的影响力作为评判教学名师的首要标准;蔡琼等认为教学名师是长期处于教学一线,在培养青少年工作中作出突出贡献,在教育理念及教育方法上具有创新性,在教育领域有较高的声望;魏莹莹等在教学名师应该具备的素质方面提出了几点标准,一是对学生充满爱,无私、真诚、普遍且持久;二是有渊博的专业学识,教育工作业绩显著;三是具有良好的教育科研能力,教育经验丰富且不断创新;四是师德高尚、为人师表;五是行业内具有较高的声望和社会影响力。王丽荣等将教学名师所具备的特征总结为政治坚定、师德高尚、为人师表、教风端正、创新精神,通过以上学者们对教学名师的定义及特征的分析,可以发现有共性的内容,主要集中在教师的师德师风、教学能力、科研能力方面有突出的表现以及在社会上能产生广泛的影响力。

(二)教学名师培育的影响因素

在大部分对教师发展影响因素的研究中,首先会将影响因素进行分类,比如个人因素、学校因素及社会因素;也有从教师个人的发展角度将影响的因素按内因和外因进行分类。在对内在影响因素的认识中,史华瑾认为内在影响因素主要指包括科学的教育理念、宽博的专业知识、优秀的专业能力、积极发展的态度和意识、对职业的认同及强烈的责任感在内的个人特征,而外在影响因素主要包括社会环境和学校环境在内的环境因素。杜华等从自身因素和非自身影响将高校教学名师的成长影响因素进行分类,其中,自身因素包括教师的人格与职业理想、终身学习和探索创新的能力、勤于总结反思等,非自身因素包括学术氛围良好、外部压力适度、有团队成员的相互帮助、学生给予的良性反馈。

2007年,教育部结合高职高专学校的发展特点,将本科院校与高职高专学校名师的评选标准相分离,颁布了高职高专学校教学名师评选的指标体系。这进一步说明,教学名师的标准根据学校性质的不同具有差异性,将教师的成长与教学的目标紧密联系在一起。在高职学校,除了具备高校教学名师的能力素质外,更加重视教师的参与校企合作、服务的实践能力。相应的,结合高职的育人目标,高职教学名师应该是"双师型"教师,能够服务教学、科研发展的一线,除了需要有丰富的专业知识与技能、较强的教学科研能力、创造一流的教学科研成果、有创新思维与团队合作意识,能准确把握学科的发展方向与趋势,在教育中能创新学生培养模式,是学生解疑释惑的引路人。

(三)教学名师的发展阶段

美国学者Katz将教师成长分为四阶段理论,即求生存时期、巩固时期、更新时期和成熟时期;Fessler则提出了教师生涯循环论,教师在其职业生涯中形成一个从入职到退出的闭环,认为教师发展经历职前教育阶段、引导阶段、能力建立阶段、热心和成长阶段、生涯挫折阶段、稳定和停滞阶段、生涯低落阶段和生涯退出阶段。也有学者从教师的教学专业能力发展将教学发展划分为新手型教师、熟练新手型教师、胜任型教师、业务精干型教师和专家型教师五个阶段。在国内,钟祖荣等学者以教师能力素质的表现将教师专业发展分为初步适应期、适应和熟练期、探索和定期、教学成熟期、专家期几个阶段。邱强将教学名师的成长阶段按积累、成熟和创造三个阶段来划分,其中,积累阶段的特征表现为对本职工作的热爱、能与同事保持良好的人际关系,有自己的教学风格,并且有强烈的学习现代教育理念的想法,在成熟阶段则体现为有强烈的事业心和责任感,有取得一定教学和科研成果的能力,并且在教学中形成并固定了自己独特的教学风格,同行对自己的评价较高,在创造阶段体现出具有较强的创新能力,是个人成长最有效果的阶段,经验的累积使自己从经验型教师向学者型转变的阶段。

对于教学科研名师的培育,不是一蹴而就的,需要经历不同的阶段,在不同的阶段要根据教师的需求与培育目标,用不同的方式来促进教师的成长。

(四)"12345"人才培养模式下的思政教学科研名师能力素质分解

聚焦"12345"人才培养模式,在高职思政教学名师的培育中,既要把握高职教学名师的培育原则,也要对接高职思政课教师的建设要求,对新时代高职思政教学科研名师应具备的能力进行分解。

首先,打造一个"1+1"双师型思政课教学团队,"双师"能力是核心;其次推动立德树人根本任务融入教学全过程以及推动构建全员全方位全过程大思政育人格局,实现"两个推动",高尚的师德师风与较强的教学能力必不可少;再次能立足云南,面向南亚东南亚,服务"一带一路",需要教师具有较高的政治觉悟,开阔的教学视野,其关键能力总结为守正与创新意识;结合学校办学特点,围绕国防精神、开放精神、工匠精神与劳动精神的培养,需要教师不仅能传道授业答疑解惑,还要能为学生的成长指明正确道路的引路人;五个抓手中,以金课建设为动力、以学生就业为导向、以课程思政为手段、以产教融合为突破、以网络思政为阵地,其重点在于"学",一为教学,教师应具备较强的教学能力;二为学生,教师应具备高尚的道德情操,在教学中以学生为主体,关注每一个学生的成长;相应的,产教融合与网络思政则属两翼,即教师具备理论指导实践的能力以及较强的数字化素养。

通过以上分析,可将"12345"人才培养模式下的思政教学科研名师能力素质分解如表4-2所示。

表4-2 "12345"人才培养模式下的思政教学科研名师能力素质分解表

"12345"人才培养模式	能力素质		
	A	B	C
"1+1"双师型思政课教学团队	学科知识	团队精神	科学研究
推动立德树人根本任务融入教学全过程	教学改革	统筹规划	实践能力
推动构建全员全方位全过程大思政育人格局			
立足云南	政治理论素养	爱岗敬业	守正创新
面向南亚东南亚			
服务"一带一路"			
国防精神	指导学生	专业能力	勇于探索
开放精神			
工匠精神			
劳动精神			
以金课建设为动力	教学管理	以人为本	数字化素养
以学生就业为导向			
以课程思政为手段			
以产教融合为突破			
以网络思政为阵地			

将"12345"人才培养模式下的思政教学科研名师能力素质进行归类,可分为政治理论素养、师德师风、教学能力、科研能力、数字化素养、服务能力六类。

(五)高职院校教学科研名师培养策略

学者对高职院校教学名师的培养有相关的研究,并提出了培养策略,比如周建松从调查中发现高职院校教学名师在培养中存在着一些现实的困难,提出了以创新的思维和方法推进高职院校教学名师培养工作的相关对策。首先,坚持目标导向,树立人才是第一资源的理

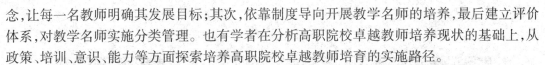

念,让每一名教师明确其发展目标;其次,依靠制度导向开展教学名师的培养,最后建立评价体系,对教学名师实施分类管理。也有学者在分析高职院校卓越教师培养现状的基础上,从政策、培训、意识、能力等方面探索培养高职院校卓越教师培育的实施路径。

综上所述,以新时代高职教育人才培养模式为平台,通过政治理论素养、师德师风、教学能力、科研能力、数字化素养、服务能力六方面对教学科研名师进行培育。采用共育共管体系,做到培育组织化、规范化。

4.6.3 思政教学科研名师团队培育

厘清思政教学科研名师团队的能力需求,下面将通过一系列的举措开展教学科研名师团队的培育工作。

根据相关研究可知,影响教学科研名师培育的主要因素由高到低的排序为发展平台、发展环境、关键人物以及关键事件。这些对教学科研名师培育影响因素的研究,为更好地培育教学科研名师提供了启示。

(一)成长发展平台为教学科研名师的培育提供基础

学校高度重视思政教学科研名师团队的培育与建设,在各级各类项目及成果的申报中,让教学科研名师或有潜力的教学带头人担任团队负责人,发挥组织领导作用,申报高级别课题项目,在课程建设等方面发挥各自的优势。

(二)成长的发展环境为教学科研名师的培育提供环境

教师的发展不仅需要个人的努力,同时还需要有一个相适应的发展环境。教师的发展从最早的关注个体拓展到关注团体,并且还提出了学习共同体的理念,充分利用学习共同体理念开展教学科研名师团队的建设。在实践中,教师根据自己的发展目标,组建教学科研团队,在团队中,各自有明确的分工与任务,有共同或趋于共同的理想追求,在良好的团队合作氛围中,助力教师共同成长。

(三)由关键人物对教学科研名师的成长提供助力

关键人物的支持是教学名师成长路上的助推器,对教师的工作态度、价值观和情感带来重要的影响,对他们的教学行为和专业发展发挥引领、示范、激励的作用。在教学科研名师的成长中,有部门领导对团队组建与岗位锻炼提供有力的帮助,还有导师与专家提供在学术能力、学术态度、科研能力提升等方面的引导与帮助;同时,团队中的每个伙伴也是教学科研名师成长路上不可或缺的最重要的因素,良好的团队氛围、和谐的同事关系等都是教学科研名师成长的有利因素。

(四)系统的培育内容是教学科研名师的培育的关键

基于教学科研名师的能力素质需求,分析教师当前的能力素质差距,制订由教师成长为教学科研名师的培育计划与培育课程,有针对性地开展培育活动。培育体系依据"12345"新时代高职人才培养模式所需求的教学科研名师能力来构建,以实现高质量人才培养目标为前提,培育体系的设计充分考虑学校的发展目标、师资建设等,根据教师个人能力测评的结果来制订培育的内容与计划,最终实现以构建1种新时代高职教育人才培养模式为平台培育1支思政教学科研名师团队,促进学校思政教育发展。培育体系的流程如图4-7所示。

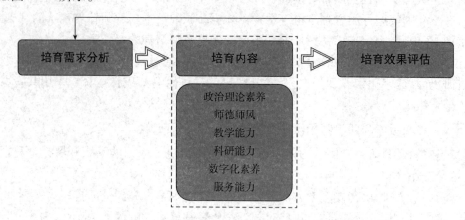

图4-7　高职思政教学科研名师培育体系流程图

培育需求分析是教学科研名师培育流程的基础,对标"12345"人才培养模式所需教师能力找出差距,让教师能清晰地看到自己的目标及努力的方向,知道自己缺什么、分析原因并知晓应该如何做,以此确定培育方案。培育方案中对培育需求分类汇总,学校将培育需求根据共性与个性、长期学习与短期获得等进行分类,有重点、有计划、有步骤地制订培育计划。在培育计划的设计中,立足于提升教师胜任工作岗位的综合能力素质,对每个教师建立成长档案表,以横向与纵向形成的二维表对教师的成长进行记录。横向表示的是教师不同能力素质得到提升而开展的培育活动记录,包括教学能力提升、科研能力提升、实践能力提升、服务能力提升等方面,纵向是根据教师的能力水平进行的学习培育,将教师分为新教师、教学骨干、专业带头人、教学名师等不同级别,如表4-3所示。

表4-3　教师成长记录表

教师成长记录表			
教学能力提升	科研能力提升	实践能力提升	服务能力提升
新教师			
教学骨干			
专业带头人			
教学名师			

培育实施过程中,采取了多种手段相结合的方法,有针对性地开展教学科研名师团队的培育工作。比如,政治理论素养的提升,所采用的是理论课的线上与线下相结合的混合式教学法,邀请专家进行现场指导等;无法通过培训直接获取的知识,通过教学工作坊、挑选具有榜样示范作用的优秀教师现场进行教学展示、示范授课,近距离交流成长经验与教学心得;

朋辈引领相互学习,共同成长。基于教学科研名师培育的内容与方法如表 4 - 4 所示。

表 4 - 4　高职思政教学科研名师培育内容与方法

培育内容	教学能力	科研能力	实践能力	个体发展	内在动机	信息素养
培育方法	课堂观摩、磨课、示范	课题研究、项目合作	校地实践、实践研修	团队协作、案例分析、头脑风暴	朋辈引领、专家指导、榜样示范	参观、体验

培育是否切实提高了教师的综合能力素质、促进教师的个人成长,促进团队的协同合作,发挥了"1 + 1 > 2"的作用,就需要从个体到团队进行培育效果的评估。培育的评估从三个层面进行:课程层面、能力素质获得层面、行为层面,具体评估的方式如表 4 - 5 所示。

表 4 - 5　教学科研名师培育评估实施方案

评估层面	评估内容	评估方式
课程层面	培育人员对培育内容的满意度、建议	访谈、问卷
能力素质获得层面	培育人员相应能力提升情况	依托培育内容所开展的活动,比如进行教学比赛、申报科研项目、对其他级别的教师开展相关培训等
行为层面	培育人员的日常工作表现	教学中的评估为同行评教、学生评教

通过对"12345"高职人才培养模式进行剖析,进一步明确了以该模式所构建平台的教学科研名师培育目标,通过教学科研名师培育体系,开展高职思政科研名师的培育工作,最终形成教学科研名师团队,共同为高职人才培养贡献最大合力。

第五章

新时代思政课教学创新团队建设要立足"2个推动"

高校中,思政课作为实施"立德树人"根本任务的重要途径,扮演着主渠道和主阵地的角色,而思政课教师在这一过程中则扮演着关键的角色。我们深知,立德树人不仅仅是理论上的口号,更需要在学生的实际生活中有所体现,因此我们积极地探索了一种多层次、全方位、立体式的立德树人教育模式,以确保这一目标得以真正实现。在这一背景下,新时代思政课教学创新团队的建设显得尤为重要,主要体现在以下"两个推动"方面:既有利于推动立德树人的根本任务融入教学全过程,又有利于推动构建全员全方位全过程的大思政育人格局。

思政课的教学内容不仅仅是理论的传达,更要贴近学生的实际需求,引导他们在实际生活中践行社会主义核心价值观。通过创新团队的建设,我们能够更好地设计课程内容,结合学生的兴趣爱好和实际情况,使思政课成为学生灵魂的滋养者,引导他们在日常行为中树立正确的世界观、人生观、价值观。思政课的育人目标需要在学校的方方面面得到体现,不仅仅局限于课堂教学。通过团队的合作,我们可以将立德树人的理念渗透到学校的文化建设、社团活动等各个方面,使之成为学生思想教育无处不在的力量。这就要求思政课教师不仅仅在课堂上发挥作用,还要在学校的方方面面担当起引领和示范的角色,从而形成一个全员参与、全方位覆盖、全过程贯穿的大思政育人格局。新时代思政课教学创新团队的建设在高校"立德树人"任务的实施中具有重要意义。通过团队的协同努力,我们能够更好地将立德树人融入教学全过程,同时也能够构建一个全员全方位全过程的大思政育人格局,从而为培养社会主义建设者和接班人作出更大贡献。这不仅是教师的使命,更是高校育人的重要任务。

5.1　推动立德树人根本任务融入教学全过程

"为谁培养人、培养什么人、怎样培养人"始终是教育的根本问题。人无德不立,育人的根本任务在于立德。

立德树人,乃是培养社会主义合格建设者和可靠接班人的至关重要任务,其影响超越教育领域,贯穿国家的长远发展,也紧扣中华民族伟大复兴中国梦。在这一历史进程中,高校作为知识的摇篮和人才的源泉,其肩负的立身之本和思想政治工作的中心环节责任更为凸显,将立德树人的理念深入融入新时代高校思想政治理论课教学,具有刻不容缓的紧迫性和重要性。

在新时代,高校思政工作不仅仅是传道授业解惑的过程,更是培养德智体美劳全面发展的社会主义建设者和接班人的过程。教育要贴近实际、贴近学生、贴近社会需求,为此,将立德树人理念融入思政课教学尤为重要。

将立德树人融入新时代高校思想政治理论课教学,是一项使命光荣、责任重大的伟大事业。高校应深刻认识到其重要性,积极探索创新,推动思政课程不断发展,培养出更多优秀的社会主义建设者和中华民族伟大复兴的可靠接班人。这不仅是对高校自身的要求,更是对整个国家的需要,是为实现中国梦作出积极贡献的必由之路。

5.1.1　加强师德师风建设,充分发挥榜样模范作用

师德师风建设是新时代思政课教学创新团队建设的重要方面,是落实高校立德树人根本任务的基本前提,事关我国整体教育水平的提升和我国社会主义精神文明的推进。新时

代背景下,党和国家对此十分重视,多次强调"优先发展教育事业""兴国必先强师""加强师德师风建设"。在党的十九大报告中,习近平总书记再次强调"立德树人"的根本任务,指出要"加强师德师风建设,培养高素质教师队伍",要求教师要"以德立身、以德立学、以德施教、以德育德"。2018年5月2日,北京大学师生座谈会上指出"评价教师队伍素质的第一标准应该是师德师风"等。此外,2019年11月15日,教育部等七部门印发了《关于加强和改进新时代师德师风建设的意见》,提出"把立德树人的成效作为检验学校一切工作的根本标准,把师德师风作为评价教师队伍素质的第一标准,将社会主义核心价值观贯穿师德师风建设全过程"。并从"全面加强教师队伍思想政治工作、大力提升教师职业道德素养、将师德师风建设要求贯穿教师管理全过程、着力营造全社会尊师重教氛围、推进师德师风建设任务落到实处"几个方面对新时代我国师德师风建设工作展开全面指导和部署。

教师是立教之本、兴教之源。作为"立德树人"责任的主要承担者,教师师德师风的表现情况直接影响"立德树人"根本任务的落实程度和大学生成长成才的质量,因此,要坚持教育者先受教育的原则,加强师德师风建设,努力提高教师师德师风修养。学校要把教师的德育摆在突出位置,紧紧围绕"做学生喜欢的老师,办人民满意的教育"这一宗旨,以"爱岗敬业、教书育人、为人师表"为核心,引导教师深入学习《中华人民共和国教师法》《中华人民共和国教育法》以及《高等学校教师职业道德规范》《新时代高校教师职业行为十项准则》等法律法规,严格遵守师德规范,切实提高师德素养。广大教师要牢固树立中国特色社会主义理想信念,做学生专业发展的指导者和健康成长的引路人;牢固树立终身学习理念,努力成为品德高尚、业务精湛、学生喜爱的教师;牢固树立改革创新意义,积极投身教育创新实践。教师是人类灵魂的工程师,教师的道德情操、处世方式、行为准则、治学态度等,与学生的道德品质培养直接相关。教师在教学和日常生活中表现出来的民族精神、人文特质、科学理性、开放胸襟以及务实作风对学生的影响极大。教师应时刻以优良的品质塑造学生、以高尚的情操熏陶学生、以优秀的业务影响学生。

加强师德师风建设重在落实、贵在实践。一方面,不断完善师德师风建设的外部环境。包括坚持党的领导,坚持马克思主义指导地位,坚持为党和人民事业服务,落实立德树人根本任务,提高师德师风建设的地位和权重;坚持制度管人,提高师德师风建设的制度效能;坚持人才强校,提高教师的获得感。另一方面,完善师德师风建设的内部环境。如加强理论学习,提高政治素养;加强道德修炼,提高人文素养;加强学术钻研,提高执教本领。引导广大教师切实将人才培养作为最核心的本职工作,回归和坚守教书育人的初心正道,强化立德树人责任。

总之,加强和改进新时代师德师风建设,要从完善师德师风建设管理格局、构建师德师风建设长效机制、激发立德树人主体意识、健全评价考核体系等方面,全面提升高校教师思想政治素质和职业道德水平等多种措施,促进良好师德师风的形成,以人格魅力、学识魅力和有效工作为广大学生和全社会树立榜样。

5.1.2　发挥思想政治理论课的主阵地主渠道作用

思想政治理论课是高校思想政治工作的主力军、主阵地、主渠道,在"为谁培养人、培养什么人、怎样培养人"这个根本问题上发挥着至关重要的作用。2019年中共中央办公厅、国务院办公厅印发《关于深化新时代学校思想政治理论课改革创新的若干意见》(以下简称

《意见》)的通知,为学习贯彻落实《意见》,提高学校思政课实效性,除了着力发挥好教师队伍"主力军"作用,还应发挥好课程教材"主阵地"、课堂教学"主渠道"作用。

发挥课程教材"主阵地"作用。《意见》调整创新思政课课程体系,提出四个方面的具体举措。贯彻落实《意见》,一是构建思政课"必修课 + 选修课"的课程体系。高校在保持思政课必修课程设置相对稳定基础上,应当以习近平新时代中国特色社会主义思想为指引,紧密结合高校学生的思想实际,大学生成长成才的现实规律,把思政课放在波澜壮阔的新时代中来建设,聚焦当代中国理论与实践中的热点问题,把马克思主义基本原理与中国经济社会发展、学校学科专业特色以及学生个人成长结合起来,在充分尊重新开课程建设规律前提下,坚持高站位谋划、高标准设计、高起点推进,精心组织课程攻关,积极探索思政课新"打开方式",构建思政课"必修课 + 选修课"的课程体系。以广阔的视野、精深的剖析、丰富的教学形式引导大学生深度了解中国和世界发展大势,深刻认识时代使命和历史担当。二是整合教学内容。思政课课程内涵极其丰富、外延极其广阔,这些理论成果的产生与我国的历史国情、现实社会生活等密切相关。精心设计教学内容是提高思政课教学实效性的立足基石。在教学内容的设计上,要坚持以统编教材精神为指向,以其体系结构和谋篇布局为指导,正确处理三方面关系,即教材内容和教学内容的关系、教学内容的内在关系、本课程与其他课程的相关内容之间的关系。认真思考"教材体系怎样转化为教学体系、理论体系怎样转化为信仰体系"的问题。遵循政治理论"够用"和"会用"原则,把抽象的、枯燥的理论变成学生能够听得懂、有用的信息,促进学生关注社会、认知现实、认同信仰、政治坚定、提升素养。

发挥课堂教学"主渠道"作用。习近平总书记指出:"要用好课堂教学这个主渠道,思想政治理论课要坚持在改进中加强,提升思想政治教育亲和力和针对性,满足学生成长发展需求和期待。"《意见》围绕思政课教学,提出五个方面的具体举措。贯彻落实《意见》,一是建立集体备课制度。注重发挥团队力量,发挥学科带头人的作用,集思广益,加强对各门课程教学设计研究、课程之间内容衔接研究、教案编写、课件制作、课堂教学组织研究,努力打造一批精彩教案、精彩课件和精彩课堂。二是加强思政课教学研究。提倡思政课教师"在教学中研究,在研究中发展",坚持教学与研究平行发展,让思政课教师把更多的精力投放在教学研究与教学改革、投身于教法创新上,让教师的专项研究成果更大限度地转化为教学内容,以科研支持教学,在学术研究中夯实思政"金课"的理论基础。三是充分发挥现代信息技术的作用。积极探索符合新时代思想政治教育工作特征和青年学生特征的教学方法和手段,充分发挥现代信息技术优势,提升思政课教师信息化能力素养,推动人工智能等现代信息技术在思政课教学中的应用,确保传统方法的传承发展与新方法新手段的推广应用并形成一个整体,共同提高思政课教学实效。

5.1.3 把政治品德、社会公德、职业道德、生活美德教育贯穿教学全过程

个人政治品德、社会公德、职业道德、生活美德是一个有机的统一体,共同构成一个完善的道德体系。

个人品德是一定社会的道德原则和规范在个人思想和行为中的体现,是一个人在其道德行为整体中所表现出来的比较稳定的道德特点和倾向。个人品德由道德认识、道德情感、道德意志和道德行为等因素所构成,主要包括友善互助、正直宽容、明礼守信、热情诚恳、自强自立等。加强学生政治品德教育,培育当代大学生具有坚定的理想信念、宗旨观念、价值

理念,忠诚于党、国家和人民,自觉投身于中国特色社会主义伟大事业。引导学生正确认识社会的发展规律、国家的前途命运和自己的社会责任,培养深厚的爱国主义情感,确立坚定的马克思主义信仰,确立在中国共产党领导下坚定走中国特色社会主义道路的共同理想,确立为实现中华民族伟大复兴的中国梦而奋斗的坚定信念。

社会公德是指人们在社会交往和公共生活中应该遵守的行为准则,是维护社会成员之间最基本的社会关系秩序、保证社会和谐稳定的最起码的道德要求。主要包括文明礼貌、助人为乐、爱护公物、保护环境、遵纪守法。加强学生社会公德教育,培育当代大学生遵纪守法、遵守秩序,节约资源、爱护环境,扶贫济困、乐于助人。把社会公德教育渗透到每一节课中,如在思政课中加强学生对社会责任意识的培养,使学生不仅学到专业的知识,而且经受人格的锤炼、文化的陶冶,成为有文化修养、有人文情怀、有社会担当的优秀人才,成为"国民表率、社会栋梁",为构建社会主义和谐社会培育积极向上的中坚力量。

职业道德,是指从事一定职业的人在职业生活中应当遵循的具有职业特征的道德要求和行为准则,主要包括爱岗敬业、诚实守信、办事公道、服务群众、奉献社会。家庭美德属于家庭道德范畴,是指每个公民在家庭生活中应该遵循的基本行为准则,主要包括尊老爱幼、男女平等、夫妻和睦、勤俭持家、邻里团结。加强学生职业道德和家庭美德,要培育当代大学生爱岗敬业、好学上进,诚实守信、办事公道,甘于奉献、服务社会的职业道德;要培育当代高职生爱国爱家爱校、孝老爱亲,谦虚友善、明理包容,热爱生活、昂扬向上生活美德。如在思政课教学中可以结合专业特色将《劳动教育》课程的大国工匠精神和劳动模范精神融入其中,引导大学生争做大国工匠、能工巧匠,树立马克思主义劳动价值观念,从而树立正确的职业理想;在讲授《思想道德与法治》这门课时,可以将活生生的案例融入其中,树立正确的恋爱婚姻观,传递真善美。

5.2 推动构建全员全方位全过程"大思政"育人格局

党的十八大以来,习近平总书记围绕思政课建设发表系列重要讲话、作出系列重要指示批示,这更新了思政课程观念,揭示了思政课程建设的内在规律,指明了思政课建设和改革的方向。2021年3月6日,习近平总书记在看望参加全国政协十三届四次会议的医药卫生界、教育界委员并参加联组会时,明确提出了"大思政课"的概念;2022年4月,习近平总书记在视察中国人民大学时从大中小学思政课一体化建设的角度,对"大思政课"建设进一步提出要求。"大思政课"的提出,是思政课程观念的一次深刻革命。为深入贯彻落实习近平总书记关于"大思政课"的重要指示批示精神和在中国人民大学考察时的重要讲话精神,2022年7月,教育部等十部门印发了《全面推进"大思政课"建设的工作方案》(简称《工作方案》),包括总体要求、改革创新主渠道教学、善用社会大课堂、搭建大资源平台、构建大师资体系、拓展工作格局、加强组织领导等七个部分,为整合社会各方面力量搭建"大思政课"建设平台制订了路线图和实施方案,为构建全校师生共同参与的全员全方位全过程"大思政"育人格局明确了方向。

"三全育人"指的是坚持贯彻党的教育方针,充分整合所有可以利用的资源,开展人才培育工作,实现全员育人、全过程育人和全方位育人,使教育的综合性改革和构建一体化的教育体系相结合。也就是要求我们要构建全员、全过程、全方位的育人育德体系,破解思政课建设中力源单维、力向不一、力度不足等问题。近5年来,学校先后制订《云南开放大学"三全育人"综合改革试点建设实施方案》《云南开放大学"三全育人"综合改革试点十大重点建设工程及工作要求》《云南开放大学关于构建"五育并举"全面培养教育体系的实施意见》等文件,不断细化"五育并举""三全育人"综合教育教学改革具体措施,构建具有学校特色的德智体美劳全面培养的教育体系。从一定意义上讲,"三全"育人之"全"与"大思政课"之"大"具有内在的一致性,都是要将各类育人资源凝聚一体,形成育人合力。为更好地实现"三全育人",学校从构建"大思政"教育课程体系、思政工作者与专业教师协同育人模式、课程思政改革实践、多渠道拓展思政教育途径等四个着力点出发,构建学校"大思政"的育人格局。

5.2.1　顶层设计,构建"大思政"课程体系

作为高校培养目标的关键实践,课程体系的构建在构建"大思政"格局中扮演着不可或缺的角色,它直接影响着学校思想政治教育工作的高效展开和顺利进行。根据《意见》所提及的内容,我们深入探讨如何优化思政课课程体系,以立德树人为根本任务,通过思想政治教育、课程思政教育、文化与实践教育等多种途径,形成一个有机、系统的课程框架。在这个课程体系中,每门课程都承载着培养学生社会主义核心价值观、培养创新意识和实践能力的使命。

思想政治教育理论课作为课程体系的重要组成部分,是学生思想政治教育的基石。在这方面,我们将充实课程内容,涵盖《职业生涯规划》《职业道德与法律》《经济政治与社会》《哲学与人生》《毛泽东思想和中国特色社会主义理论体系概论》《思想道德修养与法律基础》《习近平新时代中国特色社会主义思想概论》《马克思主义基本原理概论》《形势与政策》等重要内容,通过这些理论课程,学生能够全面了解和把握社会主义核心价值观、中国特色社会主义理论体系等重要思想,为未来的发展奠定坚实基础。同时,我们强调课程思政的重要性。在各类课程中,我们要深入挖掘思政元素,将思想政治教育融入到专业知识的传授中。通过开展课程思政优秀教学案例、课程思政示范课堂等评比活动,我们能够引导教师充分发挥课程育人的潜力,使学生在学习专业知识的同时,也能够培养正确的价值观和社会责任感。这种全员育人的教育模式有助于构建一个全方位的"大思政"育人格局。此外,文化与实践教育也是培养学生综合素质的重要途径。我们可以通过丰富多彩的文化活动和实践项目,引导学生积极参与社会实践、志愿服务等活动,从而培养学生的创新精神、实践能力和团队协作意识。这些活动可以是文化艺术类的比赛、学术研讨会,也可以是社会公益活动、实际问题解决等,通过实践,学生能够更好地将所学的理论知识运用到实际中,形成对社会的深刻认识。

在全面推进"大思政课"建设的过程中,我们应当注重改革创新主渠道教学。构建党的创新理论研究阐释和教育教学的自主知识体系,有助于教师更好地理解和传递党的创新理论,使之贴近学生的实际需求。此外,建强思政课课程群,优化思政课教材体系,拓展课堂教学内容,创新课堂教学方法,优化教学评价体系,都是推进"大思政"课程体系建设的重要举措。通过这些措施,我们能够更好地引导学生理解党的理论,树立正确的世界观、人生观、价值观。构建一个完整、科学、富有创新的课程体系对于推动"大思政"格局的建设至关重要。

通过思政教育、课程思政和文化实践等多种途径,我们能够为学生的全面发展和未来的成就打下坚实的基础。在不断推进改革创新的过程中,我们将不断探索适合自身特点的教育模式,为培养社会主义建设者和接班人作出积极贡献。

5.2.2 全员育人,构建"大思政"协同育人模式

在高校教育中,实施"全员育人"理念已经逐渐成为教育改革和发展的重要方向。这一理念的核心在于,除了专门从事思想政治教育的思政教师和辅导员,各个领域的教职员工都应该积极参与到育人工作中,形成一个共同育人的合力。在这个大背景下,构建协同机制,推动"大思政"建设,实现全员育人,显得尤为关键。在这个过程中,学校领导起到了重要的引领作用。全体校领导应当带头走进思政课堂,亲身体验教学过程,深入了解学生需求,为学校的育人工作树立起标杆。领导示范的力量,能够为教职员工树立榜样,让育人理念深入每一个角落。

"大思政"建设不仅仅是思政教师的事情,也需要其他专业课教师、学生管理部门和后勤部门等共同参与。各个领域的专业课教师应当在教学过程中融入思政元素,将思想政治教育渗透到专业知识之中,使学生在学习专业技能的同时也培养正确的价值观和社会责任感。学生管理部门在日常管理过程中,要注重培养学生的综合素质,引导学生参与社会实践和公益活动,从而培养他们的社会责任感和创新能力。后勤部门也可以通过提供各类文化活动和实践项目,为学生创造全面发展的环境。

协同育人的模式不仅在教育内部有重要作用,还需要借助外部的支持与合作。政府、社会组织、企业等都应当积极参与到高校的育人工作中。政府可以出台政策,为高校的育人工作提供支持和保障;社会组织可以举办各类活动,为学生提供更多的社会实践机会;企业可以为学生提供实习岗位,让他们更好地了解社会需求和就业形势。通过内外的协同合作,高校的育人工作能够更加全面地展开。

为了实现"大思政"建设的目标,除了领导示范和协同合作,教师自身的育人能力也至关重要。教师需要不断提升自身的育人意识和素质,积极参与各类培训和学习,不断拓展自己的育人思路和方法。同时,学校也应当建立健全教师培训机制,为教师提供专业的培训课程,帮助他们更好地了解育人理念和方法。

全员育人的理念在高校教育中具有重要意义。通过构建协同机制,推动"大思政"建设,各个领域的教职员工都可以积极参与到育人工作中,形成一个共同育人的合力。政府、社会组织、企业等外部力量的支持也是实现这一目标的重要保障。在内外的合力推动下,高校的育人工作能够更加全面、有效地开展,为培养社会主义建设者和接班人作出积极贡献。

5.2.3 全过程育人,推进课程思政教学改革

"全过程育人"指的是在教育的各个阶段都秉承着育人的理念。在现代高等教育中,实现"全过程育人"已被认为是一项至关重要的任务。这一概念强调教育的每一个环节都应当融入育人的理念,从而在学生的成长过程中全面培养其综合素质和社会责任感。在这个背景下,课程思政的建设变得尤为关键,它不仅需要将思想政治工作贯穿整个教育教学过程,还要善于挖掘各门课程中蕴含的思政资源,将其有机融入教学。习近平总书记在2019年3月的学校思想政治理论课教师座谈会上强调了"显性教育"和"隐性教育"的统一,提出了挖

掘其他课程和教学方式中的思想政治教育资源,实现全员全过程全方位育人的目标。这一理念为高校的思政课建设指明了方向。在这一理念的引领下,学校启动了课程思政建设,将思想政治教育渗透到各门课程中,强调每门课程都可以成为育人的载体。

课程思政并不仅仅是简单的"课程＋思政",而是需要从每门课程的学科特点和知识点出发,深入挖掘其中蕴含的思政元素。不同学科的课程可以通过不同的方式来引导学生形成正确的价值观和社会责任感。例如,哲学社会科学学科可以注重马克思主义理论中国化的最新成果,培养学生的价值观念;工程和自然科学学科可以强调科学精神和创新精神的培养,将辩证唯物主义和历史唯物主义融入教学,培养学生的科学素养和职业道德。

以公共基础课、专业课和专业技能实训课为例,可以更具体地展示如何将思政元素融入教学。在公共基础课中,可以将传统文化教育融入教学,增强学生的文化自信,让他们更好地了解自己的国家和文化。在专业课中,可以注重培养学生的团队协作精神,使其具备团队合作的能力,这在未来的职场中十分重要。而在专业技能实训课中,可以将工匠精神融入教学,强调责任意识和追求卓越的精神,从而培养出更加优秀的专业人才。

要实现课程思政的目标,并不是一项容易的任务。教师需要充分理解每门课程的特点,挖掘其中的思政资源,并将其巧妙地融入教学过程中,使学生在知识的同时也获得了正确的人生观、价值观、世界观。这需要教师具备丰富的教学经验和育人理念,不断进行教学创新,以满足不同学生的需求。

课程思政的建设是实现"全过程育人"的重要途径之一。通过将思想政治教育融入各门课程,学校能够在教育教学全过程中培养学生的综合素质和社会责任感。然而,这需要教师具备深厚的学科知识和育人理念,通过不断的教学创新,将思政元素有机地融入教学中,为学生的成长和发展提供有力的支持。通过课程思政的实践,高校能够更好地实现"全过程育人"的目标,为培养社会主义建设者和接班人作出积极贡献。

5.2.4 全方位育人,多渠道拓展思政教育途径

"全方位育人"作为教育领域中的重要概念,旨在将思想政治教育贯穿于学生的各个方面,创造一个涵盖全面育人内容的教育环境。这一概念的实现需要在处理思政课程与其他专业课程关系、创造积极的育人环境、丰富课外活动形式等方面下功夫,以多维度的方式推动思政教育的融合。在实现"全方位育人"的过程中,如何处理好思政课程与其他专业课程的关系尤为关键。思政课作为培养学生正确世界观、人生观和价值观的主渠道,需要与其他专业课程协调一致,避免重复或冲突。

为了构建良好的育人环境,学校可以借鉴一系列成功的做法。例如,创办国学堂和创建党建文化长廊,可以在学校内部建立起文化传承和党建教育的重要载体,激发学生对传统文化和党的理论的兴趣,培养他们的文化自信。另外,开展心理健康教育系列活动也是重要的一环,学校可以组织心理健康讲座、工作坊等,帮助学生更好地应对压力,培养积极健康的心态。此外,丰富多彩的社会实践活动也是全方位育人的重要方式,通过参与社会实践,学生能够拓展眼界,锻炼实际能力,同时也培养了他们的社会责任感和公民意识。而丰富课外活动的方式,则需要充分挖掘和利用校内外资源。学校可以鼓励学生参与社会公益活动、科技竞赛、文化艺术交流等,这些活动不仅可以增强学生的综合素质,还能培养他们的创新精神和团队协作能力。同时,学校还可以创设"思政课文化周""社会责任周"等特色活动,将思

政教育融入其中,使学生在活动中得到思想政治的熏陶。

"全方位育人"的实现,需要教育者的共同努力。学校领导要加强对全方位育人理念的宣传,明确育人目标,为教师创造有利于思政教育融入各个环节的工作氛围。教师们则应不断提升自身的育人素养,注重将思政元素融入教学内容中,引导学生在课堂和课外形成正确的人生观、价值观、世界观。同时,还需要借助社会力量,加强学校与社会的合作,为学生提供更多的育人机会。

实现"全方位育人"的目标是一个系统工程,需要学校、教师、学生和社会各界的共同参与。通过处理好思政课程与其他专业课程的关系、创造积极的育人环境、丰富课外活动的方式,学校可以更好地将思想政治教育融入学生的成长过程中,培养出具有高度社会责任感和综合素质的优秀人才。

第六章

新时代思政课教学创新团队建设要围绕"3个定位"

思想政治理论课能否在立德树人中发挥应有作用,关键看重视不重视、适应不适应、做得好不好。党的十八大以来,习近平总书记发表一系列重要讲话、作出一系列重要指示,科学回答了事关新时代学校思政课建设的一系列关键性、根本性问题,深刻阐明了新时代思政课教学创新团队建设的正确方向、本质要求和行动指南,具有很强的政治性、理论性、思想性和指导性。

对标"重视不重视",新时代思政课教学创新团队建设要深刻认识思政课是落实立德树人根本任务的关键课程,解决"怎么看"的问题。对标"适应不适应",新时代思政课教学创新团队建设要深刻认识思政课的本质是讲道理,解决"怎么讲"的问题。"思政课的本质是讲道理,要注重方式方法,把道理讲深、讲透、讲活,老师要用心教,学生要用心悟,达到沟通心灵、启智润心、激扬斗志。"新时代推进思政课教学改革创新,就要适应新时代新要求,融入本土资源,大力推动以学习习近平新时代中国特色社会主义思想为核心内容的思政课课程群建设,充分调动教师和学生的能动性、积极性,提升"讲道理""悟真理"的实效长效,推进习近平新时代中国特色社会主义思想入脑入心。对标"做得好不好",新时代思政课教学创新团队建设要加快推进思政课教学改革创新,解决"怎么办"的问题。基于思政课的重要地位和重要作用,必须多措并举加快推进思政课教学改革创新。要深入学习贯彻习近平总书记关于思政课建设的系列重要指示批示精神,贯彻落实《关于深化新时代学校思想政治理论课改革创新的若干意见》等系列文件精神,做好顶层设计,我们要立足云南,培养推动云南高质量跨越式发展的高素质劳动者;我们要面向南亚东南亚,培养符合面向南亚东南亚辐射中心的开放型人才;我们要服务"一带一路",培养融入"一带一路"的高技术技能人才,围绕这"3 个定位"树立一流课程导向,深化思政课改革创新、提高思政课教学质量。

6.1 立足云南,培养推动云南高质量跨越式发展的高素质劳动者

6.1.1 云南新省情:边疆、民族、山区、美丽

形势在发展,科技在进步,实践在深化,省情必然出现新的变化。准确认识和把握新省情对于进一步解放思想、科学决策、拓展对外开放广度和深度、优化投资环境、加快经济高质量发展,具有十分重要的意义。因此,我们需要与时俱进地认识省情,从更高站位、更大视野来推动新时代思政课教学团队建设与发展。

新中国成立特别是改革开放以来,云南经济社会发展取得了巨大成就,经济总量在全国各省份的排名上升,人民生活水平大幅度提高。其中一个重要原因就是云南省委、省政府始终立足基本省情,不断解放思想,开拓创新,充分发挥云南优势,大力推动经济社会发展。尽管省情可以按照不同的分类方法划分为基本省情、历史省情、现实省情、比较省情、发展省情等,但基本省情是基础。

长期以来,云南的基本省情是"边疆、民族、山区、贫困"。由于云南是位于我国西南边疆的一个重要省份,其地理位置决定了云南的基本省情之一就是"边疆"。但现在边疆的内涵、外延与过去相比已出现许多新变化,需要重新认识和把握。党的十八大以来,以习近平同志为核心的党中央高度重视云南工作,深切关怀云南各族群众。2015 年 1 月和 2020 年 1 月,习近平总书记两次考察云南,作出"一个跨越""三个定位""五个着力"和"四个突出特点"

"四个方面重点工作"等一系列重要指示,为云南发展擘画了美好蓝图、指明了前进方向、提供了根本遵循。《中共云南省委关于制定云南国民经济和社会发展第十四个五年规划和二〇三五年远景目标的建议》中明确提出,要正确认识和把握云南在全国发展大局中的地位和作用,深入研究分析云南在国内大循环、国内国际双循环中的位置、比较优势,探索深度融入国内大循环、国内国际双循环的有效途径。因此,立足云南"边疆、民族、山区、美丽"新省情,从中谋划深度融入新发展格局的路径。

中共云南省委 2022 年 11 月出台《关于深入学习贯彻党的二十大精神　奋力开创新时代云南社会主义现代化建设新局面的决定》,实施"3815"(三年上台阶、八年大发展、十五年大跨越)战略发展目标谋划,在全面建成小康社会基础上,经过三个五年规划的接续奋斗,闯出云南高质量跨越式发展新路子,各族人民共同富裕取得更为明显的实质性进展,基本建成我国民族团结进步示范区、生态文明建设排头兵、面向南亚东南亚辐射中心,到 2035 年与全国同步基本实现社会主义现代化。"3815"战略的提出,是中共云南省委全面学习、全面把握、全面落实党的二十大精神的具体体现,是新时代新征程云南社会主义现代化建设的再审视、再谋划、再部署,为确保云南省 2035 年与全国同步基本实现社会主义现代化提供了统一思想、统一意志、统一行动。"3815"战略坚持理论与实践相结合,坚持问题导向和目标导向相结合,具有理论逻辑、现实逻辑、实践逻辑这三重逻辑。

(一)立足"边疆"特点,不断扩大开放,构建成为强大国内市场与南亚东南亚国际市场之间的战略纽带

云南省地处西南边陲,边境线长达 4040 公里,与周边越南、老挝、缅甸三个国家接壤,临近多个南亚东南亚国家。云南的边疆不仅与我国其他地区大不一样,而且在国家的大力支持下,在历届省委、省政府以及全省各族人民的努力奋斗下,边疆的状况发生了翻天覆地的变化,呈现出稳定、和谐、开放、发展的新态势,正从以往封闭落后的地区变为我国对外开放的前沿和新高地。这使得云南的边疆内涵与外延发生了新变化,具有沿边、区位、开放、合作、交流五大优势。由于云南边境线长,已建立了 25 个国家级口岸,不仅为扩大对外贸易投资、发展口岸经济提供了方便,而且国家批准建立了瑞丽等国家级重点开发开放试验区、临沧等沿边经济合作区、中老等经济合作区(跨境经济合作区)、红河等保税区、沿边金融综合改革试验区等,以便让云南沿边优势的潜力进一步得到发挥和释放。在新时代中国的对外开放格局中,云南北接北方丝绸之路,南连海上丝绸之路,东与"长江经济带"连接,西通过孟中印缅经济走廊进入印度洋,使云南成为"一带一路"与"长江经济带"的战略交汇节点。云南通过中国连接南亚东南亚的国际大通道、"桥头堡"建设,在政策沟通、设施联通、贸易畅通、资金融通、民心相通方面做了大量工作,增强了云南对南亚东南亚国家的影响力、辐射力、带动力。而且,南亚东南亚是世界新兴经济体,市场潜力巨大。

目前,云南的开放优势众多。一方面,云南依托国家支持形成了政策洼地。国家从贸易到金融,从"软件"服务到"硬件"基础设施建设,从人文交流到经济合作,国家都给予了云南大力支持,为新时代云南对外开放提供了坚强的政策支撑。另一方面,周边国家对加强与云南的合作愿望强烈。这使得云南与周边国家的合作规模不断增加,领域不断拓宽。过去,云南边疆由于边界线的分隔,阻断了与国外的合作和交流。再加上边疆地区经济落后、资金人才短缺等因素,对外合作缺乏实力与能力。但通过多年的努力,"五网""五通"以及产业培

育都取得巨大成绩,对外合作优势显现。中越、中老、中缅、孟中印缅高速公路云南境内段全面建成通车,高铁、铁路建设加快,水运能力不断提高,铁路"八出省五出境"、公路"七出省五出境"、水路"两出省三出境"取得显著成绩。过去,由于边境管理严格、通道不畅以及经济社会发展滞后,与南亚东南亚国家的交流很少。现在云南充分利用与周边国家地缘相近、人缘相亲、文缘相通的优势,积极主动服务和融入国家发展战略,积极推动文化艺术、新闻出版、广播电视、教育、卫生、体育、旅游、智库等的交流合作,打造"滇字号"人文品牌,人员往来日益增加,"朋友圈"不断扩大。中国—南亚博览会以及中国国际旅游交易会、中国—南亚合作论坛、中国—南亚商务论坛、中国—南亚东南亚智库论坛、中缅智库高端论坛等影响力日益扩大,广播电视节目在老挝、柬埔寨落地,来滇留学生人数不断增加,"光明行"医疗活动范围拓宽,在柬埔寨金边、缅甸仰光建立了中国文化中心,缅甸、老挝、柬埔寨等多个国家与中国达成构建人类命运共同体的共识。目前,云南已经成为我国面向南亚东南亚的区域性人文交流中心,并在促进民心相通、构建人类命运共同体方面发挥了不可或缺的作用。

(二)立足"民族"特点,把握各民族共同团结奋斗、共同繁荣发展主题,发挥在新发展格局中的独特优势

云南少数民族众多,民族文化丰富,是中华民族一体多元的真实写照。习近平总书记2015年考察云南就指出:云南各民族优秀传统文化是中华文化的瑰宝。云南是中国少数民族最多的省份,有25个世居少数民族,其中15个为云南独有,16个跨境民族。全国30个自治州中有8个在云南,全国120多个自治县有29个在云南,在民族分布上呈"大杂居小聚居"特点,各民族像石榴籽一样紧紧抱在一起,各民族"你中有我,我中有你"和谐共存,为打造云南民族团结进步示范区奠定基础。"维护核心跟党走",是云南"民族"基本新省情的政治内涵。历史和实践证明,构建、巩固和发展平等团结互助和谐的社会主义民族关系源于党的领导,民族地区发展实现历史性跨越源于党的领导,实现社会整合、最大限度凝聚中国力量共筑中国梦,依然要依靠党的坚强领导。

历经70余年的沧桑巨变,云南各族人民从切身经历的发展变迁中,从历史和现实的深刻认知中,从对美好生活的不懈追求中,明白了只有中国共产党才能实现中华民族的大团结,只有中国特色社会主义才能凝聚各民族、发展各民族、繁荣各民族,对中国共产党的政治认同、思想认同、情感认同不断深化,感党恩、听党话、跟党走的深情与日俱增,拥护党的领导,坚持党的领导,已内化为新时代云南各族人民的思想自觉,政治自觉和行动自觉。云南4060公里的边境线上,家家户户屋顶上都飘扬着鲜艳的五星红旗或党旗;全省各地许多农户堂屋里,张贴着习近平总书记和各族群众在一起的照片;新中国70华诞时,云南各族儿女共同唱响"我爱你中国",大街小巷、村村寨寨到处都有"拥护共产党,歌唱新时代"的亮丽风景,"党的光辉照边疆,边疆人民心向党""拥护核心、心向北京"已经成为云南各族人民的共同信念和时代心声。"铸牢共同体意识",是云南"民族"基本新省情的思想内涵。在历史演进中,云南各族儿女与我国其他各民族一道,共同开拓了辽阔的疆域、共同书写了悠久的历史、共同创造了灿烂的文化、共同培育了伟大的精神,经过近代共御外侮、同赴国难的血火淬炼,交融汇聚成多元一体中华民族。中华民族是一个共同体,云南各民族是中华民族大家庭中的成员,这是中华民族发展的自然结果,也是云南各民族的必然选择。进入新时代,云南各民族分布格局向"大流动、大融居"深化,经济社会文化发展相互依存越来越紧密,"你中

有我、我中有你"的关系不断升华,在广泛的交往交流交融中,云南各族人民以全面深入持久开展民族团结进步创建为载体,互通互学互鉴,相知相亲相惜,牢固树立了水乳交融、唇齿相依、休戚相关、荣辱与共的命运共同体理念。特别是在 70 余年辉煌成就的振奋下,在中华民族伟大复兴中国梦的引领下,在抗击疫情共克时艰伟大精神的感召下,云南各族人民的中华民族自豪感空前高涨,对伟大祖国、中华民族、中华文化、中国共产党、中国特色社会主义的认同愈加坚定,"中华民族一家亲,同心共筑中国梦"的思想愈加统一,中华民族共同体意识历久弥新、生机勃勃,成为新时代云南各族人民的共同意志和根本遵循。

（三）立足"山区"特点,着力优化升级云南产业链供应链,筑牢西南生态安全屏障

现在,许多贫困地区一说穷,就说穷在了山高沟深偏远。其实,不妨换个角度看,这些地方要想富,恰恰要在山水上做文章,只要坚持生态优先、绿色发展,锲而不舍,久久为功,就一定能把绿水青山变成金山银山。云南是典型的高原山区省份,过去受地理条件限制,大部分山区交通不便、信息闭塞、经济文化教育等相对落后。经过改革开放以来特别是党的十八大以来的快速发展,云南山区发展翻天覆地,城乡面貌沧桑巨变,人民生活蒸蒸日上,立体综合交通网络四通八达,通信物联基本覆盖。现在的山区气候宜人宜居、生态特色农产品和健康养生资源富集,矿产资源、农业资源、旅游资源、清洁能源富集,是"植物王国""动物王国""世界花园""生物基因宝库",是我国西南生态安全屏障的前沿核心地带。我们要紧紧抓住国家实施长江经济带发展战略和关于新时代推进西部大开发形成新格局的重大机遇,系统谋划、精心做好山区综合开发这篇大文章,鼓励绿色经济试验示范,切实打通"绿水青山"向"金山银山"转化通道,充分发挥山区资源的丰富性、文化的独特性、绿水青山的生态性等优势,谱写"绿水青山就是金山银山"的时代新篇。

处理好绿水青山和金山银山的关系,不仅是实现可持续发展的内在要求,而且是推进现代化建设的重大原则。我们要正确把握生态环境保护和经济发展的关系,发挥生态环境保护的倒逼、引导、优化和促进作用,坚持在发展中保护、在保护中发展,在环境效益、经济效益、社会效益等多重目标中寻求动态平衡,以生态环境高水平保护推动经济高质量发展。要正确把握破除旧动能和培育新动能的辩证关系,持之以恒做好供给侧结构性改革这篇大文章,坚持"两型三化"产业发展方向,注重发挥比较优势,强化创新引领,推动传统产业优化升级,加快新兴产业发展,推动我省产业结构由中低端向中高端迈进,产业体系向创新能力强、质量效益好、结构布局合理、可持续发展能力和竞争力明显增强的方向发展。要严把生态环境准入关,布局项目首先充分考虑环境容量、生态底线,严格控制化工、冶金、建材等产业的规模产能,杜绝浪费资源、破坏环境、低端低效的产业项目,禁止不符合国家产业政策和规划要求的重污染类项目落地,提高绿色发展水平。云南是能源资源大省,在绿色能源方面具有明显比较优势。要依托绿色能源优势,实施绿色能源战略,推动绿色制造强省建设,把云南绿色能源资源优势转化为绿色制造优势、绿色产业优势、绿色发展优势。

（四）立足"美丽"特点,建设最美省份,擦亮融入国内国际"大循环、双循环"的底色

做好一个地方的工作,首先要认识本地区的特点。2020 年 4 月 14 日,时任云南省委书记陈豪在云南省委常委会（扩大）会议上强调,要大力研究阐述"边疆、民族、山区、美丽"的云南新省情,塑造云南新形象、增强发展新动力,提高云南的知晓度和美誉度。对美的追求

伴随着人类历史的进程,对美的认识在人类历史中不断深化,认识美、把握美是难的,马克思早就指出:只有具备音乐的耳朵才能欣赏音乐,只有具备欣赏绘画的眼睛才能看到美的画面。把握一个地域的"美"的特点,揭示一个地域"美"的内涵,遵循美的规律塑造一个地域的"美丽",必须用马克思主义美学原理,从历史、辩证、自然、社会等维度多视角审视。对云南"美丽"省情的认识和把握,要从理论和实践的结合上、从历史和现实的结合、从地域和文化的结合上、从主观和客观的结合上、从理念和实证的结合上进行分析和把握。在确立建设中国最美丽省份的目标,脱贫攻坚取得历史性进展后,将原来集"边疆、民族、山区、贫困"四位一体的省情,重新赋予"边疆、民族、山区、美丽"的新内涵,按照"生态美、环境美、山水美、城市美、乡村美"的标准建设最美丽省份,深化对"美丽"基本新省情丰富内涵的认识,可以从以下四个层面来把握。

审视云南"美丽"省情的第一个视角是"江河山川之美"。一个地域的审美视角基础是自然风光,自然风光的直接展示就是一个地方的江河山川,大美云南美在壮阔的山川,美在奔腾不息的江河。云南是一个高原山区省份,西部的横断山脉纵谷区高山深谷相间、地势险峻,东部地形波状起伏,低山和缓、丘陵浑圆,发育着各种类型的岩溶地形。整个地势从西北向东南倾斜,海拔最高点卡瓦格博峰与海拔最低点南溪河与元江汇合处,两地直线距离约900公里,高低相差达6000多米。江河自云南西北"三江并流"而下,顺着地势成扇形分别向东、向东南、向南流去。高海拔天然淡水湖泊星罗棋布于崇山峻岭间,像一颗颗明珠点缀在高原上,显得格外瑰丽晶莹。一方水土养一方人,一方山水有一方风情。云南独有的地理地貌,形成了多样的气候与自然景观,孕育了多元的民族文化与独特的民族风情,可以说,贯穿云南的山川与江河构成了云南大地的骨架与动脉,是美丽云南的根基,是孕育美丽云南的母胎。审视云南"美丽"省情的第二个视角是"生态环境之美"。"美丽云南"美在独一无二的生态环境和生物多样性。云南囊括了地球上除海洋和沙漠外的所有生态系统类型,脊椎动物有2273种,占全国的52.1%;高等植物有19365种,占全国的50.2%;各类群生物物种数均接近或超过全国一半,种类之多、资源之丰富为全国之冠,素有"动物王国""植物王国"和"生物资源基因库"的美誉。良好的生态环境,一直是云南最宝贵的资源,也是最明显的优势,是实现高质量发展的最大资本,是印证绿水青山就是金山银山的最好实践。审视云南"美丽"省情的第三个视角是"空间地域之美"。特定的地域空间是美的承载。从地域角度讲,作为省城的昆明享有"春城"的美誉,大理、丽江、西双版纳等地风光绮丽。近年来,全省深入推进美丽县城、特色小镇、美丽乡村建设,一体化推进文明城市、卫生城市、森林城市创建,实施农村人居环境整治和公共卫生体系建设,着力推进厕所革命、殡葬改革、乡风文明建设,乡村之美、城市之美、交通干线之美更加凸显。审视云南"美丽"省情的第四个视角是"历史文化之美"。美是需要积淀的。历史之美,在于人文;人文之美,在于文化。云南历史悠久,民族文化底蕴深厚。公元前279年,"庄蹻入滇"建立滇国,融入当地民族,成为一座民族团结的丰碑。秦代修筑"五尺道",在云南派官"置吏",中央王朝对云南正式统治。738年,洱海地区的蒙舍诏部落首领皮罗阁兼并五诏,建立南诏国,被唐朝赐名"归义",从彩云之南的部落,到雄霸西南的强国,南诏几乎与唐王朝相始终。白居易的《蛮子朝》,以诗证史,讲述了西南边疆的风土人情以及南诏与唐朝的恩怨情仇。937年,段思平建立大理国政权,是中国历史上西南一带建立的第一个多民族政权,300余年间,云南各族人民与内地的经济文化联系继续进行。元朝建立以后,在云南设置"大理国总管",后又设置云南行省,再一次归入中央政权的管辖之下。总之,从170万年前的云南元谋人开始,云南就成为人类的发祥地之一;从古滇国到哀牢国,从南中到南诏大理,从元明清王朝到民国,从"五尺道"到到"茶马古道",从"南方丝绸之路"到"一带一路",悠久而厚重的历史文化铸造了云南之美的历史文化底蕴。

知者行之始,行者知之成。我们要深入把握云南基本省情、充分挖掘省情中的积极因素,凝聚共识、统一思想、激发力量,不断巩固和扩大云南发展的特色优势,将其转化为引领思政课教学创新团队发展的重要动能,把习近平总书记为云南擘画的蓝图一步步变成美好现实,奋力实现高质量发展的思政课新篇章。

6.1.2 云南高质量跨越式发展

"3815"战略内涵中的"三年上台阶",具体是指明高质量跨越式发展迈上新台阶;"八年大发展",具体是指通过推动高质量发展,实现与全国发展差距明显缩小;"十五年大跨越",具体是指通过闯出云南高质量跨越式发展新路子,基本实现社会主义现代化。不难看出,高质量跨越式发展是贯穿于三个发展阶段的全过程、各方面。这"三个具体指明"也与云南省"十四五"规划和省第十一次党代会所确定的目标任务相呼应,是我们贯彻落实"3815"战略的实践目标。

(一)高质量跨越发展的内涵

高质量发展,就是能够很好满足人民日益增长的美好生活需要的发展;是体现新发展理念的发展,是创新成为第一动力、协调成为内生特点、绿色成为普遍形态、开放成为必由之路、共享成为根本目的的发展;是从"有没有"转向"好不好"、从"有多少"转向"优不优"的发展。高质量发展不只是一个经济要求,而是对经济社会发展方方面面的总要求;不是只对经济发达地区的要求,而是所有地区发展都必须贯彻的要求;不是一时一事的要求,而是必须长期坚持的要求。

跨越式发展,是指后发国家或地区,在特定的环境条件下,借鉴和吸收先发国家或地区的经验和优秀成果,打破经济发展的一般常规和步骤,充分发挥后发优势,以技术跨越为主,带动社会生产力的跨越发展,最终实现经济发展水平的整体跃升。高质量发展与跨越式发展是有机统一的。高质量发展的基本要求是坚持质量第一、效益优先,坚持以供给侧结构性改革为主线,推动经济发展质量变革、效率变革、动力变革,着力加快建设实体经济、科技创新、现代金融、人力资源协同发展的产业体系,着力构建市场机制有效、微观主体有活力、宏观调控有度的经济体制,提高全要素生产率,不断增强经济的创新力和竞争力;跨越式发展的基本要求是依靠科技、管理和体制等的创新,通过技术的跨越、产业的升级、结构的优化、质量的提升,以达到生产力水平的快速提高,而不是简单的量的扩张和规模的扩大,不是单纯的加速。

(二)云南为什么要推动高质量跨越式发展

高质量发展是新发展阶段的突出主题,推动高质量跨越式发展是由云南仍是后发展和欠发达地区这一最大省情决定的,推动高质量跨越式发展是习近平总书记对云南的要求。

首先,高质量发展是新发展阶段的突出主题。随着全面建成小康社会、实现第一个百年奋斗目标,我国进入了新发展阶段。习近平总书记指出:"进入新发展阶段明确了我国发展的历史方位。"新发展阶段是社会主义初级阶段中的一个阶段,同时是其中经过几十年积累、站到了新的起点上的一个阶段;是我们党带领人民迎来从站起来、富起来到强起来历史性跨越的新阶段;是我国社会主义发展进程中的一个重要阶段;未来30年将是我们完成建设社会主义现代化国家历史宏愿的新发展阶段。新发展阶段的突出主题是高质量发展,必须是完整准确全面贯彻新发展理念的发展,必须是实现规模、速度、质量、结构、效益、安全相统一的发展,必须是能够很好满足人民日益增长的美好生活需要的发展。

其次,推动高质量跨越式发展是由云南仍是后发展和欠发达地区这一最大省情决定的。云南仍是后发展和欠发达地区,发展不平衡不充分问题突出。2020年,云南人均GDP5.19万元,全国为7.20万元,云南相当于全国的72.1%。2020年,云南居民人均可支配收入23294.9元,全国为32188.8元,云南相当于全国的72.4%。其中,云南城镇居民人均可支配收入37499.5元,全国为43833.8元,云南相当于全国的85.5%;云南农村居民人均可支配收入12841.9元,全国为17131.5元,云南相当于全国的74.9%。到2035年,云南要与全国同步基本实现社会主义现代化,必须推动高质量跨越式发展。

最后,推动高质量跨越式发展是习近平总书记对云南的要求。2015年1月,习近平总书记在考察云南重要讲话中,要求云南主动服务和融入国家发展战略,闯出一条跨越式发展的路子来,努力成为我国民族团结进步示范区、生态文明建设排头兵、面向南亚东南亚辐射中心,谱写好中国梦的云南篇章。2020年1月,习近平总书记在考察云南重要讲话中强调,新时代抓发展,必须坚定不移贯彻创新、协调、绿色、开放、共享的新发展理念,推动经济高质量发展。

6.1.3 建设高素质劳动者队伍,服务云南发展大局

当前,我国已进入新发展阶段,习近平总书记指出,要准确识变、科学应变、主动求变,更加重视激活高质量发展的动力活力,更加重视催生高质量发展的新动能新优势。党的十九大提出,我国经济已由高速增长阶段转向高质量发展阶段。党的二十大报告提出:"推动经济实现质的有效提升和量的合理增长。"这充分体现了我们党推动高质量发展的坚定决心,为今后一个时期经济发展指明了方向。高质量发展既是一个发展阶段,又是一项国家战略,在努力实施这一重大战略过程中,需要高素质劳动大军来响应、支撑与践行。建设高素质劳动者队伍,服务高质量发展大局,当前云南高职院校在落实习近平总书记提出的"激活"与"催生"方面,既责无旁贷,又大有可为。

毋庸置疑,我国现阶段劳动者队伍总体素质较前有了明显提高。当前建设高素质劳动者队伍的着力点,应放在坚持思想引领、普及技能培训和唤醒奋斗精神三个方面。

(一)建设高素质劳动者队伍需要坚持思想引领

通过理念武装和感召激励等方式,在所有建设领域广泛营造劳动光荣创造伟大新风尚。

思想政治引领。高质量发展要通过全境域、多形式的学习引导,使习近平新时代中国特色社会主义思想成为指导各行各业劳动者立身从业成长的精气神和指路灯。同时,让每个劳动者都明白,高质量发展不是一企之事,而是一项国家战略;高质量发展不是一时之事,而是一项长期任务。每个劳动者在理念、技能和行为规范上,也都有一个知识更新、思想武装

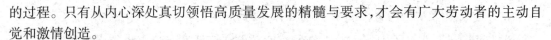

的过程。只有从内心深处真切领悟高质量发展的精髓与要求,才会有广大劳动者的主动自觉和激情创造。

创造成果感召。正确的劳动观是主导劳动者素质的灵魂。劳动光荣、创造伟大,是中国工人阶级在党领导下的自豪与荣耀。劳动者在劳动中创造世界、发展自己,同时也能通过劳动创造的成果来感召和教育自己。高素质劳动者能够助力更好实现高质量发展,工会组织应当加强和改进传统教育职能,着力在全社会弘扬尊重劳动、崇尚劳动、以劳促素、以劳促富的良好风尚。要立足于建设壮大高素质劳动大军这一宏大目标,最大限度地把广大劳动者培养成为合格的择业者、优秀的从业者、卓越的创业者。

现身说法激励。用"幸福是奋斗出来的"哲理和实例,启发和引导更多年轻劳动者千里足下、实干立身、本领成长。广大基层工会组织,要把实现工人运动时代主题的历史任务,与劳动者对个人梦、家庭梦的追求紧密结合起来,彼此互为激励,实现互动双赢。开展此类学习教育,一定要适应劳动者的参与需求和实际需要,坚持有趣、有效、有用、有益的原则。要把提升素质系列活动与职工书屋活动、职工自学活动相结合,与企业职工职业道德建设相结合,与劳动者职业技能升级提档相结合,获取相得益彰的实效。

(二)建设高素质劳动者队伍需要普及技能培训

过比赛竞技和政策鼓励等方式,在实体经济中广泛打造能工巧匠技能大师群体。

高科技、新技术的迅猛发展,对劳动技能提出了更新更高要求,企业工会要立足各自高质量发展的目标任务,切实把建设高素质劳动者队伍摆在与服务高质量发展大局相等的位置来思考和布置,努力为提升劳动者素质创造条件办实事。

普及基层员工技能培训,是有效提升劳动者素质的普惠之措。要结合行业企业发展战略,有针对性地确定提升方向、补齐共性短板。要用活用好工会现有的各种阵地、渠道和优势,诸如轮岗集训、专业培训、班组课堂、业余夜校等,在更新提高基层劳动者素质技能上用足功夫。要引导职工把学艺精艺与筑梦圆梦有机结合起来,以此增强在高起点出发、向高水平进军的进发力和创造性。

推广职业技能升级竞赛,是提升劳动者素质的高效之策。当今时代,高新技术日更月异,但都脱离不开创先争优、增效降本这一赛道。历史经验证明,在一个有组织的企业群体开展比学赶帮超,最容易激发出每个劳动者的劳动量能和创造效能。企业工会要结合社会技术进步和行业企业发展,不断与时俱进地改进创新行业企业的技能竞赛新形式,定期开展车间比武、技能大赛,努力在各级工会组织的主题劳动和技能竞赛中,蹚出一条用高质量技能竞赛推动高质量发展的新路。

汇集能工巧匠专项攻坚,是有效提升劳动者素质的实战之举。企业工会要切实重视和支持协助能工巧匠施展作为,要充分发挥劳模工作室、大师实验室在引领提升劳动者素质中的示范、辐射和孵化作用,大力在基层发掘培育鲁班式、华佗型大工匠、技能大师,让工人学技术成为一种新的时代潮流。师徒、工友间的口授手传,让许多绝技绝活得以延续,工会介入其中大有可为。

要积极参与行政出台相关政策,建立有利于技能人才培养、成长、评价、使用机制。要为广大基层劳动者创业创新提供多方面服务,为他们在劳动实践中施展才华开拓空间搭建平台。

（三）建设高素质劳动者队伍需要唤醒奋斗精神

通过劳模带动和典型引路等方式，在所有劳动群体广泛营造追求卓越勇攀高峰的良好氛围。

历史证明，艰苦奋斗是我们战胜一切困难的锐气和法宝。中国工人阶级在完成党的历次历史任务的伟大实践中，涌现出一批批时代楷模、劳动模范。

劳动模范是艰苦奋斗最好的诠释者，实现高质量发展仍然需要奋斗精神。在思想引领、技能培训基础上，企业工会要善于用党和国家的奋斗史，用劳模的奋斗故事，激励更多劳动者增强奋斗精神，积极参与高质量发展。

用奋斗型楷模精神激励推动高质量发展。奋斗的过程是充满艰辛、需要不怕牺牲的；从结果看，奋斗又是高水平、高质量的代名词。企业工会激发劳动者的奋斗精神，实施劳模带动、典型引路、榜样示范，这也是建设高素质劳动者队伍的必取之策。鼓励劳动技能人才用奋斗探索未知，用奋斗智造未来，各地工会已有的诸多先进经验，应在新的场景下发扬光大。

在推进高质量发展中发现荐举新的奋斗型楷模。工会组织发现典型、培育先进的过程，寓于其联系职工群众、了解职工群众的过程之中。在推进高质量发展的征程中，基层工会一方面是广大劳动者通过奋斗推进高质量发展的同行者、参与者；另一方面是劳模参与实现高质量发展的见证者、弘扬者，要善于在推进高质量发展的最前沿，把普通劳动者中涌现的闪光思想、卓越创举和感人事迹汇溪成流，转化为整个阶级奋力推进高质量发展的磅礴力量，进而努力实现广大劳动者对美好生活的向往。

建设高素质劳动者队伍，是一项牵涉面广、任重而道远的系统工程，需要多管齐下、协同发力，统筹用好多方资源，共同打造一支适应高质量发展的高素质劳动大军。劳动是一切幸福的源泉。2020年11月24日，全国劳动模范和先进工作者表彰大会在北京人民大会堂隆重举行，习近平总书记在全国劳动模范和先进工作者表彰大会上强调："把劳动教育纳入人才培养全过程，培养一代又一代热爱劳动、勤于劳动、善于劳动的高素质劳动者。"这为新时代思政课劳动教育的教学创新指明了前进方向、提供了重要遵循。将劳动教育融入人才培养，劳动教育是学生成长的必要途径，重点在于有目的、有计划地组织学生参加各类劳动实践。劳动教育绝不是简单开一门课、老师讲几节课，而是从人才培养体系的顶层设计入手进行劳动元素全过程融入，这样才能真正做到以劳育人。谈起学校劳动教育总体思路，西南大学校长张卫国说，主要从目标体系、课程体系、教学体系、教材体系4个方面，做好劳动教育顶层设计，推进劳动教育融入人才培养体系。

6.2 面向南亚东南亚，培养面向南亚东南亚辐射中心的开放性人才

6.2.1 云南省对外开放的历史

抚今追昔，回顾峥嵘岁月，既是对历史的回望，也告诫我们美好生活来之不易。回顾云南省对外开放的历史，大致经历了五个阶段。

（一）边境贸易发展起步阶段（1980—1990年）

1980年，云南省首先在中缅边境恢复边境贸易；1985年，进一步放宽边境贸易政策，边

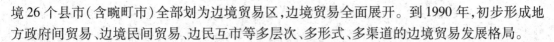

境26个县市(含畹町市)全部划为边境贸易区,边境贸易全面展开。到1990年,初步形成地方政府间贸易、边境民间贸易、边民互市等多层次、多形式、多渠道的边境贸易发展格局。

(二)确立目标扩大开放阶段(1990—1999年)

1990年,云南省委第五次代表大会确立把对外开放的重点转移到南亚东南亚的方针;1992年,国务院批准昆明市实行沿海开放城市的政策,批准畹町、瑞丽、河口为边境开放城市并设立国家级边境经济合作区;1993年起,云南省与外经贸部每年联合举办一次"中国昆明出口商品交易会","昆交会"成为云南省对外交流的重要平台;1999年,云南省委、省政府在实施国家西部大开发战略行动计划中明确提出把云南省建成中国连接东南亚、南亚大通道,确立了对外开放的总体目标。期间,云南省积极推动和参与大湄公河次区域合作,成为中国参与大湄公河次区域合作的主体省份,共同确定了大西南联合起来走向东南亚,扩大对外开放的总体发展战略。

(三)全面推进对外开放阶段(2000—2008年)

云南省大力实施"引进来""走出去"战略,先后出台了《云南省外来投资促进条例》《中共云南省委云南省人民政府关于进一步扩大开放的若干意见》《云南省人民政府关于进一步加强外来投资促进工作的若干意见》,全力推进出省和出境重大公路、铁路、航运和水运通道项目的筹备和建设,积极推进与周边国家"通路、通电、通商、通关"进程,积极参与中国—东盟自由贸易区建设、澜沧江—湄公河次区域合作和孟中印缅地区经济合作,积极拓展与东南亚、南亚开放合作领域,云南省由改革开放的末端成为中国面向东南亚、南亚开放的重要前沿阵地。

(四)面向西南开放重要桥头堡建设阶段(2009—2015年初)

2009年7月,胡锦涛同志到云南省视察,指出:"要充分发挥云南省作为我国通往东南亚、南亚重要陆上通道的优势,深化同东南亚、南亚和大湄公河次区域的交流合作,不断提升开放质量和水平,使云南省成为我国向西南开放的重要桥头堡。"充分肯定了云南省在全国对外开放总体格局中具有的特殊地位,把云南省对外开放提升到了国家战略层面,历史性地把云南省推向全国对外开放的前沿。省委、省政府积极推动落实,将"桥头堡战略"确定为云南省经济社会发展的新三大战略目标,即"两强一堡"(绿色经济强省、民族文化强省、桥头堡)的战略目标。同时,在各方共同努力下,2011年5月,国务院出台了《关于支持云南省加快建设面向西南开放重要桥头堡的意见》。为统筹协调桥头堡建设工作,省政府成立了桥头堡建设领导小组及办公室。

(五)建设面向南亚东南亚辐射中心新阶段(2015年至今)

2015年1月,习近平总书记深入云南省考察指导工作,殷切希望云南省"主动服务和融入国家发展战略,闯出一条跨越式发展的路子来,努力成为我国民族团结进步示范区、生态文明建设排头兵、面向南亚东南亚辐射中心,谱写好中国梦的云南省篇章"。建设面向南亚东南亚辐射中心正式成为云南省对外开放的战略定位和总抓手。

6.2.2　云南的优势在区位,出路在开放

2015年1月,习近平总书记考察云南时指出,希望云南发挥沿边开放区位优势,主动服

务和融入国家发展战略，努力建设成为我国面向南亚东南亚辐射中心。2020 年 1 月，习近平总书记再次考察云南，明确指出云南要主动服务和融入国家重大发展战略，以大开放促进大发展，加快同周边国家互联互通国际大通道建设步伐。加强同周边国家文化交流工作，促进民心相通。殷切嘱托，成为全省干部群众将开放蓝图转化为美好现实的不竭动力。云南全省干部群众上下同心，在开放的大道上只争朝夕、笃定前行。

7 年来，我们不负韶华、奋进跨越，全方位、多领域、深层次的高水平对外开放已成为引领云南高质量发展的强劲动力，"面向南亚东南亚辐射中心"正成为新时代新云南的新名片。如今，云南把深度融入新发展格局同共建"一带一路"走深走实和长江经济带发展等国家重大发展战略有机衔接起来，以建设中国面向南亚东南亚辐射中心为引领，实施更大范围、更宽领域、更深层次的开放，全力构筑对外开放新高地，奏响和合新乐章。

（一）全面加强基础设施建设

云南省牢牢把握"云南的优势在区位，出路在开放"的定位，全面加强交通等基础设施建设。"八出省、五出境"铁路通道建设加快推进；以昆明为中心的"七出省五出境"高速公路主通道基本成型，中越、中老、中缅国际通道高速公路云南境内段全面建成通车；"两出省三出境"水路通道正在加快构建，澜沧江、湄公河国际航运通道实现了集装箱运输零突破；基本实现南亚东南亚国家首都和重点旅游城市航线全覆盖，中缅、中老光纤传输设施投入使用，国际通信服务覆盖周边 8 个国家，与越南、老挝、缅甸实现了局部电力联网，中缅油气管道建成使用。形成了基础设施互联互通一张网，国际大通道建设取得新突破。2020 年底，丽江至香格里拉高速公路建成通车；大理至临沧铁路建成通车，云南开放的步伐越走越快。

（二）"试验区"建设稳步推

2019 年 8 月 30 日，中国（云南）自由贸易试验区挂牌成立，昆明、红河、德宏三片区同时挂牌。一年来，云南自贸试验区以开放、创新、自由、便利的"自贸思维"作为核心，大胆闯、大胆试、自主改，在挂牌一周年之际交出了亮眼"答卷"：云南自贸试验区外贸进出口总值131.05 亿元人民币，每日新增 160 户市场主体；出台 16 项金融改革创新制度文件；3 个片区共办理"证照分离"涉企经营许可事项 8432 件；片区集中"云签约"等方式签订合作项目 27个，投资金额约 263 亿元人民币。云南省加快形成以中国（云南）自由贸易试验区为引领，以昆明等 5 个国家级经济技术开发区为带动，以瑞丽、勐腊（磨憨）2 个国家级重点开发开放试验区为核心，以中越、中老、中缅 3 个跨境经济合作区为重点，以昆明、红河 2 个综合保税区和瑞丽等 9 个边境经济合作区为支撑的全方位、立体化开放平台体系。让云南实现从开放末梢到开放前沿的转变。云南多层次、多领域、全方位开放平台体系建设初见成效。

（三）不断扩大的"朋友圈"

6 年来，我省对外开放水平全面提升，与国际国内，特别是周边国家合作更加宽广丰富，云南区位优势不断释放，面向南亚东南亚辐射中心功能不断增强。云南已与 9 个国家搭建11 个多双边合作机制；全省各级友城从 2015 年初 61 对增至目前 100 对，遍布 5 大洲 36 个国家。云南的"朋友圈"在过去 6 年中不断扩大。云南积极建立与南亚东南亚国家人文交流的合作平台。成立了中国—南亚技术转移中心、中国—东盟创新中心等科技合作创新平台，与老挝、越南、柬埔寨等国合作建立了农业科技示范园区。卫生合作不断加强，累计派出 27

批眼科医疗队在周边国家举办"光明行"公益医疗活动;为柬埔寨、缅甸、老挝等国4万多名儿童进行了"爱心行"先天性心脏病筛查。

开放性人才培养是培养创新型人才的有效途径,是在相对宽松的制度环境下,可以使学生选择喜欢的专业、课程,选择自己喜欢的教师和学习方式,参加自己感兴趣的科技文化活动,有利于培养学生创新思维、创新能力和实践动手能力。实现开放性人才培养要与之相适应构建开放性的人才培养体系。开放性人才培养体系,就是高校为适应社会多样化人才的需求和学生个性化发展的需要,在培养目标、课程体系、培养方式、教学运行机制等方面所形成的一整套人才培养的内部自我调控体系,其核心理念是"以生为本、多元开放"。开放性人才培养是创新型人才培养的基础,也是培养具有创新精神人才的有效途径。实施开放性人才培养,培养高素质的创新创业人才,成为云南高职院校迫切需要解决的课题,也是云南高职院校今后教育教学改革的重点、难点问题。各高职院校应根据主动适应这一形势需要,按照"开放自主、多元发展"这一理念,重新构建人才培养体系,推行开放性人才培养,加强学生实践能力和创新精神培养。院校要按照不同的发展方向加强领导层决策,根据自身特色准确定位。一是坚持地方性。以服务地方经济发展提供人才。二是坚持应用型。以培养生产管理服务等基层一线工作的人才为重点,着力培养"下得去、用得上、留得住、干得好"的高素质应用型人才高校。定位主要包括学校类型定位、办学层次定位、学科专业定位、人才培养目标定位和服务面向定位五个层面。

创新人才培养模式是实现开放性人才培养的途径人才培养模式是实现人才培养目标的有效途径,是学校教育思想和办学理念的主要载体,是在一定的现代教育理论、教育思想指导下,按照培养主体为培养对象设计的知识、能力、素质结构的实现方式,以相对稳定的教学内容和课程体系,管理制度和评估方式,实施人才教育的过程的总和。开放性人才培养需要创新人才培养模式,实施多样化人才培养。人才培养模式的多样化,既是经济社会文化发展的现实需要,又是发展学生个性、培养实践创新人才的迫切需要。实施柔性化管理是实现开放性人才培养的保障。随着社会对人才需求的多样化,各院校教学管理应实现"以教师和管理者"为中心到以"学生"为中心的转变,实现学生的自我构建和能动的学习实践,构建以学生为中心的教学管理模式。各院校教学管理应该以学生为中心,一切从学生的个人发展需要为出发点,使学生的学习观念从"要我学"转变为"我要学"。使学生对教育有充分的"参与性"和"选择性",建立以学生为本的自主学习、自我发展机制,保障学生"学"的自由。

6.3　服务"一带一路",培养融入"一带一路"的高技术技能人才

建设"面向南亚东南亚辐射中心",是党中央着眼于新的时代背景和全国战略布局,为云南省确定的新坐标、明确的新定位、赋予的新使命,是云南省对外开放的战略定位和总抓手。云南省要继续深度融入"一带一路"大格局、打开命运共同体大视野、拉响中老铁路大引擎、擘画美丽云南新省情,才能完善辐射中心建设新格局、开启辐射中心建设新里程、助推辐射中心建设新速度、奔向辐射中心建设新未来。

6.3.1　深度融入"一带一路"大格局,完善辐射中心建设新格局

推动共建"一带一路"建设,为边疆民族地区对外开放及经济社会发展带来了重大机遇,

正是乘着"一带一路"建设东风,云南积极做好政策、设施、贸易、资金、民心"五通"文章,与南亚东南亚国家和地区加强全方位、多领域合作,完善内联外通纽带功能,实施枢纽战略,进一步深化了全方位、多领域、深层次的更高水平对外开放,面向南亚东南亚辐射中心建设取得积极进展。

云南需要更进一步发挥区位优势,以深度服务和融入"一带一路"建设为主线,在巩固既有优势的基础上,进一步探索对外经济合作新模式、新路径、新体制,在更大范围、更广领域和更高层次上推动新一轮对外开放,全力加快面向南亚东南亚辐射中心建设。首先,要进一步完善辐射机制,围绕"一带一路"规划、布局和目标,积极构建开放型经济新体制,继续以"五通"为抓手,全方位深度参与中缅、中老、中越、孟中印缅、中国—中南半岛经济走廊建设,推进与周边国家及地区投资贸易更加自由、人员往来更加便利,推动形成我国面向南亚东南亚辐射中心、开放前沿。其次,通过加快建设区域性国际经济贸易中心、科技创新中心、金融服务中心、人文交流中心,实现在更大范围集聚要素资源,在更深层次融入国际经济循环,在主动服务和融入国家战略中争取更多机遇、实现更快发展、作出更大贡献。

6.3.2　打开命运共同体大视野,开启辐射中心建设新里程

周边国家和地区是人类命运共同体建设的重点之地、关键之地、示范之地、决定兴衰成败之地。在中国的周边区域中,南亚东南亚是人口最多、文化最为多样、华侨华人聚居规模最大、对中国最具战略纵深性的地区之一,中国能否在该区域成功推进"一带一路"建设,让命运共同体首先在该区域落地生根,关系到新时代中国特色大国外交成败的关键。

云南与南亚东南亚次大陆的 17 个国家接壤或毗邻,地处中国经济圈、东南亚经济圈和南亚经济圈的接合部,东连黔桂通沿海,北经川渝进中原,南下越老达泰柬,西接缅甸连印巴。同时,云南还是连接"一带一路"和长江经济带的重要节点,是参与中国—中南半岛和孟中印缅两个经济走廊建设的主要承载省份。不管是从 2000 多年前的"南方丝绸之路"到"茶马古道",还是从 20 世纪初的滇越铁路、滇缅公路到今天的昆曼国际大通道,再到明年即将通车的中老铁路,云南一直都是中国同南亚东南亚国家和人民经济相通、文化交融的纽带。2017 年 2 月 20 日,时任外交部部长王毅在外交部云南全球推介活动上的致辞中表示,在中国同周边国家共建命运共同体的道路上,云南已经走在了前面。

6.3.3　正确认识和把握在全国发展大局中的地位和作用

在中央更加注重推进沿边开放与沿海内陆开放的均衡发展、深入推进新一轮西部大开发的大背景下,发挥云南面向南亚东南亚的区位优势,以服务国家总体外交、推动构建周边命运共同体为目标,主动服务和融入国家发展战略,打造对外开放的新高地,尤其是要服务和融入澜湄国家命运共同体建设。澜沧江—湄公河是联系澜湄六国的天然纽带,澜湄国家利益交融,命运与共。目前,中国与湄公河五国都建立了全面战略合作伙伴关系,与越南、老挝、柬埔寨和缅甸这四个域内国家分别明确构建双边命运共同体。澜湄区域是中国推动构建周边命运共同体最有可能取得实质性成效的区域,作为澜湄合作的前沿省份,云南省要利用地缘、人缘、文缘、商缘优势,增进社会人文交流,在跨境疫病防治、打击恐怖主义和毒品走私等非传统安全问题上加强与湄公河国家合作;要以贸易、基础设施、绿色能源、旅游文化和人员交往五大领域为重点,推进与湄公河国家务实合作,让命运共同体意识根植民心,扎根

周边。

6.3.4　拉响中老铁路大引擎,助推辐射中心建设加速度

习近平总书记2020年1月在考察云南时提到,中老铁路即将建成通车,要加快引领建设中老、中缅经济合作区。中老铁路连接中国昆明和老挝首都万象,是"一带一路"建设和构建中老命运共同体的标志性工程。对老挝而言,中老铁路不但能够联通内外,还能够带来猛增的贸易量、投资以及就业,所以,在老挝国家"八五"规划中,中老铁路被列为国家1号重点项目。对中国而言,中老铁路不通,中泰铁路就无从谈起,从中老铁路起步,建设整个东南亚铁路网的目标才有可能实现。此外,老挝是陆路连接中国与东盟各国路程最短的国家,区位优势突出,明年中老铁路通车后,区位优势将进一步凸显。目前,老挝通过变"陆锁国"为"陆联国"战略与"一带一路"倡议高度衔接,产业正在加速转型中,待到硬件配套成型、产业成功落地后,通过澜湄黄金水道、中老铁路、老越铁路等陆路交通网的联动联通,老挝中南半岛的心脏区位将充分发挥优势。

云南要更快一步抢抓中老铁路通车机遇。发挥交通物流和人力资源优势,以及自贸试验区的制度优势,把铁路变成"铁路+",首先,要抓住"+"背后所涌现出来的新产品、新产能、新业态的发展新机遇,助推云南"三张牌"走出云南,走向南亚东南亚,走向世界。其次,要抓住疫情之后全球产业链重构的重要战略窗口期,充分利用云南绿色能源优势,拓展和深化与周边国家的经贸合作;围绕云南"做强滇中,搞活周边,多点支撑,联动廊带"的生产力布局努力打造一批区域性产业链集群;利用和周边国家资源结构的差异性,产业结构的层次性和贸易结构的互利性,加快实施产业"引进来"和"走出去"战略;大力拓展对外开放和发展的空间,广泛开展贸易、投资、加工、农业等领域的国际国内合作,形成对内对外双向开放新格局,推动辐射中心建设加速度。

党的二十大报告提出,建设现代化产业体系,坚持把发展经济的着力点放在实体经济上,推进新型工业化,加快建设制造强国、质量强国、航天强国、交通强国、网络强国、数字中国。高技能人才是人才队伍的重要组成部分,是支撑中国制造、中国创造的重要力量。建设"制造强国",为高技能人才提供了发挥作用、展示才能、体现价值、实现梦想无比广阔的舞台和前所未有的机会。同时,也对企业加快高技能人才培养提出了新的目标、新的要求。

"科技是第一生产力,人才是第一资源,创新是第一动力"。把握新发展阶段、贯彻新发展理念、构建新发展格局,实现高质量发展,增强企业核心竞争力,在新时代新征程上再立新功、再创佳绩,建设具有强大战略支撑力、强大民生保障力、强大精神感召力的中国石化,离不开高技能人才的坚实支撑。

企业必须增强主动意识、前瞻思维、长远观念,针对高质量发展现实需要与长远目标,全面开足高技能人才培养的马力,向着更齐的专业、更优的结构、更大的规模、更高的层次进军。要坚持党管人才方针,加强组织领导,强化规划计划,健全制度机制,落实具体举措,加大经费投入,把高技能人才培养融入企业员工队伍建设,作为中心工作、重点事项、紧迫任务谋划实施,主要领导亲自挂帅,分管领导具体落实,职能部门勇担责任,通过内部培训、职校进修、在线学习、师傅带徒、竞赛比武、技能鉴定、创新实践等平台,推动高技能人才培养蹄疾步稳地向前发展。

加快高技能人才培养,应注重加强思想教育,从讲政治、讲大局、讲担当的高度,引导技

能人才把个人梦与企业梦、国家梦结合起来,坚定技能成才、技能报国、技能逐梦的信心和决心;要关心爱护技能人才学习、工作与生活,热情主动地为他们解决"急难愁盼",让他们切身感受到企业的温暖与关怀,厚植对企业的归属感、向心力;要建立完善技能人才评价体系,以贯彻落实"新八级工"职业技能等级制度为契机,不唯学历、阅历、资历、论文,以能力和业绩论英雄,坚决打破职业技能晋升天花板,畅通技能人才发展通道;要完善考察、任用机制,让每一名高技能人才都有用武之地,用当其时、用当其位,人尽其才、才尽其用;要加大优秀高技能人才和创新成果宣传表彰力度,切实增强高技能人才荣誉感、成就感,着力营造劳动光荣、技能宝贵、创造伟大的浓厚氛围。

第七章

新时代思政课教学创新团队建设要秉承"4 种精神"

云南国防工业职业技术学院多年深耕国防工业专业群建设,形成了特点鲜明、专业积累深厚的人才培养的专业模式,为云南国防甚至是相关国防工业培养了众多政治素质过硬、专业素质强和能力出众的人才,以优质国防职业教育体系为核心形成完整的职业教育链,传承优秀的国防工匠精神。云南开放大学坚持以现代信息技术为支撑,秉承"开放办学、服务终身"的理念,坚持开放、灵活、全纳、终身、优质等终身学习思想,远程开放教育、终身教育、云南干部在线培训和乡村振兴学习方面,在云南省终身教育体系构建中先行先试,积累了丰富的线上线下的职业教育经验,具备了专业建设和渠道建设方面天然的优势。学校是"两块牌子、一套班子",各有优势,又各有渠道和教育方法,两者的优势结合一在思政课创新团队的建设和创新中起到奇妙的化学反应,进一步充分发挥既有优势,创造新优势,起到"1 + 1 > 2"的建设效果。思政课创新团队建设统领主题为终身职业教育背景下的中国精神教育,传承优秀的国防工匠精神,彰显开放精神,弘扬劳动精神,通过整合资源,凝集队伍,探索方法,形成体系,构成"国防工匠、开放包容"的思政特色。

7.1　传承国防精神

当今世界正经历百年未有之大变局,我国面临复杂多变的安全和发展环境,各种可以预见和难以预见的风险因素明显增多,传统安全威胁和非传统安全威胁相互交织。在推进祖国和平统一,维护国家主权、安全、发展利益,实现建军一百年奋斗目标中,全民国防教育工作使命光荣、任务艰巨。同时也要认识到,实现党在新时代的强军目标、建设世界一流军队,对全民国防教育工作提出新的更高要求。新征程上,必须深刻认识开展全面国防教育的极端重要性,把国防教育作为提升全面素质、强化国防观念的战略性基础性工作来抓,强化忧患意识、危机意识和使命意识,不断书写强国强军更为辉煌的篇章,不断创造无愧于历史和时代的新的光辉业绩。

7.1.1　国防精神的实质

国防精神是一个国家或民族在面对外来威胁、侵略和挑战时所表现出的坚定意志、高度团结和积极防御的意识形态,它体现了一种全民性的爱国情感和集体意识,旨在维护国家主权、统一、领土完整和安全。我国的国防精神是从长期的国防实践中形成的,并逐渐被人们广泛接受和使用,重要特点表现在:

(一)始终坚持中国共产党的全面领导

推进国防科技创新,必须始终坚持党的全面领导,保持正确发展方向,扭住根本遵循。国防现代化的成果根本在于党中央以关键时刻关键决断的超凡智慧,立起了起步发展的魂、引领前进的纲、指路明向的灯。

(二)始终坚持中华民族伟大复兴的历史方向

国防精神以国家为重、使命为重、事业为重,秉承"宁让生命透支,不让使命欠账"的坚定信念,没有等价交换,没有讨价还价,全身心投入铸大国重器的壮阔征途,写就鞠躬尽瘁、死而后已的人生华章。

（三）始终坚持独立自主、自力更生的现实要求

新时代的伟大成就是党和人民一道拼出来、干出来、奋斗出来的，是坚持发扬斗争精神的结果。在党的十八届四中全会第二次全体会议上，习近平总书记指出，"各种敌对势力绝不会让我们顺顺利利实现中华民族伟大复兴，这就是为什么我们要郑重提醒全党必须准备进行具有许多新的历史特点的伟大斗争的一个原因。"从根本上说，新时代发扬斗争精神着眼于坚持和发展中国特色社会主义，确保不走老路也不走邪路。新时代发扬斗争精神着眼于保持党的先进性和纯洁性，确保党不变质不变色不变味。以习近平同志为核心的党中央充分研判执政环境中存在的不利因素，指出我们党面临的"四大考验"和"四种危险"。这些考验具有长期性和复杂性，这些危险具有尖锐性和严峻性。只有发扬斗争精神、勇于自我革命，革除党的健康肌体上的"病菌"与"毒瘤"，经受考验、消除危险，才能把党建设得更加坚强有力。

党的二十大报告指出："从现在起，中国共产党的中心任务就是团结带领全国各族人民全面建成社会主义现代化强国、实现第二个百年奋斗目标。"唯有坚持发扬斗争精神、涵养斗争魄力、增强斗争本领，以中国式现代化全面推进中华民族伟大复兴，才能在新时代新征程上赢得更加伟大的胜利。按照"管好两端、规范中间、书证融通、办学多元"的原则，严把教学标准和毕业学生质量标准两个关口，落实好立德树人根本任务，健全德技并修、工学结合的育人机制，完善评价机制，规范人才培养全过程。学校思想政治课示范课堂建设将充分挖掘自身的办学优势和国防职业教育的鲜明历史特征、文化资源、实践特色，整合以为党育人、为国育才为使命，以终身教育体系和优质国防职业教育体系为核心形成完整的职业教育链，传承优秀的国防工匠精神，塑造敢为人先的国防工匠创新品质，形成乐于奉献的终身教育追求。

7.1.2　国防职业院校国防精神课程建设

党的二十大是在全党全国各族人民迈上全面建设社会主义现代化国家新征程、向第二个百年奋斗目标进军的关键时刻召开的一次十分重要的大会。党的二十大报告提出，加强国防动员和后备力量建设，为我们在全面建设社会主义现代化国家新征程上做好国防动员工作提供了根本遵循和行动指南。要坚持以党的二十大精神为指引，深入学习贯彻习近平新时代中国特色社会主义思想，特别是习近平总书记关于国防动员系列重要论述、重要指示批示和视察河南重要讲话重要指示精神，对标对表、自我加压、踔厉奋发，积极构建国防精神课程建设。

习近平总书记在主持十九届中央政治局第二十六次集体学习时指出，"坚持统筹发展和安全，坚持发展和安全并重，实现高质量发展和高水平安全的良性互动"。要通过不断发扬斗争精神，牢固树立和践行总体国家安全观，把维护国家安全贯穿到建设社会主义现代化国家全过程。要坚定维护国家政权安全、制度安全、意识形态安全，加强重点领域安全能力建设，确保粮食、能源资源、重要产业链供应链安全。按照党的二十大报告的要求，提高防范化解重大风险能力，严密防范系统性安全风险，严厉打击敌对势力渗透、破坏、颠覆、分裂活动。习近平总书记指出："我们的军队是人民军队，我们的国防是全民国防。我们要加强全民国

防教育,巩固军政军民团结,为实现中国梦强军梦凝聚强大力量!"全民国防教育是建设巩固国防和强大人民军队的基础性工程,是党的宣传思想工作的重要组成部分,是弘扬爱国主义精神、增强全民国防意识的有效途径,意义重大,影响深远。党的十八大以来,以习近平同志为核心的党中央高度重视全民国防教育工作,作出一系列重要决策部署,推动新时代全民国防教育领导体制机制改革,设立烈士纪念日、国家公祭日,建立党和国家功勋荣誉表彰制度,筹划举行一系列重大庆祝纪念活动,极大提振了党心军心民心,全民国防意识不断增强,关心支持国防和军队建设的社会氛围更加浓厚。

国防职业院校国防精神课程建设要做到三个基本结合,一是做到校内和校外专家相结合,充分利用和整合思政课程首席专家力量,夯实有我校特点的国防工匠思政课的基本队伍和能力基础;二是做到学校思政课程教育与实验实训体系相结合。思政示范课程建设不仅坚持"引进来"的建设方向,同时也探索"走出去"的建设创新。在课程中主动设计杰出国防工匠思政教育环节和课时,聘请信仰坚定、业绩突出的国防工匠为兼职思政教师讲授思政课程;同时,思政教师也要走入军工企业及相关企业,主动介入、协调和帮助军工系统相关企业搭建全产业链全过程的终身思政教育,创建内外联动、优势互补、特色鲜明、效果突出的国防工匠思政教育体系。三是中心任务与边际效应延展相结合。国防工匠思政课程建设立足于我校的专业群建设和发展作出的一个创新和探索,但就云南省乃至全国而言,从行业办学发展而来的职业院校众多,这样的探索将为这些职业院校的协同育人大思政教育体系积累经验,开拓职业院校思政课程建设的方法和途径。

7.2　彰显开放精神

党的十九届四中全会明确指出构建服务全民终身学习的教育体系,国务院大力推进"互联网＋教育",教育部不断完善继续教育及开放大学相关政策和项目支持,各地开放大学迎来难得的历史机遇。教育部印发《国家开放大学综合改革方案》,推动39所省级广播电视大学统一更名为地方开放大学,地方开放大学将立足本区域发展,为地方全民终身学习提供平台。

按照教育部相关部署,全国39所省级广播电视大学统一更名为"省域名或城市名＋开放大学",并于2020年12月底前报教育部备案。2012年,根据《国务院办公厅关于国家教育体制改革试点的通知》部署,教育部相继批复北京、上海、江苏、广东、云南5所省级广播电视大学更名为地方开放大学。

我国广播电视大学诞生于改革开放初期,是最早利用广播、电视等传媒方式,为全民提供继续教育和终身教育的模式。此次改名后的地方开放大学,作为地方政府所属高等学校的隶属关系及管理体制保持不变,原有的学历及非学历教育办学权保持不变,以实施国家开放大学继续教育业务为主,通过共建共享方式适度开设体现区域特色、满足地方需求、服务当地经济社会发展、职业技能导向明确的专业、课程。主要承担服务本区域全民终身学习,推进本区域开放教育体系建设,探索高等教育、职业教育与继续教育融合发展的职责,秉持着"开放、责任、质量、多样化、国际化"的办学理念,不断推进国开成为我国终身教育的主要

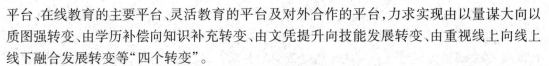

平台、在线教育的主要平台、灵活教育的平台及对外合作的平台,力求实现由以量谋大向以质图强转变、由学历补偿向知识补充转变、由文凭提升向技能发展转变、由重视线上向线上线下融合发展转变等"四个转变"。

云南开放大学远程开放教育、终身教育、云南干部在线培训和乡村干部素质学历双提升项目等卓有成效的工作,在云南省终身教育体系构建中先行先试,积累了丰富的线上、线下的职业教育经验,具备了体系建设和平台建设方面天然的优势。云南国防工业职业技术学院多年深耕国防工业专业群建设,形成了特点鲜明、专业积累深厚的人才培养模式,为云南国防工业乃至是国家国防工业培养了众多政治素质过硬,专业素质和能力出众的人才,在国防工业体系中形成了专业人才队伍梯队。学校将充分整合我校历史上培养的、在工作岗位上成绩突出的国防工匠,形成思想政治课示范课堂的校外师资力量,以云南省和校内思政专家为核心,以校外杰出校友为多中心,塑造以思政教育为引领的多样化国防工业职业培养共同体。学校是"两块牌子、一套班子",各有优势,又各有渠道和教育方法,两者的优点结合一定会在思想政治课示范课堂的创建和创新中起到奇妙的化学反应,进一步充分发挥既有优势,创造新优势,起到"1 + 1 > 2"的建设效果。

7.3　弘扬劳动精神

习近平总书记强调:"劳动模范是民族的精英、人民的楷模,是共和国的功臣。我国是人民当家作主的社会主义国家,党和国家始终坚持全心全意依靠工人阶级方针,始终高度重视工人阶级和广大劳动群众在党和国家事业发展中的重要地位,始终高度重视发挥劳动模范和先进工作者的重要作用。"①以劳模的卓越贡献引领全社会,以劳模的高尚情操带动全社会。中国特色社会主义进入新时代,新时代是需要劳动模范并且能够产生劳动模范的时代,是呼唤劳模精神并大力弘扬劳模精神的时代。奋斗新时代、奋进新征程,必须崇敬劳动模范,弘扬劳模精神,积极培养和树立劳动最光荣、劳动最崇高、劳动最伟大、劳动最美丽的社会风尚,激励广大劳动群众以实干笃定前行、以平凡写就伟大、以奋斗开创未来,在全面建设社会主义现代化国家的伟大征程上展示新的拼搏姿态、创造新的发展奇迹、谱写新的奋斗史诗。

热爱劳动就是培养正确的劳动态度和积极的劳动心理,自觉自愿、积极主动劳动。对劳动的积极心理态度,是创造众多社会奇迹的劳动者所共有的品质。通过劳动播种希望、收获果实,人们才会热爱劳动。在中国共产党领导下,全面建设社会主义现代化国家新征程已经开启,第二个百年奋斗目标的进军号角已经吹响,立足新发展阶段,完整、准确、全面贯彻新发展理念,服务和融入新发展格局,实现更高质量、更有效率、更加公平、更可持续、更为安全的发展,迫切需要一大批适应技术进步、生产方式变革和社会公共服务要求的工人阶级和广大劳动群众,需要他们胸怀"国之大局、国之大要、国之大事、国之大计",大力发扬为民服务孺子牛、创新发展拓荒牛、艰苦奋斗老黄牛的精神,在自己的行业领域执着专注、精益求精、

---

① 习近平总书记在全国劳动模范和先进工作者表彰大会上的讲话(2020 年 11 月 24 日)。

一丝不苟、追求卓越,以自己的模范行为团结带领广大劳动群众,以担当的方式挑起时代重担,以奋斗的方式砥砺拼搏前行,努力在全面建设社会主义现代化国家新征程上创造新的时代辉煌、铸就新的历史伟业。一代代热爱劳动的劳动者,以信念为峰,不惧登攀;以实践为刃,开拓前行。漫漫人生路,唯有热爱劳动的劳动态度不变;悠悠岁月情,唯有热爱劳动的心中之"火"不减。

学校马克思主义学院师资队伍结构合理,素质优良,传承学校"有理想信念、有道德情操、有扎实学识、有仁爱之心"的"四有好老师"的标准和作风,是一支有凝集力、有专业能力和有坚强战斗力的集体,在学校思政教育教学中教学效果优良,教学成果突出,获得国家级、省级、厅级表彰十余次,承担国家、省部级、厅级科研项目十余项,在教师教学素质和能力培养中,在教师科研素质和能力提升中做到高要求、高标准,打造了一支信仰坚定、能力水平突出的国防工业思政课教育教学队伍。在思想政治课示范课堂建设中,以这样一支队伍为核心,细化国防工业职业教育全环节的终身教育体系,延展国防工匠全过程的思政教育体系,做到思政课程的专业性和专业领域的深入性相结合,形成特点鲜明、社会效果良好的国防工匠思政课程教育内容和方法体系。

7.4 锻造工匠精神

千百年来技艺工匠的劳动实践即其生产的物质文明成果遍布人类生活以及审美的各个方面,同时在精神文明层面形成了以工匠精神为核心的工匠文化。工匠精神有着十分丰富的内涵:

工匠精神首先是一种劳动精神。人民创造历史从根本上看是劳动创造历史。人类在改造自然的伟大斗争中,不断认识自然的客观规律,通过在劳动实践中不断积累实践经验与技能,从而推动历史进步和创造更为丰富的社会财富。中国梦的实现,人民群众美好生活需要的满足,都需要广大劳动人民的劳动创造。人民在创造历史的同时,也在创造自我。通过劳动实现自我价值或人生价值是工匠精神的本质内涵。劳动是人类赖以生存的根本,同时也为个人提供了实现人生价值的舞台和空间。一个人只有通过诚实劳动,才可为社会创造物质财富与精神财富,才可得到他人和社会的认可与褒奖。与此同时,实现自我人生价值目标而产生的幸福感和愉悦感,会进一步激发劳动者的创造激情,从而为社会和他人创造更为丰富的财富。工匠精神首先就是热爱劳动、专注劳动、以劳动为荣的精神。在劳动中体验和升华人生意义与价值,是工匠精神的题中应有之义。

劳动者素质对一个国家、一个民族发展至关重要。工匠精神反映劳动者的精神风貌,是时代精神的生动体现。培育和弘扬工匠精神是一项系统工程,需要加强多方面协同合作,形成合力。

技能人才是工匠精神的主要传承者、实践者、创新者,培育和弘扬工匠精神,需要各级党委做好联系服务技能人才工作,加强对技能人才的政治引领。适应新技术新业态新模式发展要求,加强和改进技能人才队伍党建工作,探索不同类型党建工作方式方法,突出思想政治引领,加强理想信念教育、职业精神和职业素养教育,大力培育和弘扬工匠精神。政府相关部门加强政策支持,加大技能人才培养投入和服务供给,健全公共职业技能培训体系,深化产教融合、校企合作,实施职业技能培训共建共享,增强工匠精神培育的系统性、整体性和协同性。组织开展各级各类技能竞赛活动,为广大技能人才提供展示精湛技能、相互切磋技艺的平台,提升其职业荣誉感和获得感,营造学习工匠、争当工匠的社会氛围,激发培育和弘扬工匠精神的内驱力。

　　职业教育肩负着培养多样化人才、传承技术技能、促进就业创业的重要职责,在培育和弘扬工匠精神方面发挥着基础性作用。要增强职业教育针对性、适应性,加快构建现代职业教育体系,因地制宜、统筹推进职业教育与普通教育协调发展。推进不同层次职业教育纵向贯通,促进不同类型教育横向融通,加强各学段普通教育与职业教育渗透融通,强化职业教育类型特色,培养更多具有专业技能与工匠精神的高素质劳动者和人才。深化教学内容和课程体系改革,坚持立德树人、德技并修,推动思想政治教育与技术技能培养融合统一。结合各类课程的知识属性、专业特征、教育功能,将工匠精神培育融入课程教学、实习实训等各个环节,形成整体育人的联动效应,引导学生服务国家战略、适应社会需求,树立爱岗敬业、精益求精的职业精神,走技能成才、技能报国之路。重视教师培养的先导作用,全面提升教师素养,建设一支技艺精湛、专兼结合的教师队伍,加强劳模和工匠人才创新工作室等平台建设,发挥传帮带作用,促进工匠精神传承。专兼结合要做到三个基本结合:一是做到校内和校外专家相结合,充分利用和整合思政课程首席专家力量,夯实有我校特点的国防工匠思政课的基本队伍和能力基础。二是做到学校思政课程教育与实验实训体系相结合。思政示范课程建设不仅坚持"引进来"的建设方向,同时也探索"走出去"的建设创新。在课程中主动设计杰出国防工匠思政教育环节和课时,聘请信仰坚定、业绩突出的国防工匠为兼职思政教师讲授思政课程;同时,思政教师也要走入军工企业及相关企业,主动介入、协调和帮助军工系统相关企业搭建全产业链全过程的终身思政教育,创建内外联动、优势互补、特色鲜明、效果突出的国防工匠思政教育体系。三是中心任务与边际效应延展相结合。国防工匠思政课程建设立足于我校的专业群建设和发展作出的一个创新和探索,但就云南省乃至全国而言,从行业办学发展而来的职业院校众多,这样的探索将为这些职业院校的协同育人大思政教育体系积累经验,开拓职业院校思政课程建设的方法和途径。

　　培育和弘扬工匠精神,需要充分发挥企业作用,加强企业文化建设,形成敬业、精益、专注、创新等企业文化理念,并将其融入生产标准、项目管理、绩效考核等相关企业制度,着力发挥企业文化的引领和凝聚作用。优化企业人才选拔机制,注重对人才职业价值观的考察,将工匠精神作为人才甄选的重要评价维度。完善企业人才培养机制,树立德才兼备的人才培养理念,结合本行业生产、技术发展趋势,把培养富有匠心、技能过硬的高技能人才纳入企业发展总体规划和年度计划,依托企业培训中心、网络学习平台等,加强对技能人才的培养。健全技能人才岗位使用机制,支持鼓励技能人才在岗位上发挥作用、管理班组、带徒传技。完善以职业能力为导向、以工作业绩为重点,注重工匠精神培育和职业道德养成的技能人才评价体系,推动考核评价结果与人才使用、待遇、荣誉等相衔接,让更多大国工匠、优秀技能人才脱颖而出。

第八章

新时代思政课教学创新团队建设要探索"五位一体"创新机制

思政课教学创新团队的建设，旨在探索构建培养社会主义建设者和接班人以及培养高素质劳动者和技术技能的高职人才培养"12345"模式。最终以"创新思政专题示范和思政课"4＋1"课程融通教学、探索专业融合的思政课精准教学、推进思政课与课程思政同向同行、共建思政课实践育人与服务平台、"互联网＋"网络思政阵地建设"五位一体"为抓手，全方位拓展校企合作、产业融合的思政教育教学渠道，形成专业课中融思政，实训中育思政，职业工作中践思政的职业生涯思政教育规划，回应学生成长成才和企业发展需要，建立完备的思政课堂实践实训体系。

通过思政课教学创新团队的建设，一方面是思政课教师马克思主义水平的提高和思政课教学能力的提升，奠定与时俱进创新思政课教学的组织能力；另一方面是提高思政教师双师型数量和职业技能，助推思想政治工作水平的显著提升；再一方面是提升思政教学团队的教学协同组织能力以及科研、成果的团队战斗力和协作育人能力。

8.1　以金课建设为动力——创新专题示范和思政课融通教学
——以《铸牢中华民族共同体教育》课程建设为例

2019年10月24日，教育部出台了《教育部关于一流本科课程建设的实施意见》和"双万计划"国家级一流本科课程推荐认定办法，明确提出，课程是人才培养的核心要素，课程质量直接决定人才培养质量。为贯彻落实习近平总书记关于教育的重要论述和全国教育大会精神，落实新时代全国高等学校本科教育工作会议要求，必须深化教育教学改革，必须把教学改革成果落实到课程建设上。出台了线上一流课程评审指标分别从课程内容、课程教学设计、课程团队、教学支持、应用效果与影响等方面作了明确的指标。2021年马克思主义学院以金课建设为动力，承接建设教育部提质培优五堂示范课。以国家线上金课、线下金课、线上线下混合式金课和社会实践金课建设为标准，并严格按照"线上一流金课"评审指标进行建设。本节以《铸牢中华民族共同体教育》课程建设为例具体阐述思政课专题示范教学和思政课"4＋1"课程的融通教学方法在思政课教学中的运用。

8.1.1　《铸牢中华民族共同体教育》课程内容选择

线上一流课程评审指标明确课程内容要具有规范性，课程内容为高校教学内容，符合《普通高等学校本科专业类教学质量国家标准》等要求，课程定位准确，教学内容质量高；课程知识体系科学完整；要具有思想性、科学性、先进性，坚持立德树人，将思想政治教育内化为课程内容，弘扬社会主义核心价值观；课程内容先进、新颖，反映学科专业先进的核心理论和成果，体现教改教研成果，具有较高的科学性水平，注重运用知识解决实际问题；要具有安全性，课程无危害国家安全、涉密及其他不适宜网络公开传播的内容，无侵犯他人知识产权内容；要具有适当性、多样性，课程内容及教学环节配置丰富、多样，深浅度合理，内容更新和完善及时。根据课程内容评分标准进行《铸牢中华民族共同体教育》课程内容选择。

（一）课程建设背景

为贯彻落实习近平总书记关于教育工作、民族工作的重要论述，以及党中央关于爱国主义教育和铸牢中华民族共同体意识有关部署,切实做好新时代学校民族团结进步教育工作,加强各族学生中华民族共同体教育,进一步促进我校高职教育增强办学能力,加强思想政治理论课建设,提升办学质量,凸显办学特色,落实立德树人根本任务,特开展"铸牢中华民族共同体意识的云南民族多彩篇章和云南职业教育行动"的理论与实践相关课程教学体系探索。

(二)《铸牢中华民族共同体教育》课程教学目标

围绕铸牢中华民族共同体教育融入思政课教学主题,以服务边疆民族地区地方经济社会发展为着眼点,打造线上与线下于一体,第一课堂、第二课堂、第三课堂和第四课堂于一体,高职教育、开放教育、职业教育、干部教育和终身教育于一体,本专科高职于一体的大思政课,通过充分挖掘革命、改革和建设历史中的典型事迹和精神,打造系列专题思政选修课,以更加贴近学生和凸显地方特色和突出国防工匠特点的素材更好发挥思政课价值引领作用,致力于培养为社会主义现代化服务的边疆建设人才。

第一个目标是帮助学生梳理马克思主义民族共同体理论的实质和主要内容,从理论体系和科学分析方法上奠定坚实的视野和基础,学会用马克思主义的基本立场和基本方法分析中华民族共同体发展的历史、现实和未来;第二个目标是通过历史的视角纵览和梳理中华民族共同体形成的历史脉络,充分阐释和展示中华民族共同体形成的原因、基本的价值取向和主要观点,帮助学生更好地理解中华民族共同体休戚与共、命运相连的浩瀚的历史全景;第三个目标是简述中华民族共同体现代化的过程、原因和内容,梳理和传授符合新时代中国特色社会主义特征和中华民族伟大复兴气质的民族共同体理念,更好地为学生的成长成才服务,更好地为中国文化话语权建设服务。

(三)教学主要内容

根据课程内容要求,设定教学目标,再根据教学目标选择教学内容,《铸牢中华民族共同体教育》课程由8个主要内容组成。

一是马克思主义民族理论概述

二是马克思主义民族理论实践轨迹及经验

三是马克思主义民族理论中国化及其道路选择

四是中华民族共同体形成的基本路径

五是中华民族共同体成长、成熟的主要渠道和原因

六是马克思主义民族理论与中国革命和建设的双向互动

七是中华民族共同体在马克思主义民族理论中国化中的最新成果和历史地位

八是铸牢中华民族共同体云南经验和云南篇章

8.1.2 《铸牢中华民族共同体教育》课程教学设计

线上一流课程评审指标明确课程教学设计要具有合理性,教学目标明确,教学方法与教学活动组织科学合理,符合教育教学规律;要具有方向性,符合以学生为中心的课程教学改革方向,注重激发学生学习志趣和潜能,增强学生的社会责任感、创新精神和实践能力;信息

技术与教育教学融合,课程应用与课程服务相融通,适合在线学习、翻转课堂以及线上线下混合式拓展性学习;要具有创新性,有针对性地解决当前教育教学中存在的问题,充分利用和发挥网络教学优势,各教学环节充分、有效,满足学生的在线学习的诉求,不是传统课堂的简单翻版。

(一)《铸牢中华民族共同体教育》课程学情分析

就开展铸牢中华民族共同体教育专题而言,我校学生学情体现出了"两强两弱"的基本特点,紧紧抓住"强基础、补弱项,能分析、善归纳"这条主线,确保铸牢中华民族共同体的教学效果和时效性。

学情的第一个特点是多民族社会感性认知强,但中华民族共同体理论理性认知弱。由于我校以高职学生为主,部分学生对枯燥的理论缺乏学习兴趣和动力,前期的理论基础比较薄弱,需要设计形象生动的教育路径和内容激发高职学生对理论学习的热情;我校高职学生基本来自云南省,根植于云南多民族省份的基本省情,学生不仅民族类型非常丰富,也在交往交流中,形成了多民族和谐相处、铸牢中华民族共同体的丰富案例,沉淀了铸牢中华民族共同体意识深厚的社会文化基础。

学情的第二个特点是中华民族共同体身边案例多,但学生关于中华民族共同体方面归纳总结能力弱。云南多民族社会稳定的国家、民族、文化和对中国共产党的认同是长期历史发展积累的成果,也是云南各族人民在革命和社会主义建设时期共同奋斗的结果。云南多民族的社会奠定了"民族团结示范区"社会实践基础,学生来自云南多民族地区,中华民族共同体情感认知非常强烈,但应用马克思主义和中国特色社会主义理论分析能力比较薄弱。

(二)《铸牢中华民族共同体教育》课程教学重难点

一是教学重点。在铸牢中华民族共同体教育中,联系高职学生的学情特点进行有针对性的、精准的因材施教,做到"弥补理论弱项,补强社会调查分析能力,增强中华民族共同体认知认同"的教学原则,用学生能理解、用得上、促成长、看得见的丰富民族团结、民族共同繁荣的事例进行教学。第一,中华民族共同体意识形成的历史。第二,新时代中华民族共同体意识的马克思主义理论阐释和发展。第三,铸牢中华民族共同体意识的云南经验和云南新篇章。

二是教学难点。在铸牢中华民族共同体教育中主要有以下难点:第一,中华民族共同体意识发展的基本规律。第二,中华民族共同体意识现代化中的理论逻辑、历史逻辑和现实逻辑。第三,铸牢中华民族共同体意识的云南经验和云南篇章。

(三)教学环节设计

云南开放大学(云南国防工业职业技术学院)2021年承接教育部职业教育"提质培优"项目思政示范课堂建设任务,其中一个主题为铸牢中华民族共同体意识教育。以学堂在线慕课建设为依托,形成完整的教学内容、教学资源和教学体系;以线上线下翻转教学为基础,纳入云南开放大学(云南国防工业职业技术学院)选修课程体系;以我校主办的云南干部在线、乡村振兴学院和工业职业教育学院平台为渠道辐射职业教育和终生教育。现铸牢中华民族共同体教育专题已经纳入我校高职教育选修课程和线上平台运行,共计1个总纲40分钟;其他分专题9个,每个20分钟的视频资源和配套教学资源,如表8－1所示。

表 8-1

	序号	知识点标题	主讲教师	时长（分钟）
课程知识点分解	1	新时代党的民族工作总体方针概述	杜红	20
	2	边疆少数民族地区中华民族共同体意识话语体系建设	杨敏	20
	3	边疆少数民族地区中华民族共同体意识的历史发展逻辑和特点	李星洁	20
	4	边境少数民族地区中华民族共同体意识的主流机制体系构建	王洁玉	20
	5	边疆少数民族地区中华民族共同体意识教育方法的提升	姬华章	20
	6	十八大以来习近平总书记关于民族团结工作的重要论述	姬华章	20
	7	铸牢边疆少数民族地区中华民族共同体意识面临的挑战及其应对	周伟	20
	8	铸牢边疆少数民族地区中华民族共同体意识的未来与展望	周伟	20
	9	边疆少数民族地区中华民族共同体意识的近代觉醒和价值自觉	殷波	20
	10	铸牢中华民族共同体意识教育总纲	殷波	40

8.1.3 《铸牢中华民族共同体教育》课程团队和教学支持

线上一流课程评审指标明确要求负责人，在本课程专业领域有较高学术造诣，教学经验丰富，教学水平高，在推进基于慕课的信息技术与教育教学深度融合的课程改革中投入精力大，有一定影响度；要求团队，主讲教师师德好、教学能力强，教学表现力强，课程团队结构合理。团队服务，通过课程平台，教师按照教学计划和要求为学习者提供测验、作业、考试、答疑、讨论等教学活动，及时开展有效的在线指导与测评。

（一）课程团队

马克思主义学院 2021 年有教职工 37 名，其中教授 3 名，副教授 9 名，讲师 11 名，助教及新入职无专业技术职务人员 14 名。研究生以上学历的教职工 35 名，博士研究生 5 名（含在读）；中共党员教师 35 名；教育部课程思政教学名师 7 名，云南省高校思政课教学指导委员会委员 1 名，云南省"云岭大讲堂"主讲专家 1 名，云南省委教育工委宣讲团成员 1 名，云南省"云岭青年宣讲团"成员 1 名，国家开放大学网络教学核心团队成员 3 名，具有双师型职业证书的教师共有 8 人。学院有教育部示范课程 1 门、教学名师 6 名、教学团队 1 个。思政课教师在思政教育教学中教学效果优良，教学科研成果突出，获得省部级及以上教学比赛一等奖、二等奖共计 13 项；其他级别比赛获奖多项；承担了省部级及以上科研项目共 6 项。

《铸牢中华民族共同体教育》课程负责人是政治学博士，长期从事民族学研究，学术水平高。主讲教师是长期从事思想政治理论课教学的专业教师，多位博士和高级职称专家参与。马院全体教师是课程录制的坚强后盾和支援力量。

（二）教学准备

铸牢中华民族共同体教育主题，教师需完成以下教学准备：

一是查阅、收集、整理相关资料，推荐给高职学生进行提前阅读，为教学环节准备基本的理论储备；

二是有针对性地进行班级、专业、民族和家庭状况等学情调查，收集学生身边触手可及的教学案例；

三是根据学情调查规划合理科学的教学设计；

四是准备与该专题联系紧密的教学素材。

（三）教学反思

通过针对性和精准地根据铸牢中华民族共同体教育专题进行一个完整的教学设计和教学过程，主要有以下几个教学经验和需改善的方面：

一是高职学生的理论功底和基础不足，但通过系统地、形象地理论学习已经基本掌握马克思主义民族理论和习近平新时代民族理论和民族工作方法；

二是高职学生的理论分析能力不足，但由于云南多民族社会形成的"民族团结示范区"形成了丰富的社会教学案例，为这些高职学生储备了天然的学习观点和社会实践方法；

三是通过完整的教学过程，铸牢中华民族共同体教育应该在收集学生身边丰富案例上下功夫，需要在提炼学生民族理论和民族工作方法上下猛药，进一步改善教学的内容，完善教学环节，丰富教学案例，把铸牢中华民族共同体教育拓展成学生喜听、爱探、强知的一门课程。

8.2　以学生就业为导向——探索专业融合的思政课精准教学

《关于推动职业教育高质量发展的意见》强调，职业教育是国民教育体系和人力资源开发的重要组成部分，肩负着培养多样化人才、传承技术技能、促进就业创业的重要职责。按照专业设置与产业需求对接、课程内容与职业标准对接、教学过程与生产过程对接的要求，及时更新教学标准，将新技术、新工艺、新规范、典型生产案例及时纳入教学内容。

8.2.1　结合试点专业的就业倾向设置思政课精准教学目标

职业院校思政课应按照职业教育的办学类型，结合职业院校学生的特点，在思政课教学中有机融合专业，实现提高思想政治理论课质量和实效，推进习近平新时代中国特色社会主义思想进教材、进课堂、进头脑的目标。专业融合的思政课精准教学以工作场所学习理论作为课程建设理念，在遵循教材基本逻辑的基础上，从职业胜任力的角度重构教材原有章节体系，建立专业人才培养方案、思政课课程标准和企业用人需求相契合的模块化课程体系。

精准教学坚持以学生就业为导向，结合专业融合试点的学前教育和智能新能源汽车两个专业学生未来的就业倾向设置总体课程目标。确立学前教育专业的思政课精准教学目标具体化为教育情怀的浸润滋养和人格特质的塑造锤炼。并借鉴相关研究成果，在思政课教学设计中强化职业素养（资源获取、团队合作、自我展示、办公技能）；专业素养（专业理论、专业技能、整合反思）；人格特质（耐心、抗压、亲和力、同理心）；教育情怀（继续学习、职业使命、喜爱幼儿）四大模块能力的有效提升。对于智能新能源汽车专业突出培养学生的良好的人文素养、职业道德和创新意识，精益求精的工匠精神，较强的就业能力和可持续发展的能力。较强的质量意识、环保意识、安全意识、信息素养、工匠精神、创新思维。集体意识和团队合作精神，可持续发展的能力。

8.2.2　创新精准教学《学习手册》提升思政课获得感

为提升思政课的获得感，思政课精准教学团队设计了《学习手册》，本节以关于《毛泽东思想和中国特色社会主义理论体系概论》学习手册的说明为例阐述精准教学《学习手册》的设计，对思政课精准教学的运用。《毛泽东思想和中国特色社会主义理论体系概论》学习手册的说明如下：

马克思主义学院的老师从 2021 年春季学期开始，在部分班级中试点使用《毛泽东思想和中国特色社会主义理论体系概论》学习手册，为了帮助各位同学了解为什么要用手册，怎么用学习手册，我们专门写了这个说明，帮助大家了解这一新的学习方式。下面，就让我们用问答的方式来为大家介绍吧！

（一）为什么要用学习手册？

从进入大学以后你已经学习了《思想道德修养与法律基础》《形势与政策》《毛泽东思想和中国特色社会主义理论体系概论》（上）三门思政课程，你有什么学习感受和学习体会呢？是否觉得学习内容太高大上，不够接近你关注的问题？还是上过的内容记不住，过后就忘？或是上课老师的一句话对你有所启发，但是课后却想不起来，或者不能运用于自己的现实生活中？

我们设计学习手册，就是要把同学们关注的问题与老师的思政课教学进行精准对接，既要做到实现教学目标，又要能回答大家关注的有关国家政策、社会发展、个人职业发展的问题，最终提升大家学习思政课的获得感。

（二）学习手册长什么样子？

这里卖个小关子，上课的时候授课老师会详细介绍。

（三）学习手册有哪些内容？

学习手册包括导入任务、上课状态、课堂笔记、重难点记录、课堂练习、反思启示、知识拓展、实践锻炼八个部分组成。（具体怎么填后面会详细说明）

（四）学习手册占平时分吗？

我们知道，俗话说："分、分、分，学生的命根。"，但我们认为，大学的学习，分数不应该是学习最重要的目标，我们更希望大家把思政课学习的目的定义为获得更好的学习体验、能开拓自己的思维，最终实现用马克思主义的立场、观点和方法去观察、分析社会现实问题和更好地去解决你人生道路的各种问题与困难。当然，作为课程学习还是会体现为一个分数，我们计划在本次教学实验中，将成绩按照这样的比例设置：即：

最终成绩＝第一学期的平时成绩（20％）＋第二学期学习手册成绩（50％）＋期末机考成绩（30％）。（这个成绩构成已经书面报给教务处获得批准）

我们计划要加大过程性考核的力度，改变以为同学们反映的"机考比较死板，导致一些同学平时没有认真上课，仅仅通过死记硬背题库就拿到期末考试高分"的情况。

思政课的学习，不仅仅是要记住知识点，更重要的是实现价值引领，要把学习的成果运用到自己学习与生活的点点滴滴，最终要体现在我们的头脑当中。

（五）学习手册怎么使用呢？

（1）学习手册的制作

第一次上课时，授课教师会先分组，每组不超过 8 个同学（只能少于或等于不能超过），每个组设一个组长。为什么这样设计呢？因为我们上课是 16 周，如果 8 个同学能保证每个同学一学期负责填写 2 次学习手册。以学习小组方式进行学习的目的是一荣俱荣，一损俱

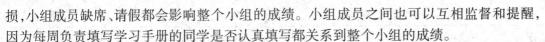

损,小组成员缺席、请假都会影响整个小组的成绩。小组成员之间也可以互相监督和提醒,因为每周负责填写学习手册的同学是否认真填写都关系到整个小组的成绩。

授课教师会把学习手册的电子版发给大家,以组为单位每次上课由一名同学填写本周的学习手册(重要的事情说三遍:每次上课记得提前把学习手册用 A4 纸打印好! 每次上课记得提前把学习手册用 A4 纸打印好! 每次上课记得提前把学习手册用 A4 纸打印好!)

下课前 5 分钟,授课教师会给每个组填写学习手册的时间,注意:学习笔记是上课的同时填写,课间休息时可以填写学习手册的其他部分,下课最后 5 分钟是给大家补充和完善学习手册的时间,如何不利用好上课的时间,学习手册是填不完的。

每次下课填写好后记得及时交给授课教师!

每次下课填写好后记得及时交给授课教师!

每次下课填写好后记得及时交给授课教师!

(2)学习手册怎么打分?

学习手册是以小组方式提交,最后也是以小组方式打分。我们的打分表如表 8 - 2 所示(除书籍摘抄外,其他部分如出现抄袭的情况则本次所有成绩为零分)。

表 8 - 2

项目	分值	扣分项打分规则
上课状态	5 分	本小组有成员缺席的扣 5 分,请假的扣 3 分,迟到早退的扣 1 分(病假的有医生或辅导员证明的不扣)
课堂笔记	5 分	由每组组长按照排序进行打分,前 30% 5 分,中间 50% 3 分,后 20% 1 分
课堂练习	5 分	由每组组长对各组提交手册排序,按照排序进行打分,前 30% 5 分,中间 50% 3 分,后 20% 1 分
反思启示	5 分	由每组组长对各组提交手册排序,按照排序进行打分,前 30% 5 分,中间 50% 3 分,后 20% 1 分
知识拓展	10 分	由每组组长对各组提交手册排序,按照排序进行打分,前 30% 5 分,中间 50% 3 分,后 20% 1 分
实践锻炼	10 分	由每组组长对各组提交手册排序,按照排序进行打分,前 30% 5 分,中间 50% 3 分,后 20% 1 分

16 周课程结束后,按照每一项平均分加总得出各组的分数,各组分数是组员个人的基础分,之后按照以下方法进行加分或者扣分,如表 8 - 3、表 8 - 4 所示。(基础分 + 加分封顶 50 分)

表 8 - 3

序号	加分项目	加分标准
1	期末组内互评	按照每个组员相互排序,前 30% 5 分,中间 50% 3 分,后 20% 1 分
2	补充教学重难点	每次课后,及时在学习手册的重难点部分补充,由授课教师确定加 1—5 分不等

序号	加分项目	加分标准
3	及时提问	每次课后,在反思启示部分提出对教师教学由价值的问题,由授课教师确定加1—5分不等
4	特别的课程经历分享或者学习体会	5期末可自由选择提交对本课程学习的经历分享和学习体会,由授课教师确定加1—5分不等
5	在班级和学院工作中作出重大贡献	如代表班级、学院、学校参加相关比赛并获奖,由授课教师确定加1—5分不等
6	好人好事	获得班级、学院、学校及校外的表扬,由授课教师确定加1—5分不等

表8-4

序号	扣分项目	扣分标准
1	出现抄袭行为	学习手册全文抄袭,由授课教师确定每次扣除5—10分不等
2	出现违纪行为	受到学校违纪处分的,由授课教师确定每次扣除5—10分不等

结束语

　　亲们,看到这里,会不会突然觉得思政课原来不好打酱油了。的确,凭靠全程划水,期末硬背是无法乘风破浪的。大学时光,我们必须要走心,大学生活中不该只有"吃鸡"、追剧、逛淘宝,更多的应该是深入思考、科学规划和真正领悟!在思政课的课堂中,我们应该在新时代的坐标中准确定位自己,把握我们未来努力的方向,付诸有力的实际行动。阐释时势,洞察规律,思政课帮助我们正确认识当下,更引领着我们更好走向未来。"明理、增信、崇德、力行",我们要成长为担当民族复兴大任的时代新人。那么,此时此刻,我们应该留下点什么,至少在本学期概论课课堂上记录下点什么?

　　春夏秋冬,都有一杯属于我们的奶茶,每个学期,都拥有一本属于我们的学习手册。看着一页页的学习手册,导学、笔记、重难点、阅读摘录……它承载着我们在思政课堂上的一点一滴,点点滴滴流淌在笔尖,跃然于纸上。不要觉得记录这些索然无味,徒劳无功,只有真正走心学深,有了付出感,我们的获得感会更加强烈且真实!

　　为其艰难,方显勇毅,精准思政课教学,需要你、我、我们的共同努力,我们仰望星辰大海的方向,内心拥抱超越力量,我们坚信未来可期……我们是民族复兴征程的见证者,我们更是参与者和创造者!未来,仍有许多奇迹等我们去创造!

　　最后道一声:你好,新学期!你好,概论课!

　　8.2.3　以就业为导向设计的专业融合思政课精准教学启示

　　专业融合的思政课精准教学以学生就业倾向为主线,将思政课的教学内容与学生的未来职业发展深度融合,让学生意识到学好思政课将助力职业发展能力提升、有助于建立良好的人际关系,在实现为国家为民族的发展贡献力量的社会价值过程中,也会提升自我价值,让自己工作愉悦、生活幸福,提升自己的获得感和幸福感。

（一）教学内容选取严格遵循思政课统编教材和课程标准基础共性规律基础上体现各专业的个性

如在介绍国家总体发展的同时，有机引入相应专业的案例、数据，由此扩展到所对应的产业、行业和企业的现状与发展趋势、职业素质需求，帮助学生在思政课教学中进一步理解对自己所学专业在国家经济结构和产业结构中的位置和作用，吸引学生走技能成才之路。如在强调普遍性、基础性的政治素质、思想素质、道德素质、法律素质的基础上，结合不同专业所需要的职业素质进行拓展。

（二）构建多维协同育人新格局

构建以思政课教师为主体，辅导员、班主任、专业教师为成员的精准思想政治教育网络体系，将思政课教学管理与学生所在学院、专业的专业教育和教学管理有机结合。更有利于规范大学生的学习、生活和行为，促使学生养成自觉遵守学校和社会各项规章制度、遵守社会公德的良好行为习惯。一方面，思政课教师结合学生专业发展、职业生涯规划、就业创业现状、问题和趋势从思想方法、思维方式层面帮助学生解决专业学习、职业发展中遇到的问题和困惑。从思政课教师的角度与学生共同讨论学习、交友、生活方面的具体问题。另一方面，思政课教师与辅导员、班主任、专业教师共同组成教研共同体，开展教学工作坊，聚焦学生思想政治教育中的现象、问题进行共同研讨、课题研究，切实提升思想政治教育的情感温度、理论深度和实效。

（三）教学评价从单纯强调知识和能力的一元化评价向重视发展性、过程性的增值评价转变

探索思政课学习手册，引导学生以学期为单位记录思政课教学过程以及学习小组和自己的思想状态、关注的热点、困惑，期末时学生可通过学习手册回顾本学期的思政课学习收获，观察到每位学生的变化，完善以学生自我评价、思政课教师过程性评价、思政课教师、学习小组和辅导员共同开展结果性评价的思政课评价体系，探索思政课增值性评价。全过程、全方位评价学生思政课内外、专业学习过程和实训过程中的思政课学习效果。

附件：

毛泽东思想和中国特色社会主义
理论体系概论
学习手册
（2021春季学期使用）

班级：　　　　　　小组：　　　　　　小组成员名单：

马克思主义学院　思政课精准教学研究团队　编制

第一章

学习手册应用表

（此表由任课教师、课程小组长、课代表于期末完成）

项目	实际表现及优秀标准	得分/等级
导学任务（　分）	按任课教师要求课前完成导学任务	

项目	实际表现及优秀标准		得分/等级
上课状态(分)	按时上、下课;认真听课并笔记工整;积极参与教学互动及集体活动;无影响课堂教学等违纪现象		
	违纪现象		
课堂笔记(分)	《学习手册》能随带随记,不抄袭不下载复制;完成质量高		
课堂练习(分)	积极参与小组研讨、展示,有实际贡献		
反思启示(分)	学有所思、学有所获		
知识拓展(分)	关心关注时事热点、推荐书目阅读笔记完成质量高		
实践锻炼(分)	认真参与教学实践		
最终得分/等级:			

学习时间:

学习章节:

以下内容由各小组在课前完成:

一、导学学习情况

导学学习任务:

任务完成情况:

任务完成过程中的感受及存在困难:

以下内容由各小组在下课前5分钟讨论完成:

二、课堂笔记(推荐思维导图形式)

三、重难点记录

重点:

难点：

四、练习（课堂讨论、展示等互动环节情况记录）

五、反思启示（学习收获，含知识能力、个人成长、职业发展等方面）

以下内容由各小组在课后完成：

六、知识拓展（党史上今天、小组成员最近关注的时事热点、小组成员最近的书目阅读笔记等）

七、实践锻炼（本周小组成员做过的最值得分享的事）

附录：

教学评价（本学期课程学习实效、对本学期任课教师的评价）

（本页匿名填写，单独于本学期期末小组长收集后上交任课教师）

8.3　以课程思政为路径——推进各类课程与思政课同向同行

思政课程与课程思政是高校加强学生思政教育工作,实现立德树人目标的重要抓手。以课程思政为手段,探索各类课程与思政教育内容之间的关联,挖掘各类课程中蕴含的思政教育元素,改进教学形式,实现课程内容和形式的统一与创新,对高校学生思政教育工作是一种挑战,也是大势所趋。

8.3.1　各类思政与思政课同向同行的辩证关系

党的二十大报告指出:"教育是国之大计、党之大计。培养什么人、怎样培养人、为谁培养人是教育的根本问题。"教育的根本问题体现了新时代高校思想政治工作的目标就是要让学生成为德、智、体、美、劳全面发展的人才,成为中国特色社会主义合格建设者和可靠接班人。

过去高校长期存在思想政治教育与专业教育相互隔绝的"孤岛效应"问题,虽然思政课程覆盖高校所有专业、面向所有学生,是大学生思想政治教育的主渠道,但在高校课程体系中,大学生学习的主体部分是专业课程,加之在思政课程教学中存在部分教师教育教学理念、教学内容和教学方法没有紧跟时代要求,感染力、活力不足,理论讲解深度不够,一定程度上影响了学生对思政课程的接受和认可度。有人曾提出把思政课变成隐性课程,完全融入其他人文素质课程中,习近平总书记一针见血地指出:"这是不对的。我们办中国特色社会主义教育,就是要理直气壮开好思政课。同时,要挖掘其他课程和教学方式中蕴含的思想政治教育资源,实现全员全程全方位育人。"习近平总书记重要讲话指明了思政课与课程思政两者相辅相成,缺一不可。

各类思政与思政课同向同行体现的是显性和隐性相统一的思想政治教育。一方面,思政课程向各类专业课程学习科学的研究方法,吸收深厚的专业精神,不断推进马克思主义中国化、时代化、大众化;另一方面,各类课程向思政课程学习"我是谁、为了谁、依靠谁"的政治情怀,不断挖掘各类课程当中蕴含的思想政治元素,掌握马克思主义的世界观和方法论。两者有机结合,在思想、意识、言论、精神状态等方面形成共鸣或协同,做到既立德又树人、既育人又育才。打破思政课程在课程育人中的"单打独斗",让所有教师、所有课程都承担好育人责任,把各方面的力量都动员起来,推进思想政治教育主体的最大化,构建新时代高校思政工作"三全育人"格局。

8.3.2　大力推进课程思政建设的意义——以"大学生心理健康教育"课程为例

近年来,学校坚持以习近平新时代中国特色社会主义思想为指导,全面贯彻党的教育方针,坚持社会主义办学方向,紧紧围绕"为谁培养人、培养什么人、怎样培养人"这个根本问题,聚焦立德树人,德技并修,把思想政治教育贯穿人才培养体系和教育教学全过程。按照试点先行、不断完善、全面展开的原则,在高职教育各专业教学中开展课程思政教学改革试点工作,先发出台开展课程思政建设的各类文件,统一思想,凝聚共识,使教师树立课程思

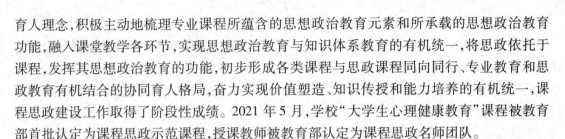

育人理念,积极主动地梳理专业课程所蕴含的思想政治教育元素和所承载的思想政治教育功能,融入课堂教学各环节,实现思想政治教育与知识体系教育的有机统一,将思政依托于课程,发挥其思想政治教育的功能,初步形成各类课程与思政课程同向同行、专业教育和思政教育有机结合的协同育人格局,奋力实现价值塑造、知识传授和能力培养的有机统一,课程思政建设工作取得了阶段性成绩。2021 年 5 月,学校"大学生心理健康教育"课程被教育部首批认定为课程思政示范课程,授课教师被教育部认定为课程思政名师团队。

"大学生心理健康教育"课程是面向学校大一年级学生开设的一门公共必修课。这门课程从教育目标、教学内容、教学方法和手段方面与思政课有很多的相通之处,该门课程的课程思政教学模式的探索为推进思政课与课程思政同向同行提供了可借鉴的经验和实践样板。

（一）"大学生心理健康教育"课程思政建设的必要性

中国特色社会主义进入新时代,习近平总书记多次强调,要坚持立德树人的根本任务,培养德智体美劳全面发展的社会主义建设者和接班人。作为肩负时代重任的接班人,当代大学生必须在身体、思想、精神和心理方面实现全面发展。良好的心理品质是正确理解、接受思想政治教育的前提,思想政治教育要取得好的效果必须尊重学生的身心需要和心理发展规律。作为教育工作者,不但要全面了解学生心理状况,还要对学生的思想动态予以掌握,才能让教育更有针对性和实效性,才能最终实现学生健康成长、全面发展的目标。高等职业教育是优化高等教育结构和培养大国工匠、能工巧匠的重要方式,高等职业院校占据着我国高等教育的半壁江山,是贯彻落实立德树人根本任务的重要阵地,肩负着育人和育才的共同使命,深入推进全员全过程全方位育人,需要着力构建心理健康与思想政治教育协同育人格局。

课堂教学是高校思想政治教育的主渠道,是加强学生思想道德修养、提高政治觉悟、提升心理健康品质的重要阵地。2017 年教育部印发《高校思想政治工作质量提升工程实施纲要》,提出在课程育人方面,"要大力推动以'课程思政'为目标的课堂教学改革,实现思想政治教育与知识体系教育的有机统一"。同时提出心理育人理念,要求"坚持育心与育德相结合,加强人文关怀和心理疏导,促进师生心理健康素质与思想道德素质、科学文化素质协调发展"。

2020 年教育部印发的《高等学校课程思政建设指导纲要》以习近平新时代中国特色社会主义思想为指导,为全面推进课程思政建设明方向、划重点、定规则,要求从部分地区、高校的探索转化为全国所有地区、所有高校的制度性工作,覆盖到每一位教师、每一门课程。纲要中将心理健康教育与中国特色社会主义和中国梦教育、社会主义核心价值观教育、法治教育、劳动教育、中华优秀传统文化教育一起,列为实现课程思政建设的重要组成部分。这一表述对深化心理健康教育课的课程思政,全面推进"育心与育德相统一",提升心理育人质量体系提出新要求。

（二）"大学生心理健康教育"课程思政建设的可行性

高校学生心理健康教育课程是集知识传授、心理体验与行为训练为一体的公共课程。

国家一直把心理健康教育作为高校人才培养体系的重要组成部分和高校思想政治工作的重要内容。2020年4月教育部等八部门印发《关于加快构建高校思想政治工作体系的意见》，明确要求把心理健康教育课程纳入整体教学计划。

高校心理健康教育属于高校"大思政"课程教育的范畴。心理健康教育的课程理念与思政教育相一致——以"立德树人"为宗旨，做好高校的人才培养工作。心理健康教育课程关注个体发展，是一门理解自己、理解他人、适应社会的学问，其教学内容本身就蕴含着丰富的思政元素。这一课程加深了对学生思想、心理、行为的生理原因和心理原因的认识和分析，提供了育人工作的新角度。心理健康教育课程思政建设，既能体现心理健康通识课程具备的思政教育隐性课程的功能，又能丰富思想政治教育的层次，提升心理健康教育课堂的实效。

（三）"大学生心理健康教育"课程思政建设的现实性

学校高度重视学生心理健康教育工作，2009年成立学校心理健康教育咨询中心，目前共有4名专职在编教师。自成立以来中心围绕立德树人根本任务，贯彻落实教育部、省委教育工委和学校党委行政关于做好学生心理健康教育工作相关文件、会议精神，充分发挥"学校、院（系）、班级、宿舍"四级心理危机预防体系，以活动为载体，以管理为手段，以服务为基础，营造良好的育人环境和校园氛围。通过开展新生心理普测及个体咨询、严重问题学生排查等，加强学生的心理疏导力度，帮助学生在困惑或者惶恐时，客观分析自我问题，查找原因，建立强大而坚固的内在心理防御机制；组织开展了十二届"5·25"大学生心理健康宣传月线上活动、心理健康教育讲座、心理沙龙等不同形式的主题活动，让学生有归属感和幸福感，树立主人翁意识；主动占领网络意识形态阵地，通过"开大心灵家园"微信公众号对心理健康知识进行宣传，营造积极、阳光的网络文化氛围。

学校2009年开始把心理健康教育课程纳入学校整体教学计划，对大一新生开设"大学生心理健康教育"公共必修课，2个学分，32学时。目前课程教学方式为翻转课堂，即学生在课前完成线上网络资源（智慧树学习资源）学习，教师在线下课堂分3个模块共10个专题组织讨论和强化训练，基本实现学生心理健康教育全覆盖。从2018年开始，学校每年举行一次课程思政教学比赛，心理健康教育教研室多位老师参加比赛，曾获一等奖等奖项。着力对本课程的课程思政建设不断探索。为贯彻落实"大学生心理健康教育"课程思政建设打下了基础。

我校马克思主义学院是马克思主义理论教学、宣传和人才培养的坚强阵地，是办好学校思想政治理论课的坚强战斗堡垒。学校心理健康教育咨询中心及教研室现归属于马克思主义学院，学院高度重视课程思政工作，心理健康教育的老师同时讲授思想政治理论课，有思想政治教育的专家团队，有获得心理咨询师证书的双师型思政教师团队，在梳理思政与心理的逻辑关系、准确挖掘思政元素、课程思政教学设计等方面具有得天独厚的优势，为做到思政课程与课程思政同向同行、同频共振奠定了良好的基础。

8.3.3　课程思政建设的具体实施及成效——以"大学生心理健康教育"课程为例

课程思政的本质是为知识建构意义，既是教育理念，又是思维方式。"大学生心理健康教育"课程思政教学模式的构建,不是单纯的"课程＋思政",而是在遵循大学生心理健康发展规律的基础上,将心理健康与思想政治教育进行深度融合。这是一个系统工程,心理健康教育课程是"主战场"、心理健康教师队伍是"主力军"、心理健康教育课堂是"主渠道",不论是课程的顶层设计,还是课程教学中各环节的实施都需要精研细磨,并通过多轮的教学实践逐步进行完善,才能真正做好课程思政教学模式的构建,起到心理健康与思政教育协同育人的作用。

学校马克思主义学院组建了心理学及思想政治专业等具有跨学科性和专业性的课程思政教学团队。教学团队成员始终坚持将"育心育德相统一"的理念贯穿于本课程教学目标、教学方式、教学内容、教学评价等各环节。坚持"问题导向、价值引领",对标职业教育的类型特征,精准对接高职高专学生常见的悲观、厌学、迷茫等问题,教学过程中融入工匠精神、职业道德等,引导学生正确认识群和己、义和利、得和失、成和败的关系,注重对学生良好心理素质及思想品质的打造和培养。

（一）明确课程的育人理念

注重"育人细无声"。《高等学校课程思政建设指导纲要》中对公共基础课程如何科学设计课程思政教学体系作了明确要求,要求坚决防止出现"贴标签""两张皮"的情况。"大学生心理健康教育"课程思政教学不能以牺牲专业知识为代价,改变课程的本质属性,把心理健康课上成思政课。要充分发挥课程本身的德育功能,恰当地运用课程内容中蕴含的思政元素,在知识传授的过程中顺其自然的融入社会主义核心价值观、理想信念、爱国情怀等方面的引导。

坚持"育心与育德相统一"。当前大学生基本为"00后",朝气蓬勃、充满活力、可塑性强,成长于多元思潮冲击和博弈的时代背景下,面对多元的思潮,缺少有效辨别能力,容易出现思想偏差;学生对自身的心理健康关注提高了,但缺少系统的心理学知识和素养,一些学生缺乏辩证、客观的自我认识,容易受到不良思潮,如拜金主义、享乐主义等的影响,"空心病"现象突出,理想信念淡薄、功利化倾向凸显,甚至丧失生命的意义。可见学生的心理健康素养与思想政治品质是互为基础的,坚持"育心"与"育德"相结合,强化课程思政目标引领,在潜移默化中坚定学生理想信念、培养奋斗精神、工匠精神、职业精神,提高学生运用马克思主义立场观点方法的能力。

坚持"问题导向、价值引领"。"大学生心理健康教育"课程思政教学要对标职业教育的类型特征,精准对接高职高专学生常见的心理和思想等方面问题,做好学生的价值引领工作,引导学生正确认识群和己、义和利、得和失、成和败的关系,帮助学生处理好"小我"和"大我"的关系。注重学生良好心理素质及思想品质的打造和培养。

（二）打造素质过硬的教学团队

教学团队是"大学生心理健康教育"课程思政建设的重要影响因素。教师的育德意识和能力、人格修养十分重要。"学高为师,身正为范",作为授课教师,需要以思政教师的"六个要"来严格要求自己,不断提升自己的政治素养;同时需要改变传统的教育理念,明确心理健康教育与思政教育是息息相关,相辅相成的。汇聚各方力量,组建跨学科和专业的校内校外"大思政"混合型教师团队,包括跨学科性和专业性的校内教师团队和校外专家咨询团队。校内教师团队由心理健康、思政、就业创业老师,专职辅导员组成,优中选优;校外专家咨询团队由心理与思政专业的专家学者、企业导师、知名心理咨询师、职业生涯规划师等组成。结合专业所长、个人能力特点等因素对校内教师团队成员进行分工,明确职责。

一方面做好对校内教师团队进行培养,一是瞄准教学及比赛能力,立足日常培训、力求突破难点,培养课程思政的教学及比赛能手。二是结合教学设计,侧重对比研究、过程性分析、成果整理与提炼,培养课程思政的科研骨干。三是依托马克思主义学院申报的思政课教学创新团队和40名思政课专任教师培训项目,不断提升团队成员的认知站位、思想意识、课程设计、理念创新;提高教师团队成员"双师型"教师占比;在"大学生心理健康教育"课程思政教师团队的基础上探索可复制的"课程思政教师团队"模式,以马克思主义学院拟建设的具有职业教育特点的课程思政示范中心为平台进行校内推广,打造各学院各专业的"课程思政教师团队"。

另一方面做好校外专家咨询团队教师的选聘。一是通过专业专家指导,切实提高教师团队技能传授和思政育人水平;二是通过与企业导师、职业生涯规划师等专家进行沟通交流,真正做到以促进就业和适应产业发展需求为导向开展教育,着力培养高素质劳动者和技术技能人才。

(三)打磨课程思政教学体系

明确教学目标。结合教育部对高等学校学生心理健康教育课程教学目标的要求,本门课程的课程思政教学目标确定为:以"立德树人"为总目标,在育心过程中"立德铸魂",引导学生运用马克思主义的世界观和方法论认识心理发展基本规律,建立合理认知,树立积极向上的人生观,以自尊自信、礼让平和、积极乐观的心态,正确对待挫折,学会应对个人成长中的心理问题,提升综合素质,成为能够适应社会的全面发展的人。授课教师进行教学时,根据本门课程总的课程思政教学目标,分别提炼出各个专题的课程思政教学目标,做到精准教学。

一是梳理教学逻辑主线。根据教学目标的设定,探索串起整门课程教学内容的主线。心理健康教育课程的一个重要目的是帮助学生更好地与自己、与他人相处。"人的本质是一切社会关系的总和",因此,课程可以"我与自己、我与他人、我与社会"的关系为教学主线,遵循这条主线思维,形成"大学生心理健康教育"课程思政教学三大模块:"爱自己""爱他人""爱社会"。

二是明确教学内容。将课程原有的教学单元打散,聚焦高职高专学生的问题,从逻辑和连贯性方面对教学内容进行重组,以教学模块为单位,形成全新的专题教学内容。针对每一专题确立教学需要实现的价值引领,并剖析如何科学融入思政元素,具体如表8-5所示。

表 8－5

	专题内容	聚焦高职学生问题	价值引领	思政元素切入点	课时
模块一（爱自己）	一、绪论：大学生心理健康	对心理健康有误解	理性辩证	1.运用马克思主义基本观点和全面、辩证、发展的眼光看待影响心理健康的因素，认识心理发展及其变化规律； 2.引导学生与时俱进看待问题，大国心态的理解与树立是健康心态的重要部分。	2
	二、自我认知与探索	不能正确认知自我	自尊自信	1.正确认识和悦纳自我，参与构建和谐、平等的社会环境； 2.理解自我价值与社会价值的关系。	4
	三、学习与适应	竞争、迷茫沉迷网络	工匠精神	1.激发学习内在动力，聚焦身边、同辈示范，引导学生明白"要我学"与"我要学"的区别； 2.培养工匠精神，学习的志向从"学为小我"转变为"学为大我"。	2
	四、情绪管理	易冲动，意志力缺乏	理性平和自省	1.引导学生树立合理认知，理性平和、积极乐观，学会情绪管理； 2.正确看待"躺平""内卷"等社会现象。	4
模块二（爱他人）	五、家庭与心理健康	与父母关系紧张或淡漠	向善规矩	1.借助热播剧，如《都挺好》，传达"家和万事兴"的真谛，树立正确的家庭观； 2.引入习近平总书记的重要讲话，倡导营造和谐、向善的家庭氛围。	2
	六、爱情与心理发展	盲目、跟风恋爱，失恋引发恶性事件	尊重平等	1.分析"金钱主义""游戏心态"等不良现象对心理健康的负面影响，提倡平等、文明、有担当； 2.树立正确的恋爱观，性道德观。	4
	七、和谐人际关系	人际关系紧张，宿舍问题凸显	诚信友善同理心	1.以"六尺巷"的典故，认识"人类命运共同体"理念，理解"人在其现实性上，是一切社会关系的总和"； 2.社会主义核心价值观对人际交往的影响。	4

续表

	专题内容	聚焦高职学生问题	价值引领	思政元素切入点	课时
模块三（爱社会）	八、压力管理	抗压、抗挫能力弱	自信自强责任	1.以新闻视频为教学素材，引导学生思考是什么力量推动消防战士、白衣天使无畏前行； 2.让学生感受逆行者们真挚的爱国情感和忘我的奉献精神。	4
	九、自我规划和管理	迷茫、缺乏规划	奋斗、职业精神	1.通过优秀毕业生校友事迹，传递"幸福都是奋斗出来的"理念，树立正确的职业观； 2.正确看待自己和工作、单位的关系。	2
	十、生命的意义	价值缺失，轻生念头	责任使命	借助热播剧《觉醒年代》等，在"亲情、友情、爱情、知识、智慧、荣誉"中"舍"与"得"的过程，引导学生弄清楚自己生命中最重要的是什么，形成积极的人生态度。	4
总计					32

三是创新教学形式。"00 后"大学生生于互联网时代，喜欢指尖上的操作，爱做"潮"人、爱上"潮"课。教学过程中要优化教学手段，充分运用情境式教学、体验式教学等多种教学方法和翻转课堂、雨课堂等信息化教学手段，充分发挥学生的主体能动性。

四是发挥实践教学作用。加强与企业合作，在课程设计时结合企业用人需求和标准，加强教学的针对性和实用性；充分运用第二课堂，开拓企业参观、毕业生返校交流等环节，依托学校心理协会、红十字会等学生社团开展各类形式丰富的实践活动，充分发挥通识课堂、学生社团的作用，整合"专业＋思政"的实践资源。

五是加强过程性评价。紧扣国家职业教育背景，云南边疆民族地区特色，围绕学校着力打造的"国防精神、劳动精神、工匠精神"，形成具有本校特色的学生成长记录和评价手段。包括：教师结合专题制定学生学习手册、主题作业、主题微视频制作及实践活动情况等。突出过程导向和结果导向，把学习习惯、学习能力和终身成长紧密结合。开课前为学生提供"经典悦读"书单，开课过程中学生学习成长手册的应用，把教材体系转化为教学体系、信仰体系和学生成长体系。

（四）深入挖掘，切合时政，思政元素有机融入

"心理学有一个悠久的过去，却只有一个短暂的历史。"心理学的哲学基础，使其蕴含了丰富的思政元素。教学团队采用集体研讨、备课的形式，厘清心理健康与思政教育之间的逻辑关系，对思政元素进行全面梳理，通过反复论证，挖掘和选取知识点中的思政元素，在教学中进行实践，并建立思政元素库。

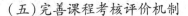

（五）完善课程考核评价机制

积极探索"视频学习＋见面课＋线上期末考试"方式。通过对线上学习和线下学习情况考核，培养学生自主学习能力、与他人合作学习能力，既能深入的自我探索，也能在小组学习中认识自己和他人，拓宽视野和胸怀。

以教研室所在学院为主体，协同教务处、教学督导与质量评价中心等部门，充分借助信息技术，完善课程评价机制。评价机制由教师评价、学生评价和学校评价三个方面。教师评价中，除教师互评外增加教师自评，以此促进教师本人与学生、同行的沟通交流；学生评价中增加对课程教学前后的问卷调查；学校评价中构建《课程思政评价指标体系》，增加对课程思政育人教学效果评估等。

（六）课程思政教学探索初见成效

目前"大学生心理健康教育"课程思政教学已经过 4 轮教学实践，对学生学习手册进行了 3 次修改完善。

教师队伍成长看得见。随着教学探索的不断深入，教学团队老师发生了很大的变化。增强了教师教书育人的信念、强化了爱国情怀、民族自豪感。同时扩宽了教学视野，教师在政治素质、教育理念和教学能力等方面得到很大提高。

课程思政出示范。2021 年 5 月，学校"大学生心理健康教育"课程被教育部首批认定为课程思政示范课程，授课教师被教育部认定为课程思政名师团队。目前，马克思主义学院牵头成立了学校课程思政教学研究中心，团队正在组织编写"大学生心理健康教育"课程思政示范教材、学生成长手册。团队成员多次在校内外进行经验分享，影响带动作用明显提升。

学生成长显成效。紧贴学生特点和成长的困惑与需求，充分挖掘学校的办学历史经验和杰出校友，有针对性地解决高职学生对专业学习和未来目标的迷茫的问题。引导学生把个人的所思所想所感所行与国家民族的命运、与中华民族伟大复兴同向同行同频，实现自己最大的价值。学生在课程学习中的获得感更强了。学生们反馈"我们学会了多角度、更全面地看问题""能够把自己放到与他人、与社会的关系中考虑问题而不再局限于自己的小情小怨"。

8.3.4　关于以课程思政建设推动各类课程与思政课同向同行的思考

（一）充分发挥思政课程主渠道、主课堂的显性功能

思政课程是落实立德树人根本任务的关键课程，在学校教育课程体系中具有政治引领和价值引领的作用。以学习贯彻习近平新时代中国特色社会主义思想为中心任务，通过理论讲授，引导学生理解马克思列宁主义、毛泽东思想、邓小平理论、"三个代表"重要思想、科学发展观和习近平新时代中国特色社会主义思想的基本内涵、基本立场、基本方法；向学生生动而深刻地诠释中国共产党为什么"能"、马克思主义为什么"行"、中国特色社会主义为什么"好"等重大问题。引导学生树牢"四个意识"、坚定"四个自信"、做到"两个维护"。思政课程在坚持理论性、系统性的同时，要聚焦学生理论学习中的疑惑，结合学生实际生活需求和困惑，找到能够引起学生思想和情感共鸣的触发点，提升教学内容的针对性和有效性。通过启发、引导，帮助学生以辩证的眼光看待问题，树立坚定的理想信念，培养优良的思想品德，树立正确的世界观、人生观和价值观，实现全面发展。

（二）强化课程思政隐性功能，发挥协同效应

深刻理解课程思政内涵。课程思政建设要覆盖高校的所有专业，每一门课程。课程是学校教育最基本的形式和最基础的元素，也是最重要的育人载体。大学所有课程都具有传授知识、培养能力及进行思想政治教育的功能，都承载着培养学生世界观、人生观和价值观的使命。课程思政，无论是现在还是未来，是每个专业、每门课程必须探索和实践的，是每一位教师必须努力的。课程思政建设需要遵循"课程"建设为基础，"思政"融入为重点，"教师"发挥作用，"学生"成长有成效的总体思路，任何专业课程的"课程思政"建设都应尊重本专业本门课程建设的要求，充分挖掘课程中蕴含的文化内涵、德育因素、人文精神，在知识传授、技能培养的同时"润物细无声"的融入马克思主义中国化时代化最新理论成果，对学生的理想信念、政治认同、家国情怀、道德修养、法治意识等进行引导，实现知识传授与价值引领的有效结合。

形成联动机制。课程思政建设是系统工程，需要系统思维和方法实现。目前国家出台的各类政策文件精神，为课程思政建设做好了顶层设计。各个高校各门课程是课程思政建设的主力军，任课老师是具体的实践者。高校课程思政建设离不开党的领导、顶层设计和全员参与。需要形成学校—学院—专业—教研室—教师合力推进，各职能部门协同保障课程思政建设的机制。加强党的领导是落实立德树人根本任务的坚强保证，高校党委统一领导，成立以党委书记和校长为组长的课程思政教育教学改革工作领导小组，负责学校课程思政建设的统筹协调，全方位提供组织保障和督导检查，确保课程思政建设的态度不变、力度不减；各专业学院等具体进行教学的部门作为课程思政建设的基础单位，要以课程为基础，从教材、教学方法、教学内容、课堂设计、考核评价等方面下功夫；马克思主义学院、教务处、学生处、校团委等作为协作单位，形成各部门、学院共同参与的合力格局，确保学校开设各专业课程深入挖掘课程思政元素，着力解决专业教育与思政教育"两张皮"的育人痛点，构建较为完善的课程思政教育教学体系。

坚持"两支队伍"建设相协调，打造素质过硬的师资队伍。

统筹推进思政课程和课程思政建设，关键在教师，在于打造一支政治素质硬、专业能力强的教师队伍。学校采取思政课教师与专业课教师结对子的方式，协同推进。一方面，要强化专职思政教师的政治责任感、使命感和职业认同感，不断加强自身素质的培养，改进教学方式，提升教学能力，以学生为中心，从学生的成长需求和疑惑出发，提升学生对思政课的认同，成为学生的知心朋友和引路人。另一方面，提升专业课教师课程思政建设的意识和能力。专业课教师要积极、主动将专业知识传授与思政教育融合起来，找准育人角度，提升育人能力，深化专业知识内涵，紧密结合学生的思想、学习、生活实际，调动学生的积极性，提高课程教学的实际效果。加强两支队伍的培训，不定期组织思政课教师和专业课教师共同研究、挖掘蕴含在各专业中的思政素材，引导和鼓励教师大胆探索课程思政建设中的重难点或前瞻性问题，碰撞火花，共同进步。

及时总结，提炼有效经验。学校近年来在课程思政建设工作取得的成绩离不开对典型做法、主要经验和问题不足进行及时总结。为调动各专业课教师参与课程思政建设的积极性，学校 2019 年、2020 年连续举行课程思政教学大赛，以赛促教、以赛促学；2019 年召开思想政治理论课建设调研座谈会暨"课程思政"试点工作推进会，对学校课程思政试点工作推

进情况再安排、再部署,2020 年召开学校课程思政教学改革成果展示及经验交流会;2022 年立项校级课程思政研究示范中心 2 个,课程思政示范课程 9 门,课程思政示范课程(培育)2 门。连续充分展示我校全面深化课程思政教学改革取得的成果和优秀课程思政教师的风采,及时总结课程思政教学改革经验。充分激发了各学院课程思政建设的活力。因此,课程思政建设中要做到面向不同学科专业、不同课程类型,定期选树先进典型,强化示范引领。支持各类课程思政改革项目,推动形成一批研究成果,建立、打造有代表性的课程思政教师团队,进一步以研促教,加快推动课程思政建设。

统筹推进课程思政与思政课程同向同行,发挥所有课程育人育才功能,构建思政课与专业课程相互支撑的课程体系,是健全高校"大思政"工作体系的重要途径。以课程思政建设,推进思政课与课程思政同向同行,必须坚持以习近平新时代中国特色社会主义思想为指导,准确领会思政课与课程思政建设的内涵,找准方向和路径,敢于创新和实践,才能真正推动思政课与课程思政同频共振、形成育人合力,提升思想政治教育工作铸魂育人实效,切实落实立德树人根本任务。

8.4　以产教融合为突破——共建思政课实践育人与服务平台

2017 年党的十九大报告中提出:"完善职业教育和培训体系,深化产教融合、校企合作。"在同年的 12 月份,国务院办公厅印发了《关于深化产教融合的若干意见》,其中首次清晰地对产教融合的顶层设计进行了完善,明确了深化产教融合的政策内涵及相关制度框架,构建教育和产业统筹融合发展格局,强调发挥政府统筹规划、强化企业重要主体、人才培养改革主线、产教供需双向对接作用,搭建"四位一体"架构,将产教融合从职业教育延伸到以职业教育、高等教育为重点的整个教育体系,上升为国家教育改革和人才开发整体制度安排,将人才作为支撑发展的第一资源,在提升人力资本中推动发展质量、效率和动力变革。新修订的《职业教育法》强调:职业教育要坚持产教融合、校企合作,坚持面向市场、促进就业,坚持面向实践、强化能力,坚持面向人人、因材施教[2]。无论是产教融合还是校企合作,都是职业教育办学的模式,更是对如何办好职业教育的重要探索。思想政治理论课作为落实立德树人根本任务的关键课程,面对经济社会不断发展、对外开放水平的不断扩大以及国际多元文化冲击给产教融合与思政教育提出的挑战性问题,实践教学育人的功能不断被放大,实践育人也成为新时代思政课教学中的新要求。在职业教育改革的深入推进中,高职思想政治理论课改革创新也取得了较好较快的发展,然而,由于理论教学与实践模式的不同步,在人才培养与社会需求方面仍然存在"两张皮"的情况。如何利用好产教融合的优势,搭建育人服务平台,推进思政课程体系建设,加强教学方法创新,提高思政课实践育人的效果与质量,这是思政课实践育人中需要深入思考的问题,也是我们结合自身实践开展思政课实践育人需要探索的问题。

8.4.1　关于产教融合的相关概述

(一)什么是产教融合

从词源学看,"产"即"产业"、"教"即"教育",而"融合"是将两种及以上的事物合在一体,使产生的新事物与原事物在形式、内容等方面有质的不同,即产生"1+1>2"的效果。国内外的学者对产教融合的概念进行探析时虽持有不同的观点,但基本都是从微观与宏观两个层面进行定义的,在宏观方面,产教融合是产业与教育相对接进行人才培养,更为具体的是指产业部门与教育部门共同从社会需求出发,将优势资源整合开展协同培养人才的一种教育活动方式。微观的产教融合是企业的生产活动与教学的育人活动深度结合进行的人才培养。本项目的产教融合侧重于微观层面,是产业与教育深度合作,是高职教育在校企合作的基础上,提出更深层次的育人模式改革[3]。产教融合是高职院校开展技能技术型人才培养的重要路径,其与思想政治理论课实践教学之间的同向育人理念、互补教学模式、协同创新资源供给等促进了社会、学校、企业、学生四方共赢,同时也为思想政治理论课实践教学的开展提供了新思路。

(二)产教融合促进思政课实践育人

恩格斯认为"全部社会生活在本质上是实践的"。思想政治教育除了理论知识的学习外,还是一门实践性很强的课程,教授学生正确的方法论,以理论知识指导实践的开展,通过实践活动将理论知识内化于心外化于形,"事实上,思政课应该是一门充满着理论光辉和实践价值的启发性课程,对于帮助青年大学生以科学理论武装头脑、指导行为起着不可替代的作用"。产教融合在高职教育中的强势发展为思想政治教育实践育人提供了得天独厚的条件。

一是以新的育人思维促进思政教学思维拓展。思维方式是"一定时代人们的理性认识方式,是人的各种思维要素及其结合,按一定的方法和程序表现出来的相对稳定的定型化的思维样式,是主体观念的把握客体,即认识的发动、运行和转换的内在机制和过程"。随着信息技术与科技的发展,人的思维方式受社会多主体的影响,产教融合的深入推进推动思想政治教育必须从整体性、系统性、开放性等角度来进行认识与把握,整合学校与企业中可用于思想政治教育的内外因素,打开思想政治教育视野,拓展育人思维。

二是以新的育人方式促进思政教学实践探索。思政课实践教学是理论知识向更高层次的价值信仰进行转化的重要活动,具备课程育人与实践育人的双重功能。从产教融合教学场域拓展角度分析,产教融合从空间上拓展了教学场域,将课堂教学空间延伸到企业空间,企业变成学生进行专业实践的第二个场域,同时也是思想政治教育的第二课堂,课堂空间的延伸促进思政教学育人方式的转变,根据空间选择不同的育人方式。从产教融合教学内容与职业素养相适应的角度分析,产教融合使学生习得专业技能,社会经验的获取在学生还没有走上工作岗位之前,可在思政课实践育人中通过参观、参与校地协同育人基地、校企合作基地等活动,让学生更加深刻的理解工匠精神、认同企业文化等以此提升职业素养,引导学生树立远大的理想,思政教学育人实践与企业工作相结合,在培养学生的职业技能同时强化学生的职业精神教育,产教融合与思政课实践育人同向同行。

三是以新的育人氛围促进思政教学效果提升。在2019年由国家发改委与教育部联合印发的《建设产教融合型企业实施办法(试行)》中,鼓励企业深度参与职业院校产教融合中,与高职院校形成育人共同体。育人的氛围从学校拓展到了企业,从单一氛围变成多元氛围,极大地开阔了学生的视野,在一定程度上满足了学生对社会的向往与自身发展的需求,在学校与企业协同育人的氛围中感受到硬件环境的改善为自身专业技能学习提供了较好的学习平台,在珍惜与感恩中发奋图强;从企业文化中增进对职业操守、道德素养的认识,向具备爱国敬业、诚实守信等高尚职业情怀的榜样学习。思政课实践育人要将校企主体间的壁垒打破,浸润在不断改善的育人氛围中,在理论与实践中实现从感性认识到理性认知的成长,在学习中寻找差距,在不足中迎头赶上,营造育人氛围,提升思政教学效果。

8.4.2　产教融合中开展思政课实践育人的理念

在产教融合中开展思政课实践育人,要立足于产教融合要义,遵循以下三个教育理念。

(一)实践以德为先,德技并修

2019年教育部印发的《国家职业教育改革实施方案》中指出:高职院校要"落实立德树人根本任务,健全德技并修育人机制"的基本要求。育人先育德,思政课的实践教学开展就必须坚持立德与树人相统一,理论与实践相结合,学校与企业要从提高理论知识、实践技能和思想政治素质出发开展合作育人实践;实践中要全面贯彻落实习近平新时代中国特色社会主义思想,将社会主义核心价值观融入育人全过程,涵养学生职业道德素养。

(二)实践以内容为王,思专结合

思政课在高职院校中是面向不同专业开展的公共基础课,传统实践教学的内容局限于社会考察、调研等方式,较少从学生的专业背景及知识结构上区分,职业特色体现不够明显,从而导致学生实践情况大同小异、态度敷衍、得过且过。《国家职业教育改革实施方案》中强调,职业院校要在教育、教学内容中融入行业企业需求,要促进产教深度融合、校企协同育人。这进一步要求产教融合背景下的思政课实践教学要体现出鲜明的专业特色以及不同领域、不同专业人才培养的需要,将企业发展愿景、社会主义核心价值观、职业素养等理念共同融入到课程体系中,促党的创新理论进课堂、进教材、进头脑,在实践中对理论进行验证,在理论中进行实践的总结,从而提升学生发现问题、分析问题及解决问题的能力。因此,思政课实践教学要对接具体的专业,以专业的内在要求为要求,挖掘专业价值指向,开展教学设计,突出思政课实践教学与专业特质相统一,以提高思政实践教学实效。

(三)实践以能力提升为要,岗课融通

实践教学开展的目的是促进理论知识的内化,内化后变成个人能力的提升,能力可以是解决问题的思维,也可以是影响个体成长的关键素质品质,无论是哪一种,最终都是为个人价值实现所服务的。因此,在思政课实践教学中,要对接学生专业学习、岗位需求、职业能力等,以能力提升为要,为学生提供有的放矢、紧跟时代的实践育人平台。

8.4.3　产教融合中开展思政课实践育人的路径的探索

(一)组建产教思政实践育人共同体

在产教融合背景下,学校与企业都要树立联合育人的意识,承担共同育人的职责,将德育融入实践全过程。这就需要学校与企业强强联合,以专业为基础,实践基地为载体,将学校开展思政课教学的教师与企业导师凝聚成育人力量,组建产教思政实践育人共同体。一方面,实践育人共同体的组建可以在不同角色上促进校企双方交流,构建平等交流、关注学生健康成长的育人平台,同向发力、同频共振,共同协商教学方案及教学计划,推动产教融合长效发展;另一方面,思政课中针对性的思想教育,提高学生道德,启迪学生思考,为产教融合更好开展奠定基础。

在思政课实践育人的实践中,由思政课教师、专业教师、朋辈榜样和企业导师四方组建产教思政实践育人共同体,共同承担协同育人责任。其中,思政课教师的组队原则是以双师所具备的技能素质为前提的,技能素质与教授学生的专业相契合,由思政课教师为主体,其他角色的教师共同参与,各司其职又相互配合。其中,朋辈榜样扮演着朋辈示范与榜样引领的角色,是这个育人共同体中的重要组成部分,根据实践的需求参与到教学中。比如,一次实践教学课上,思政课教师带领学生到云南纺织博物馆进行实践教学,在实践教学中,除了参观学习外,还邀请了旅游管理专业的朋辈模范给同学们讲述了在博物馆中展示出的部分历史上奋斗在纺织一线的劳模故事。从劳模故事的讲解中,同学们不仅结合纺织业的发展去理解书本中的重难点知识,而且从朋辈榜样的从业分享中增强了对自己所学专业的职业认同,大家听得津津有味,并表示自己也要做旅游行业的劳模,要讲好中国的故事,将中国的优秀传统文化传播出去。

(二)搭建实践育人联动机制,丰富思政课实践教学载体

"为谁培养人、培养什么人、怎样培养人"是思政课实践教学开展的根本问题。课堂教学除了解决教师问题,还需要解决育人载体,通过信息技术可以将现实与虚拟进行联系,通过社会的各种育人资源可将校内与校外建设联系,基于此,联合校外企业资源及社会资源,协同合作打破有形的育人壁垒,形成校内校外相互联动,理论课堂与实践课堂相沟通的丰富的思政实践教学载体。

根据学校产教融合与校企合作的不断深化,各学院相继建立了产教融合基地,同时,承担思想政治教育教学职能的马克思主义学院也积极的同具有育人功能的单位建起了校地协同育人基地。比如,与云南西仪工业股份有限公司建立育人基地,机电专业、光电专业等相关专业的学生可在育人基地开展顶岗实习、实践教学,跟着企业导师学习技能的同时,从企业导师及其他榜样中,学到了精益求精、不畏艰难、力争上游的精神,同时学生在企业中通过企业发展的历史、企业文化等深刻感受到工匠精神、爱国精神、劳模精神等,对学生职业认同感教育起到了极其重要的作用;学院与社区共建校地协同育人基地,学生参与到社区的服务中,健康护理专业的学生用自己的专业知识服务小区的老年居民,为老年人提供健康护理志愿服务;园林设计专业学生为改善小区的美化提供了较好的建议,参与社区的实践活动受到社区居民的一致好评,增强了学生为人民服务的强烈意识,打通服务社区的"最后一公里"。搭建实践育人大平台,为学生的课堂之外的学习提供多样性的实践,在实践中感悟,在感悟中成长。

(三)优化实践模式,提升思政课实践育人效果

读万卷书,行万里路。实践是行的要求,行是实践的体现。针对不同的专业特点、不同的实践目标要针对性地设置不同的实践,从而提升产教融合中人才培养的契合度,以"行"的模式优化对理论知识的理解,增强理论内化的效果。比如,对于文史哲专业的学生,可以多参与到需要较深文史专业知识的实践教学中,在实践育人中,学生可以发现自己隐藏的潜力,充分发挥自己的长处,在"乐学、好学"氛围中不断提升自己的综合素质。

总的来说,在产教融合发展的背景下,高职思政课实践育人工作的资源、条件得到更好

提供的同时,也加大了思政课实践教学的压力。育人为本,育德为先,要培养德智体美劳全面发展的社会主义建设者和接班人,需要全社会一起行动,需要学校积极与企业建立协同育人机制,打造产教思政育人共同体,让思政课能在企业实践中不断落实、推进与深化,从而实现综合性人才培养的目标,为国家人才强国战略实施提供坚强的思想基础。

8.5　以网络思政为阵地——发挥"互联网+"育人引领功能

"互联网"作为青年大学生了解信息、学习知识、沟通表达的重要途径,潜移默化中影响着青年大学生的行为习惯和思维方式。建构网络思政阵地,发挥"互联网+"育人引领功能已成为高校思想政治工作的"必需品",云南开放大学、云南国防工业职业技术学院不断加强网络思政教育工作,以网络思政阵地建设为抓手,激活信息技术应用思想政治教育的"密码",充分发挥"互联网+"育人引领功能,构建"五端口·一社区"网络思想政治工作格局,充分利用校园各级新媒体平台,整合软件、硬件资源,拓展工作路径,将优秀思政课程、课程思政、"大思政课"、校园文化呈现在"云端",实现"五端口·一社区"高效赋能,网络思政育人育心。

8.5.1　构建"五端口·一社区"网络思政工作格局,创新思政队伍协同育人新模式

坚持党委统一领导、党政齐抓共管、各部门上下联动、师生共同参与,构建以"云平台、云课程、云技术、云机制、云文化"五端口和"一站式"学生社区为一体的"五端口·一社区"网络思想政治工作格局。构建集约高效、协同育人的网络思政主阵地,党委宣传部牵头,马克思主义学院、学生处(党委学生工作部、武装部)、团委、教务处、信息技术中心等部门协同发力,依托智慧校园网络建设,将"大思政课"资源呈现在"云端",部门之间资源共享、沟通协调,形成工作合力,不断提升网络思政工作的育人效果。

制订工作方案,拟定工作机制,创建交流平台,培育素质品德高、业务技术强、善于用网络语言与学生沟通的网络思想政治教育信息员、网评员、技术员队伍,建设辅导员工作室,组建"辅导员+学生"思政宣传团队。建立网络文化创作激励机制,制定详细的网络文化成果量化标准,将优秀网络文化成果纳入教师职务职称晋升和辅导员考核指标。加强团队工作过程管理,鼓励团队合作完成优秀作品,将作品质量作为业绩考核标准。注重提升队伍政治理论素质和业务能力,定期开展政治理论、新媒体前沿技术、新闻写作技巧、图片拍摄技巧、舆情处置与引导等专题培训。

8.5.2　搭建"一网一平台、两号三校园"矩阵"云平台",实现"互联网+"同频共振育人引领功能

以"云南开放大学　云南国防工业职业技术学院"校园网为基础,全面进驻微信、微博、抖音等短视频平台,相关部门、各二级学院建设二级网站、微信号等平台,严格履行审核、发布流程,各层面发挥引导学生队伍作用(如图8-1—图8-4所示)。校团委、学生会下设成立学生新媒体运营中心,成立新媒体运维小组,建成新媒体工作室,配备办公、视频编辑、影音摄录及存储等设备。作为校级新闻中心,学生新媒体运营中心负责统筹策划、整合资源、统一管理,合理设置专栏,围绕理论学习、重大活动等在重要时间节点,策划撰写新闻稿件、

制作原创视频、图文等宣传作品,党委宣传部负责把关意识形态工作,网信办会同信息技术中心对信息发布实时监督反馈。

校级平台突出权威性和时效性,强调思想价值引领,优化网络文化内容供给,提升学校的办学美誉度和社会影响力;二级平台则注重多样性和趣味性,二级学院结合专业特点打造特色栏目,准确把握大学生成长发展的关注点和实际需求,提高网络思政的文化承载力,形成多元融合的网络思政育人矩阵,成为学校思想政治教育的重要载体。

强化系统观念,网络思政阵地的构建注重系统集成,目前已搭建起"一网一平台、两号三校园"的"云平台"网络思政阵地,较好地实现"互联网+"育人引领功能。

(一)升级改版学校官网

学校官方网站是学校"内宣"的重要窗口和"外宣"的重要平台,起到管理、服务、宣传、展示的重要作用,云南开放大学于2021年重新升级改版校园网站,在校园网站嵌入"专题网站"切口。推送思想政治教育内容,专题设置党史学习教育、学习贯彻习近平新时代中国特色社会主义思想主题教育学习材料,学生利用晨读时间,集体诵读党史学习教育内容,以学习贯彻习近平新时代中国特色社会主义思想主题教育为契机,将理论学习特别是习近平新时代中国特色社会主义思想的学习贯穿学校人才培养的全过程、各方面,实现"纵向到底、横向到边",不同类型、不同年级在校学生全覆盖,真正将习近平新时代中国特色社会主义思想进教材、进课堂、进学生头脑。

图8-1 云南开放大学 云南国防工业职业技术学院官网页面

图8-2 云南开放大学 云南国防工业职业技术学院党史学习教育专题网站

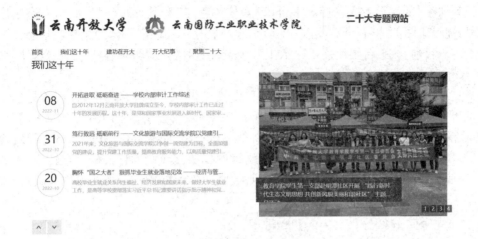

图 8-3 云南开放大学 云南国防工业职业技术学院党的二十大精神专题学习网站

图 8-4 云南开放大学 云南国防工业职业技术学院学习贯彻习近平新时代中国
特色社会主义思想主题教育专题学习网站

（二）创设"思政课数智化学习平台"

"思政课数智化学习平台"是学校"数字马院"的重要组成部分和先期建设项目,由学校党委罗国权书记亲自设计,坚持 1 个理念:共建共享共用理念;突出 2 个重点:思政课教学服务平台和"党建 + 思政"数字教育体验中心;设定 3 个层次目标:第一层次为马克思主义学院内涵式发展服务;第二层次为开放教育办学体系内思政课教学服务;第三层次努力建设融通全国、立足云南、辐射区域、覆盖全省高校并衔接大中小学思想政治理论课的重点突出、载体丰富、平台高效、协同创新的综合性信息化服务平台。

整个平台体现"实验思政""精准服务"的设计理念,以任务驱动为导向,以关键词为引领,以问题为主线,以闯关答题为激励,以教师为引导,发挥学生的主体作用,激发调动学生学习积极性。学生在教师引领下通过自主学习,闯关练习,实现知识获取;通过实践任务（微视频）,学会自我表达,从而提升思政课的教学效果,开展好"思政课是落实立德树人根本任务的关键课程"的课程育人目标。平台以"微信小程序"为载体进行呈现,综合运用信息技术手段,建设集闯关练习、课程实践、期末考试、排行榜等功能于一体的思想政治理论课教学服务平台。目前,该平台上线使用人数1万余人,课程微视频数量500余个,产生联系数据10万余条。

马克思主义学院积极推动思想政治工作传统优势与信息技术高度融合,依托学校互联网和现代信息教育技术教学优势,不断推进学校思想政治工作守正创新。将"重大节点有声音、重大问题亮观点、重大时段搭平台"作为"三个重大"目标定位,开展网络思想政治教育教学,学校党委书记、知名专家学者进行网络讲座授课,全时段回放,跨时空转播,实现开放教育、高职教育学生授课全覆盖,推进习近平新时代中国特色社会主义思想入脑入心、走深走实。

(三)充分用好微信公众号和视频号

2012年8月,腾讯公司开发出微信公众平台,通过建立微信公众号,用户即可与特定群体实现全方位沟通。随着互联网、信息化的快速发展,微信公众号在新媒体行业中愈发充满活力,高校官微作为校园新媒体的重要阵地,其影响力与日俱增。粉丝可以通过官微了解学校教学、科研发展状态,了解学生学习、生活最新资讯等信息,官微也可及时解答师生、家长、校友和社会人员关注的问题,有力促进了校园文化建设,也对弘扬先进校园文化、传递正能量、引导学生树立正确的价值观具有重要意义。

云南开放大学官微每周推介大量文章,推文时间一般是17—19点,如有紧急重大新闻会选择第一时间发文。发布内容以学校育人工作为核心,大力宣传学校教学科研优秀成果、立德树人先进事迹、师德师风学习榜样、优秀学子成长故事等,助力推进"三全育人"综合改革,讲好开大故事,传播开大声音。

由于云南开放大学官方微信公众平台运维起步晚,运维团队力量单薄,因此,在"三全育人"实践中,官微与学生工作公众平台加强联动,协同育人,实现同"云南开大青年"微信公众号相互动,增强内容的时效性与可读性,实现官微与学生工作微信有机整合,协同育人,更加注重优质内容输出,建立良好互动,不断树立服务意识,树立"最好的管理就是服务"的意识,在立足学校日常宣传的基础上,探索师生关注的新闻点。官方发布、热点宣传,活动推广和信息服务等各类新闻都精心策划,时刻保持官微内容多元化,保证官微作品精品化。建立良好互动是提高高校官微关注度的重要手段,充分利用公众号双向互动功能,为粉丝提供一个互动交流的平台,在关键词回复、后台留言、评论精选等方面别出心裁、精心设计。另外,官微运维管理团队不断加强同学生处、校团委、马克思主义学院的联系,组建优质短视频生产团队,选拔一支政治性高、理论性强和技术性硬的师生队伍,集合学校教师、学工队伍、思政课教师、信息技术中心教师、新媒体运营中心学生,设置网络思想政治教育经费支持,购买摄影摄像和后期剪辑设备,开展专业化实战训练,挖掘校园短视频人才。例如,马克思主义学院思政课教师牵头创建的"在马研马""研马育人"微信公众号,旨在突出"在马研马",着力推动"研马育人",推送"大思政课"精品资源和科研育人资源。其中"研马育人"公众号面向全国思政课教师常态化长效化推送教学科研资讯,在国内产生较大影响力,受到广泛认可和一致好评;云南开放大学《开大师生说》和《开大青年说》短视频是由学校宣传部指导、师生共同参与讲述身边人、身边事、传播正能量的精品栏目,《红烛》团课是由学校各部门联合指导学生话剧社团主演的主题团课,用小语言讲大道理、用小情节展大哲理,受到全校师生热捧,如图8-5—图8-10所示。

图8-5 马克思主义学院"在马研马""研马育人"微信公众号

图8-6 云南开放大学官方微信公众号及运维公众号矩阵

图 8-7　云南开放大学"开大青年"微信公众号视频号运维矩阵

图 8-8　云南开放大学"开大师生说"理论宣讲品牌活动

图 8-9　云南开放大学"红烛"话剧团课

图 8-10　云南开放大学"开大青年"视频号系列原创短视频

（四）灵活运用校园 APP

校园 APP 是学生学习生活的有机构成部分,校园生活同手机 APP"绑定"已是众所周知的现实,大到入学报到注册,小到消费充值,"一键式"服务是国内大多数高校的常态,因此,灵活运用校园 APP,加强网络思想政治教育便成为高校重要的育人载体,云南开放大学将"一站式"学生社区管理模式改革作为学校"三全育人"的重要工作,按照系统改革、党建引领、队伍联动、服务精准的思路,打造"四位一体""一站式"社区育人新模式,打通"三全育人"最后一公里,如图 8-11 所示。

一是强化系统改革,重构育人模式。学校注重顶层设计,党委书记、校长挂帅成立云南开放大学　云南国防工业职业技术学院学生社区综合管理模式建设工作领导小组,印发《云南开放大学　云南国防工业职业技术学院关于"一站式"学生社区建设工作方案》,综合调度、省外调研、倒排工期、挂图作战,大力度推进学生服务管理供给侧结构性改革。学校集合分管组织、人事、学生工作、教学工作和后勤工作的校领导,协同学校办公室(党委巡察办)、学生处(学生工作部、武装部)、组织部、宣传部、团委、人事处(党委教师工作部)、教务处、科学技术处、资产处、财务处、保卫处、基建办、马克思主义学院、后勤服务中心、信息技术中心等部门,成立知行"一站式"学生社区,出台社区党建、社区团建、社区文化建设、育人导师管理、学院书院协同育人等机制,形成社区育人闭环管理机制。

二是强化党建引领,筑牢基层堡垒。学校遵循"党员在哪里,支部就建在哪里;育人工作在哪里,党建工作就覆盖到哪里"的思路,建立"校党委—社区党支部—功能型党小组"三级党建体系。构建社区、楼宇、楼层、宿舍和学生全覆盖的网格化党建工作体系。在党员发展、教育、管理等方面赋予学生社区党支部前置性或决策性权力,以高质量社区党建引领高质量育人工作。

三是强化队伍联动,实现力量协同。下沉领导力量、思政力量、管理力量、服务力量到宿舍,凝聚社区育人的整体合力。学校领导示范引领,学校党委书记和校长带头开展学生面对面活动。成立社区育人导师队伍、思政导师队伍、园区心理导师队伍、志愿服务队伍、生活导师队伍、朋辈互助队伍等 6 支队伍。社区党政领导、育人导师、生活导师全体入住学生社区,做到"门常开、灯常亮、人常在",通过浸润式、场景式、下沉式等形式开展育人工作,确保服务时刻就在学生身边。

四是强化服务精准,打造共美家园。按照"点面结合、连点成片、特色鲜明、功能多样"原则,整合、拓展、优化、升级社区学生活动场所,打造院院有特色、楼楼有阵地的育人空间。突出"学生事社区办",改造升级学生社区服务大厅,逐步整合与学生相关办事服务资源入驻,不断实现"散点式"服务向"集成化"服务转变。修订学校目标管理方案,将学生服务纳入二级单位目标考核指标体系,推动全校上下牢固树立以学生为本理念。推动安全稳定进社区,常态化开展社区防火、防盗、防诈骗安全教育和安全检查,为学生营造安全和谐成长氛围。

五是发挥信息管理,构筑线上线下平台。将"今日校园""易班""易校园"APP 协同运维,常态化实现学生健康上报、寝室打卡、学区充值、网络思政有机结合起来,线上讲好"学校事、身边事、正能量、热点题",将学生关注的热点、焦点话题"端口前置",利用征兵、就业、志愿服务、防范网络诈骗、普法活动等工作节点,精设内容,巧设话题,突出思政引领,构筑价值高地。

图 8 – 11　云南开放大学"校园 APP"网络集成育人共同体

8.5.3　推进数字化教学改革,讲好思政"云课程"

建设智慧教室,建成思政课虚拟教研室,实施小班化互动式教学,校企研共建智能教育平台,打造精品思政微课、思政课实践教学微课、精品慕课、SPOC、视频动画等数字化学习资源。编写新形态、数字化和融媒体教材,建设开放教育、职业教育专业教学资源库,开展学分银行建设。建设"校企合作,协同育人"基地,开发虚拟仿真系统和沉浸式互动实验实训系统,积极建设国家级虚拟仿真实验(训)教学示范中心。实施网络多媒体交互式等数字化教学模式。开展线上教学比赛,将课程思政建设要求纳入各项教育教学比赛评分标准中,依托学校荣获的教育部首届课程思政示范课程,发挥《大学生心理健康教育》的辐射示范引领作用,建设课程思政教学研究示范中心,推动精品在线开放课程开展课程思政建设改革,以及面向新技术的思政课教学改革创新应用。

充分利用"云南省干部在线学习网""云南乡村振兴学习网"进行课程资源挖掘,将马克思主义理论最新成果、习近平总书记考察云南重要讲话精神、云南省第十一次党代会精神融入开放教育课程教学;以提质培优示范课创建为牵引,围绕时政热点、理论难点、学生关注点,深入挖掘云南元素、党史元素、校史资源,探索打造《学习习近平总书记考察云南重要讲话精神》《弘扬云南军工企业发展中的爱国主义精神》《弘扬军工文化　践行工匠精神》《铸牢中华民族共同体意识》《弘扬劳模精神,争做时代新人》《毛泽东思想和中国特色社会主义理论体系概论》《思想道德与法治》示范课程,所有课程均已全部上线,在线学习平台涉及"学堂在线""超星""智慧职教"等,作为学校网络思政课的重要组成部分。

以"提质培优""双高计划"项目建设为抓手,组建由校内外思想政治教育专家、党政干部、思政课教师、先进工作者、优秀辅导员共同组成的网络思政课程资源开发团队和网络宣传团队,及时总结疫情防控期间线上课程的经验优势,运用网络平台讲好思政"云课程",激发学生学习兴趣,打造生动网络育人场景,开展大力推进场景式、体验式教学模式,增强课程中思政点的生动性和吸引力,以"互联网+"模式打造思政"金课",其中《学习习近平总书记考察云南系列重要讲话精神》《传承云南军工企业发展中的爱国主义精神》获批云南省精品在线课程,上线学堂在线等网络学习平台,《思想道德与法治》精品课立项云南省高校思想政治理论课精品课程建设项目,学习通平台累计选课人数3万余人,选课学校20余所,累计互动近5万次,平台浏览量10余万。深度挖掘建设发展及抗击疫情中涌现的典型事迹,"战在疫起""守望相助、你我同行"等教学案例,有机融入网络思政教学,录制涵盖最新时政要点、云南省情等多方面的"开学第一课"视频,组织全体学生网络在线学习。

8.5.4　丰富网络思政内容,传播原创"云文化"

学校高度注重网络思政内容建设,围绕校史校情和优秀校友资源,深挖网络育人富矿,立足学校高职教育和开放教育双模式办学优势,协同校内外育人资源,联通线上线下渠道,举办云南开放大学(云南国防工业职业技术学院)"德艺"大讲堂和张桂梅思政大讲堂—云南开放大学(云南国防工业职业技术学院)分课堂,深入挖掘育人元素,邀请校内外专家学者、劳动模范、行业翘楚、云岭工匠主讲授课,让有信仰的人讲信仰,针对性地对学生进行政治引领、学理阐释和价值塑造,打造形成具有学校特色的思政品牌。常态化带领学生走进"大思政课"实践教学基地,引导学生用脚步丈量祖国大地,用眼睛发现中国精神,用耳朵倾听人民呼声,用内心感应时代脉搏,力求以更加贴近学生的视角、更加自然流畅的语言、更加生动活泼的形式,把要讲的知识、道理、价值观用"接地气"的方式呈现出来,与学生产生心灵共鸣。除常规栏目外,在校园网、微信公众号增设专栏,及时跟进学习习近平新时代中国特色社会主义思想,学习党的二十大精神,报道学习贯彻落实的最新动态。

8.5.5　构筑网络思政精品,建设网络思政"云机制"

以思政课教育教学为抓手,融合心理健康教育教学资源,充分发挥新媒体平台作用,探索形成育德育心育才相结合的多维协同育人模式,围绕这一模式,学校已成功申报云南省本科教学成果(培育)项目、云南省哲学社会科学重点课题、云南省高校思想政治工作精品项目和学校教学成果特等奖。

以"微电影"革新思政课实践教学形式。不断革新思想政治理论课实践教学形式，不断强化思政课的思想性、理论性和亲和力、针对性，依托教研室展开集体研讨、精心设计、精写脚本，以"微电影"拍摄丰富思政课实践教学形式，学校学生拍摄的思政课微电影先后获评全国思政课微电影三等奖、优秀奖，国家开放大学思政课实践教学二等奖、三等奖、优秀奖。

以"微平台"提升心理健康教育实效。"浇花浇根，育人育心"。强化心理健康教育的实效性，利用智慧树教学资源进行心理健康教学辅导，自主设立"开大心灵家园"微信公众号，在微信公众号进行资源推送、心理咨询预约、心理疏导技巧分享、心理微电影展播，将心理关怀走进网络、走进学生内心；将 5.25 大学生心理健康宣传工作做实做优，调动学生关注心灵、了解心理，培养学生理性平和的积极心理品质，使学生更好做到"爱自己、爱他人、爱社会"。

近三年，校级新媒体平台累计发表作品千余篇，影响力不断增强。"学习宣传贯彻党的二十大精神""'开大杯'体育赛事""疫往无前""这是我们的一天""校园蓝花楹"等系列报道有的紧密围绕理论学习，有的突出浪漫唯美、有的节奏轻松明快、有的注重贴近生活。"微电影大赛""微征文""创意短视频大赛"等网络交互性较强的参与类活动，更是以线上与线下的交叉方式，一时间成为师生讨论交流的热点话题，随处可见同学们用手中的镜头记录校园生活，学生参与热情空前高涨。学院网络思政教育内容也与疫情防控、大学生的日常生活紧密结合。在疫情防控关键时期，策划推出"疫往无前""致敬一起坚守的你们"系列报道等，讲述师生的战"疫"典型事迹，为全面打赢校园防疫阻击战筑牢思想基础。

8.5.6 升级建设智慧校园，应用网络"云技术"

不断推进智慧校园网建设，现已实现覆盖 2 个校区、出口带宽 6GB、主干光缆冗余、万兆双核心、千兆到桌面的有线网络；建成支持 WIFI6 技术、校园全覆盖的无线网络；为校内外人与人、人与物、物与物之间的全面互联、互通、互动，为跨学科、跨学校、跨地域的教育教学应用提供高速、泛在的基础网络环境。建设能效最优，服务最强的信息化标杆院校，在省内高职院校信息化建设中走在前、做示范。

2022 年，由学校自主研发的"数智化思政课学习广场"正式投入教学应用，实现马克思主义理论"教、学、研、宣、用"五维一体，2023 年重新更新学员端，实现全网考试全覆盖，自动生成、自主转化、自动监测，共运行教学管理、诊断改革、学生授课管理、大数据条目等应用 60 余个，数据量达到 2 万余条，对海量思政数据进行分析、整理、挖掘，推动"大数据＋思政""实验思政"触角向基层延伸，为网络思想政治教育教学可持续发展提供驱动力。

充分发挥"互联网＋"的育人功能，注重时时育人、处处育人、人人育人，以"云平台"的创建为中心、以"云课程"为切入、以"云技术"为保障、以"云机制"相贯通，努力营造"云文化"，实现"五端口"嵌入"一站式"学生社区服务，将网络思政育人同线下学生社区载体相承接，让育人效果潜移默化、落实落细，让"互联网＋"育人引领的功能发挥到极致，如图8－12、图 8－13 所示。

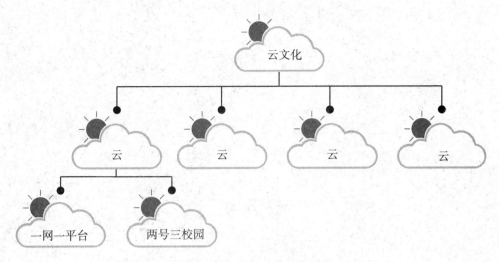

图 8 – 12 学校"五端口"网络思政育人阵地结构图

图 8 – 13 学校"网络思政"阵地同"一站式"学生社区建设相贯通

第九章

新时代高素质思政课教学创新团队建设的保障机制

高校马克思主义学院认真贯彻落实习近平总书记关于思想政治理论课建设的重要论述,坚持"四度"导向,即坚持政治方向、坚持理论研究、坚持实践育人、坚持问题导向,是思政课教学改革的重要指导原则。创新团队的建设使思政课更加贴近时代背景和学生需求,提高思政课的针对性和实效性。要求思政课教学创新团队立足于学生的实际需求,注重培养学生的思维能力、创新能力和实践能力,通过课程内容和教学方法的创新,使学生能够将所学知识与实际问题相结合,提高思政课的实效性。坚持改进中加强,要求思政课教学创新团队建设是一个不断改进的过程,需要不断总结经验,发现问题,并及时进行调整和改进。通过定期进行教学评估和学生反馈,不断完善教学内容和教学方法,使思政课不断适应时代的变化和学生的需求。通过思政课教学创新团队进行思政课建设,引进具有创新意识和教学经验的教师,加强教师的培训和专业发展,提高教师的教学能力和创新意识,提升思政课教学的质量,培养学生的主动学习能力,提高学生的综合素养和社会责任感,推动学科研究与创新的发展。

建设高素质思政课教学创新团队需要高校提供组织保障、制度保障、人员保障和产教融合保障。通过这些保障措施,可以不断提升思政课的教学质量和实效性,培养学生的思想品德和实践能力。这些保障措施也是能够推动思想政治理论课改革创新坚持政治性和学理性相统一的重要举措。高校思政课教学创新团队建设中的政治性,即是要求教师深入分析和理解思想政治理论的政治本质,将政治观点和理论知识融入教学内容和教学方法中,以引导学生正确的政治态度和政治判断。学理性要求教师深入学习和研究思想政治理论,形成自己的独特见解和心得体会,从而能够在教学中进行透彻的学理分析,回应学生的问题和疑惑。教师在思想政治理论课教学中扮演着重要角色,他们需要具备扎实的理论基础和广泛的知识面,通过自身的研究和学习,不断提升自己的专业素养和学术水平。只有经过深入的研究,教师才能对思想理论有深刻的理解和把握,才能在教学中运用彻底的思想理论来说服学生。

在高素质思政课教学创新团队建设中,各项建设保障都是不可忽视的。首先,为教师提供系统的培训课程和机会,帮助他们提升学术水平和教学能力,组织教师间的交流活动,促进他们之间的互相学习和合作。其次,完善教学管理制度,明确教学目标和要求,鼓励教师参与教学研究、教学改革等活动,提供相应的培训和支持,让学校、教师和管理团队共同努力。制定明确的教学目标,制订详细的教学计划,提供教学资源支持,建立教学反馈机制,加强教师培训和专业发展等措施,可以提高教学质量,促进学生的全面发展。同时,需要加强教学资源建设,提供先进的教学设备和教学资源,建立教学资料库和网络平台,方便教师和学生获取相关教学资源。此外,还需要加强教学研究和评估,鼓励教师进行教学创新和实践探索,定期进行教学评估和学生评价,及时发现问题和改进不足。高素质思政课教学创新团队的建设,需要各方的支持和关注,离不开高校领导和相关部门应提供必要的资源和政策保障,为思政课教学改革提供支持和指导。同时,教师也需要积极参与教学研究和教学改革项目,不断提升自己的教学能力和教学创新能力。各方共同努力,高素质思政课教学创新团队可以通过推行师生互动教学、建立跨学科合作机制、积极参与教学研讨会和学术交流活动、不断学习和提升教学能力、建立教学反馈和改进机制、建立教学创新奖励机制、加强教育研究和学术交流、建立教学创新平台和资源共享机制、加强教学团队的建设和管理、建立校际合作机制、建立教学创新的长效机制、加强教师培训和专业发展、加强与学生的互动和反馈、建立教学创新的评估体系、加强教学创新的宣传和推广等方式来推动思政课教学的创新和改革。

9.1 思政课教学创新团队建设的组织保障

高校建设高素质思政课教学创新团队,需要学校多个部门提供有效保障。学校组织保障系统主要由教学辅助系统(含图书馆、教学医院、学报、运动场馆、实验中心等)、行政管理系统(除教学管理外的其他行政职能部门)、后勤服务系统(含后勤管理部门、后勤产业集团、学生公寓等)和教学激励与学生资助系统四个部分组成。各系统牢固树立服务育人、管理育人的理念,以人才培养为核心,密切配合,协调有序,确保教学工作正常运转。高校可以成立思政课教学改革领导小组或专门的教学改革机构(也可以赋予思想政治工作领导小组职能),负责组织和推进思政课教学改革工作。该小组或机构应有明确的职责和权责划分,协调各方资源,推动教学改革的顺利进行。

9.1.1 成立思政课教学改革领导小组或专门的教学改革机构

思政课教学改革领导小组或专门的教学改革机构是推进思政课教学改革的有效方式。该小组或机构可以由高校领导和思政课教师组成,以确保各方的参与和代表性。该小组或机构的主要职责包括:制定思政课教学改革的总体目标和具体计划,通过研究和分析当前思政课教学存在的问题和需求,确定思政课教学改革的方向和重点,并制订相应的实施计划。组织开展思政课教学改革研究和实践,通过调研、经验交流、教学观摩等方式,积极探索和推广思政课教学的有效方法和手段,提高教学效果和质量。完善思政课教学评价体系,建立科学、全面的思政课教学评价指标和方法,促进教师教学水平的提升和学生综合素质的培养。推动思政课教学改革成果的应用和推广,及时总结思政课教学改革的成果和经验,积极推广和应用到其他高校和教学实践中,实现资源共享和互相借鉴。加强思政课教师的培训和发展,组织和开展思政课教师的培训与研修活动,提升教师的教学水平和专业素养,提高他们的教学能力和创新能力。加强与产业界和社会各界的合作与交流,组织思政课教师与产业界和社会各界的专家、学者、企业家等进行交流与合作,促进思政课教学与实际应用的结合,提升思政课教学的针对性和实效性。积极营造良好的教学改革氛围,通过举办教学改革论坛、评比活动等形式,加强对思政课教学改革工作的宣传与推广,激发教师参与教学改革的热情和积极性。建立健全的监测与评估机制,建立思政课教学改革的监测与评估机制,定期对教学改革的进展和效果进行评估与反馈,及时调整和完善改革措施。

通过成立思政课教学改革领导小组或专门的教学改革机构,可以有效组织和推进思政课教学改革工作,确保改革的顺利进行和取得实质性成果。同时,也可以提供必要的决策和

执行权力,为教学改革提供有效的保障和支持。

9.1.2　明确职责和权责划分

领导小组或专门机构应该明确职责和权责划分,确保各成员都明白工作的方向和目的,建立良好的协作机制,促进团队成员之间的沟通和合作。这样可以确保各方资源的协调和充分利用,推动教学改革的顺利进行。明确职责和权责划分时,可以按照以下步骤进行。

(一)明确整体目标和任务:首先明确整体目标和任务,确定需要完成的工作内容。

(二)分析工作内容:对工作内容进行分析,了解各项任务的具体要求和工作流程。

(三)确定职责范围:根据工作内容,确定每个成员的具体职责范围,确保每个人都清楚自己需要承担的任务和责任。

(四)制订工作计划:根据分配的职责范围,制定详细的工作计划,明确工作的时间节点和完成标准。

(五)协调资源分配:根据工作计划,协调合理的资源分配,确保每个成员都能够顺利完成自己的任务。

(六)建立沟通机制:建立良好的沟通机制,确保成员之间能够及时有效地沟通和协作,解决工作中的问题和困难。

(七)监督和评估:建立监督和评估机制,对工作的进展和结果进行监督与评估,及时发现问题并采取相应的措施进行调整和改进。

总结起来,明确职责可以避免任务的重复和冲突,确保每个人都清楚自己的职责范围和工作目标,从而提高工作效率。同时,明确职责和权责划分也能够促进教学改革的顺利进行,因为每个人都清楚自己在教学改革中的具体职责和义务,可以更有针对性地进行工作和合作,这也是实现工作目标和推进教学改革的关键。通过合理分配任务和责任,可以确保每个成员都能够明确自己的职责范围,提高工作效率,并为工作的有序进行提供保障。

9.1.3　组织教学改革工作

领导小组或专门机构通过组织相关会议、研讨会和培训活动,以促进教师之间的交流与合作。还可以制订教学改革的具体方案和计划,统筹各项工作的实施。组织会议和研讨会:召集教师、教育专家和利益相关者参加会议和研讨会,讨论教学改革的目标、策略和实施方式。这些活动可以提供一个平台,促进教师之间的交流与合作,分享最佳实践和经验。

安排培训活动的形式可以多样,例如:组织培训课程和工作坊,提供教师们所需的专业知识和技能,以支持他们在教学改革中的角色和任务。培训内容可以包括新的教学方法、教育技术的应用、评估和反馈等。制订具体方案和计划:根据教学改革的目标和需求,制订详细的方案和计划。这些方案和计划应明确目标、时间表、责任人与资源需求,以确保教学改革工作的顺利实施。统筹各项工作的实施:确保各项工作有序进行,协调相关人员的合作和配合。定期监测和评估工作进展,及时调整方案和计划,以确保教学改革的有效推进。支持教师创新和实践:鼓励教师开展创新教学实践,并提供支持和资源。建立反馈机制,鼓励教师分享实践经验和教学成果,以促进教师之间的学习和成长。

9.1.4　资源整合与共享

领导小组或专门机构可以整合高校内外的各种资源,包括教学资源、人力资源和科研资源等,以支持思政课教学改革。同时,它还可以推动资源共享,促进不同高校之间的合作与交流。

9.1.5　监督评估与反馈机制

领导小组或专门机构应建立监督评估与反馈机制,定期对思政课教学改革的进展进行评估和反馈。这样可以及时发现问题和不足之处,并及时采取改进措施。

通过以上措施,高校可以有效组织和推进高素质思政课教学创新团队的建设与保障,以提升思政课教学质量和效果。思政课是巩固马克思主义在高校意识形态领域指导地位、坚持社会主义办学方向的重要阵地。一切思政课教学活动必须在政治立场、政治方向、政治原则、政治道路上与党中央保持高度一致。对于思政课教师来说,确保思政课教学的政治高度,首先必须将"马克思为什么是对的?""当代中国马克思主义为什么是对的?""我们今天还需不需要马克思主义?"和"中国特色社会主义为什么行?"等核心问题研究透、讲清楚。这些核心问题是关系我们国家举旗定向行路的根本问题,容不得半点含糊。高校教务处及各教学单位在学校实施教学工作分级管理中,以教务处为主导,各教学单位为主体,教学基层组织为基础,教务处是学校教学工作的宏观管理职能部门,在校长和分管副校长的领导下,负责全校教学建设、教学运行管理和教学改革,通过计划、协调、调控、服务,不断提高人才培养质量,教务处和各教学单位是学校教学质量运行监控的实施主体。

9.2　思政课教学创新团队建设的制度保障

建设高素质思政课教学创新团队需要科学合理的制度保障体系,是指为了促进团队良好运行和发展建立的一系列制度和体系,帮助团队建立良好的运行机制,提升团队的工作效率和绩效,增强团队成员之间的合作和凝聚力,进而实现团队的共同目标。职业教育教师教学创新团队的制度保障体系包括学校对教学创新团队的管理制度、教学创新团队自身的管理制度以及得以实施的运行机制。

9.2.1　制度保障需要考虑的因素和关系处理

制度保障体系需要考虑指导性和约束性、规范性和程序性、鞭策性和激励性、提供支持和资源、建立学习共享平台等因素,以确保制度的顺利运行。

（一）指导性和约束性

思政课教学团队建设的指导性和约束性是确保团队工作高效和达成目标的重要因素。通过明确的目标和角色分配、有效的沟通和协作、明确的规范和标准、有效的监督和评估、培养团队精神和合作意识、有效的决策和问题解决以及持续的学习和发展,可以建设一个高效的教学团队,实现团队目标的达成。可以通过制定教学大纲、教学计划和评估标准等来实现。

（二）规范性和程序性

建立教学管理规章制度,明确教学过程中的各项程序和流程,规范教学行为和管理方式。例如,制定教学活动的时间安排、教学资源的使用规定、教学评估的程序等。

（三）鞭策性和激励性

通过奖励和荣誉来激发团队成员的积极性和创造力,同时建立监督机制,对教学过程和结果进行监督与评估,并及时进行反馈和改进。

（四）提供支持和资源

为思政课教学创新团队提供必要的支持和资源,包括教学设备、教材、培训等,以便团队成员能够充分发挥自身优势和创造力。

（五）建立学习共享平台

构建一个学习共享的平台,鼓励团队成员之间的交流和合作,促进经验和资源的共享,以提高团队整体的教学水平。只有通过科学合理的制度保障体系,才能有效地引导和管理团队成员,促进思政课教学创新的持续发展。

高职院校思政课教学创新团队的建设可以提升教师教学水平,促进思政课程的发展和创新,为教师提供一个学习、交流和创新的平台。在具体实施中,在职业院校确立教学权威和学术权力的地位是非常重要的。为了推动教学创新和技术技能的提升,可以考虑修订学校教师职称评聘制度和各类绩效考核制度。这样可以更好地激励教师们在教学方面的创新和发展。同时,为了增强教学创新团队的自主权,需要减少阻碍教师创新的制度壁垒。这意味着要打破烦琐的行政程序,为教师提供更多的自主权和决策权。这样可以让教师更有动力和创造力地开展教学创新工作。此外,还需要增强教学创新团队成员的主体意识。通过激励机制和培训计划,可以帮助教师更好地理解和认同教学创新的重要性,并激发他们的积极性和责任感。总的来说,通过制度上的改革和完善,可以为职业院校的教学创新提供更好的支持和保障,提升教师的教学质量和技术能力,从而推动职业教育的发展。

9.2.2　建立教学创新团队制度保障的规范与规则

在制度保障中,建立教学创新团队管理制度,可以规范和推动教学创新团队的建设和工作,提高教学质量和教学改革的效果。同时,也能够为教师提供更好的支持和发展机会,激发他们的教学创新热情,为学生提供更好的教育服务。规则是团队建设的内部核心要素,教学创新团队的内部管理制度是一套所有成员都认可且必须遵守的规范,它既可以约束团队成员的行为,又能引导团队成员达成共同的目标。一是建立教学创新团队组建制度,明确教学创新团队成员的结构、人员组成,广泛吸收具有各类专业特长的教师和掌握先进技术技能的行业企业专家进入教学创新团队,提高科研成果转化效率。职业院校要完善团队带头人的选拔和培养制度,杜绝"唯资历、唯学历"的选人标准,确保具有团队号召力、社会影响力、创新创造力的专家成为教学创新团队的带头人。同时,职业院校还要建立灵活的进入和退出制度,在确保教学创新团队人员稳定、结构合理的前提下,及时清退无作为、不创新的成员。二是加强团队的过程管理,明确教学创新团队成员的分工、岗位职责,让成员各司其职,分工合作,保质保量完成项目任务;建立和完善教学创新团队的学习培训制度,给团队成员创造高质量的学习机会,不断提升其创新能力。三是建立科学合理的考核评价制度,改变只关注个人业绩不关心团队业绩、只计算成果数量不衡量成果质量、只看到工作结果不重视工作过程、只进行内部评价不进行外部评价的考核评价指标体系,建立个人业绩与团队业绩并重、数量与质量结合、内部评价与外部评价兼顾、过程评价与结果评价统一的多维度、立体化考核评价机制,确保考核评价的公平公正,激发成员协同创新的积极性。

9.2.3 健全教学创新团队协同共享激励运行机制

教学创新团队协同共享激励运行机制,是在团队内部各主体要素之间相互作用、相互制约、相互配合的规律和规定。是一个系统内部的动态过程。它包括了团队内部的各种环节、流程、程序和规则,实现团队建设整体效益最大化和系统稳定性的方式和方法。它还包括沟通协调机制、成果共享机制和激励监督机制。

(一)沟通协调机制

完善的沟通协调机制是教学创新团队高效运转的必备条件。一方面,教学创新团队是由15—20名骨干成员组成的协作共同体,涵盖了来自学校的教师和企业的兼职教师,涉及学校及其合作的政府部门、行业企业。在解决一些重大问题时,教学创新团队需要定期或不定期开会,成员及时沟通,商议解决。另一方面,从教学创新团队的任务协同来说,成员间更需要及时沟通协调,及时传递信息,快速高效地将企业的需求信息转化为团队的工作任务,尽快实现技术攻关和成果转化,并反哺学校的教育教学。

(二)成果共享机制

教学创新团队的每一个成员都是基于自身的利益诉求才参与到这个团队当中来的,只有利益共享才能够确保团队长期稳定运行。全体成员共享的团队成果包括经费或资源的分配、成果书面的顺序、成果使用的权利分配、成果转化的收益分配等。

(三)激励监督机制

合理的激励机制包括环境激励、权限激励、待遇激励、评价激励。创新成果总是与自由自主的环境相伴而生,高职院校要营造自由宽松的创新环境,扩大团队管理自主权、团队资源配置权;帮助教学创新团队获得高质量的培训和进修机会,通过多种渠道提高教师的待遇,吸引企业优秀人才以兼职或全职的形式加入教学创新团队;建立科学的教学创新成果评价与转化机制,及时通过职称、报酬、荣誉、奖励等形式肯定团队的创新成果,最大限度调动团队成员的积极性。

此外,宽松自由的创新环境也不能离开完善的监督机制,教学创新团队跨专业、跨院校、跨机构的特征决定了其多头管理的特征,这就要求其监督机制必须全面、全覆盖。因此,教学创新团队建设应强化分级建设、分级指导、分级监督,国家级、省级和校级教学团队应当由各级立项分别监督,在监督方式上要过程监督和成果监督并用,借助信息化和互联网技术实现全程监控。

9.3　思政课教学创新团队建设的人员保障

建设高素质思政课教学创新团队的人员保障,主要是对团队教师成员的要求,进一步明确了高校思政课教师的身份定位,并同时以切实配齐建强师资队伍,打造一支政治强、情怀深、思维新、视野广、自律严、人格正,专职为主、专兼结合、数量充足、素质优良的高校思政课教师队伍为目标。

9.3.1　思政课教学创新团队教师的目标和要求

通过高素质思政课教学创新团队的建设要提升思政课教师的政治素质、学术水平、教学能力、业务素质、师德师风和自身素质。

（一）思政课教师政治素质要强

思政课教师要有坚定的政治立场,忠诚于党的理论和路线方针政策,具有正确的世界观、人生观和价值观。通过高素质思政课教学创新团队的建设不断提升思政课教师的政治素质,真正做到"让有信仰的人讲信仰"。

（二）思政课教师学术水平要高

思政课教师要具备扎实的学科知识和广博的学术视野,深入理解马克思主义,掌握教学内容的前沿动态,能够运用科学的教学方法和手段进行教学。高校思政课教师应具备较高的学术修养,包括广博的学识基础、扎实的专业知识和深入的研究能力。他们应该能够熟练运用各种研究方法,掌握相关理论和概念,并能进行科学分析和判断。教师应该具备一定的科研能力,能够进行独立的科研工作,取得一定的研究成果。能够积极参加学术会议、学术讲座等学术活动,与同行进行学术交流,提高自己的学术水平。同时,他们还应该能够与其他学者进行合作,开展跨学科的研究,拓宽研究领域。能够将自己的科研成果与课堂教学相结合,使得教学内容更加丰富和深入。他们可以通过引入最新的研究成果、案例分析、实地调研等方式,提升学生的思政课学习体验和学习效果。学术研究成果能够引起学术界和社会的关注与重视,被其他学者引用和借鉴。

提升思政课教师的理论深度和学识广度。一方面,只有进行精深的理论研究,拥有扎实的理论功底和深厚的理论积淀,才能全面、准确、科学地认识马克思主义。真学是真懂真信真用的前提和基础。思政课教师要在原原本本学习和研读经典著作的基础上,沉心静气领会其真谛、把握其精髓、感受其魅力,方能在课堂教学中以透彻的学理分析展现真理的强大力量,展示马克思主义理论与时俱进的时代品质和永葆青春的理论品格。另一方面,高校思政课教师还需要具备广博的知识储备,应广泛涉猎其他哲学社会科学以及自然科学的知识。思政课教师要通过对其他相关学科的交叉学习完善知识体系,特别是拓宽哲学、经济学、社会学、历史学、法学、伦理学、教育学、心理学等相关学科知识,在此基础上立足于马克思主义理论进行交叉分析和交叉研究。通过这些措施的实施,可以提高教师的科研能力和水平,从而进一步提升思政课教学的质量和效果。

（三）思政课教师教学视野要广

思政课教师要具备良好的教学能力，包括课堂教学组织能力、教学设计和评价能力等，能够引导学生进行独立思考和批判性思维，培养学生的创新精神和实践能力。

思政课教师应具备扎实的学科知识和理论素养，深入了解和理解马克思主义基本原理，掌握中国特色社会主义理论体系，以及时代背景下的政治、经济、社会、文化等方面的知识。思政课教师应掌握丰富的教学方法与策略，能够根据学生的特点和需求，选择合适的教学方法，例如讲授、讨论、案例分析、实践活动等，以达到教学目标。思政课教师应具备良好的教学设计和准备能力。包括制定教学目标，设计教学内容和教学活动，并根据学生的需求和特点进行调整和优化。思政课教师应注重知识的传授与能力的培养。既要向学生传授相关的思想理论知识，又要培养学生的思辨能力、创新能力、批判思维能力等。思政课教师应与学生进行积极的互动，激发学生的兴趣和主动性。通过提问、讨论、案例分析等方式，引导学生思考和参与课堂活动，促进学生的思维能力和社会责任感的培养。思政课教师应注重素质教育和德育引领，通过思政课教学，培养学生的道德情感、人文素养、社会责任感等方面的素质，引导学生正确的价值观和道德观。思政课教师应具备持续学习和专业发展的意识与能力，关注学科前沿动态，参与学术研究和教学改革，不断提升自己的教学水平和教学能力。

（四）思政课教师业务知识要深

思政课教师要对思政课程有深入的研究和了解，掌握相关教材和教学资源，能够灵活运用不同教学方法和手段，提高教学效果。

思政课教学是一种创造性的实践活动，要根据不同的教学内容和教育对象有针对性地采取差异化的教学形式和适应性的教学手段，在教学过程中进行多样化探索。丰富多样的教学方法和手段可以更好地吸引学生的注意力，进而提高课堂效率，但要注意紧紧围绕教学目标开展教学活动，才能真正提高思政课的课堂教学质量。同时，教学是一门艺术。教学方案的设计、教学内容的处理、教学方法的选择、教学过程的组织，都需要思政课教师不断创新，使教学呈现出巧妙的智慧，增进课堂教学中师生之间的思维共振和情感共鸣。所以，娴熟地运用各种教学方法是前提，同时更要遵循并把握教育规律，进行创造性的教学实践活动。从方法到技巧到艺术，也是思政课教师胜任思政课教学并持续提升自己的教学能力的过程。在教学实践中，思政课教师要抵御轻松熟悉教学方法的诱惑，不断突破自我，既不能照搬他人经验和既有模式，也不能固守自己的经验和既定做法，而要常教常新，因时而变，与时偕行。老师用心教，"教"就不仅仅是"讲"；学生用心悟，"悟"就不仅仅是"学"。

思政课教学有其自身特点和特殊规律，有别于单纯的知识传授。知识是载体，价值是目的。所以，"用心教"包含了讲授、阐释等直接指导，但决不是灌输填鸭，更要注重言传身教、启智润心；"用心悟"包含了了解、记忆等学习过程，但决不是死记硬背，更要注重学思并重、知行合一。提升思政课教师教学胜任力，体现的也是思政课教师在专业技能基础上人格魅力的彰显。一堂好的思政课，可以施以学生深刻而持久的教育影响，给学生心灵埋下真善美的种子，并让学生对思政课的意义和价值永远保持探究精神。

（五）思政课教师师德师风要正

思政课教师要具备良好的师德修养，严守教师职业道德规范，尊重学生、关心学生，注重人文关怀，做学生的良师益友。

（六）思政课教师自身素质要优

思政课教师要具备良好的身体素质和心理素质，具备较强的抗压能力。

9.3.2　思政课教学创新团队教师的岗位职责

教育部出台了《新时代高等学校思想政治理论课教师队伍建设规定》，指出，思政课教师的首要岗位职责是讲好思政课。思政课教师要引导学生立德成人、立志成才，树立正确世界观、人生观、价值观，坚定对马克思主义的信仰，坚定对社会主义和共产主义的信念，增强中国特色社会主义道路自信、理论自信、制度自信、文化自信，厚植爱国主义情怀，把爱国情、强国志、报国行自觉融入坚持和发展中国特色社会主义事业、建设社会主义现代化强国、实现中华民族伟大复兴的奋斗之中，为培养德智体美劳全面发展的社会主义建设者和接班人作出积极贡献。

思政课教师岗位的要求，一是增强"四个意识"，坚定"四个自信"，做到"两个维护"，始终在政治立场、政治方向、政治原则、政治道路上同以习近平同志为核心的党中央保持高度一致，模范践行高等学校教师师德规范；二是用好国家统编教材；三是加强教学研究；四是深化教学改革创新。高校思政课教学创新团队在人员保障中也应侧重以下几个方面的能力。

9.3.3　思政课教师要具备创新转化能力

思政课教师的创新能力是指他们在教学和教育工作中具备创新思维和创新能力。思政课教学创新团队要求教师们也具备把科研成果转化为教学内容和教学方法的能力，也就是创新能力在思政课教学上的体现。

（一）教学方法创新

思政课教师可以通过运用多种教学方法，如案例分析、小组讨论、角色扮演等，来激发学生的思考和参与，提高教学效果。

（二）教材内容创新

思政课教师可以通过研究和探索各类新的教材资源，结合时事热点和学生的实际需求，掌握马克思主义的立场、观点和方法，正确阐释党的创新理论，创新思政课的教材内容，用身边的小故事讲述大道理，使其更加贴近学生的生活和实际。

（三）课堂形式创新

思政课教师可以尝试将传统的课堂形式与现代科技手段相结合，如利用多媒体教学、在线教学平台等，创造更加活跃和互动的学习氛围。

（四）评价方式创新

思政课教师可以探索和实践多元化的评价方式，如开展课堂测验、小组项目评估等，以激发学生的学习兴趣和动力。

（五）教育理念创新

思政课教师可以积极跟进教育理论和思潮的发展，不断更新自己的教育观念和教育方法，以适应时代的需求和学生的成长。

思政课教师的创新能力对于提高教学质量和培养学生的思维能力与创新能力至关重要。一方面，思政课教师要从教学的重难点和学生的困惑点中寻找科研的切入点，在选定的研究领域中精耕细作，在解决实践发展和学生思想问题中不断加强科研能力，形成高质量、高水平的科研成果，努力成为马克思主义理论某一领域的专家学者；另一方面，思政课教师也要以科研成果促进教学水平的全面提升，使教学科研协调发展，努力成为学者型教学能手，使思政课具有学术深度和学理支撑。另外，提升高校思政课教师胜任力，既需要外力驱动，也需要内力驱动。既要建立健全高校思政课教师工作的考核、奖惩、保障机制，增加外部合力，持续有效地提升高校思政课教师的胜任力，又要注重激发高校思政课教师的自我要求，使外在的压力驱动转变为内在的自我驱动力，不断促进自我培育、自我完善和自我提升。总之，要提升高校思政课教师的胜任力，用好课堂教学主渠道，将道理讲深、讲透、讲活。

9.4　产教融合保障

教学创新团队产教融合保障是指通过教师团队的创新实践，将教育与产业相结合，实现教育与产业的互动和融合，以提升教师的教学质量和学生的就业能力。

9.4.1　产教融合的主要保障措施

产教融合是一个系统工程，需要方方面面的支持和协作。其中主要的几个方面，一是政策支持，政府可以出台相关政策，鼓励教师团队开展产教融合创新实践，并给予相应的奖励和扶持措施。二是资金投入，提供专项经费，用于教师团队的产教融合创新项目，包括项目申报、研究经费、设备购置等。三是产学合作，建立与产业界的合作机制，促进教师团队与企业、行业协会等产业方进行深入合作，实现教育与产业的对接。四是培训支持，为教师提供相关培训，提升其产教融合的专业素养和能力。可以组织专家讲座、研讨会等形式的培训活动。五是教研活动，建立教师团队的教研活动平台，鼓励教师开展教学研究和实践探索，分享经验和成果。六是激励机制，建立激励机制，鼓励教师团队参与产教融合创新实践，如评选优秀教师团队、设立教师创新奖等。

9.4.2　产教融合是提升思政课教师业务水平和理论指导实践能力的重要途径

产教融合是指职业学校根据所设专业积极开办专业产业，把产业与教学密切结合，相互支持，相互促进，把学校办成集人才培养、科学研究、科技服务为一体的产业性经营实体，形成学校与企业浑然一体的办学模式。产教融合是产业与教育的深度合作，是院校为提高其人才培养质量而与行业企业开展的深度合作。党的十九大报告强调，要深化产教融合。建设高素质思政课教学创新团队，需要产教融合保障，创造现实途径提升教师业务水平以及理论指导实践的工作能力。

　　为适应新经济快速发展对新工科人才的迫切需要，深化产教融合，推进"政校企"的"三维协同"，促进"教育链、人才链与产业链、创新链"的"四链融通"，是当前推进人才培养供给侧改革的迫切需要。为应对受体制机制等多种因素的影响，需要以"对接产业需求"为导向，以开展新工科建设为抓手，坚持开放办学模式，整体设计产教系统性融合机制，用"亲产业"的行动提高产教融合的实效性和针对性，力求突破机制瓶颈，构建起适应地方高校产教协同培养新工科应用型人才"开放、融合、协同、共享、共赢"机制。

第十章

新时代高素质思政课教学创新团队建设思考

思政课是落实立德树人根本任务的关键课程,职业院校拥有一支高水平思政课教师教学创新团队是全面提升思政课质量和水平的重要保障。当前,思政课教学创新团队建设过程中存在专兼职结合的创新型教学团队尚未形成,缺少优秀拔尖的团队带头人和专家型教师,思政课教师实践能力无法满足"教学做合一"的要求等方面问题。在云南开放大学(云南国防工业职业技术学院)思政课创新团队三年来的建设探索中,各学校要紧扣高职人才培养目标进行思政团队建设,着力打造思政课教学创新团队多维协同模式来推动高职人才培养,提升对高素质思政课教学创新团队建设改革创新的认识,改革创新思政课教学方法,建立健全思政课教学创新团队建设的工作机制,从而助力高职人才培养模式的构建。

10.1　紧扣高职人才培养目标进行思政课团队建设做出有益探索

10.1.1　人才培养目标

目标是一个使用范围非常广泛的概念,不同学科都对它进行过不同视角的阐释,且存在较大的差异。从字义上来看,"目"指的是"眼睛";"标",木杪末也,即指目力所能注视的地方。在军事学中,目标是"攻击、观察、射击的对象"。在管理学中,目标指工作或计划中拟定要达到的标准。在社会学中,马克思指出,"劳动过程结束时得到的结果,在这个过程开始时就已经在劳动者的表象中,即已经观念地存在着。他不仅使自然物发生形式变化,同时他还在自然物中实现自己的目的,这个目的是他所知道的,是作为规律决定着他的活动的方式和方法的,他必须使他的意志服从这个目的。"由此可知,马克思将目标作为一种"观念的存在"。而在哲学中,早在古希腊时期,亚里士多德就提出了目的论,在他看来,整个自然界有规律的运动都是出自某种目的的结果,即"大自然不会徒劳地做任何事情",这种"自然即是目的"的论述虽然带有浓厚的神秘主义色彩,但其在一定程度上反映出了目的与目标是普遍存在的。康德也指出,"当每一个人都根据自己的心意并且往往是彼此相互冲突地追求着自己的目标时,他们却不知不觉地朝着他们自己所不认识的自然目标作为一个引导而在前进着,是为了推进它而在努力着",康德所强调的"自然目标"实则是历史发展的必然性,即"历史是人类行为的终极目标"。可见,哲学中的"目标"具有更为普遍的存在以及更为广泛的含义。

教育学中的人才培养目标是有关人才培养活动的目标,是学校通过对自身发展情况的认知以及对外界环境变化的了解,确定了内在能力水平与外在社会需求,在理性分析与思考的基础上,结合自己的使命与愿景,而设计出的一种有关学生成长的合理性且理想化的未来图景。作为教育活动的一部分,培养目标在具有目标普遍共性的同时,也具有特殊的教育属性。所谓目标的普遍共性,是指培养目标同其他目标一样,都具有指引性和标准性。一个良好的目标就如同一面鲜明的旗帜,为主体指明行动方向并规定出相应的检验标准。同时,培养目标在一定程度上还具有主观性,是主体基于不同价值取向而做出的选择与判断,即培养目标的差异性由制定主体的主观性所决定。所谓培养目标的特殊性,是指作为一个教育概念,培养目标必然具有教育性。首先,尽管培养目标从字面上来看是以"目标"为中心,但实际却是以"人"为中心和本质,是为了促进人的发展而形成的,这是培养目标教育性的根本所在,即"以人为本"。其次,从内容上看,人才培养目标无法像军事目标或管理目标一样,拥有明确的对象和标准以及具体的生产规格和要求。这是人才发展的特殊性所导致的,人的发展是一个复杂的综合过程,受多种因素的影响,具有很大的不确定性。因此,培养目标无法像军事战略目标一样具体准确地描述出对象的特征,也不具有产品生产目标的明确标准和规范化的评估指标,其更多的是一种人才发展方向的指引、教育活动理念的体现以及学校人才培养使命的表达。

(一)人才培养目标地位厘清

我国是一个非常重视教育目标的国家。早在计划经济时代,我国高等教育,乃至整个教育活动,都被列入计划范畴,并且学校的办学方式与办学成效有着明确的规范与要求,人才培养活动当然也不例外。从历史上来看,1985年《中共中央关于教育体制改革的决定》的颁布是我国高等学校人才培养目标发展的一个拐点。在此之前,我国高等教育目标大多是由国家层面制定并公布,高等学校完全遵照这一目标进行相应的人才培养活动,其更类似于一种接受命令并完成任务的形式。如1950年教育部颁布的《高等教育暂行规程》中指出"中华人民共和国高等学校的宗旨为,……以理论与实践一致的教育方法,培养具有高级文化水平,掌握现代科学和技术的成就,全心全意为人民服务的高级建设人才",这一设计就是从国家层面出发,对高等学校人才培养工作提出的要求。1985年后,中央下放了高等教育管理权,大部分高等学校都可以自行制(修)订人才培养方案(在当时被称为教学计划)以及人才培养目标,至此人才培养目标开始具有院校的差异性。

从现阶段来看,我国各高等学校仍然非常重视人才培养目标,其主要表现在两个方面:第一,从人才培养目标的呈现位置来看,大部分高校都在各自官方网站上的"学校概况"中明确地介绍本校人才培养目标。毫无疑问,高等学校已经将人才培养目标作为本校标识的重要部分之一。第二,从人才培养目标的更新频率来看,大部分高校都会持续关注本校人才培养目标的时代性与前沿性,力求与时代发展相接轨,与社会需求相吻合。北京师范大学在2014年以前的人才培养目标为"培养具有良好的人文与科学素养、宽厚的专业基础、开阔的国际视野和勇于实践的高素质创新人才";到2016年,其人才培养目标出现了些许变动:由培养"高素质创新人才"变为培养"创新型高级专门人才"。这与我国当前提倡培养创新型人才的大背景相契合。可见,高校对其人才培养目标的更改是基于审慎的考量而进行的。同时,大部分高校人才培养目标的更改都是小幅度的调整,这也反映出高校已将人才培养目标视为学校办学文化的重要体现。因此,无论是从人才培养目标的呈现位置还是从其修订方式来看,人才培养目标在我国高校办学指导中都处于较为重要的地位。

(二)人才培养目标作用阐释

培养目标在我国被广泛重视的现象,表明其自身具有一定的价值和作用,能够解决学校在发展过程中所遇到的一些问题。那么,值得深思的是,人才培养目标究竟具有什么作用?

首先,培养目标决定了高等学校人才培养工作的行动方向,具有导向价值。培养目标对人才价值的设计与构思经过了科学的分析、理性的考量以及适切的构思,是学校人才培养工作的基本方针与根本目标,一切人才培养工作都应该符合该目标的设计,所有工作的开展都应该以促进该目标的实现为依据。

其次,培养目标体现了高等学校人才培养工作的水平层次,具有标识价值。尽管培养目标总是志存高远、理想远大，但它同时又必须贴近现实、着眼实际，是基于对现实的审视而做出的合理设计。因此，培养目标一定是符合不同学校的不同发展情况与发展阶段的，是与学校发展相互匹配的。学校的发展决定了培养目标的定位与设计，反过来，透过培养目标可以了解到学校的办学层次、办学水平与办学类型，其就像是学校的一张名片，在表达学校人才培养工作使命与愿景的同时，也体现出了学校的精神与性格。

最后，培养目标影响了高等学校人才培养工作的士气高低，具有激励价值。培养目标往往都是通过比较简洁凝练的话语勾勒出所培养人才的轮廓，却饱含了设计者和学校的崇高理想与美好愿望，是一种对未来的憧憬与期望。培养目标总是正向、积极的，是向善、引真，并最终至美的。这是语言所赋予的力量，而这种力量也会散发出一定的感染力，激发人们朝着它不懈奋斗。无论是蔡元培任北京大学校长时所提出的"大学以教授高深学术，养成硕学闳材，应国家需要为宗旨"，还是梅贻琦的"大学教育……最大目的原在培植通才，……确乎是不在养成一批一批限于一种专门学术的专家或高等匠人"，抑或是陈嘉庚为厦门大学所确立的"研究高深学问，养成专门人才，阐扬世界文化"的使命，尽管这些表述不是严格意义上学校制定的培养目标，但也具有培养目标的属性和价值，并且如今读起来仍不免使人倍觉振奋。

（三）人才培养目标的表述

研制专业人才培养方案意义重大，必须坚持社会主义办学方向，全面贯彻"教育必须为社会主义现代化建设服务、为人民服务，必须与生产劳动和社会实践相结合，培养德智体美劳全面发展的社会主义建设者和接班人"的教育方针。专业人才培养方案的编制应遵循教育"铁三角"理论，聚焦立德树人根本任务，系统性建立纵向衔接横向贯通的教学目标系统、啮合目标链的教学标准系统、结构化的教学内容系统、完善的组织实施系统、丰富的资源保障系统，以及监测、评价、辅助决策系统，形成体系化的人才培养方案。小抽样调查表明，不少专业人才培养方案关于培养目标的表述不清、层级模糊、衔接不够，在此，基于专业培养目标脉络梳理、逻辑遵循和经验借鉴再抒其表述。

一是精准目标层级定位。职业教育以服务发展为宗旨，以促进就业为导向，需从党和国家要求，行业、企业、职业岗位需求以及学生发展诉求等层面系统分析，明晰目标层级定位。

国家对教育总要求：培养德智体美劳全面发展的社会主义建设者和接班人。

职业教育培养目标：培养德智体美劳全面发展的高素质技术技能人才。

职业院校培养目标：立足立德树人，兼顾教育共性和职业教育类型、就业和升学导向，培养德智体美劳全面发展的高素质技术技能人才，并加入个性化或提高性的目标。

专业培养目标：立足职业岗位群，兼顾教育共性和职业性，聚焦"政治方向＋职业规格＋职业面向＋人才类型"四个要素来表述，表述顺序可做适当调整。

课程培养目标：立足一线技术技能和管理岗位的项目或任务群，兼顾教育性和职业性，聚焦"素质＋知识＋能力"三个维度来表述。

课堂教学目标：立足任务群的单项性任务，兼顾思政教育、劳动教育、审美教育和技能训练，聚焦"素质＋知识＋能力"三个维度来表述。

二是明晰人才类型定位。我国高等职业教育伴随着我国社会政治经济文化发展而发展，关于职业高校人才培养目标定位，历史上先后有不同的提法，经历了一个认识不断深化的过程,现定位于高素质技术技能人才,其演进过程如下。

《关于制定高职高专教学计划的原则意见》(教高〔2000〕2 号文)提出"高等技术应用型专门人才"、《关于大力推进职业教育改革与发展的决定》(国发〔2002〕16 号)提出"高素质劳动者和实用人才"、《教育部关于以就业为导向深化高等职业教育改革的若干意见》(教高〔2004〕1 号)提出"高技能人才"、《国务院关于大力发展职业教育的决定》(国发〔2005〕35 号)提出"高技能专门人才"、《教育部关于全面提高高等职业教育教学质量的若干意见》(教高〔2006〕16 号文)提出"高素质技能型专门人才"、《教育部 财政部关于进一步推进"国家示范性高等职业院校建设计划"实施工作的通知》(教高〔2010〕8 号文)提出"高素质高级技能型专门人才"、《关于推进高等职业教育改革创新引领职业教育科学发展的若干意见》(教职成〔2011〕12 号)提出"高端技能型专门人才"、《国家教育事业发展第十二个五年规划》的通知》(教发〔2012〕9 号)提出"技术技能人才"、《国务院关于加快发展现代职业教育的决定》(国发〔2014〕19 号文)提出"高素质劳动者和技术技能人才"、《现代职业教育体系建设规划(2014—2020 年)》(教发〔2014〕6 号)提出"高素质技术技能人才"。

三是辨析目标表述定位。表述职业院校专业人才培养目标,要基于国家专业教学标准(教学基本要求),并结合区域经济发展水平、行业特征、学校办学水平与特色,适切提升培养目标,切忌照搬照抄专业教学标准(教学基本要求)。以学校层面建筑电气工程技术专业培养目标为例予以阐述。表述专业培养目标应从国家战略,到行业趋势、企业需求、职业要求、岗位标准等层面进行系统分析,结合产业、行业、企业、职业和学校发展状态,至少做到三个对标:

对标《普通高等学校高等职业教育专业目录及专业简介(2022 年版)》,明晰政治方向、职业规格、职业面向、人才类型四个要素。

对标《国民经济行业分类(2017 版)》《中华人民共和国职业分类大典(2022 年版)》,明晰专业大类、专业类、行业、职业群、岗位等要素,建筑电气工程技术专业的专业大类是建筑类;专业类是建筑设备类;行业是建筑安装业;职业类别是建筑工程技术施工职业群;岗位是施工或运维或管理。

对标新《职业教育法》第四条"实施职业教育应当弘扬社会主义核心价值观,对受教育者进行思想政治教育和职业道德教育,培育劳模精神、劳动精神、工匠精神,传授科学文化与专业知识,培养技术技能,进行职业指导,全面提高受教育者的素质",应强化弘扬社会主义核心价值观、培育三种精神(劳模精神、劳动精神、工匠精神)、传授科学文化与专业知识。

10.1.2　思政课教学的目标

党的十八大以来,以习近平同志为核心的党中央明确要求进一步办好高校思想政治理论课,充分发挥思想政治理论课的主渠道作用,深入实施高校思想政治理论课建设体系创新计划,完善教材体系,提高教师素质,创新教学方法,增强教学的吸引力、说服力、感染力。

思想政治理论课教学方法的创新首先要处理好理论教学与实践教学相结合的问题。思想政治理论课的课程性质和教学内容,决定了理论教学是思想政治理论课教学的首要的和主要的特征。而理论本身具有的抽象性特点,决定了思想政治理论课教学要达到对大学生具有"吸引力、说服力、感染力"的目标实属不易。而搞好理论教学,加强实践教学,实行理论教学与实践教学相结合,则是增强教学的吸引力、说服力和感染力,提高教学的针对性和实效性的基本途径。事实上,高校思想政治理论课正是以理论教学和实践教学为重点展开的,并且主要是以课堂为阵地进行的。

（一）思想政治理论课的理论教学需要突出问题导向

坚持问题导向,培养学生的问题意识,激发学生对重大理论与实践问题的关注和兴趣,有针对性地组织教学活动,这是上好思想政治理论课的重要条件,通常也是教学切入的环节。所谓"问题"就是理论与现实之间的矛盾、理论与理论之间的矛盾以及理论内部的矛盾。坚持问题导向是马克思主义的鲜明特点,也是思想政治理论课教学的基本方法。思想政治理论课教学的目的,是解答学生深层次的思想理论问题,进而实现"立德树人"的价值目标。

在思想政治理论课教学中,坚持问题导向,可以从教师和学生两个方面分别着力。从教师方面来说,主要是任课教师采用问题导入的形式进行授课。在课堂教学中,紧密联系相关教学内容而精心设计的问题往往先声夺人,能够激发学生对相关理论和实践问题的关注和学习兴趣。从学生方面来说,主要是任课教师请学生自己提出相关重点难点问题,以便教师在教学中有针对性地重点讲授。学生在提出相关重点难点问题的同时,也以简洁的语言说明了自己提出这些问题的思路。而教师则通过学生提出的问题,进一步了解他们的思想状况和关注重点,从而加强了教学的针对性。

实践证明,思想政治理论课课堂教学中问题的提出和导入,有助于培养学生的学习兴趣、调动学生学习的积极性和主动性、增加教师授课内容的吸引力、帮助学生掌握所学理论的主要内容。

（二）思想政治理论课的实践教学需要重视开展课堂互动

思想政治理论课的实践教学有很多形式,开展课堂讨论是其中的一种形式。它是思想政治理论课教学中最能调动学生的学习自主性、最能体现学生自主学习的关键环节,是在课堂上相对于理论教学的一种最基本的实践教学活动,也是成本最低、几乎不受经费、人员、交通等客观条件制约的一种实践教学形式。思想政治理论课的课堂讨论一般分为即时性讨论和专题性讨论这两种形式。

所谓即时性讨论,是指教师在授课中随时安排的、部分学生主动参与的、经常性的课堂讨论。讨论时间一般在 10—20 分钟。教师在讲授某一重点或难点时有意设问,学生不需要事先准备,发言呈现出"七嘴八舌"的随机性,凸显教师对教学状态的实时把握和对学生思想状况的有针对性引导,使教师讲课的"领唱"与学生讨论的"合唱"有机结合起来。这种即时性讨论也往往以案例讨论的形式进行。通常由任课教师选择一个或若干个典型案例,请学生结合所学理论进行多角度的分析。案例讨论往往以国内外社会热点问题为切入点,又紧密结合课堂教学内容,因而能够引起学生的关注,激发他们的学习兴趣。

所谓专题性讨论,是指教师在课程教学中专门安排的、由全体学生参加的、并经过充分准备而集中开展的课堂讨论。它包括主题发言、提问和答辩、自由讨论、教师点评等具体环节。为发挥学生的主体性和创造性,不少任课教师在教学中采用专题讨论的方式。专题讨论通常根据教材内容和社会热点问题确定一个主题,主题之下设若干选题。学生分组进行准备,每个小组由五六个同学自愿组成,在课后围绕某一个选题查阅资料、集体讨论。经过 2—3 周的准备,各个小组在课堂上展示其研究结果。这种方法给了学生较大的"话语空间",激发了他们的学习积极性和主动性。他们彼此间建QQ群加强联系和讨论,认真收集、整理材料,自行设计开展问卷调查、访谈,制作PPT或者电子书,甚至拍摄、编辑视频,编排情景剧等,展示成果时采用了演讲、辩论、"焦点访谈"、情景剧等多种方式,体现了大学生思维活跃的特点和多方面才能。讨论课往往气氛热烈,主讲小组成员活跃在讲台上,其他小组成员在座位上认真倾听,积极参加讨论,并对主讲小组进行评议。教师在讨论中加强引导,保证讨论有正确方向和良好效果。在课后的教学评价中,很多同学纷纷表示讨论课让他们收获很多,不仅学会查阅资料、编写讲稿,学会与同学合作,更重要的是推进了对理论的认知和对现实的思考,有助于培养他们运用所学理论发现问题、认识问题、分析问题和解决问题的能力。

实践证明,以问题为导向的理论教学与围绕重大理论和实践问题或社会热点问题展开讨论的实践教学,能够比较好地贯彻落实党中央对思想政治理论课教学的基本要求,是增强思想政治理论课教学的吸引力、说服力、感染力、针对性和实效性的基本途径。

2020年12月,教育部发文指出,按照循序渐进、螺旋上升的原则,立足于思政课的政治性属性,对大中小学思政课课程目标进行一体化设计,以了解学习、理解把握习近平新时代中国特色社会主义思想为课程主线,在政治认同、家国情怀、道德修养、法治意识、文化修养等方面提出明确要求,引导学生坚定"四个自信",做德智体美劳全面发展的社会主义建设者和接班人。

其中,小学阶段重在培养学生的道德情感。重点引导学生知晓基本国情,尊敬国旗国徽,会唱国歌;了解革命领袖和民族英雄的生平故事,培养学生对习近平新时代中国特色社会主义思想的情感认同;知道社会主义核心价值观,初步形成规则意识,知道宪法有关常识,初步具有依据法律维护自身权益的意识;讲礼貌、守纪律、知对错;形成爱党、爱国、爱社会主义、爱人民、爱集体的情感,具有做社会主义建设者和接班人的美好愿望。

初中阶段重在打牢学生的思想基础。重点引导学生初步了解习近平新时代中国特色社会主义思想,感知马克思主义的思想力量和中国特色社会主义的实践成就;增强国家意识和国情观念,树立民族自尊心、自信心、自豪感;加深理解社会主义核心价值观,了解与学生日常生活密切相关的法律常识,具有初步的宪法意识、法治观念等;明是非、讲规则、辨善恶;把党、祖国、人民装在心中,强化做社会主义建设者和接班人的思想意识。

高中阶段重在提升学生的政治素养。重点引导学生初步掌握马克思主义基本原理,了解马克思主义中国化历史进程及其理论成果,理解习近平新时代中国特色社会主义思想;树立正确的历史观、民族观、国家观、文化观,认同伟大祖国、中华民族、中华文化、中国共产党、中国特色社会主义,积极践行社会主义核心价值观,树立宪法法律至上、法律面前人人平等观念,进一步增强法治意识;有序参与公共事务,勇于承担社会责任,积极行使人民当家作主的政治权利,明方向、遵法纪、知荣辱;衷心拥护党的领导和我国社会主义制度,形成做社会主义建设者和接班人的政治认同。中等职业学校(含技工学校)课程要体现职业教育特色。

大学阶段重在增强学生的使命担当。重点引导学生系统掌握马克思主义基本原理和马克思主义中国化时代化理论成果,了解党史、新中国史、改革开放史、社会主义发展史,认识世情、国情、党情,深刻领会习近平新时代中国特色社会主义思想,培养运用马克思主义立场观点方法分析和解决问题的能力;自觉践行社会主义核心价值观,尊重和维护宪法法律权威、识大局、尊法治、修美德;矢志不渝听党话跟党走,争做社会主义合格建设者和可靠接班人。本科及高等职业学校(专科)课程重在加强理论教育和学习,高等职业学校课程还要体现职业教育特色。研究生课程重在探究式教育和学习。

让学生在思政课实践教学中"悟情明理"。习近平总书记在学校思想政治理论课教师座谈会上指出,讲好新时代的思想政治理论课要"坚持理论性和实践性相统一",实质就是指不仅要运用马克思主义理论培养人,更要强化实践教学、深化实践育人,把思政小课堂同社会大课堂结合起来,教育引导学生立鸿鹄志,做奋斗者。

习近平总书记强调,推动思想政治理论课改革创新,要"不断增强思政课的思想性、理论性和亲和力、针对性","创新课堂教学,给学生深刻的学习体验"。创新是新时代的灵魂,把"点名课"变成"网红课",教育的观念、教学的方式都要与时俱进。要解决思政课抬头率的问题,就必须要了解学生所思所想,所学所用,要从青年的视角看中国、看世界,与学生既有现实"面对面",也有网络"键对键"。

实践教学的理念是学校教育同生产劳动和社会实践相结合的重要渠道,让处于"拔节孕穗期"的青年学生在亲身参与中认识国情、奉献社会、增长才干,锤炼品格,是一个多层次、全方位的育人体系,对于当代大学生树立理想信念,增强综合素质、培养创新意识、陶铸奋斗精神、逐步成长为德智体美劳全面发展的社会主义建设者和接班人具有至关重要的作用。

探索实践教学创新模式,提高实践教学水平,对于解决"培养什么人、怎样培养人、为谁培养人"的根本问题,扎实推进习近平新时代中国特色社会主义思想的实践养成具有非常重要的意义,是落实立德树人根本任务的必然要求。实践教学是思政课教学的有机组成部分,在内容上,应选择理论教学的重难点及学生思想的困惑点,结合"点"提炼"问题",再通过"问题导入",化长篇大论为小口切入,变"大水漫灌"为"精准滴灌",促进学生深入理解课堂所学理论知识,并进一步转化为情感认同、政治信仰、行动自觉。

做好高校思想政治工作,要坚持因事而化、因时而进、因势而新,面对思维多元的"00后"大学生,思政课不能仅限于在学校里和课堂上讲,更要推动学生深入社会大课堂。"中国早期的马克思主义者大多受过良好教育,个人前景光明,为什么他们走上了为劳苦大众代言的艰辛革命道路?"课堂上布置的思考题,在实践教学中来回答。"我们来到这里,就是为了寻找历史与人民选择马克思主义和社会主义、永远跟党走的奥秘。"在天津周恩来邓颖超纪念馆、觉悟社旧址,我以"认清历史选择,坚定理想信念"为主题开展实践教学,几十名学生带着疑问寻找答案,从同学们犀利又不乏深度的提问中能看出大家的思考。

《关于加强和改进新形势下高校思想政治工作的意见》提出"坚持全员全过程全方位育人"的"三全育人"模式,加强和改进高校思政工作,需要着力加强教师队伍建设。思政课实践教学应探索建立协同育人制度,调动思政课教师、专职辅导员等育人主体的积极性,探索课堂教学与实践教学、思政课教师与专职辅导员紧密结合,发挥思政课主渠道与日常思想政治教育主阵地合力作用的实践教学新模式,提升思政课实效、实现学生全面发展。

当前,实践育人理念受到社会各界广泛认同,许多高校都把深化实践教学作为人才培养改革新的发力点和突破点。近年来,马院的思政课教师打破了第一课堂的"条条框框",把"最难讲"变成"最精彩",而辅导员则打造"随时随地"的第二课堂,把"纸上谈"变成"实践行",实践教学与课堂教学合力解决学生思想困惑。通过实践教学,学生切实感受到了用科学理论分析和解决现实问题的优势和益处,对思政课的整体评价有了明显提升。

实践教学把教科书与新时代中国这本大书有效结合在一起,以广袤中华大地为成长成才的最好教材,越来越多的学生通过思政课实践教学筑牢理想信念之基,在习近平新时代中国特色社会主义思想指引下,把小我融入大我,把个人梦融入中国梦,共绘同心圆,奋进新时代。

10.1.3 思政课教学创新团队的探索方向和路径

推动思想政治理论课改革创新,要不断增强思政课的思想性、理论性和亲和力、针对性。要求将马克思主义、中国特色社会主义基本理论的教学与学生思想实际紧密结合,科学地、有针对性地回答时代提出的重大理论和现实问题。

（一）思政课教学改革创新的方向

因为讲的是学生真正关心的问题,他们就会觉得有亲和力,而不是身外之物,从而把课讲到学生心里去。为此,习近平总书记提出要坚持"八个相统一"的教学要求。

一是坚持政治性和学理性相统一。要求在教学中以透彻的学理分析回应学生,以彻底的思想理论说服学生,用真理的强大力量引导学生。马克思说,理论一经掌握群众,也会变成物质力量。理论只要说服人,就能掌握群众;而理论只要彻底,就能说服人。所谓彻底,就是抓住事物的根本。"政治性和学理性相统一",要求从根本上彻底地讲明马克思主义理论的真理性。譬如,有人认为,俄国十月革命和中国革命都搞早了,违背了生产力决定社会发展的理论。这种观点对大学生有一定的迷惑性。对此,在教学中必须从资本主义在世界发展的大视野出发,深入剖析帝国主义时代生产力和生产关系矛盾的焦点已经转移到落后国家、上层建筑统治的薄弱环节也在落后国家的事实和道理。透过这些本质特征,才能透彻地向学生说明某些相对落后的国家率先进行社会主义革命的必然性以及艰巨性、曲折性。再如,曾经是社会热点、也为大学生广泛关注的人性本质的讨论。资产阶级思想家把抽象的、孤立的人类个体看成社会的基本单位,认为"利己目的是人们思想行为唯一原始出发点",从而得出人性自私的结论。马克思主义则坚持从社会关系中考察人性的本质,它不否定个人利益,但不承认脱离一定经济、社会关系的抽象的、孤立的个人利益。马克思说:"各个人的出发点总是他们自己,不过当然是处于既有历史条件和关系范围之内的自己,而不是玄想家们所理解的'纯粹的'个人。"从而说明自私并不是单个人所固有的抽象物,而是在私有制基础上损害社会和他人利益的社会关系属性。社会主义集体主义是社会化大生产条件下,在集体解放中实现每个人的解放的社会思想。从这种分析方法出发,就可以科学地分析不同人性的历史演变、自私在人类史上的作用以及社会主义初级阶段为何、如何倡导集体主义,批判地分析人性自私论,克服其消极影响,从本质上讲明马克思主义的人性理论。

"政治性和学理性相统一"也是马克思主义的本质特征。马克思的《资本论》《共产党宣言》,列宁的《帝国主义是资本主义的最高阶段》,毛泽东的《实践论》《矛盾论》等著作都是政治性和学理性相结合的科学经典著作,马克思主义经典作家们都兼具政治家和学者的品质。在思政课的讲授中,应当把马克思主义这个本质特征讲出来。

二是坚持价值性和知识性相统一。要求教学中注意把价值观引导寓于知识传授之中。价值性讲的是人们的利益关系是否有积极意义,知识性讲的是知识事实是否科学。我们党一贯强调价值性和科学性的统一,把以人民利益为中心的价值观和实事求是、尊重客观规律相统一。西方学术界把两者截然对立,主张价值中立,是很虚伪的。大学生在学校主要是追求真理知识,如果思政课不是空洞说教,而是把价值性和知识性相结合,让同学们在学习理论的同时在知识上也有所收获,就会受到欢迎。

三是坚持建设性和批判性相统一。要求教学中注重传导主流意识形态,直面各种错误观点和思潮。多年来,我一直在努力这样做。改革开放是伟大的社会变革,在社会变革中,利益主体、社会思潮多元化、多样化,势必影响大学生对改革开放道路和人生价值的看法。我始终把"当代社会思潮与青年思想教育"作为主要研究方向,用以促进教学。备课时,努力学懂马克思主义基本理论和中国特色社会主义理论体系的精神实质,同时积极研究新自由主义、西方宪政民主、历史虚无主义、普世价值论等错误思潮的实质和表现,及其对大学生思想影响的重点、疑点。讲课时,在旗帜鲜明地批判错误思潮、帮助大学生解除思想困惑的同时,传中国特色社会主义之道。如东欧剧变以来,把西方多党制奉为"普世价值"的思潮泛滥,有的学生误以为照搬西方多党制就可以更好地监督和改善共产党的领导。

围绕中国的历史、现状和世界上那些照搬西方多党制国家的历史、现状进行对比研究,就可以得出具有内在科学逻辑、能够让学生真心认同的结论:在政纲根本对立的政党之间搞多党竞争、轮流执政是不现实的,其结果只能是社会动乱或原有制度被推翻。在此基础上,再进一步阐明中国共产党领导是中国特色社会主义最本质的特征和最大优势,并且对中国共产党依法治国、依规全面从严治党、加强对执政权力监督的理论和实践进行阐述,就会大大增强同学们对共产党领导和走中国特色社会主义道路的信心。

四是坚持理论性和实践性相统一。要求在教学中用科学理论培养人,重视思政课的实践性,把思政小课堂同社会大课堂结合起来,引导学生了解社会,服务国家。据我了解,有的思政课教师不但在课堂讲授中经常引用社会大课堂的案例论证理论教学,还会开放课堂,结合授课内容把一些先进人物请进来讲课,同时组织大学生到企业、农村参观实践,推动他们利用假期回家结合理论课教学内容作社会调查,等等。这些做法活跃了课堂、丰富了教学内容,使理论接地气,增强了思政课的亲和力和针对性,取得很好的效果。坚持理论性与实践性的有机统一,是新中国成立70年来思想政治理论课建设的光荣传统,是马克思主义认识论的根本要求。坚持理论性和实践性相统一,是新中国70年思想政治理论课建设的光荣传统与基本原则。新中国成立伊始,《中国人民政治协商会议共同纲领》关于文化教育政策明确规定,中华人民共和国的教育方法为理论与实际一致,明确要求高校开设思想政治理论课要做到理论性和实践性相统一,不能空讲理论而脱离实际。因此,新中国一成立就开设"新民主主义论"这门思想政治理论课。此后,又结合实际开设"中国社会主义建设""毛泽东思想概论""邓小平理论概论""毛泽东思想和中国特色社会主义理论体系概论""习近平新时代中国特色社会主义思想概论"等课程。坚持理论性和实践性相统一,还是马克思主义认识论的根本要求。马克思主义本身就是理论与实践相统一的学问,思想政治理论课不能只强调理论性而忽视实践性。

学习理论要做到学、思、用贯通,知、信、行统一。马克思主义认识论认为,实践是检验真理的唯一标准。要在实践中去检验认识的真理性,去体验真理的指导,实践、认识、再实践、再认识……是认识发展的必然规律。实践环节既是对理论认识的验证,更含情感信念的强化,和理论教育环节相辅相成。思想政治理论课不能因为定位是理论课就为理论而理论,故作高深,脱离实际,一定要在大众化上下功夫,在联系实际上下功夫。同时,我们也不能走向另一个极端,只强调实践性而轻视理论性。我们不能用日常的思政教育活动代替系统的马克思主义理论教育,也不能用政治教育运动代替马克思主义理论课程的教学。"没有革命的理论,就没有革命的运动",没有系统的理论学习作为基础和前提,必然会使所谓实践停留在肤浅的感受层面。理论源于实践又高于实践,是对实践的高度概括和总结。理论是不能用简单的体验感受来代替的。思想政治理论课教学需要学理性,需要从不同角度和层面,给学生以全面的理论感受和认知。为此,要通过系统的课程体系和优秀的教师队伍,给学生讲授完整的马克思主义理论。

五是坚持统一性和多样性相统一。要求在教学中既落实教学目标、课程设置、教材使用、教学管理等方面的统一要求,又因地制宜、因时制宜、因材施教。思政课教学在大纲、教材等方面的要求是统一的,但讲课的形式、方法却可以因课、因老师特长和学生特点而异。有的教师善于精准、通俗地讲解马克思主义经典著作;有的善于从现实提出问题,理论和实践相结合进行回答;有的善于把中华优秀传统文化与马克思主义理论相结合,实现创造性转化和创新性发展;有的善于在与西方学术思想、社会思潮的比较中,阐述马克思主义理论的真理性;有的善于利用网络进行教学方式的创新;还有的善于把马克思主义理论教学与学生的专业结合起来。这些都是非常好的教学实践。坚守统一性是思政课守正的根本要求。所谓统一性,乃是关于事物系统总体特征和发展趋势的概括,是反映事物自身所固有的那种常驻的具有主导、统摄、包容一切性质的哲学范畴。在思政课改革创新进程中,守正创新是重要原则。其中"守正"是根基和前提,思政课只有坚守守正才能站稳立场、坚持原则和把好方向。统一性表现为"普遍性"和"原则性",它规定着事物的性质和发展方向。思政课坚守统一性是围绕着思政课本质属性和根本目标而建构的基本要求,对思政课守政治方向之正、守价值初心之正、守教学规范之正起着重要的支撑作用。

思政课要坚持指导思想统一,守政治方向之正。推动思政课改革创新,把握好思政课建设的方向是关键。方向把得准不准、稳不稳、实不实,关键就在于马克思主义指导地位坚守得牢不牢靠、马克思主义理论教育是否真正落到实处。长期以来,马克思主义是我们立党立国的根本指导思想。新时代思政课改革创新,必须"加强政治引领,把坚持以马克思主义为指导落实到教育教学各方面,对各种错误观点和思潮旗帜鲜明予以抵制",坚定筑牢思想防线,把好"总开关",确保思政课改革创新坚持办学正确政治方向。思政课要坚持"根本遵循"统一,守价值初心之正。古今中外,各个国家皆是按照自己的政治要求来培养人才,世界一流大学亦是在服务自己国家发展中逐渐成长壮大。社会主义事业建设者和接班人的培育是新时代教育教学的根本使命,亦是思政课改革创新的价值初心。习近平总书记强调,办好中国的事情,关键在党。新时代办好人民满意教育,一方面在于加强党对思政课建设的领导,充分发挥党集中统一领导的优势,凝聚主导力量;另一方面在于坚持社会主义办学方向,实现为党育人、为国育才,守牢思政课建设的价值初心。思政课要坚持组织管理统一,守教学规范之正。思政课是推进马克思主义理论教育的重要抓手,是涵养科学思想、传播科学理论的主阵地,课堂教学效果和质量是衡量思政课建设的重要部分,要想打好思政课教学质量提升的攻坚战就必须用好课堂教学主渠道。从 2018 年到 2020 年,中共中央办公厅、国务院办公厅和教育部多次发文,就思政课学科体系、教学体系、教材体系、管理体系建设等问题作出详细规定及要求,对全面提高思政课教学质量和水平起了重要的引领作用。新时代思政课改革创新必须深入贯彻落实中央对思政课建设"思路创优、师资创优、教材创优、教法创优、机制创优、环境创优"的统一规范要求,以不断提升思政课教育教学效果,避免思政课教学简单化、贫乏化和肤浅化。

发展多样性是思政课创新的必然结果。与统一性密切关联的多样性,指的是客观事物在样式、层系、发展阶段等层面的差异,是使相互联结的客观事物区别开来的关系。思政课教学是一个复杂多变的系统工程,其所面临的主体、客体、介体、环体皆具差异性且处于动态发展变化之中。这就决定了思政课的教育手段、方法、渠道、资源等必须具有灵活性、针对性和丰富性。多样性的本质体现的是差异性,有差异就有矛盾,矛盾是事物发展的根本动力。所以,对于思政课改革创新而言,尊重和发展多样性是思政课创新的必然结果。

思政课改革应因地制宜,创新教学资源。因地制宜,强调的是空间维度上的差异,侧重点在于关注各地不尽相同的具体情况。在思政课教育教学过程中,应充分把握不同地域、不同类型学校的不同特点,积极、深刻挖掘和编制"资源图谱",引导和扶持师生积极创作导向正确、内容生动、形式多样的文创产品,并将其融入教学实践中,不断丰富思政课教学内容,扩展思政课教育空间。思政课改革应因时制宜,创新教学手段。因时制宜,关注的是时间维度上的差异,重点在于与时俱进。新时代背景下的思政课改革发展必须坚持立于时代潮头、坚持站在实践前沿,不断增强时代感和感召力。信息时代的到来,更是呼唤着思政课教育教学要借力于大数据、人工智能、新媒体、区块链等现代信息技术,推动现代信息技术的工具理性与思政课价值理性深度融合,强化网络育人功能,让思政课真正"活起来""火起来"。思政课改革应因材施教,创新教学方法。因材施教出自《论语·为政》,关注的是教育教学不仅要强调"有教无类",更要强调"有教有类",要在尊重个性差异的基础上实施精准教学。思想政治工作归根结底是一项做人的工作,须坚定不移遵循思想政治工作规律、教书育人规律和学生成长规律这"三大规律",始终围绕、关照和服务教育对象,这是思想政治工作之根本遵循。因材施教在教育教学中既是一种方法,更是一种理念,体现的是以生为本、实事求是,从差异出发。面对不同成长背景、学业基础、发展定位及价值需求的学生,教师需要根据实际情况选用适合不同学生的教学方法有针对性地开展教学,坚持以"育人为本"回应学生成长需要的整体性,以方式方法的多维性回应学生成长需要的多样性。

六是坚持主导性和主体性相统一。要求思政课教学中教师起到主导性作用,同时加大对学生认知规律和接受特点的研究,发挥学生主体性作用。现在的思政课教学,早已改变了过去老师讲学生听满堂灌的方式,注重互动性,采用课堂讨论、社会调查、小组研学、情境展示等丰富多样的形式,充分调动学生主体的能动性,让他们参与到课程中来。但是,学生主体的积极性要在教师的主导下才能更好地发挥出来。互动主题的设定、经典著作的导引、研学讨论的总结,等等,都要在教师主导下,才能达到教学相长的预期效果。

七是坚持灌输性和启发性相统一。要求教学中注重启发性教育,引导学生发现问题、分析问题、思考问题,在不断启发中让学生水到渠成地得出结论。马克思主义是科学,科学是对事物本质和内在规律的认识,是不能自发地形成而只能从外部灌输给人们的。列宁就说过,工人本来也不可能有社会民主主义的意识,这种意识只能从外面灌输进去。任何科学,包括自然科学和社会科学，都不会自发地在人们头脑中形成，都要经过灌输才能为人们接受。但是，灌输是原则，在实际教学中，必须以启发学生积极思考、主动参与，而不是填鸭、硬灌的方法进行，才能为学生所接受。

八是坚持显性教育和隐性教育相统一。要求教学中挖掘其他课程和教学方式中蕴含的思想政治教育资源，实现全员全程全方位育人。思政课毫无疑问是高校思想政治教育的显性课程，是大学生思想政治教育的主渠道和主阵地。我们是社会主义国家，办的是社会主义教育，培养的是中国特色社会主义事业的建设者和接班人，必须理直气壮讲好思政课。但学校的思想政治教育工作，不能全是思政课教师的事，其他专业课程中同样蕴含着丰富的思想政治教育内容。我认识的一位老师就说过，老师们应该加强思想政治教育的责任意识，寻找思想政治教育的载体，减少思想政治教育的痕迹。他是一位工科教师，但是在他讲授的课程及各种专题学术讲座中，无不渗透着丰富的思想政治教育资源，学生每每听过后，都会在思想境界和专业知识上获得双重的收获。思政课教学如果能和其他课程中蕴含的思想政治教育资源相辅相成，形成合力，同向而行，就会取得更大的效果。

现在的青年是令人羡慕的，他们身处伟大的时代，正亲身参与着实现中华民族伟大复兴的历史征程。中国梦的实现，关键在党，希望在青年。在习近平新时代中国特色社会主义思想指引下，当代青年一定能够完成肩负的历史使命，而思政课也一定能为青年一代培根铸魂发挥更加重要的作用。

思政课教学改革的关键不是换手段而是换思维！过去，对于思政课教学效果不理想，往往可以直接归结于"不重视"；现在如果还说这个理由，显然是说不过去了。各种倾斜政策基本上落实到位（如果哪个学校到今天依然是过去那种态度对待思政课，那就可以上升到政治站位的问题了）。

其实，对于负责思想政治理论课建设的马克思主义学院、负责讲好思想政治理论课的广大教师来讲，没有任何的理由不把思政课建好、讲好、引导学生学好。其实最大的工作压力是在政策到位、领导高度重视的情况下，我们能够做出些什么来承接各种各样的支持。

单从思政课教学本身而言，课讲得好不好固然与教师的投入与付出有直接的关系，但同时也与教师对所讲内容的理解与再造、讲课的话语与情感表达、借助的手段和采用的方法、还有非常关键的就是学生对思政课的认知和学习态度。

（二）思政课教学改革创新的路径

破解思政课教学难题的根本出路在于"创新求变"，其实这几年大家也都能够看得到，全国思政人为了提升思政课教学的实效性蛮拼的，在教学内容的设计与转换上、在新的教学方法的探索上、在各种新手段的尝试上、在实践教学体验上，总之在各个方面铆足了劲、下了很大的功夫，客观地讲，思想政治理论课在学生的评价效果上比以前的情况好得多。

但是，针对思政课教学的效果来讲，批评的声音一直就没有断，尤其是在各种对思政课建设倾斜的政策落实实施后，情况更加不乐观。不是思政课教师不努力，我们这支队伍中除了极少数教师的确不努力、自暴自弃以外，绝大多数教师还是在积极努力在力争改变思政课教学的现实困境，但是大的形势与环境将思政建设的高标准赋予思政课身上，要达到有政治高度、理论深度、文化厚度、思维广度、情感温度、创新力度、评价效度的综合统一，的的确确太难了。其实，对于教师而言，有两点是必不可少的：一是自尊心；二是事业心。前者是做一名合格教师的底线,后者是做一名好老师的基本要求。作为管理者而言,要激发教师讲好思政课的内生动力,以事业心来导引教师的成长与发展;同时,不要做那些触碰教师自尊心的事儿。

为什么我们这么几年来在不断寻求思政课改革的突破口,各种教改立项的支持,改来改去一直未达到理想化的效果,仅从改革本身而言,我们还真的要反思一下这几年的思政课改革。

思政课改革、包括思政课练兵在内的队伍建设的目的究竟是什么? 是为了得到赞许? 是为了得到掌声? 是为了在宣传报道上露脸扬名? 是为了借此搞个项目、发个文章? 我觉得上述所列的表象性目标最多只能是开展思政课改革与建设的副产品,我们不能是为了追逐上述的目标、为了改革而改革。改革不是换方法换手段,关键在于要换思维。

思政课程要真正做到"打动学生、说服学生",就应当是课程"有温度、有力度"而不是干巴巴地讲词条、一个接一个地举例子,应当结合各门课程的特征和向学生传递的教育信息及价值引导,最终达到"进头脑"目标。应当坚持以下思维:

一是强化树立"两个转变"的思维。思想政治理论课教学实现由"教材体系向教学体系""知识体系向信仰体系"转变。第一个转变是要对讲授的内容进行再造性设计,解决内容的高大上但讲起来冷冰冰的问题。我最近听了不少青年教师的讲课,凡是根据教学的要求、对既定的内容按照"讲"的思路逻辑进行设计的话,虽还是这些内容,但给人耳目一新的感觉;如果跳不出教材的或者写文章惯用的逻辑,讲授内容是完整了,但吸引力却不强。第二个转变非常明确,思想政治理论课要运用显性+隐性育人的方法,改变单纯传授知识而忽略的价值引导,坚决克服思政课专业化的倾向。不能够很好地实现"两个转变",我们的思政课的政治性、思想性、理论性和吸引力都无法体现。

二是坚持探究引领与摈弃灌输相统一的思维。我记得在前面推出的文章中,已经多次讲过为什么思政课单纯的灌输行不通的道理。一是学生本身先入为主地认为思政课就是讲大道理讲空道理的课、是说教的课程。我们的"满堂灌"恰恰证实了他们预设的判断,从而更加拒绝和抵制。二是从教育的规律上看,教育者传输的信息能够输入学习者的大脑,是与他本身既有的信息储存有很大的关系,决定着或抵触或接受。因此要在"灌"的方式方法上下功夫。我们进行教学改革,其中很大一部分就是要解决这样的问题。"灌"也是一种艺术,但是要在紧盯目标与实效的基础上进行改革,而不是单纯的方式方法的改革。没有情感的付出,教师就显现不出一定的情怀,以"学究"的面孔、甚至是不苟言笑的"马列老太"的形象出现。

三是坚持"内容为王"与"形式搭桥"的思维。一些思政课教师不太认同教学方式、教学手段的改革,单纯强调"内容为王",秉承只要是对学生成长有益的东西学生最终都会接受的观念。新手段、新方法的采用要有非常清晰目的和定位,就是服务于思政育人。习近平总书记在思政课教师座谈会上强调的"八个统一",其背后蕴含着深刻的教育的、思想政治教育的过滤和道理,就是需要通过对教学方式、教学方法、教学手段的改变来实现好的东西一定是学生真心要的、能够解决学生"真问题"的教学内容,而不是教师自认为学生一定会接受的东西。我还记得"学生认为我们教师'累'得很",言外之意我们做了许多并非他们所需的事儿,针对性自然就不强了。

四是坚持"课堂热闹"与铸魂育人相统一的思维。目前在大家交流的过程中,借助"三微一端",拉近了全国思政人的距离,大家通过工作交流、交换思想、交流经验、相互启发,是一种非常好的形式。但是,我们必须清醒地看到,那些长期坚持的思政课教学的方式方法,的确对于学生有较强的影响作用;但是也不排除简单模仿、夸大宣传、追求短期效果的做法,使得思政课在观感上越来越好看、在设计上更加符合逻辑和环节的严丝合缝,也出现了一浪高过一浪、一阵热过一阵的教学改革及形式。但是,完了、过后什么也没留下、没有给学生留下能够影响他们认知、影响他们思想的东西。N 年之后我们的校友返校,言谈话语中对过去教育的印象还有什么? 估计知识的东西会少之又少,而做人的东西越来愈多。

因此,我们无论在推进思政课程,还是课程思政甚至包括专业课改革,必须弄清楚"为什么改"—"改什么"—"怎样改"的改革逻辑,切忌自己没想好就贸然改革、就完全否定过去的一切进行改革。其实,过去的方式方法也不都是非改不可的,所以我们要沿用过去行之有效的好方法、改革不适应教育革命要求的旧方法、探索创新更加有效地新方法。我非常赞同这样一句话"不折腾",在教育的问题上没想好就不要轻易改,一旦看好了就坚决地改。

10.2　思政课创新团队多维协同模式与实践推动高职人才培养

10.2.1　思政课教学创新团队的责任和使命

思想政治理论课是落实立德树人根本任务的关键课程,是培养一代又一代社会主义建设者和接班人的重要保障。因此,办好思想政治理论课,是党和人民的一项重要事业。思政课创新团队多维模式构建意义重大。

当前思政课教师队伍的整体素质和团队建设水平还需要提升,与党和国家的要求相比还有较大差距,因此加强思政课教学创新团队建设,是引领思政课教学模式改革创新、推进人才培养质量持续提升的重要平台和载体。

高校思政课承担着对大学生进行系统的马克思主义理论教育的重要任务,肩负着提升大学生思想政治素质的重要责任,是重要且必要的关键课程。推进高校思政课改革创新既要知如何做,又要知为何做,因此,把握其改革创新的意义是必要前提。全面把握思政课创新团队多维模式构建的重要意义,要在立足党的优良传统的基础上,以意识形态工作大局和立德树人根本任务的眼光来看待,站在中华民族伟大复兴中国梦的高度来认识。

（一）思政课改革创新事关发扬党的优良传统

中国共产党在革命、建设、改革的各个历史时期,都将思政课建设摆在重要位置。在新民主主义革命时期,我们党秉持学习和宣传马克思主义的基本立场,在红军大学、苏维埃大学、抗日军政大学、陕北公学等高校开设了"马列主义""科学社会主义""中国革命运动史""党的建设"等课程。毛泽东曾九次到陕北公学亲自授课,指导学生如何用马克思主义的立场、观点和方法分析中国革命问题。新中国成立以后,"中国革命史""马列主义基础""辩证唯物论与历史唯物论"等纳入课程教学,为培养坚强的革命接班人奠定了理论基础。改革开放后,党中央先后出台 10 多个关于学校思想政治工作的文件,马克思主义理论学科建立完善,加强和改进高校思政课的措施细化跟进,马克思主义理论中国化时代化的最新成果进教材、进课堂、进学生头脑有序开展。特别是党的十八大以来,党中央先后召开全国高校思想政治工作会议、全国宣传思想工作会议、全国教育大会、学校思想政治理论课教师座谈会等,习近平总书记多次强调"思想政治理论课要坚持在改进中加强","我们办中国特色社会主义教育,就是要理直气壮开好思政课"等。可见,高度重视思政课建设发展是我国党办高校的鲜明特色,推进高校思政课改革创新是传承并发扬党的优良传统的重要体现。

（二）思政课改革创新事关意识形态工作大局

意识形态工作是党和国家一项极端重要的工作,高校是意识形态工作的前沿阵地。党的十九届四中全会将马克思主义在意识形态领域的指导地位作为一项根本制度提出,不仅体现了党对意识形态领域问题的认识进入新境界,也昭示着思政课在传播马克思主义理论知识方面承担着更加艰巨且重要的任务。就课程性质来说,思政课是马克思主义意识形态教育的主渠道;就授课对象来说,广大青年正处于人生的"拔节孕穗期",信念尚显薄弱,思维相对灵活,价值观没有稳定,需要正确引领。加强对广大青年的主流意识形态引领,就是引导他们系好人生的第一粒扣子,引导他们成长为理想信念坚定、政治素质过硬的国之栋梁。准确把握思政课的意识形态属性,关系着学生能否成为坚定的马克思主义信仰者,做到真学真懂真信真用;关系着学生能否真正理解中国共产党为什么"能",马克思主义为什么"行",中国特色社会主义为什么"好",增强"四个意识"、坚定"四个自信";关系着学生能否树立正确的世界观、人生观、价值观,在纷繁复杂的意识形态斗争中明思善辩、站稳立场。因此,高校思政课改革创新事关广大青年的意识形态引领,是把握意识形态工作大局的必然选择。

（三）思政课改革创新事关立德树人根本任务

思政课是落实立德树人根本任务的关键课程。解决好思政课之于立德树人重要作用的问题,必须首先回答好立什么"德",树什么"人"的问题。在立德的层面,思政课是传播主流意识形态的课程,其政治性、思想性、道德性都是立德的重要体现。对高校思政课的课程设置而言,马克思主义理论教育、中国特色社会主义理论与实践教育、社会主义核心价值观教育、法治教育、劳动教育、心理健康教育、中华优秀传统文化教育等,重在提高学生的思想水平、政治觉悟、道德品质、文化素养,不仅能引导学生确立家国之大德,也能帮助学生树立社会之公德、个人之私德。在树人的层面,我国是社会主义国家,我们有独特的历史、独特的文化、独特的国情,我们的高校走的是中国特色社会主义高等教育发展道路,这就决定着,高校思政课必须扎根中国大地,为中国特色社会主义服务,不能培养其他什么建设者和接班人,更不能培养旁观者、反对派或掘墓人,高校思政课培养的必须是德智体美劳全面发展的社会主义建设者和接班人。立德树人是人才培养和教育现代化的重要命题,是高校的立身之本,高校思政课改革创新的育人宗旨不会改变,现在和未来都会是立德树人的重要支撑。

（四）思政课改革创新事关中华民族伟大复兴

"青年兴则国家兴,青年强则国家强。青年一代有理想、有本领、有担当,国家就有前途,民族就有希望。"高校学生是当代青年的中坚力量,是实现第二个百年奋斗目标的担纲者,是中华民族伟大复兴中国梦的建设者。担当民族复兴大任的时代新人既要有本领技能,更要有理想担当。思政课不同于一般的专业课,并非以培养部分学生特殊的专业技能为目的,而是以培养全体学生共同的理想担当为旨归。思政课承担着贯彻党的教育方针的重要任务,承担着为党育人、为国育才的重要使命,是培养担当民族复兴大任时代新人的政治课、理论课和信仰课,是全体青年学生都要学习和掌握的灵魂课程。办好思政课,就要坚持立德树人、铸魂育人,就要引导学生增强中国特色社会主义道路自信、理论自信、制度自信、文化自信,厚植爱国主义情怀,把爱国情、强国志、报国行自觉融入坚持和发展中国特色社会主义事业、建设社会主义现代化强国、实现中华民族伟大复兴的奋斗之中。因此,高校思政课改革创新是进一步夯实青年学生信念根基、道德认知、使命担当的重要举措,是培养堪当民族复兴大任时代新人的重要依托,必将为实现中华民族伟大复兴的中国梦发挥重要力量。

10.2.2 职业教育教师创新团队多维模式的建构和实践

教师教学创新团队本质上是一个多维、综合、立体的共同体。职业教育教师教学创新团队建设以强化实践共同体为基础,以打造专业共同体为核心,以构建利益共同体为驱动。

(一)优化校企人员双向流动机制,强化实践共同体

《国家职业教育改革实施方案》将教学创新团队建设定位为"高水平、结构化",这意味着要以教师结构的优化带动教学创新团队建设的高水平发展。《全国职业院校教师教学创新团队建设方案》更是明确提出要多措并举打造"双师型"教师队伍,对教师招聘的准入门槛作出了相应调整。方案对新进教师的学历要求降至高职以上,增加了具有3年以上企业工作经历的限制性条件。这一从学历到实践经历的重心转移将帮助职业院校吸纳大量长于技术技能的"新鲜血液",充实现有的"双师型"教师结构。然而,要解决在岗教师"双师型"力量薄弱的"先天不足"难题,建立校企人员的双向流动机制显得更为关键。首先,学校通过与企业协同共建"双师型"教师培训基地,将专任教师"送出去",定期开展全员轮训、教师进企业或生产服务一线等实践活动,让团队教师有针对性地学习专业领域先进技术,参与产品研发和企业技术的改进与创新,通过实践完成对其知识结构失衡问题的及时纠偏,带动团队教师实践教学、实习实训和技术技能创新等多重能力的提升。其次,支持、鼓励学校将企业的行家里手、具有实践经验的职业技术人员和高技能人才"请进来",充实已有的教师教学创新团队,将校内课堂与企业课堂、教学过程与生产过程、学习与就业有机融合,实现资源互通、人才共享、校企双赢。同时,校企人员的双向流动还有赖于团队管理制度的完善。例如,可以设立"双师型"教师专项资金或出台教师与企业人员之间的相互"兼职兼薪"制度,通过制度到位带动教师教学创新团队建设的人员到位、责任到位、效果到位。

(二)提升团队成员专业协作合力,打造专业共同体

建立团队协作共同体是《建设方案》针对教师教学创新团队建设提出的具体目标。面对职业教育发展道路上产教融合与校企合作的形势需要,提升教师的专业协作合力成为打造高水平、结构化教学创新团队的必然选择。首先,优化团队发展结构,培育多方参与、多元协同的生态支持系统。教学创新团队建设打破专业壁垒,根据区域经济发展、产业结构布局以及院校专业的自身特点,逐步摸索构建学校内部教师或校企人员之间的专业共同体。教学创新团队依托职业教育专家、专业领域教授和企业工匠大师等组成的智库,以学校教学名师为团队负责人,聚集校内外的理论型人才、科研型人才和技能型人才,以课程开发、教学科研和社会服务为抓手,以职业教育理念的迭代、课程体系的重构、教学模式的变革和人才培养模式的创新为价值引领,促进团队成员在理论与实践、教学与科研的跨界融合、互动协作,实

现教学、实践和研究的协同效应。其次,完善团队发展机制,激活团队成员的专业发展动力。基于职业教育发展规律、共同体理念、团队成员的专业发展诉求与愿景,建立一系列完备、有效的培养考核制度与保障机制。在培养考核层面,根据团队成员的专业能力、特点与发展潜力定制分层、分级的个性化培养方案,对标《建设方案》中对教学创新团队的建设任务,从教师能力建设、共同体协作建设、课程体系构建、教学模式创新、经验成果成型五个维度制定绩效考评机制,引入专家评估、第三方评价和信息管理平台等方式开展阶段性、差异化的绩效评价,并在此基础上生成诊断改进报告。在保障机制层面,将教师教学创新团队成员的培养考核纳入"双师型"教师资格认证、职称评定、岗位聘任等关系教师切身利益的各个环节,最大限度地提升教师专业发展和协作能力,打造强有力的专业共同体。

（三）拓展校企协同育人空间,构建协作共同体

校企合作共建,人才培养全流程,打造校企育人共同体,是产教融合发展到一个新阶段的新组织形态。校企合作展现了职业院校的育人优势,学校与企业的融合深度决定了学生的就业渠道和发展空间,从长远来看决定了职业教育的核心竞争力。然而在实际操作中,校企合作往往陷入表面化与脆弱化的困境或呈现"校热企冷"的反差。"职教20条"和《建设方案》都明确提出了构建职业院校和行业企业命运共同体的要求,而这一实现路径有赖于利益联结和约束机制的共同驱动。校企合作本质上是一场代表学校的公共属性和代表企业的经济利益之间的博弈与平衡,企业的参与程度决定了校企合作的发展走向与最终结果。因此,只有向企业释放更多的自主空间,输送企业升级转型所需的技术和人才支撑,才能激发其支持办学、参与办学的积极性,打开校企协同育人的新格局。首先,发挥政府的统筹功能,为企业创造实际效益。由政府牵头组织成立服务区域经济发展的专业性职教集团,实现校企之间信息互通、资源共享、优势互补、合作发展;或联合行业机构、企业与学校共建"双元制"培训中心和考试认证基地,多方协同开发基于典型工作过程的课程体系,形成"双元制"人才培养模式,凸显企业的主体性地位,提升校企合作对企业的吸引力,进而赋能产教深度融合。其次,强化制度约束机制,避免校企合作的偏轨。建立由教育、财政、科技等多部门组成的职业教育联席会议制度,在推进本地区校企合作的规划、资源配置、经费保障、督导评估等工作中形成合力,并出台相关法律法规,明确政府、企业和学校三方共同承担、合作履行的责任与义务,最大限度地保障学生的人身权益和劳动安全,解决合作企业的后顾之忧。

10.3　高素质思政课教学创新团队建设改革创新认识有待提升

为党育人、为国育才代表着中国教育的宗旨和价值,决定着中国教育未来的尺度和原则,决定着治理发展的原则,是中国特色社会主义教育的核心和价值归属,准确地解释了中国教育的本质属性。

（一）思政课教学创新团队建设牢牢坚持落实立德树人根本任务

必须始终牢牢坚守为党育人、为国育才的重要使命,落实立德树人根本任务,建设高素质思政课教学创新团队,办好铸魂育人的关键课程。

一是做好"主心骨",加强党对思政课建设的领导。加强党对思政课建设的领导,是思政

课建设的根本保证。思政课是落实立德树人根本任务的关键课程,要聚焦关键课程的"关键点""关键人""关键事""关键处",提高政治站位、强化队伍建设、坚持改革创新、提升育人效果,切实落实党对思政课建设的领导。

二是抓住思政课"关键点",提高政治站位。习近平总书记指出,"政治引导是思政课的基本功能"。思政课的根本属性是政治属性,思政课的首要前提就是讲政治。加强党对思政课建设的领导,就是要抓住"关键点",提高政治站位,深化思想认识,确保思政课建设沿着正确的政治方向前进。学校要高度重视马克思主义学科领航作用,积极推进马克思主义理论学科"优先—优质—优势"发展。学校在学科建设上,按照支持政策优先倾斜、学科经费优先保障、人才梯队优先培育的原则,强化学科属性,加强团队建设。

三是抓住思政课"关键人",强化教师队伍建设。办好思想政治理论课关键在教师。思政课具有政治性、意识形态性、科学性和专业性等特点,对思政课教师提出了更高的要求。学校要充分发挥党管人才的优势,率先建设一支高素质的思政课教师团队,对思政课教师的政治素质、道德素质和业务素质严格把关,坚持领导与教育同步发展,注重思政课教师后备人才的培养,全面推进马克思主义理论人才的培养,实施每年一届的思政课教师基本功竞赛,加强业务素质。创新集体备课制,以教研室为单位,按照专题或章节提前安排,每次都有主讲教师、带头人示范备课,充分发挥学科专家的示范作用,享受集体备课思想碰撞凝结灵感火花的过程。努力建设一支可信、可敬、可靠、乐观、大胆、进取的思政课教师队伍。

四是抓住思政课"关键事",坚持改革创新。推进思政课改革创新,必须深刻认识"八个相统一"之间的辩证关系,回答"改什么、改哪里、怎么改"的问题。学校形成良好的"组合拳",立足云南优秀文化资源,创新课程内容,发挥以文化人以文育人的作用,将优秀的红色文化资源渗透到思政课教材、课程和讲座中,融入学生的情感世界。改进教学方法,探索"网络思想政治教育"模式,积极开发各种深受学生喜爱的优质网络思想政治教育课程。思政课教师创新课堂教学,拓宽知识视野,倡导案例、调查、体验、互动式教学,注重人文关怀和情感关怀,积极融入学生的学习和生活,使思政课具有高度、温度、深度,达到"育人细无声"的效果。

五是抓住思政课"关键处",提升育人效果。学校党委积极探索思政课建设的新路径,把党的全面领导优势转化为育人优势,合力提高思政课的"到课率""抬头率""点头率"。党委书记、校长坚持以"开学第一课"的形式给学生讲授思政课,并深入思政课教学一线,开展现场办公,听取工作汇报,解决实际问题。其他校领导以身作则,坚持每学期进教室以"形势与政策"的形式给学生讲授思政课。要按照"党建+"工作的总体格局规划和部署思想政治工作,探索"思想政治工作中党的建设"的新模式,用组织力量引领价值观和教育。注意突出不同课程的思想政治因素和价值因素,把思政课程与课程思政相互结合,形成两者的协同效应。实践教学要把课堂延伸企业生产一线,把生活实践转化为新鲜的思政课素材。充分发挥各方面的教育功能,促进思想政治工作内涵式发展。

(二)思政课教学创新团队建设要正确认识思政课的特殊性

思政课有着一般课程所不具备的特殊性。思政课的特殊性主要体现在以下几个方面:

一是地位的特殊性。思想政治理论课是落实立德树人根本任务的关键课程。青少年阶段是人生的"拔节孕穗期",最需要精心引导和栽培。我们办中国特色社会主义教育,就是要理直气壮开好思政课,用习近平新时代中国特色社会主义思想铸魂育人,引导学生增强中国特色社会主义道路自信、理论自信、制度自信、文化自信,厚植爱国主义情怀,把爱国情、强国志、报国行自觉融入坚持和发展中国特色社会主义事业、建设社会主义现代化强国、实现中华民族伟大复兴的奋斗之中。尽管整个教育、所有的课程都承担着"育人"的功能,但是"术业有专攻",思政课的政治性、思想性和学科特性决定了它与其他课程在育人方面的区别。

二是作用的特殊性。在对大学生进行思想政治教育的过程中,一直通行的有两句话:一句是"日常思政教育是主阵地";另一句是"思政课课堂教育是主渠道"。习近平总书记在全国思想政治工作会议上指出:高校思想政治工作,"要用好课堂教学这个主渠道,思想政治理论课要坚持在改进中加强,提升思想政治教育亲和力和针对性,满足学生成长发展需求和期待。"日常思想政治教育更多的是侧重于在日常生活当中强调遵循行为规范、通过各种实践性活动的体验与感悟进行教育,而通过思政课的课堂教学主要是进行马克思主义和思想政治教育的理论阐释,使学生不仅要掌握是什么的问题,更要弄清楚为什么的问题。而马克思主义理论作为科学的世界观和方法论是不会自动走入学生的头脑的,"三进工作"主要是要通过课程来进行的,课程育人是所有育人工作的"龙头"。改革开放以来,思想政治理论课经过几次调整,先后出台了"85方案""98方案""05方案",并在实践中不断加以完善。2017年国务院印发《关于加强和改进新形势下高校思想政治工作的意见》,以及最近下发的"两办意见"和"创优行动计划",都明确了立德树人的根本任务,强调要发挥思想政治理论课的主渠道作用。

三是环境的特殊性。这里所说的"环境",指的是思政课(建好、讲好和学好)要受到多种因素的影响,其中最为关键是教师,当然也还包括其他诸多因素。"办好思想政治理论课关键在教师,关键在发挥教师的积极性、主动性、创造性"。教师是立教之本、兴教之源。办好思政课,离不开一支政治素质过硬、业务能力精湛、育人水平高超的高素质专业化思政课教师队伍。加强思政课教师队伍建设,就要按照习近平总书记提出的六个方面的要求,坚持政治要强、情怀要深、思维要新、视野要广、自律要严、人格要正。这六个方面的要求,是思政课教师队伍建设的重要标准,也是思政课教师提升素质和水平的努力方向。应当深刻认识到,广大思政课教师只有在大是大非面前保持政治清醒,在党和人民的伟大实践中关注时代、关注社会、汲取养分、丰富思想,善于引导学生树立正确的理想信念、学会正确的思维方法,以宽广的知识视野、国际视野、历史视野把一些道理讲明白、讲清楚,做到课上课下一致、网上网下一致,自觉做为学为人的表率、成为让学生喜爱的人,才能适应新时代发展需要,更好担负起时代赋予的重任。当然,社会环境的影响也是极其重要的,其他因素有家庭因素、网络环境、外部势力、错误思潮等等。只有通过"5+1"思政课程培养大学生学会用马克思主义的立场、观点、方法分析问题、解决问题的能力,培养辩证思维、历史思维,才能鉴别、抵御各种社会思潮、外部环境的消极影响,始终坚定理想信念。

四是要求的特殊性。思想政治理论课不是单纯的知识传授的课程,对它的要求是多方面的而不是单方面的。一是从"培养人""争夺人"的角度看,为党育人、为国育才,坚持社会主义方向、培养"建设者和接班人"的根本问题首先要求思政课要有政治高度;二是思政课必须要能够解决学生的思想问题、能够有针对性地为学生答疑解惑,要求思政课教师能够运用理论的工具、展现理论的魅力,这就要求思政课教师或者要使思政课做到理论深度、知识广度、文化厚度,这样才能够通过"思想引领、价值引导、理论说服"等来有效地解决思政课缺乏针对性的问题;三是思政课还需要解决的是与教学对象的"距离问题",必须通过有情感的内容、用有情感的话语来增强课程的情感温度,增强课程的亲和力的问题;四是思政课必须紧随时代的要求,不断增强教学内容创新、教学模式创新、教学方法创新的创新力度,以学生的获得感作为评价思政课的终极评价标准。

(三)高素质思政课教学创新团队建设的核心是多维协同创新

"协同"是指将两个或者两个以上的不同资源或者个体进行协调,从而使其能协调一致地完成某一目标的过程或能力。高水平、结构化教师教学创新团队建设需要协同创新是职业教育"跨界"这一特点决定的。教师教学创新团队建设要充分发挥团队教师之间协同,团队与企业、行业机构之间的协同,把产业、行业、企业的先进技术、优秀文化、产业发展等元素融入高职教育教学各个环节,最大效力推动教师教学创新团队发展。

一是教学创新团队的高水平取决于所有团队成员形成的合力。没有完美的个人,但有完美的团队,靠教师"单打独斗"的教育已成为历史。高职院校教学团队一定要充分发挥团队成员结构化特点,发挥每位成员的优势和专长,建立互动合作的机制,形成一个相互合作又分工协作的教学共同体,发挥团队成员的协同作用。产教融合的人才培养模式需要学校与行业、企业的深度合作,产教融合型企业建设要求企业开展实质性校企合作,构建校企命运共同体,为教师教学创新团队与企业、行业协同创新提供坚实的基础。要充分发挥行业企业在高职教育教学改革中的协同创新作用,行业企业要深度参与人才培养方案制订与完善的全过程,切实参与到项目化课程与活页式教材建设、职业技能等级标准的制定、校内外实训基地建设以及教学资源库建设等教育教学改革中去。

二是建强"主力军",让有信仰的人讲信仰。思政课教师用高尚的人格感染学生,用真理的力量激励学生,用深刻的理论赢得学生,自觉做榜样,使学生信服。

思政课教师要做"经师"和"人师"的统一者。培养德智体美劳全面发展的社会主义建设者和接班人,迫切需要教师既精通专业知识、做好"经师",又涵养德行、成为"人师",努力做精于"传道授业解惑"的"经师"和"人师"的统一者。第一,新时代的思政课教师要以学术造诣开启学生智慧,以人格魅力呵护学生心灵。思政课不仅传播知识、思想和真理,而且塑造灵魂、塑造人生和塑造新人。第二,新时代的思政课教师要学习老教授、老专家的优秀品质,立志努力成为一名优秀的教师。老教授、老专家为党的教育事业作出了巨大努力和重要贡献。他们毕生致力于满足国家重大战略需求,塑造了一大批知名人才。第三,新时代的思政课教师要有严于律己、以身作则的自觉,以模范行为影响和带动学生,做学生为学、为事、为人的"大先生",成为社会尊重、世人效仿的楷模。广大教师要以人格魅力呵护学生心灵,以学术造诣开启学生智慧,把温暖和情感倾注到学生身上,让每个学生都健康成长,都有人生出彩的机会。

三是思政课教师要把道理讲准、讲深、讲透、讲活。讲好思政课关键在教师,要积极探索提高教学技能的途径和方法。第一,以扎实的理论功底把道理讲"深"。思政课教师要想把道理讲深,必须具有深厚的理论基础。教师的理论积累要有深度,要教学生科学理论。教师本身必须掌握马克思主义的基本原理,了解马克思主义发展的脉络,熟悉马克思主义理论的局限性。教师课堂讲授要有深度,要鼓励学生深入思考。新时代学生知识面广,思政课教师应自觉承担起培养学生理论思维的责任和使命。第二,以过硬的政治能力把道理讲"透"。思政课教师要始终与党中央保持高度一致,增强责任意识和担当意识,努力澄清学生的疑虑。第三,以积极的教学创新把道理讲"活"。应该把握学生的特点,深入学生的内心。思政课教师需要了解学生的思想动态,将学生关注的热点话题融入课堂,用学生喜闻乐见的语言表达来阐释道理,让学生愿意听、真心听、真心爱。思政课教学是教师主导和学生主体的统一,以鲜活的形式吸引人,以真挚的情感打动人,以优质的内容说服人,激发课堂活力。

四是思政课教师要躬行实践。在实践中坚定对马克思主义的信仰,是加强思政课教师队伍建设的前提和基础。思政课教师从学习到传播马克思主义信仰是一个不断求真的过程。思政课教师要从被动转向主动,在实践中实现角色转换。在实践中传播和传承马克思主义信仰,要积极运用马克思主义的世界观和方法论,分析和解决思想政治教育和社会实践中出现的实际问题。运用辩证唯物主义和历史唯物主义解决实际问题与矛盾,并能用富有趣味性、知识性的方式全面阐述马克思主义的有关理论。在理论联系实际的过程中,思政课教师不仅要向学生传播马克思主义,而且要加深对马克思主义的认识,自觉坚定对马克思主义的信仰。

10.4　思政课创新团队助力高职人才培养模式的构建有待升华

科学理念是思政教师教学创新团队建设的前提。推进高等职业教育现代化,重在理念、要在行动、贵在创新。

(一)思政课教学创新团队建设提升高职人才培养模式构建

教师教学创新团队建设是师资队伍建设的重要方面,首先要树立坚持党的领导、扎根中国大地办职业教育的理念。强化师德师风建设,把团队教师的思想政治教育和职业道德品质摆在首位。其次要树立遵循职业教育发展规律的理念。职业教育作为类型教育拥有独立的知识技能体系,产教融合是高职院校人才培养的主要方式,高职院高水平、结构化教师教学创新团队建设要根据类型教育自身发展特点和基本要求做出团队建设的总体规划。最后要树立立德树人、促进学生发展的理念。为国家经济发展培养高素质技术技能人才是高职教育价值取向,高职院校要成为培养"大国工匠"的主阵地,要根据技术技能人才培养的特点,开展人才培养、专业课程建设、模块化教学、人才评价机制等教育教学改革,促进学生发展。

人才培养模式与人才培养方案理论的辨析认识。高校是培养社会优秀人才的高等学府,随着社会多元化的发展,对人才的需求也更趋于多元化,所以怎样培养更多具有创新意识和创新能力、能够主动适应并引领社会的优秀人才,是高校目前应该高度关注并力求解决的难题。要解决这个难题,高校选择怎样的人才培养模式和制订怎样的人才培养方案显得至关重要。人才培养模式和人才培养方案均是为了培养出高校特定人才的培养过程中的制定的有目标性的、远瞻性的计划,在实施过程中,二者难以分割,所以在以往的研究文献中,大多数学者往往并没有严格的区分人才培养模式和人才培养方案,如陈梅香认为本科人才培养方案是高等学校实现人才培养目标和质量规格要求的总体计划实施方案,包含指导思想、总体目标和思路、规格及工作要求等多方面;李岩峰、王司瑜、包常海三人认为人才培养方案是实施本科专业教育的总体设计,是指在现代教育理论指导下,根据国家和社会对人才的要求,结合学校自身条件,对人才的具体的结构设计和内容设计;张淑梅认为本科人才培养方案是高等学校实现人才培养目标和质量规格要求的总体计划实施方案,是学校组织和管理教学过程的法律文本。可见,以往的学者通常把人才培养模式和人才培养方案混淆成一个概念,认为人才培养模式即为人才培养方案,是指在一定的教学组织管理下实施的,涵盖培养目标、专业结构、课程体系、教学制度、教学模式和日常教学管理等内容的实施过程,但是,严格来说,人才培养方案与人才培养模式不能混为一谈。

人才培养模式是基于知识、素质、能力结构构建的模式,是在一定的教育理念、教育思想指导下,按照特定的培养目标和人才规格,以相对稳定的教学内容和课程体系、管理制度和评估方式实施人才教育的过程的总和,通常由培养目标、培养制度、培养过程、培养评价四个方面组成,其中,人才培养模式的核心要素主要有四个,即人才培养的教育理念、教学培养过程、培养制度和培养的质量评价体系。如果把人才培养模式进行具体分解,可以包括这四层涵义:一是培养目标和规格;二是为实现一定的培养目标和规格的整个教育过程;三是为实现这一过程的一整套管理和评估制度;四是与之相匹配的科学的教学方式、方法和手段。

如果以简化的公式表示,即:目标+过程与方式(教学内容和课程+管理和评估制度+教学方式和方法)。

我国高等教育改革已经进入了"深水区",这是人们的共识。但这个"深水区"指的是什么,似乎仁者见仁智者见智。不容置疑,改革开放以来,我国高等教育进行了若干重大领域改革,取得了显著成就。但同时也存在一个事实,与高等教育其他领域改革相比,高校人才培养质量并不能完全回应社会期待。回眸历史,20世纪50年代,在苏联专家指导下,我国高等教育领域进行了一系列改造。这种改造从宏观管理体制到微观教学领域,几乎无所不在。从大规模院系调整为切入点,形成部委举办高等教育的格局,直接对接国民经济发展需求;在中观高校内部管理体制上,建立了以学校—系—专业—教研室的教学组织体系;在微观教学体系上,从课程设置、教学大纲、教材直接采用苏联蓝本。根据当时《人民日报》的一份资料,到1956年底止,苏联专家们已编写教材629种,帮助中国教师建立实验室496个,资料室192个,实习工厂34个。到1957年上半年止,苏联专家为中国培养研究生和进修教师80285人,专家们开设课程或帮助基础薄弱课程开课899门,指导中国老师讲授的课程443门。最后以当时哈尔滨工业大学为例,自1951年后,苏联专家为该校建立了19个专业,讲授151门课程,编写讲义66门,建立68个现代化设备实验室,培养577名研究生。最后以中国人民大学为例,1957年中国人民大学开设的140多门课程中,有100多门课程的教材、讲义是苏联专家编写,该校的1000多名教师中,有700多人直接或间接接受了苏联专家的培训。可以说,苏联教育模式奠定了当代中国高等教育的基本框架。当然辩证地讲,苏联模式给我国大学教育留下了许多宝贵财富,例如教研室制度、实习制度等等。所以跳出这一模式并不意味着抛弃一些优良传统,相反,我们更希望在改革进程中必须深刻认识这些历史惯性对于人才培养模式的影响。

(二)思政课教学创团队建设深化多维协同育人模式

一是思政导入,探索专业课程育人模式。党的十八大以来,以习近平同志为核心的党中央高度重视高校思政工作,全面构建高校思政工作体系,紧紧抓住落实高校立德树人、铸魂育人根本任务的两个中心环节——思政课程建设和课程思政建设，提出了一系列新理念新思想新战略新举措。在党中央、国务院以及教育部相继出台一系列重要文件，以全面推进思政课程这一高校思政工作的主渠道的体系化建设和改革创新之后，又根据习近平总书记"其他各门课都要守好一段渠、种好责任田，使各类课程与思想政治理论课同向同行，形成协同效应"的指示精神，研究制定了《高等学校课程思政建设指导纲要》，形成了全面覆盖、类型丰富、环环相扣、层层递进、相互融合、相互支撑的课程思政建设指导意见，对进一步深化高校课程思政的体系化建设和改革创新明确了前进方向。在专业建设中，要突出专业课程教学的育人导向，促使知识传授与价值观教育同频共振。积极探索"思政导入、课证融合"的专业育人模式，把劳模精神、工匠精神融入体现现代设计潮流的课程内容中，抓住课堂这个育人主阵地，用好教学这个主渠道，通过改革传统的教学观念、教学方法，运用信息化教学手段，充分发挥专业课程的育人功能。

二是课程思政建设的核心目标和重点内容，是寓价值观引导于知识传授和能力培养之中，帮助大学生树立正确的世界观、人生观、价值观。课程思政建设的重点内容，必须紧紧围绕坚定大学生理想信念，以爱党、爱国、爱社会主义、爱人民、爱集体为主线，围绕政治认同、家国情怀、文化素养、宪法法治意识、道德修养等因素优化课程思政的教育教学资源供给，系统进行中国特色社会主义和中国梦教育、社会主义核心价值观教育、法治教育、劳动教育、心理健康教育、中华优秀传统文化教育。必须持之以恒地推进习近平新时代中国特色社会主义思想的"三进"工作，坚持不懈用习近平新时代中国特色社会主义思想铸魂育人，引导大学生了解世情国情党情民情，增强对党的创新理论的"三个认同"，坚定中国特色社会主义的"四个自信"；必须持之以恒地培育和践行社会主义核心价值观，教育引导学生把国家、社会、公民的价值要求融为一体，提高个人的爱国、敬业、诚信、友善修养，自觉把小我融入大我，不断追求国家的富强、民主、文明、和谐和社会的自由、平等、公正、法治，将社会主义核心价值观内化为精神追求、外化为自觉行动；必须持之以恒地加强中华优秀传统文化教育，大力弘扬以爱国主义为核心的民族精神和以改革创新为核心的时代精神，教育引导学生深刻理解中华优秀传统文化中讲仁爱、重民本、守诚信、崇正义、尚和合、求大同的思想精华和时代价值，教育引导学生传承中华文脉，富有中国心、饱含中国情、充满中国味；必须持之以恒地深入开展宪法法治教育，教育引导大学生学思践悟习近平全面依法治国新理念新思想新战略，牢固树立法治观念，坚定走中国特色社会主义法治道路的理想和信念，深化对法治理念、法治原则、重要法律概念的认知，提高运用法治思维和法治方式维护自身权利、参与社会公共事务、化解矛盾纠纷的意识和能力；必须持之以恒地深化职业理想和职业道德教育，教育引导大学生深刻理解并自觉实践各行业的职业精神和职业规范，增强职业责任感，培养遵纪守法、爱岗敬业、无私奉献、诚实守信、公道办事、开拓创新的职业品格和行为习惯。

三是产教融合，推进校企合作人才培养模式。"产教融合、校企合作"是随着经济发展而产生的一种新型人才培养模式，通过国家政策上的支持和鼓励，让"产"和"教"在资源、信息等方面的充分融合，最大化发挥出自己的优势，共同培养出符合社会主义现代化建设的复合型人才。"产教融合、校企合作"的关键在于推进政府、学校、企业三方主体协同发展，以经济产业升级优化为立足点，以技术转移和共同开发为主要载体，建立"产教融合、校企合作"的长效机制，根本目标是让现代人才能更好地与社会需求相符合。发挥"双师型"专业教师的作用,立足与知名企业和品牌校企合作,通过产教融合方式,将实训体系与模拟项目、企业项目、大赛项目融合,自觉、自然、有效地融入有关的产业活动,同时把产业理念、产业技术、产业文化、产业力量引入教学活动,以企业项目贯穿育人过程。并且他带领团队创建了以数字技术为支撑,以创意设计、材料工艺为重点,紧密对接行业的产教融合的校外创意实训教学大平台,指导学生规划职业生涯,较好地保障了专业人才培养质量。要实现产教深度融合,需统筹"产教融合、校企合作"发展格局,只有把企业纳入职业教育人才培养过程,强化企业的教育主体地位,才能推动"校、企"双方深度合作,才能不断优化校企合作人才培养模式。职业教育政策在强化校企合作中发挥着关键的导向和调节作用,要解决职业教育人才培养偏离企业人才需求、脱离岗位要求的问题,就必须强调人才培养的企业实践性,应在校企合作过程中,融入企业的人才培养需求,需求变化能够推动校企合作人才培养模式优化,推动校企合作向纵深发展。当前,我国职业教育人才培养与产业人才需求的联动性还需加强,应努力改变人才培养结构调整滞后于产业发展对人才需求变化的局面。产教深度融合背景下,职业教育校企合作人才培养应充分考虑行业企业要求,主动应对产业发展变化,精准服务国家产业战略,不断优化人才培养模式,提供产业发展所需的人才,推动产教融合向更高水平发展。在职业教育人才培养过程中,还需要动员政府、行业和企业等社会各类优势资源,充分调动企业参与人才培养的积极性,深化校企合作,不断优化人才培养模式。职业教育要与地方行业企业积极探索校企合作新途径,建立校企合作管理机制,完善校企协同育人合作机制,健全人才培养评价机制,构建人才培养模式优化机制,有效促进职业教育校企合作人才培养的可持续性发展。

四是以赛促学,创新实践教学模式。如何在实践教学过程中激发出学生的学习兴趣?如何培养理论扎实、实践能力强、综合素质高的拔尖创新型人才,是实践教学面临的突出问题。课题组在组织学生竞赛的过程中发现:竞赛的任务明确,有利于激发学生的创造力。同时,竞赛的题目逐年更新、实践性强,还有利于培养学生自主学习和团队协作精神,因此竞赛的这些特点非常适合引入到实验教学中。近年来,全国各类职业技能比赛频繁举行,呈现种类多、规格高、覆盖面广等典型特征,在教育部门的引导下,各大院校师生积极参与,取得了良好的效果。职业技能比赛也被视为实践教学的"孵化器",推动高职教育全面面向行业、岗位与实践应用改革,促进了学生竞争意识与创新实践能力的培养。然而,职业技能竞赛的价值仍未被充分发掘,如何以技能竞赛助推高职院校实践教学改革,实现赛教融合,仍是一个值得思考的课题。因此,有必要探索高职院校"以赛促教、以赛促学"实践教学模式的构建路径,以深化高职院校实践教学改革,促进实践教学水平稳步提升。

"以赛促教、以赛促学"引领高职思政课实践教学的改革。"以赛促教"强调将高职思政课教学目标与社会实践需求有机结合,即通过组织、指导学生参加职业技能竞赛,检验实践教学的质量,并持续优化教学内容体系,推动思政课实践教学改革;而"以赛促学"注重以竞赛途径全面激发学生兴趣,拓展其专业横向广度与纵向深度,提升学生实践创新能力与综合职业素质,可见,二者是相辅相成、互为促进的关系。认清高职院校"以赛促教、以赛促学"实践教学模式的构建路径问题,要构建"以赛促教、以赛促学"的实践教学模式,必须分三步走:第一步筑牢根基,全面推动备赛参赛教学制度化,构建"三维一体"人才培养模式;第二步建构内容,贯通以赛促教与以赛促学,建立综合模块化教学模式;第三步强化保障,优化资源整合与制度保障,推动实践教学模式的良性运行。职业技能比赛是高职院校实践教学的"风向标",要充分发挥技能比赛的导向性作用,必须加快推进"以赛促教、以赛促学"实践教学模式的构建,以参加全国、全省各级职业技能比赛为出发点,将严格的竞赛规格、要求与高职实践教学目标有机融合,明晰高职教育未来发展方向,科学、高效地串联起各实践技能训练模块,突出能力本位要求,稳步提升实践实训要求与考评标准,使高职实践教学与人才培养工作全面步入目标明晰、方法高效、内容精选的正轨,为高职实践教学改革探索一条切实可行的路径。

第十一章

思政团队创新貌　多维协同谱新篇

11.1　马克思主义学院教学研究成果一览表

序号	项目名称	项目等级	颁奖单位	获奖时间	获奖人
1	第二届全国高校思想政治理论课现场教学展示	国家级（特等奖）	教育部	2021 年 12 月	周伟
					刘保香
2	"大学生心理健康教育"入选教育部课程思政示范课程、授课教师入选课程思政教学名师和教学团队	国家级	教育部	2021 年 5 月	晏源
					罗蕾
					欧文辉
					张联伟
					陈红
					张倩
					杜红
3	2023 年云南省职业院校技能大赛教学能力比赛	省/部级（一等奖）	云南省教育厅	2023 年 7 月	杨海超
					罗蕾
					蔡婷
					陈姝妍
4	2022 年云南省职业院校技能大赛教学能力比赛	省/部级（二等奖）	云南省教育厅	2022 年 9 月	杨海超
					罗蕾
					蔡婷
					陈姝妍

续表

序号	项目名称	项目等级	颁奖单位	获奖时间	获奖人
5	云南省第一批职业教育提质培优行动计划在线精品课程——《弘扬云南军工企业发展中的爱国主义精神》	省级	教育厅	2022 年 8 月	钟凤梅
					刘怀刚
					杜红
					姬华章
					陈姝妍
					张倩
					赵江萍
					吴蕊竹
					孙珂
6	云南省第一批职业教育提质培优行动计划在线精品课程——《学习习近平总书记考察云南重要讲话精神》	省级	云南省教育厅	2022 年 8 月	孙昀
					孙冬梅
					吴蕊竹
					陈定
					郭瑞霞
					赵江萍
					张金邦
					宋磊
					尹兴尉
					孙珂
					张瀚月

续表

序号	项目名称	项目等级	颁奖单位	获奖时间	获奖人
7	云南省"我心中的思政课"高校微电影大赛——《逆风启航》	省级（优秀奖）	中国共产党云南省委教育工作委员会	2022 年 5 月	姬兴涛
8	云南省高校思想政治理论课教师教学比赛	省级（优秀奖）	中共云南省委教育工委	2022 年 7 月	姬兴涛
9	云南省第十届"挑战杯"动感地带大学生创业计划竞赛——《心有灵犀——AI 心理分析师》	厅级（铜奖）	共青团云南省委、中共云南省委教育工委	2022 年 5 月	晏源 张倩 王悦
10	云南省第十届"挑战杯"动感地带大学生创业计划竞赛——《绘就明天——音剧式绘本教育矫正儿童学习障碍的研究与应用》	厅级（铜奖）	共青团云南省委、中共云南省委教育工委	2022 年 5 月	晏源 张倩 赵江萍
11	第十七届"振兴杯"全国青年职业技能大赛（学生组）——《人形机器人提升自闭症儿童社交能力的应用研究》	国家级（优胜奖）	共青团中央青年发展部	2022 年 7 月	张倩 晏源
12	"觉醒杯"2022 年度首届课程思政大赛——《大学生心理健康教育》	行业企业级（三等奖）	课程思政研究院	2022 年 10 月	晏源 刘保香 张倩 孙珂 陈红 欧文辉 罗蕾 张联伟

续表

序号	项目名称	项目等级	颁奖单位	获奖时间	获奖人
13	云南国防工业职业技术学院第八届中国国际"互联网+"大学生创新创业大赛校赛——《自由行——视障人士交流、出行导盲镜》	校级（三等奖）	云南国防工业职业技术学院	2022年6月	赵江萍、杨云辉、晏源、陈姝妍、王悦
14	云南国防工业职业技术学院2022年"长城紫晶杯"云南省大学生计算机设计大赛校赛——《传承与坚守》	校级（二等奖）	云南国防工业职业技术学院	2022年5月	晏源、张倩
15	云南国防工业职业技术学院2023年"长城紫晶杯"云南省大学生计算机设计大赛校赛——《繁》	校级（三等奖）	云南国防工业职业技术学院	2022年5月	晏源、张倩
16	2021年第十一届"挑战杯"云南省大学生课外学术科技节	厅局级（二等奖）	共青团云南省委	2021年6月30日	张倩、晏源、余紫云
17	2021年"浪潮杯"云南省大学生计算机设计大赛	厅局级（二等奖）	云南省教育厅	2021年6月	张倩、陈姝妍
18	2021年第七届中国国际"互联网+"大学生创新创业大赛校赛	校级（三等奖）	云南国防工业职业技术学院	2021年9月	晏源、张倩、邹骀
19	2021年云南省高校思想政治理论课教师教学比赛	省级（优秀奖）	中共云南省教育工委	2021年11月15日	姬华章
20	云南省高校思想政治理论课教师教学比赛	省级（优秀奖）	中共云南省委教育工委	2022年7月	刘怀刚

续表

序号	项目名称	项目等级	颁奖单位	获奖时间	获奖人
21	云南省第十八届职工职业技能大赛——云南省第三届高校思想政治理论课教师技能大赛	省级（二等奖）	云南省教育卫生科研工会云南省高等学校教师教育联盟	2021年11月19日	姬华章
22	第二届思想政治理论课教师教学技能展示	校级（二等奖）	云南开放大学	2021年10月21日	姬华章
23	2021年第十一届"挑战杯"云南省大学生课外学术科技节	省级（优秀奖）	共青团云南省委中共云南省委教育工委	2021年5月15日	姬华章
					陈姝妍
					和丽蓉
24	云南开放大学思想政治理论课教学展示	校级（三等奖）	云南开放大学	2021年7月	孙昀
25	基于边缘计算的智能停车系统	省级（银奖）	云南省教育厅	2021年11月	和丽蓉
					王悦
					晏源
					邹骘
26	"如意宝免费体验＋零售"一体化解决方案	省级（铜奖）	云南省教育厅	2021年11月	和丽蓉
					陈姝妍
					赵江萍
					晏源
27	2021年第十一届"挑战杯"云南省大学生课外学术科技节	省级（优秀奖）	共青团云南省委中共云南省委教育工委	2021年5月15日	和丽蓉
					陈姝妍
					姬华章

续表

序号	项目名称	项目等级	颁奖单位	获奖时间	获奖人
28	缤纷视镜——视障人士交流、出行导盲镜	省级（银奖）	云南省教育厅	2021 年 11 月	赵江萍
					王悦
					晏源
					陈姝妍
29	第二届思政政治理论课教师教学技能展示活动	校级（三等奖）	云南开放大学工会	2021 年 10 月	赵江萍
30	教学改革研究项目《基于混合式的思政课"同题链"式教学改革研究》结题	校级	云南开放大学	2020 年 11 月	罗蕾
					蔡婷
					姬华章
					周伟
					王兆音
					钟凤梅
31	云南省职业院校技能大赛教学能力比赛三等奖	省级（三等奖）	云南省教育厅	2021 年 10 月	罗蕾
					杨海超
					李怡
					蔡婷
32	云南国防工业职业技术学院 2021 年度教学能力比赛一等奖	校级（一等奖）	云南国防工业职业技术学院	2021 年 12 月	罗蕾
					杨海超
					陈姝妍
					蔡婷
33	2021 年云南省高校思政课教师教学比赛二等奖	省级（二等奖）	云南省教育厅	2021 年 12 月	罗蕾
34	云南省第六届学生"学宪法 讲宪法"演讲比赛高校组指导教师	省级（优秀奖）	云南省教育厅	2021 年 12 月	罗蕾

续表

序号	项目名称	项目等级	颁奖单位	获奖时间	获奖人
35	第四届"我心中的思政课"全国高校大学生微电影展示活动	国家级（优秀奖）	教育部思政课教指委	2021 年 12 月	罗蕾 蔡婷 姬华章 宋江
36	第二届思政政治理论课教师教学技能展示活动	校级（三等奖）	云南开放大学工会	2021 年 10 月	陈姝妍
37	《奋斗新时代　逐梦新青年》国家开放大学 2021 春思想政治理论课社会实践微视频征集大赛指导教师二等奖	厅级（二等奖）	国家开放大学	2021 年 7 月 15 日	姬兴涛
38	《我们都是追梦人》国家开放大学 2021 春思想政治理论课社会实践微视频征集大赛指导教师三等奖	厅级（三等奖）	国家开放大学	2021 年 7 月 15 日	姬兴涛
39	《什么是爱国》国家开放大学 2021 春思想政治理论课社会实践微视频征集大赛指导教师三等奖	厅级（三等奖）	国家开放大学	2021 年 7 月 15 日	姬兴涛
40	《不负青春　不负时代》国家开放大学 2021 春思想政治理论课社会实践微视频征集大赛指导教师三等奖	厅级（三等奖）	国家开放大学	2021 年 7 月 15 日	姬兴涛
41	《后来》国家开放大学 2021 春思想政治理论课社会实践微视频征集大赛指导教师三等奖	厅级（三等奖）	国家开放大学	2021 年 7 月 15 日	姬兴涛 段丽雪
42	《在路上》国家开放大学 2021 春思想政治理论课社会实践微视频征集大赛指导教师三等奖	厅级（三等奖）	国家开放大学	2021 年 7 月 15 日	姬兴涛
43	国家开放大学 2021 春思想政治理论课社会实践微视频征集大赛组织奖	厅级（组织奖）	国家开放大学	2021 年 7 月 15 日	姬兴涛
44	云南开放大学第二届思想政治理论课教师教学技能展示	校级（二等奖）	云南开放大学	2021 年 10 月	钟凤梅
45	云南开放大学 2023 年思想政治理论课教师教学比赛	校级（三等奖）	云南开放大学	2023 年 5 月 12 日	赵江萍

续表

序号	项目名称	项目等级	颁奖单位	获奖时间	获奖人
46	2023年云南省高校思想政治理论课教师教学比赛	省级优秀奖	中共云南省委教育工委	2023年6月	赵江萍
47	云南开放大学2023年思想政治理论课教师教学比赛	校级二等奖	云南开放大学	2023年5月12日	姚淳
48	2023年云南省高校思想政治理论课教师教学比赛	省级优秀奖	中共云南省委教育工委	2023年6月	姚淳
49	2023年云南省高校思想政治理论课教学展示暨优秀课程观摩活动"思想道德与法治"课高职高专组教学展示优秀奖	省级优秀奖	中共云南省委教育工委	2023年4月	钟凤梅
50	2023年云南省高校思想政治理论课教学展示暨优秀课程观摩活动"中国近代史纲要"课教学展示三等奖	省级三等奖	中共云南省委教育工委	2023年4月	段波
51	云南开放大学2023年思想政治理论课教学比赛	校级二等奖	云南开放大学	2023年5月12日	张瀚月
52	"习近平新时代中国特色社会主义思想概论"课本科组三等奖	省级三等奖	中共云南省委教育工委	2023年6月	张瀚月
53	云南开放大学2023年思想政治理论课教师教学比赛	校级一等奖	云南开放大学	2023年5月12日	李怡
54	2023年云南省高校思想政治理论课教学比赛"毛泽东思想和中国特色社会主义理论体系概论"课本科组优秀奖	省级优秀奖	中共云南省委教育工委	2023年6月	李怡

11.2 思政课程建设一览表

序号	类型	名称	上线时间	运行平台	负责人/参与人	备注
1	提质培优－示范课	习近平总书记考察云南重要讲话精神	2022.04	学堂在线、云开	孙　昀　孙冬梅　吴燕竹　陈　定　郭瑞霞　赵江萍　张金邦　宋　磊　尹兴蔚　孙　珂　张瀚月	云南省职业教育在线精品课程
2	提质培优－示范课	弘扬云南军工企业发展中的爱国主义精神	2022.04	学堂在线、云开	钟凤梅　刘怀刚　杜　红　姬华章　陈姝妍　张　倩　赵江萍　吴燕竹　孙　珂	云南省职业教育在线精品课程
3	提质培优－示范课	传承军工文化　弘扬工匠精神	2023.03	学堂在线、云开	刘怀刚　孙　昀　姬兴涛　张金邦　简文猛　赵江萍　陈姝妍　张　倩　孙　珂	
4	提质培优－示范课	铸牢中华民族共同体意识教育	2023.03	学堂在线、云开	殷　波　杜　红　杨　敏　李星洁　王洁玉　姬华章　周　伟	

续表

序号	类型	名称	上线时间	运行平台	负责人/参与人	备注
5	提质培优—示范课	新时代劳模精神教育	2022.03	学堂在线、云开	周伟 罗蕾 孙珂 孙冬梅 陈定 杨海超 宋磊 李怡 甘佳慧 姬华章	
6	精品课	思想道德与法治	2023.03	学银在线	张秋影 欧文辉 龙晓燕 孙淳 赵江萍 姚淳 陈定 吴蕊竹 陈姝妍 王圣然	云南省精品课程
7	精品课	毛泽东思想和中国特色社会主义理论体系概论	2023.03	学银在线	周伟 罗蕾 杨海超 孙珂 牛宁 姬华章 陈定 甘佳慧	云南开放大学精品课程
8	精品课	思想道德与法治	2023.03	学银在线	张秋影 蕾颖 赵江萍 戴颖 姚淳 吴蕊竹 姬华章 钟凤梅 杜红 陈姝妍	云南开放大学精品课程

11.3　马克思主义学院科研项目一览表

序号	项目级别	项目类别	项目名称	立项时间	项目主持人	完成情况
1	国家级	国家社会科学基金一般项目	中国特色社会主义协同改革理论与实践研究	2020.09	欧文辉	在研
2	省部级	全国教育科学规划办－教育部青年项目	协同共治：高校学生管理的"治理"转向	2014.12	欧文辉	结项
3	省部级	全国教育科学规划办－教育部青年项目	开放教育助推西南民族地区乡村人才振兴的机制与模式研究	2021.07	杨海超	在研
4	省部级	云南省哲学社会科学规划青年项目	景谷南传佛教赕事活动与傣族社会秩序的建构研究	2017.08	张秋影	结项
5	省部级	教育部人文社会科学研究一般项目青年基金	云南南传上座部佛教壁画的社会互动与活态传承研究	2018.09	张秋影	结项
6	省部级	云南省科技厅科学研究基金项目	开放教育云教室生态教学环境的构建研究	2019.08	杨海超	结项
7	省部级	云南省"双百双进"活动调研项目	育德育心育才：以思政课改革创新为引领的多维协同育人模式构建	2022.03	刘保香	结项
8	省部级	云南省新时代文明实践社科普及志愿服务行动项目	云南开放大学党史学习教育理论宣讲服务队	2021.07	刘保香	优秀结项
9	省部级	云南省新时代文明实践社科普及志愿服务行动项目	"喜迎二十大　奋进新征程"党的创新理论宣讲	2022.05	刘保香	结项
10	省部级	云南省哲学社会科学规划科普项目	党的光辉照边疆	2022.07	孙河	在研
11	省部级	第一届黄炎培职业教育思想研究规划课题	运用黄炎培职业素养观提升高职思政课教学亲和力和针对性研究	2021.12	刘怀刚	在研
12	省部级	云南省哲学社会科学规划教学项目	大中小学思政课一体化建设研究	2020.10	孙昀	结项中

续表

序号	项目级别	项目类别	项目名称	立项时间	项目主持人	完成情况
13	省部级	云南省"双百双进"活动调研项目（思想政治理论课教师研究专项）	意识形态安全视域下云南高校马克思主义宗教观教育研究	2023.06	张秋影	在研
14	省部级	云南省高校思想政治理论课建设项目（高校思政课教学研究专项）	云南红色文化资源融入"毛泽东思想和中国特色社会主义理论体系概论"课教学研究	2023.07	周伟	在研
15	省部级	云南省高校思想政治理论课建设项目（高校思政课精品课程项目）	"思想道德与法治"精品课程建设	2023.07	张秋影	在研
16	厅局级	云南省教育厅科学研究基金项目	西双版纳南传佛教壁画与傣族社会的互动关系研究	2018.06	张秋影	结项
17	厅局级	云南省教育厅科学研究基金项目	高职高专院校学生艾滋病防治及性健康现状调查与干预	2019.09	晏源	结项
18	厅局级	云南省教育厅科学研究基金项目	伟大建党精神融入大学生思想政治教育工作研究	2023.01	戴颖	在研
19	厅局级	云南省教育厅科学研究基金项目	构建心理育心与育德相结合的心理育人体系	2021.12	晏源	在研
20	厅局级	云南省教育厅科学研究基金项目	大学生积极核心理品质对社会主义核心价值观认同的影响	2023.01	晏源	在研
21	厅局级	云南省教育厅科学研究基金项目	高职院校思政课教师职业发展路径研究	2022.01	李怡	在研
22	厅局级	云南省教育厅科学研究基金项目	"四史"教育融入高校思政课教学体系创新研究	2022.01	刘怀刚	在研
23	厅局级	云南省教育厅科学研究基金项目	"供给侧改革"视域下提升高职思政课吸引力的研究	2020.02	周伟	在研
24	厅局级	云南省教育厅科学研究基金项目	云南红色文化的育人价值与路径研究	2023.01	孙冬梅	在研
25	厅局级	云南省教育厅科学研究基金项目	新时代工匠精神融入高职院校思政课的路径研究	2022.01	赵江萍	在研

续表

序号	项目级别	项目类别	项目名称	立项时间	项目主持人	完成情况
26	厅局级	云南省教育厅科学研究基金项目	《大学生心理健康教育》与《思想道德修养与法律基础》课程协同育人研究	2020.12	晏源	结项
27	厅局级	云南省党的组织建设和组织工作重点调研课题项目	乡村人才振兴问题研究	2021.05	杨海超	结项
28	厅局级	云南省高等学校思想政治教育工作研究专项任务项目	"大思政"视域下高校廉洁文化教育体系建构研究	2022.05	孙珂	优秀结项
29	校级	云南开放大学学院科学研究基金课题	新时代高职院校辅导员队伍专业化建设研究	2020.12	陈姝妍	在研
30	校级	云南开放大学学院科学研究基金课题	网络爱国主义对少数民族大学生价值观的影响研究——以哈尼族为例	2022.12	杨倩倩	在研
31	校级	云南开放大学学院科学研究基金课题	高职院校心理咨询对话机器人的研究与设计	2020.12	张倩	结项
32	校级	云南开放大学学院科学研究基金课题	以"课程思政"为目标的学前教育专业课堂教学改革个案研究	2019.05	孙冬梅	结项
33	校级	云南开放大学学院科学研究基金课题	"互联网+"背景下开放教育智慧学习空间构建研究	2022.05	杨海超	结项
34	校级	云南开放大学学院科学研究基金课题	疫情背景下班级团体辅导对高职新生适应力的影响研究	2020.12	陈红	结项
35	校级	云南开放大学学院"党史研究"校级科学研究基金课题	改革开放以来中国共产党尊重和发挥人民首创精神研究	2021.05	孙珂	在研

续表

序号	项目级别	项目类别	项目名称	立项时间	项目主持人	完成情况
36	校级	云南开放大学学院"党史研究"校级科学研究基金课题	中国共产党精神视域下对一二·一运动的精神解读	2021.05	杨海超	在研
37	校级	云南开放大学学院"党史研究"校级科学研究基金课题	云南党史资源融入高职院校思政课教学研究	2021.05	周伟	在研
38	校级	云南开放大学学院"党史研究"校级科学研究基金课题	提升大学生党史学习教育的实效性研究——以云南国防工业职业技术学院为例	2021.05	和丽蓉	在研
39	校级	云南开放大学学院"党史研究"校级科学研究基金课题	高职院校党史教育融入《思想道德修养与法律基础》课教学的探索与实践	2021.05	钟凤梅	在研
40	校级	云南开放大学学院"党史研究"校级科学研究基金课题	云南红色文化资源融入高职思政课研究	2021.05	孙冬梅	结项
41	校级	云南开放大学学院科学研究基金课题	高职院校课程思政质量提升与评价机制研究——以云南国防工业职业技术学院为例	2021.11	陈定	在研
42	校级	云南开放大学学院科学研究基金课题	高职院校学生对思政课的心理认同研究	2021.11	尹兴尉	在研
43	校级	云南开放大学学院"深入学习宣传贯彻党的十九届六中全会精神"校级科学研究基金课题	"大思政"视域下高校廉洁文化教育体系建构研究	2022.05	孙珂	在研
44	校级	云南开放大学学院"深入学习宣传贯彻党的十九届六中全会精神"校级科学研究基金课题	高职教育助推乡村振兴的路径研究——以云南国防工业职业技术学院为例	2022.05	李星洁	在研

续表

序号	项目级别	项目类别	项目名称	立项时间	项目主持人	完成情况
45	校级	云南开放大学　云南国防工业职业技术学院"深入学习宣传贯彻党的十九届六中全会精神"校级科学研究基金课题	抗疫精神融入高校"大学生心理健康教育"课程路径研究	2022.05	晏源	在研
46	校级	云南开放大学　云南国防工业职业技术学院"人才工作理论"校级科学研究基金课题	高职院校育德育心育人相统一的人才培养路径研究	2022.05	张金邦	在研
47	校级	云南开放大学　云南国防工业职业技术学院"人才工作理论"校级科学研究基金课题	高职院校思想政治教育人才培养路径研究	2022.05	杨海超	在研
48	校级	云南开放大学　云南国防工业职业技术学院科学研究基金课题	网络民族主义与大学生爱国主义教育研究	2022.12	姚淳	在研
49	校级	云南开放大学　云南国防工业职业技术学院科学研究基金课题	"双高计划"背景下高职学生学习内生动力提升路径研究	2022.12	尹兴尉	在研
50	校级	云南开放大学　云南国防工业职业技术学院科学研究基金课题	建国初期周保中云南民族工作实践与启示研究	2022.12	胡炜龙	在研
51	校级	云南开放大学　云南国防工业职业技术学院"雷锋精神"校级科学研究基金课题	价值多元背景下青年践行雷锋精神的挑战及应对策略研究	2023.07	陈定	在研
52	校级	云南开放大学　云南国防工业职业技术学院"雷锋精神"校级科学研究基金课题	雷锋精神融入高职思政课实践教学路径研究	2023.07	赵江萍	在研
53	校级	云南开放大学　云南国防工业职业技术学院"雷锋精神"校级科学研究基金课题	新时代雷锋精神融入云南省高校思想政治教育"三维一体"立体路径研究	2023.07	龙晓燕	在研

续表

序号	项目级别	项目类别	项目名称	立项时间	项目主持人	完成情况
54	校级	云南开放大学 云南国防工业职业技术学院"新时代云南开放教育高质量发展"校级科学研究基金课题	云南省开放教育思政课社会实践教学研究	2023.07	刘怀刚	在研
55	校级	云南开放大学 云南国防工业职业技术学院"新时代云南开放教育高质量发展"校级科学研究基金课题	助推云南省开放教育发展的高校思政课实践教学"三维三统一"模式创新研究	2023.07	龙晓燕	在研
56	校级	云南开放大学 云南国防工业职业技术学院"党的二十大精神"校级科学研究基金课题	新时代高职学生就业观培育研究	2023.07	尹兴尉	在研
57	校级	云南开放大学 云南国防工业职业技术学院"党的二十大精神"校级科学研究基金课题	社会主义核心价值观融入法治建设的价值研究	2023.07	吴蕊竹	在研
58	校级	云南开放大学 云南国防工业职业技术学院"党的二十大精神"校级科学研究基金课题	党的二十大精神融入高校思想政治理论课教学创新路径研究	2023.07	龙晓燕	在研
59	校级	云南开放大学 云南国防工业职业技术学院"党的二十大精神"校级科学研究基金课题	高校机关职能部门党建工作执行力、创新力和凝聚力研究	2023.07	岑云英	在研

11.4　2020 年以来著作/论文发表一览表

序号	类别	名称	出版社/刊物名称	作者/主编	出版/发表时间
1	著作	新时代大学生价值观与大学生思想政治教育创新研究	延边出版社	杨敏	2022.01
2	著作	协同治理论	云南人民出版社	欧文辉	2022.05
3	编著	积极心理学视域下大学生心理健康教育研究	延边大学出版社	陈莉,晏源	2021.01
4	著作	互联网＋时代高校辅导员队伍建设系统工程研究	九州出版社	刘怀刚(副主编)	2021.10
5	教材	大学生心理健康教育	高等教育出版社	刘保香(主编)	2023.06
6	教材	大学生心理健康教育	吉林出版集团股份有限公司	史鸿桦,晏源,马中力	2020.01
7	教材	幼儿园组织与管理	电子科技大学出版社	孙冬梅(副主编)	2020.06
8	教材	创新与创业教育	江苏凤凰教育出版社	晏源(副主编)	2021.11
9	论文	高职院校共青团工作面临的挑战与创新	青春岁月	陈姝妍(主编)	2020.01
10	论文	Hidden Ideological and Political Education in Colleges and University Under Network Environment	TWP Series inEducation, Sport Science and Physiology	罗蕾	2020.01
11	论文	Reform of Teaching Mode of Ideological and Political Course in Colleges and Universities Based on Information Age	Lecture Notes in conomics, Management and Social Science	罗蕾	2020.01
12	论文	Research on Ideological and Political Education Means in Colleges and Universities Based on Media Environment	WOP in Education, Social Sciences and Psychology	罗蕾	2020.01
13	论文	教育生态视域下开放教育智慧学习空间的建设研究	云南开放大学学报	杨海超	2020.02
14	论文	In the Course of Ideological an and Political Theory in Colleges and Universities A Study on the Path of College Students' Honesty Education	Scholar Highlights in Education Research	张秋影	2020.03

续表

序号	类别	名称	出版社/刊物名称	作者/主编	出版/发表时间
15	论文	1915—1950年中国家庭观念批判及变革实践——对马克思主义家庭观的发展	大理大学学报	罗蕾	2020.03
16	论文	新形势下高校大学生思政教育工作发展研究	中国多媒体与网络教学学报（上旬刊）	罗蕾	2020.05
17	论文	《学前教育学》课程中的思政故事	当代教育家	孙冬梅	2020.06
18	论文	"课程思政"融入"学前教育学"的重要意义分析	中国教师	孙冬梅	2020.08
19	论文	高职高专院校学生艾滋病防治及性健康教育干预设计及效果评估	新教育时代	张倩、晏源、罗蕾、张莉	2020.08
20	论文	完善扶贫人才队伍建设及工作机制	中国人才	欧文辉	2020.10
21	论文	高职高专院校学生艾滋病预防及性健康现状调查报告——以云南省6所高专院校为例	云南开放大学学报	晏源、罗蕾、张倩、张莉、陈红、马丹丹	2020.11
22	论文	高职高专大一学生艾滋病预防及性健康教育现状调查——以云南国防工业技术学院30名大一学生志愿者访谈为基础	健康忠告	张莉、罗蕾、晏源	2020.11
23	论文	高校思政课实践教学资源多元化整合与一体化运用	中学政治教学参考	罗蕾	2021.03
24	论文	将立德树人根本任务融入高等教育顶层设计	大众文艺	孙昀	2021.05
25	论文	云南红色文化资源融入高职思政课研究	未来科学家	孙冬梅、赵江萍	2021.06
26	论文	新时代劳动教育的时代内涵	才智	钟凤梅	2021.07
27	教材	大学生创新创业	河北科学技术出版社	刘怀刚（副主编）	2021.07
28	论文	浅谈新时代提升高校思想政治教育效能的实现路径	科技研究	杨敏	2021.08

续表

序号	类别	名称	出版社/刊物名称	作者/主编	出版/发表时间
29	论文	以学习型党支部建设为抓手　强化高校学生党员思想政治教育	云南开放大学学报	赵江萍	2021.08
30	论文	基于智慧学习空间的思想政治教育智慧学习路径展望	云南开放大学学报	杨海超、杨炳华	2021.08
31	论文	从党性修养角度探析高校党员教师的师德建设	时代教育	孙冬梅	2021.09
32	论文	全面推进国家治理体系和治理能力现代化	创新理论的哲学思考	和丽蓉	2021.10
33	论文	云南经济社会发展的哲学思考	创新理论的哲学思考	和丽蓉（第二作者）	2021.10
34	论文	Practice and Thinking of Class Group Counseling Activities in the Class of HigherVocational Freshmen	ADVANCES IN HIGHER EDUCATION	陈红、李怡、晏源	2021.10
35	论文	从党的全国代表大会的主要内容探析中国共产党人的初心	云南开放大学学报	孙冬梅	2021.11
36	论文	发挥心理健康教育与思想政治教育协同育人效应	魅力中国	晏源	2021.12
37	论文	边疆高校思政课青年教师教学能力素养评价研究	客联	刘怀刚	2022.01
38	论文	"红船精神"的科学内涵及其对党员教育的当代价值	云南开放大学学报	钟凤梅	2022.05
39	论文	"四史"教育融入高校思政课教学的路径与方法——以"毛泽东思想和中国特色社会主义理论体系概论"课程为例	时代教育	刘怀刚	2022.07
40	论文	"四史"教育融入高职思政课重在开展理论性学习	教育学文摘	刘怀刚	2022.07
41	论文	新时代边疆民族地区农村基层干部人才培养的省思与远瞩	广州广播电视大学学报	孙河、杨海超、晏源	2022.08
42	论文	在"育心"中潜移默化"铸魂"——《大学生心理健康教育》"课程思政"教学探索与实践	云南开放大学学报	晏源	2022.08
43	论文	中国共产党的价值情怀：劳动托起中国梦，五育涵养大学生	实践与跨越	刘怀刚	2022.10

续表

序号	类别	名称	出版社/刊物名称	作者/主编	出版/发表时间
44	论文	高职院校大学生思政课认同程度探析——以云南国防工业职业技术学院为例	云南开放大学学报	尹兴蔚	2022.11
45	论文	高职院校"工匠精神"教育的廉洁价值意蕴	云南开放大学学报	赵江萍	2022.11
46	论文	大思政背景下思想政治教育方法创新路径研究	湖北开放职业学院学报	耿颖	2023.02
47	论文	以"三个自觉"深入推进党的二十大精神融入高校思想政治理论课教学	云南开放大学学报	龙晓燕	2023.03
48	论文	深入贯彻党的二十大精神 推进思政课教师队伍建设——以云南国防工业职业技术学院思政课教师校本培养实践为例	云南开放大学学报	杨海超、孙珂、王圣然	2023.03
49	论文	地方开放大学内部质量保障体系建设的理论研析与路径探索	云南开放大学学报	胡炜龙、龙姝吉	2023.03
50	论文	高校讲好"为人民服务"科学高尚人生追求的四维进路	云南开放大学学报	钟凤梅	2023.03
51	论文	新时代工匠精神融入高职院校思政课的路径	河北开放大学学报	赵江萍	2023.06

11.5　2021—2023年7月合作共建一览表

序号	合作单位名称	合作类型	签约时间	挂牌情况	实施进展
1	昆明市委党校	校校合作	2022.03.25	思政课教师研修基地　新时代校校协同育人基地	一、定期或不定期开展联合教研及业务交流。二、欧文辉、孙昀、晏源、刘怀刚、孙冬梅、赵江萍、张倩、孙珂等8名老师入选市委党校师资库。三、2023年3月31日孙昀教授到市委党校为盘龙区干部做"努力建设我国生态文明建设排头兵"主题宣讲。四、2023年5月8日欧文辉教授到市委党校为呈贡区干部做"深入学习贯彻党的二十大精神"主题宣讲。
2	云南西仪工业股份有限公司	校企合作	2022.06.22	新时代校企协同育人基地	一、孙昀教授讲授于2022年9月8日为公司党委（扩大）会议讲话"坚持以习近平经济思想为引领　推动云南高质量发展"专题党课。二、《传承军工文化　弘扬工匠精神》示范课在西仪公司现场录制，并由公司组织部长闫文猛亲自讲授。三、定期或不定期开展联合交流。
3	武定县滑坡村委会	校地合作	2022.07.06	思政课教师研修基地	一、思政课教师定期到滑坡村走访挂包户。二、原马克思主义学院刘保香同志2022年7月20日讲授"党的十九届六中全会精神——生态文明"专题党课。
4	明谭社区居民委员会	校地合作	2023.01.12	思政课教师研修基地	一、思政课教师到明谭社区进行党员志愿服务活动。二、原马克思主义学院刘保香院长2023年1月12日到社区讲授"深入学习贯彻党的二十大精神"主题党课。

续表

序号	合作单位名称	合作类型	签约时间	挂牌情况	实施进展
5	云南利鲁科技有限公司	校企合作	2023.03.24	新时代校企协同育人基地	开展党员学习交流，组织教师实地参观。
6	颐明园社区居民委员会	校地合作	2023.04.14	思政教师研修基地新时代校地协同育人基地	一、马克思主义学院教工第二党支部与颐明园社区第一党支部、第二党支部以"缅怀革命先烈 传承红色精神"为主题联合开展链式主题党日活动。二、马克思主义学院教工第二党支部为颐明园社区大党委成员，支部书记杨海超副教授聘为大党委委员。三、宋磊老师（人民监督员）于2023年4月14日进行"为民立法 典亮生活"主题普法宣讲。
7	雨花街道办事处	校地合作	2023.04.28	思政课教师研修基地新时代校校协同育人基地	一、孙昀教授和刘怀刚副教授被聘为街道宣讲团成员。二、孙昀教授于2023年4月28日为雨花街道及所辖社区干部职工进行《学习党的二十大精神 开辟马克思主义中国化时代化新境界》主题宣讲。
8	云南开放大学经济与管理学院	党建合作	2023.3.22	党建结对共建	马克思主义学院一支部与经济与管理学院党总支开展"党建结对共建"，在组织建设、教学科研、党务工作理论研究、课程思政等方面深入合作交流。
9	云南开放大学化学与工程学院	党建合作	2023.03.21	党建结对共建	马克思主义学院二支部与化学工程学院党总支开展"党建结对共建"，在组织建设、教学科研、党务工作理论研究、课程思政等方面深入合作交流。
10	云南北方光电仪器有限公司	校企合作	2023.04.14	思政课教师研修基地新时代校校协同育人基地	一、2023年4月14日"张桂梅思政大讲坛"云南开放大学分课堂进行现场录制。二、2023年4月14日开展校企合作共建交流座谈。

续表

序号	合作单位名称	合作类型	签约时间	挂牌情况	实施进展
11	昆明理工大学马克思主义学院	院院合作	/	意向合作共建单位	一、2021年10月到昆工马院开展学习交流。 二、昆明理工大学马克思主义学院院长王海云教授聘为《习近平总书记考察云南重要讲话精神》示范课指导专家。 三、王海云教授多次到云南开放大学马克思主义学院进行思政课教学比赛、微课指导。 四、意向合作共建云南省《毛泽东思想和中国特色社会主义理论体系概论》分中心数字资源中心。 五、意向合作共建云南省"铸牢中华民族共同体"基地。
12	云南开放大学传媒与信息学院	院院合作	/	意向合作共建单位	2023年3月24日开展共建意向洽谈、课程思政合作。
13	云南省社会主义学院	校校合作	/	意向合作共建单位	一、2023年4月14日开展合作交流洽谈。 二、殷波老师于2023年5与15日到学院宣讲"铸牢中华民族共同体意识"。
14	勐腊县易武中学	校校合作	2023.07.05	意向合作共建单位	参观考察勐腊县革命遗址，开展党建共建、教学实践活动

11.6 截至2023年7月非学历教育/理论宣讲服务一览表

序号	类别	时间	人数	单位/对象	地点	主要内容	教师及职称	培训课时
1	企业培训	2022年9月20日	120	云南太古可口可乐有限公司员工	公司会议室	企业文化与企业管理	孙昀 教授	3
2	理论宣讲	2022年9月8日	69	云南西仪股份有限责任公司党委中心组（扩大）	海口	坚持习近平经济思想引领云南经济高质量发展	孙昀 教授	3
3	课程思政讲座	2022年5月31日	52	丽江师范专科学校教师	丽江	课程思政专题讲座	刘保香 副教授	3
4	理论宣讲	2022年7月20日	50	楚雄州狮山镇清坡村	清坡村委会	党的十九届六中全会精神——生态文明	刘保香 副教授	3
5	理论宣讲	2022年7月25日	30	昭通市永善县社科联	永善县社科联讲堂	破窗效应及其对党的建设的启示	刘保香 副教授	3
6	理论宣讲	2022年5月20日	18	昆明医科大学公共卫生学院	昆明医科大	生态文明要增强系统性整体性协同性	欧文辉 教授	3
7	科研讲座	2022年6月22日	28	江苏开放大学马克思主义学院	线上授课	国家社科基金申报辅导	欧文辉 教授	3
8	学理论宣讲	2022年11月9日	43	云南农业大学马克思主义学院	农大逸夫楼	学好用好研好马克思主义理论	欧文辉 教授	3
9	理论宣讲	2022年11月17日	30	云南能投集团	能投会议室	学好用好党的二十大精神	欧文辉 教授	3

续表

序号	类别	时间	人数	单位/对象	地点	主要内容	教师及职称	培训课时
10	入党积极分子培训	2022 年 5 月 22 日（2 个班）	3094	昆明理工大学津桥学院	学生会堂	中国共产党的指导思想	孙昀教授	3
11	入党积极分子培训	2022 年 10 月 24 日（2 个班）				中国共产党的指导思想	孙昀教授	3
12	理论宣讲	2022 年 9 月 8 日	30	昆明堂澈科技有限公司	会议室	以新发展理念引领高质量发展	杨海超副教授	3
13	理论宣讲	2022 年 10 月 10 日	30	云南石峡科技有限公司	三楼会议室	创新是引领发展的第一动力	杨海超副教授	3
14	心理健康讲座	2022 年 11 月 17 日	400	捅甸中学	会堂	青春万岁——心理健康讲座	张莉讲师	3
15	心理健康讲座	2022 年 11 月 14 日	50	柏枝营社区	社区会议室	中老年人身心健康	张莉讲师	3
16	理论宣讲	2022 年 10 月 9 日	30	官渡区退役军人事务局	中心会议室	中国共产党为什么能	陈定助教	3
17	理论宣讲	2022 年 11 月 18 日	30	宝匠实业有限公司	企业部	学习党的二十大精神	赵江萍讲师	3
18	理论宣讲	2022 年 11 月 20 日	10	吴加科技（云南）有限公司	一楼大厅	学习党的二十大精神	赵江萍讲师	3
19	理论宣讲	2022 年 10 月 29 日	21	甲壳虫办公家具有限公司	会议室	学习党的二十大精神	赵江萍讲师	3

续表

序号	类别	时间	人数	单位/对象	地点	主要内容	教师及职称	培训课时
20	理论宣讲	2022年11月4日	60	建川古建园林工程有限公司	发展中心	党的二十大报告核心内容解读	张秋影 副教授	3
21	理论宣讲	2022年10月9日	60	云南文保科技有限公司	会议室	推动绿色发展，促进人与自然和谐共生	孙河 助教	3
22	理论宣讲	2022年11月19日	30	北方夜视集团有限公司	会议室	学好党的二十大精神	欧文辉 教授	3
23	理论宣讲	2022年11月14日	41	光电仪器公司	会议室	习近平经济思想	杨敏 副教授	3
24	理论宣讲	2023年1月12日	78	明谭社区	会议室	深入学习贯彻党的二十大精神	刘保香 副教授	3
25	"万名党员进党校"党课	2023年3月27日	47	五华区红云街道党工委党员	会议室	学习贯彻党的二十大共同谱写社区党建新篇章	龙晓燕 副教授	3
26	理论宣讲	2023年2月23日	32	西山区棕树营街道党工委入党积极分子	会议室	全面学习深刻领悟务实践行党的二十大精神	刘怀刚 副教授	3
27	理论宣讲	2023年2月23日	33	缪家营社区领导与党员	会议室	深入学习贯彻党的二十大精神	刘怀刚 副教授	3
28	理论宣讲	2023年2月23日	45	吴家营街道干部	会议室	深入学习贯彻党的二十大精神	刘怀刚 副教授	3
29	理论宣讲	2023年3月13日	155	盘龙区领导干部	昆明市委党校	建设我国生态文明建设排头兵	孙昀 教授	3

续表

序号	类别	时间	人数	单位对象	地点	主要内容	教师及职称	培训课时
30	入党积极分子培训	2023年3月31日	386	昆明理工大学津桥学院	津桥会堂	中国共产党的指导思想	孙昀 教授	3
31	普法宣讲	2023年4月14日	80	颐明园社区	颐明园社区	为民立法典亮生活	宋磊 人民监督员	
32	理论宣讲	2023年4月21日	76	云南省曲艺家、戏曲家协会理事会	省文联	学习党的二十大精神——推进文化自信自强铸就社会主义文化新辉煌	孙昀 教授	3
33	理论宣讲	2023年4月28日	83	雨花街道全体工作人员、各社区书记、第一书记、副书记、副主任、监委会主任	雨花街道党群服务中心	学习党的二十大精神开辟马克思主义中国化时代化新境界	孙昀 教授	3
34	理论宣讲	2023年4月24日	26	明潭社区党员	社区党群服务中心	推进文化自信自强铸就社会主义文化新辉煌	张秋影 副教授	3
35	理论宣讲	2023年5月8日	41	社区党组书记、居委会主任、监委会主任和副书记等	昆明市委党校	深入学习贯彻党的二十大精神	欧文辉教授	3
36	理论宣讲	2023年5月15日	60	云南社会主义学院	云南社会主义学院	铸牢中华民族共同体意识	殷波 副教授	3
37	理论宣讲	2023年5月24日	1189	社区党员	西山人才公园二楼	学习贯彻党的二十大精神在实际工作中践行初心使命	刘怀刚 副教授	3

续表

序号	类别	时间	人数	单位/对象	地点	主要内容	教师及职称	培训课时
38	文艺工作者培训	2023 年 6 月 13 日	85	云南省曲艺家协会会员培训	楚雄姚安	谱写中国式现代的文艺新篇章	孙昀 教授	3
39	文艺工作者培训	2023 年 6 月 16 日	110	文艺工作者	红河州建水	谱写中国式现代的文艺新篇章	孙昀 教授	3
40	理论宣讲	2023 年 3 月 10 日	50	云南开放大学教育学院教职工	呈贡校区	全面学习深刻领域务实践行党的二十大精神	刘怀刚 副教授	3
41	理论宣讲	2023 年 3 月 10 日	40	云南开放大学传媒与信息工程学院教职工	呈贡校区	深入学习宣传贯彻党的二十大精神——推进文化自强，铸就社会主义文化新辉煌	张秋影 副教授	3
42	理论宣讲	2023 年 3 月 17 日	20	云南开放大学保卫处教职工	呈贡校区	学习党的二十大精神，贯彻总体国家安全观	孙冬梅 副教授	3
43	理论宣讲	2023 年 3 月 17 日	30	云南开放大学实验学院教职工	学府校区	学习党的二十大精神，共同谱写教育发展新篇章	龙晓燕 副教授	3
44	理论宣讲	2023 年 7 月 6 日	30	勐腊县易武中学师生	西双版纳傣族自治州勐腊县	坚持党的全面领导	张秋影 副教授	3

第十二章

拓展资料

12.1　中共中央办公厅　国务院办公厅印发
《关于深化新时代学校思想政治理论课改革创新的若干意见》

新华社北京 8 月 14 日电　近日,中共中央办公厅、国务院办公厅印发了《关于深化新时代学校思想政治理论课改革创新的若干意见》,并发出通知,要求各地区各部门结合实际认真贯彻落实。

《关于深化新时代学校思想政治理论课改革创新的若干意见》全文如下。

为深入贯彻落实习近平新时代中国特色社会主义思想和党的十九大精神,贯彻落实习近平总书记关于教育的重要论述,特别是在学校思想政治理论课教师座谈会上的重要讲话精神,全面贯彻党的教育方针,解决好培养什么人、怎样培养人、为谁培养人这个根本问题,坚持不懈用习近平新时代中国特色社会主义思想铸魂育人,现就深化新时代学校思想政治理论课(以下简称思政课)改革创新提出如下意见。

一、重要意义和总体要求

1. 重要意义。教育是国之大计、党之大计,承担着立德树人的根本任务。思政课是落实立德树人根本任务的关键课程,发挥着不可替代的作用。党的十八大以来,以习近平同志为核心的党中央高度重视思政课建设,作出一系列重大决策部署,各地区各部门和各级各类学校采取有力措施认真贯彻落实,思政课建设取得显著成效。同时也要看到,面对新形势新任务新挑战,有的地方和学校对思政课重要性认识还不够到位,课堂教学效果还需提升,教材内容不够鲜活,教师选配和培养工作存在短板,体制机制有待完善,评价和支持体系有待健全,大中小学思政课一体化建设需要深化,民办学校、中外合作办学思政课建设相对薄弱,各类课程同思政课建设的协同效应有待增强,学校、家庭、社会协同推动思政课建设的合力没有完全形成,全党全社会关心支持思政课建设的氛围不够浓厚。办好思政课,要放在世界百年未有之大变局、党和国家事业发展全局中来看待,要从坚持和发展中国特色社会主义、建设社会主义现代化强国、实现中华民族伟大复兴的高度来对待。思政课建设只能加强、不能削弱,必须切实增强办好思政课的信心,全面提高思政课质量和水平。

2. 指导思想。全面贯彻党的教育方针,坚持马克思主义指导地位,贯彻落实习近平新时代中国特色社会主义思想,坚持社会主义办学方向,落实立德树人根本任务,坚持教育为人民服务、为中国共产党治国理政服务、为巩固和发展中国特色社会主义制度服务、为改革开放和社会主义现代化建设服务,扎根中国大地办教育,同生产劳动和社会实践相结合,加快推进教育现代化、建设教育强国、办好人民满意的教育,努力培养担当民族复兴大任的时代新人,培养德智体美劳全面发展的社会主义建设者和接班人。

3. 基本原则。一是坚持党对思政课建设的全面领导,把加强和改进思政课建设摆在突出位置。二是坚持思政课建设与党的创新理论武装同步推进,全面推动习近平新时代中国特色社会主义思想进教材进课堂进学生头脑,把社会主义核心价值观贯穿国民教育全过程。三是坚持守正和创新相统一,落实新时代思政课改革创新要求,不断增强思政课的思想性、理论性和亲和力、针对性。四是坚持思政课在课程体系中的政治引领和价值引领作用,统筹大中小学思政课一体化建设,推动各类课程与思政课建设形成协同效应。五是坚持培养高

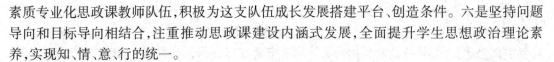

素质专业化思政课教师队伍,积极为这支队伍成长发展搭建平台、创造条件。六是坚持问题导向和目标导向相结合,注重推动思政课建设内涵式发展,全面提升学生思想政治理论素养,实现知、情、意、行的统一。

二、完善思政课课程教材体系

4.整体规划思政课课程目标。在大中小学循序渐进、螺旋上升地开设思政课,引导学生立德成人、立志成才,树立正确世界观、人生观、价值观,坚定对马克思主义的信仰,坚定对社会主义和共产主义的信念,增强中国特色社会主义道路自信、理论自信、制度自信、文化自信,厚植爱国主义情怀,把爱国情、强国志、报国行自觉融入坚持和发展中国特色社会主义事业、建设社会主义现代化强国、实现中华民族伟大复兴的奋斗之中。大学阶段重在增强使命担当,引导学生矢志不渝听党话跟党走,争做社会主义合格建设者和可靠接班人。高中阶段重在提升政治素养,引导学生衷心拥护党的领导和我国社会主义制度,形成做社会主义建设者和接班人的政治认同。初中阶段重在打牢思想基础,引导学生把党、祖国、人民装在心中,强化做社会主义建设者和接班人的思想意识。小学阶段重在启蒙道德情感,引导学生形成爱党、爱国、爱社会主义、爱人民、爱集体的情感,具有做社会主义建设者和接班人的美好愿望。

5.调整创新思政课课程体系。加强以习近平新时代中国特色社会主义思想为核心内容的思政课课程群建设。在保持思政课必修课程设置相对稳定基础上,结合大中小学各学段特点构建形成必修课加选修课的课程体系。全国重点马克思主义学院率先全面开设"习近平新时代中国特色社会主义思想概论"课。博士阶段开设"中国马克思主义与当代",硕士阶段开设"中国特色社会主义理论与实践研究",本科阶段开设"马克思主义基本原理概论""毛泽东思想和中国特色社会主义理论体系概论""中国近现代史纲要""思想道德修养与法律基础""形势与政策",专科阶段开设"毛泽东思想和中国特色社会主义理论体系概论""思想道德修养与法律基础""形势与政策"等必修课。各高校要重点围绕习近平新时代中国特色社会主义思想,党史、国史、改革开放史、社会主义发展史,宪法法律,中华优秀传统文化等设定课程模块,开设系列选择性必修课程。高中阶段开设"思想政治"必修课程,围绕学习习近平总书记最新重要讲话精神开设"思想政治"选择性必修课程。初中、小学阶段开设"道德与法治"必修课程,可结合校本课程、兴趣班开设思政类选修课程。

6.统筹推进思政课课程内容建设。坚持用习近平新时代中国特色社会主义思想铸魂育人,以政治认同、家国情怀、道德修养、法治意识、文化素养为重点,以爱党、爱国、爱社会主义、爱人民、爱集体为主线,坚持爱国和爱党爱社会主义相统一,系统开展马克思主义理论教育,系统进行中国特色社会主义和中国梦教育、社会主义核心价值观教育、法治教育、劳动教育、心理健康教育、中华优秀传统文化教育。遵循学生认知规律设计课程内容,体现不同学段特点,研究生阶段重在开展探究性学习,本专科阶段重在开展理论性学习,高中阶段重在开展常识性学习,初中阶段重在开展体验性学习,小学阶段重在开展启蒙性学习。

7.加强思政课教材体系建设。国家教材委员会统筹大中小学思政课教材建设,科学制定教材建设规划,注重提升思政课教材的政治性、时代性、科学性、可读性。国家统一开设的大中小学思政课教材全部由国家教材委员会组织统编统审统用,在教材中及时融入马克思主义中国化最新成果、坚持和发展中国特色社会主义最新经验、马克思主义理论学科最新研究进展。地方或学校开设的思政课选修课教材,由各地负责组织审定。研究编制习近平新时代中国特色社会主义思想进课程教材指导纲要,研究编制中华优秀传统文化、革命文化、社会主义先进文化、科技创新文化及总体国家安全观等进课程教材指南,编制中华民族古代历史和革命建设改革时期英雄人物、先进模范进课程教材图谱,分课程组织编写高校思政课专题教学指南,组织专家编写深度解读教材体系的示范教案,实施思政课优秀讲义出版工程,开列马克思主义经典著作、当代中国马克思主义理论著作、中华优秀传统文化典籍书单,建设思政课网络教学资源库。

三、建设一支政治强、情怀深、思维新、视野广、自律严、人格正的思政课教师队伍

8.加快壮大学校思政课教师队伍。各地在核定编制时要充分考虑思政课教师配备要求。高校要严格按照师生比不低于1∶350的比例核定专职思政课教师岗位,在编制内配足,且不得挪作他用,并尽快配备到位。制定关于加强新时代中小学思政课教师队伍建设的意见,加强中小学专职思政课教师配备。各地要统筹解决好思政课教师缺口问题。各高校可在与思政课教学内容相关的学科选择优秀教师进行培训后充实思政课教师队伍,可探索胜任思政课教学的党政管理干部转岗为专职思政课教师机制和办法,积极推动符合条件的辅导员参与思政课教学。高校要积极动员政治素质过硬的相关学科专家转任思政课教师。采取兼职的办法遴选相关单位的骨干支援高校思政课建设。各地应对民办学校指派思政课教师或组建专门讲师团。制定新时代高校思政课教师队伍建设规定。

9.切实提高思政课教师综合素质。以培育一大批优秀马克思主义理论教育家为目标,制定思政课教师队伍培养培训规划,在中央党校(国家行政学院)及地方党校(行政学院)面向思政课教师举办学习习近平新时代中国特色社会主义思想专题研修班,办好"周末理论大讲堂"、骨干教师研修班,实施好思政课教师在职攻读马克思主义理论博士学位专项计划。建强高校思政课教师研修基地,依托首批全国重点马克思主义学院所在高校重点开展理论研修,依托高水平师范类院校重点开展教学研修,全面提升每一位思政课教师的理论功底、知识素养。建立一批"新时代高校思想政治理论课教师研学基地",组织思政课教师在国内考察调研,在深入了解党和人民伟大实践中汲取养分、丰富思想。组织思政课骨干教师赴国外调研,拓宽国际视野,在比较分析中坚定"四个自信"。完善国家、省(自治区、直辖市)、学校三级培训体系。本科院校按在校生总数每生每年不低于40元,专科院校按每生每年不低于30元的标准提取专项经费,用于思政课教师的学术交流、实践研修等,并逐步加大支持力度。中央和地方主流媒体的政论、时政节目要积极推出优秀思政课教师传播理论成果,展示综合素质,增强社会影响力。

10.切实改革思政课教师评价机制。严把政治关、师德关、业务关,明确与思政课教师教学科研特点相匹配的评价标准,进一步提高评价中教学和教学研究占比。各高校在专业技术职务(职称)评聘工作中,要单独设立马克思主义理论类别,校级专业技术职务(职称)评聘委员会要有同比例的马克思主义理论学科专家。按教师比例核定思政课教师专业技术职务(职称)各类岗位占比,高级专业技术职务(职称)岗位比例不低于学校平均水平,指标不得挪作他用。要将思政课教师在中央和地方主要媒体上发表的理论文章纳入学术成果范畴。实行不合格思政课教师退出机制。

11.加大思政课教师激励力度。增强教师的职业认同感、荣誉感、责任感,把思政课教师

和辅导员中的优秀分子纳入各类高层次人才项目,在"万人计划""长江学者奖励计划""四个一批"等人才项目中加大倾斜支持力度。各地要因地制宜设立思政课教师和辅导员岗位津贴,纳入绩效工资管理,相应核增学校绩效工资总量。要把思政课教师作为学校干部队伍重要来源,学校党政管理干部原则上应有思政课教师、辅导员或班主任工作经历。党和国家设立的荣誉称号要注重表彰优秀思政课教师,教育部门要大力推选思政课教师年度影响力人物等先进典型。对立场坚定、学养深厚、联系实际、成果突出的思政课教师优秀代表加大宣传力度,发挥示范引领作用。

12. 大力加强思政课教师队伍后备人才培养工作。注重选拔培养高素质人才从事马克思主义理论学习研究和教育教学,统筹推进马克思主义理论学科本硕博一体化人才培养,构建完善马克思主义理论学科本硕博学科体系和课程体系。全国重点马克思主义学院通过提前批次录取或综合考核招生等方式招收马克思主义理论专业本科生,给予推免政策倾斜鼓励优秀马克思主义理论专业本科生攻读硕士学位,采取硕博连读或直接攻读博士学位的方式加强培养。深入实施"高校思想政治理论课教师队伍后备人才培养专项支持计划",专门招收马克思主义理论学科研究生,并逐步按需增加招生培养指标。加强思政课教师队伍后备人才思想政治工作,加大发展党员力度,提高党员发展质量。

四、不断增强思政课的思想性、理论性和亲和力、针对性

13. 加大思想性、理论性资源供给。进一步建强马克思主义理论学科,进入世界一流大学建设的高校应将马克思主义理论学科设为重点建设学科,为思政课建设提供坚实学科支撑。深入研究坚持和发展中国特色社会主义的重大理论和实践问题,为增强思政课的思想性、理论性提供多角度学术支持。充分发挥马克思主义理论学科的领航作用,大力推进中国特色社会主义学科体系建设。根据需求逐步增加马克思主义理论学科博士学位授权点,支持有关高校联合申报马克思主义理论学科博士学位授权点。组织思政课教师及时学习习近平总书记最新重要讲话精神,及时学习相关文件精神,全面理解和准确把握党中央重大决策部署。

14. 加大思政课教研工作力度。建立健全大中小学思政课教师一体化备课机制,普遍实行思政课教师集体备课制度,全面提升教研水平。遴选学科带头人担任各门课集体备课牵头人,学校领导干部要积极支持和主动参与。建立思政课教师"手拉手"备课机制,发挥思政课建设强校和高水平思政课专家示范带动作用。加强"全国高校思想政治理论课教师网络集体备课平台"建设,完善思政课教师网络备课服务支撑系统。建立纵向跨学段、横向跨学科的交流研修机制,深入开展相邻学段思政课教师教学交流研讨。推动建立思政课教师与其他学科专业教师交流机制。大力推进思政课教学方法改革,提升思政课教师信息化能力素养,推动人工智能等现代信息技术在思政课教学中应用,建设一批国家级虚拟仿真思政课体验教学中心。

15. 切实加强思政课课题研究和成果交流。国家社科基金规划项目、教育部人文社科研究项目等设立思政课教师研究专项,开展思政课教学重点难点问题和教学方法改革创新等研究,逐步加大对相关课题研究的支持力度。各地要参照设立相关项目并给予经费投入。加强马克思主义理论教学科研成果学术阵地建设,首批重点建设 10 家学术期刊和若干学术网站,支持新创办一定数量的思政课研究学术期刊。制定思政课教师发表文章的重点报刊目录,将《人民日报》《求是》《解放军报》《光明日报》《经济日报》等中央媒体及地方党报党刊列入其中。委托高校马克思主义学院分片建立高校思政课教学创新中心,设立一批思政课教学质量监测基地。在国家级教学成果奖中单列思政课专项,每2年开展1次全国思政课教学展示活动,定期开展优秀思政课示范课巡讲活动。打造一批思政课国家精品在线开放课程,探索建设融媒体思政公开课,推动优质教学资源共享。

16. 全面提升高校马克思主义学院建设水平。强化"马院姓马、在马言马"的鲜明导向,把思政课教学作为高校马克思主义学院基本职责,将马克思主义学院作为重点学院、马克思主义理论学科作为重点学科、思政课作为重点课程加强建设,在发展规划、人才引进、公共资源使用等方面给予马克思主义学院优先保障。建好建强一批全国重点马克思主义学院和示范性马克思主义学院,依托有条件的高校马克思主义学院建设一批习近平新时代中国特色社会主义思想研究院。建立和完善马克思主义理论学科体系,实施马克思主义理论学科领航工程,在马克思主义理论学习研究宣传上发挥引领带动作用。全面推动各地宣传、教育等部门共建所在地区高校马克思主义学院。实施马克思主义学院院长培养工程,加强马克思主义学院领导班子建设。

17. 整体推进高校课程思政和中小学学科德育。深度挖掘高校各学科门类专业课程和中小学语文、历史、地理、体育、艺术等所有课程蕴含的思想政治教育资源,解决好各类课程与思政课相互配合的问题,发挥所有课程育人功能,构建全面覆盖、类型丰富、层次递进、相互支撑的课程体系,使各类课程与思政课同向同行,形成协同效应。建成一批课程思政示范高校,推出一批课程思政示范课程,选树一批课程思政教学名师和团队,建设一批高校课程思政教学研究示范中心。

五、加强党对思政课建设的领导

18. 严格落实地方党委思政课建设主体责任。地方各级党委要把思政课建设作为党的建设和意识形态工作的标志性工程摆上重要议程,党委常委会每年至少召开1次专题会议研究思政课建设,抓住制约思政课建设的突出问题,在工作格局、队伍建设、支持保障等方面采取有效措施。建立和完善省(自治区、直辖市)党委领导班子成员联系高校和讲思政课特别是"形势与政策"课制度,各省(自治区、直辖市)党委和政府主要负责同志每学期结合学习和工作至少讲1次课。各地要把民办学校、中外合作办学院校纳入思政课建设整体布局。思政课建设情况纳入各级党委领导班子考核和政治巡视。

19. 推动建立高校党委书记、校长带头抓思政课机制。加强和改进高校领导干部深入基层联系学生工作,推动高校领导干部兼任班主任等工作,建立健全高校党委书记、校长及职能部门力量深入一线了解学生思想动态、服务学生发展的制度性安排。高校党委书记、校长作为思政课建设第一责任人,要结合自身学科背景和工作经历,带头走进课堂听课讲课,带头推动思政课建设,带头联系思政课教师。高校党委常委会每学期至少召开1次会议专题研究思政课建设,高校党委书记、校长每学期至少给学生讲授4个课时思政课,高校领导班子其他成员每学期至少给学生讲授2个课时思政课,可重点讲授"形势与政策"课。开学典礼、毕业典礼讲话等要鲜明体现党的教育方针、积极传播马克思主义科学理论、弘扬社会主义核心价值观。要把思政课建设情况纳入学校党的建设工作考核、办学质量和学科建设评估标准体系。

20. 积极拓展思政课建设格局。中央教育工作领导小组要把思政课建设纳入重要议事日程,教育部、中央宣传部等部门要牵头抓好思政课建设,中央军委政治工作部要指导抓好军队院校思政课建设。教育部成立大中小学思政课一体化建设指导委员会,加强对不同类型思政课建设分类指导。有关部门和各地要保证思政课管理人员配备,确保事有人干、责有人负。强化中考、高考、研究生招生考试对学生学习思政课的指挥棒作用,将思政课学习实践情况等作为重要内容纳入综合素质评价体系,探索记入本人档案,作为学生评奖评优重要标准,作为加入中国少年先锋队、中国共产主义青年团、中国共产党的重要参考。坚持开门办思政课,推动思政课实践教学与学生社会实践活动、志愿服务活动结合,思政小课堂和社会大课堂结合,鼓励党政机关、企事业单位等就近与高校对接,挂牌建立思政课实践教学基地,完善思政课实践教学机制。制定关于加快构建高校思想政治工作体系的意见,汇聚办好思政课合力。加大正面宣传和舆论引导力度,推动形成全党全社会努力办好思政课、教师认真讲好思政课、学生积极学好思政课的良好氛围。

12.2　全面推进"大思政课"建设的工作方案

教育部等十部门关于印发《全面推进"大思政课"建设的工作方案》的通知

教社科〔2022〕3 号

现将《全面推进"大思政课"建设的工作方案》印发给你们,请认真贯彻执行。

教育部　中共中央宣传部　中共中央网络安全和信息化委员会办公室

科学技术部　工业和信息化部　生态环境部

国家卫生健康委　国家文物局

国家乡村振兴局　中国关心下一代工作委员会

2022 年 7 月 25 日

全面推进"大思政课"建设的工作方案

为深入贯彻落实习近平总书记关于"大思政课"的重要指示批示和在中国人民大学考察时的重要讲话精神,贯彻落实中共中央、国务院《关于新时代加强和改进思想政治工作的意见》,中共中央办公厅、国务院办公厅印发的《关于深化新时代学校思想政治理论课改革创新的若干意见》和中共中央办公厅《关于加强新时代马克思主义学院建设的意见》精神,坚持不懈用习近平新时代中国特色社会主义思想铸魂育人,制定本工作方案。

一、总体要求

党的十八大以来,特别是习近平总书记亲自主持召开学校思想政治理论课教师座谈会以来,思政课在党中央治国理政战略全局中的地位日益凸显,发展环境和整体生态发生根本性转变,习近平新时代中国特色社会主义思想铸魂育人成效明显,思政课建设、日常思想政治工作、课程思政全面推进。同时,一些地方和学校对"大思政课"建设的重视程度不够,开门办思政课、调动各种社会资源的意识和能力还不够强,课程教材体系还需要进一步完善,有的学校教师数量不足、质量不高,对实践教学重视不够,有的课堂教学与现实结合不紧密,大中小学思政课一体化建设亟需深化,有的学校第二课堂重活动轻引领,课程思政存在"硬融入""表面化"等现象。

全面推进"大思政课"建设,要坚持以习近平新时代中国特色社会主义思想为指导,聚焦立德树人根本任务,推动用党的创新理论铸魂育人,不断增强针对性、提高有效性,实现入脑入心。坚持开门办思政课,强化问题意识、突出实践导向,充分调动全社会力量和资源,建设"大课堂"、搭建"大平台"、建好"大师资",建设全国高校思政课教研系统,设立一批实践教学基地,推出一批优质教学资源,做优一批品牌示范活动,支持建设综合改革试验区,推动思政小课堂与社会大课堂相结合,推动各类课程与思政课同向同行,教育引导学生坚定"四个自信",成为堪当民族复兴重任的时代新人。

二、改革创新主渠道教学

1. 建构党的创新理论研究阐释和教育教学的自主知识体系。各高校全面开设"习近平新时代中国特色社会主义思想概论"课。中央宣传部、教育部编写习近平新时代中国特色社会主义思想概论课教材。教育部实施习近平新时代中国特色社会主义思想研究重大专项,加强习近平新时代中国特色社会主义思想系统化学理化和分领域分专题研究,将习近平新时代中国特色社会主义思想有机融入全面贯穿哲学社会科学各学科知识体系。

2. 建强思政课课程群。各地各校加强以习近平新时代中国特色社会主义思想为核心内容的课程群建设,形成必修课加选修课的课程体系。高校要统筹全校力量,结合自身实际,重点围绕习近平经济思想、习近平法治思想、习近平生态文明思想、习近平强军思想、习近平外交思想以及"四史"、宪法法律、中华优秀传统文化等设定课程模块,开设选择性必修课程。

3. 优化思政课教材体系。落实系列重大主题教育指南和纲要,深入推进习近平总书记在地方工作期间的重大实践、视察地方和学校重要论述进课程教材。及时修订思政课统编教材,将党的创新理论最新成果有机融入各门思政课。编写马克思、恩格斯、列宁关于哲学社会科学及各学科重要论述摘编。持续推进新时代马克思主义理论研究和建设工程重点教材建设。

4. 拓展课堂教学内容。教育部组织制作"思政课导学"课件、讲义、专题片等,帮助教师讲深讲透讲活学好思政课的重要意义。各地各校围绕新时代的伟大实践,充分挖掘地方红色文化、校史资源,将伟大建党精神和抗疫精神、科学家精神、载人航天精神等伟大精神,生动鲜活的实践成就,以及英雄模范的先进事迹等引入课堂,推动党的创新理论和历史融入各学段各门思政课。

5. 创新课堂教学方法。各校加强对学生思想、心理及关心的热点难点问题研究,制定针对性的教学方案。善于采用多样化的教学方法,注重发挥学生主体性作用,积极运用小组研学、情景展示、课题研讨、课堂辩论等方式组织课堂实践。有条件的高校要为思政课配备助教,协助开展教学组织、课后答疑等工作。

6. 优化教学评价体系。高校要建立校领导、教学督导、马克思主义学院班子成员、思政课教师和学生参加的多维度综合教学评价工作体系,重视教学过程评价,增加教学研究和教学成果在评价体系中的权重。用好思政课教学评价结果,作为马克思主义学院和班子成员考核的重要指标,作为思政课教师绩效考核、职称晋升、评奖评优等的基本依据。充分发挥

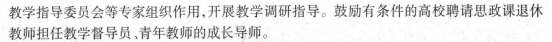

教学指导委员会等专家组织作用，开展教学调研指导。鼓励有条件的高校聘请思政课退休教师担任教学督导员、青年教师的成长导师。

三、善用社会大课堂

7. 构建实践教学工作体系。高校要普遍建立党委统一领导，马克思主义学院积极协调，教务处、宣传部、学工部、团委等职能部门密切配合的思政课实践教学工作体系，在马克思主义学院指定专人负责，建立健全安全保障机制，积极整合思政课教师和辅导员队伍，共同参与组织指导思政课实践教学。将思政课教师、辅导员指导学生开展实践活动、指导学生理论社团等纳入教学工作量。参照学生专业实训（实习）标准设立思政课实践教学专项经费。

8. 落实思政课实践教学学时学分。高校要严格落实本科 2 个学分、专科 1 个学分用于思政课实践教学的要求，中小学校要安排一定比例的课时用于学生社会实践体验活动。精心设计实践教学大纲，坚决避免实践教学娱乐化、形式化、表面化。鼓励有条件的高校开设专门的实践教学课。

9. 组织开展多样化的实践教学。教育部持续组织开展中国国际"互联网＋"大学生创新创业大赛青年红色筑梦之旅、习近平新时代中国特色社会主义思想大学习领航计划、"小我融入大我，青春献给祖国"主题社会实践、"技能成才，强国有我"主题教育等活动。高校要紧扣思政课实践教学目标和要求，利用志愿服务、理论宣讲、社会调研等实践活动，开展实践教学。注重总结实践教学成果，把优秀成果作为课堂教学的有效补充，支持出版高校思政课实践教学成果，推动实践教学规范化。

10. 建好用好实践教学基地。教育部会同有关部门，利用现有基地（场馆），分专题设立一批"大思政课"实践教学基地。发挥好教育部高校思政课教师研学基地的实践教学功能。各地教育部门要结合实际，积极建设"大思政课"实践教学基地。大中小学要主动对接各级各类实践教学基地，开发现场教学专题，开展实践教学。有条件的学校可与有关基地建立长效合作机制，加强研究和资源开发。各基地要积极创造条件，与各地教育部门、学校建立有效工作机制，协同完成好实践教学任务。

专栏　建好用好"大思政课"实践教学基地

1. 教育部、科技部联合设立科学精神专题实践教学基地。

2. 教育部、工业和信息化部联合设立工业文化专题实践教学基地。

3. 教育部、生态环境部联合设立美丽中国专题实践教学基地。

4. 教育部、国家卫生健康委联合设立抗击疫情专题实践教学基地。

5. 教育部、国家文物局联合设立中华优秀传统文化、革命文化、社会主义先进文化专题实践教学基地。

6. 教育部、国家乡村振兴局联合设立脱贫攻坚、乡村振兴专题实践教学基地。

7. 教育部、中国关心下一代工作委员会联合设立党史新中国史教育专题实践教学基地。

四、搭建大资源平台

11. 建设全国高校思政课教研系统。教育部建设"全国高校思政课教师网络集体备课平台"网络支持系统、"青梨派"大学生自主学习系统、高校思政课教学创新中心资源开发系统、高校思政课教学指导委员会指导审核评估系统、高校思政课教师基础数据系统、高校思政课教师研修培训系统等为一体,共建共享、系统集成、全面覆盖的全国高校思政课教研系统。

12. 推进国家智慧教育平台建设使用。教育部把"大思政课"摆在教育信息化的突出位置,加强国家智慧教育平台思政教育资源建设。通过项目支持的方式,推动教学资源建设常态化机制化。组织开发和推荐一批科学权威实用的课件、讲义,推动一线教师统一使用。加强思政课教学资源库建设,实施中小学思政课精品课程建设计划,推出一批思政"金课"。加大优质资源推广使用力度,指导各地各校用好国家智慧教育平台。

专栏　思政课教学资源库

1. 建设教学案例库。组织征集和开发高质量、多形式的教学案例,特别是聚焦习近平新时代中国特色社会主义思想在中华大地的生动实践,开发一批党的创新理论主题案例。

2. 打造教学重难点问题库。建立思政课教学重难点问题征集机制,动态收集学生关注的问题和思想理论困惑,统一组织研究回答,形成教学问题库。

3. 建设教学素材库。建立完善采集、审核、共享机制,充分调动一线思政课教师积极性创造性,持续推出一大批优秀思政课课件、讲义、重难点解析、重要参考文献、教学配图、微视频、融媒体公开课等优质教学素材。

4. 开发在线示范课程库。以国家统编教材为基本遵循,整合全国优秀思政课教师和哲学社会科学专家力量,组织开发高水平在线示范课程。

---

13. 打造网络教育宣传云平台。教育部会同中央网信办等,组织开展"大思政课"网络主题宣传活动,鼓励师生围绕思政课教学内容创作微电影、动漫、音乐、短视频等,建设资源共享、在线互动、网络宣传等为一体的"云上大思政课"平台。加强高校思想政治工作网、大学生在线、易班等网络平台建设。积极研发成本适宜的虚拟仿真教学资源。组织开展"同上一堂思政大课"活动。各地各校用好"学习强国"等平台,鼓励思政课教师积极参加中央和地方主流媒体的政论、时政节目,广泛传播党的创新理论。

五、构建大师资体系

14. 建设专兼结合的师资队伍。各地各校严格按照要求配备建强高校专职思政课教师、辅导员队伍,提高中小学专职思政课教师比例,实行思政课特聘教授、兼职教师制度,积极聘请党政领导、科学家、老同志、先进模范等担任思政课兼职教师。深入实施马克思主义学院院长(书记)培养工程,通过集中培养培训、委托重大项目、加强实践锻炼、开展国际国内访学等方式,培养一批青年马克思主义理论家。

专栏 建立思政课特聘教授、兼职教师制度

高校要通过建立健全思政课特聘教授制度，选聘优秀地方党政领导干部、企事业单位管理专家、社科理论界专家、各行业先进模范以及高校党委书记校长、院（系）党政负责人、名师大家和专业课骨干教师、日常思想政治教育骨干等加入思政课教师队伍，讲授思政课；通过建立健全兼职教师制度，形成英雄人物、劳动模范、大国工匠等先进代表，以及革命博物馆、纪念馆、党史馆、烈士陵园等红色基地讲解员、志愿者经常性进高校参与思政课教学的长效机制。

---

15. 搭建队伍研究平台。充分发挥国家社科基金规划项目、教育部人文社科研究项目思政课教师研究专项作用，设立马克思主义理论研究和建设工程后期资助项目，组织教师加强马克思主义理论和思政课教学研究。重点支持开展"大思政课"建设规律、思政课教学难点及对策、大中小学思政课一体化、课程思政等研究。举办习近平新时代中国特色社会主义思想进教材进课堂进头脑系列研讨会。建设辅导员工作室、资助开展课题研究、推广优秀工作案例。

16. 提升队伍综合能力。完善国家、地方、学校三级培训体系，实现思政课教师培训全覆盖。教育部完善"手拉手"集体备课机制，定期组织开展教学研讨活动。开展中小学思政课教师示范培训、教学基本功展示交流活动。建设辅导员网上资源库、开发虚拟仿真实训平台，组织支持开展国情考察。各地教育部门要建立中小学思政课教师轮训制度，依托各级党校和高校马克思主义学院每3年对中小学思政课教师至少进行一次不少于5日的集中脱产培训。中小学校新进专职思政课教师须取得思政课教师资格。小学兼职思政课教师在上岗前应完成一定学时的专业培训，并考核合格。各地各高校建立专门制度，常态化支持思政课骨干教师到各级宣传、教育等党政机关或基层挂职锻炼、蹲点调研，相关经历纳入评奖评优、干部选聘体系，相关成果作为职称评聘参考。严格落实生均经费用于思政课教师的学术交流、实践研修等，并逐步加大支持力度。

专栏 加强思政课教师培养培训

1. 加强"高校思政课教师信息库"建设。

2. 打造"全国高校思政课教师网络集体备课平台"升级版。

3. 实施"高校思政课教师队伍后备人才培养专项支持计划"。

4. 实施"高校思政课教师在职攻读马克思主义理论博士学位专项支持计划"。

5. 举办"高校思政课骨干教师研修班"和"高校哲学社会科学骨干研修班"。

6. 举办"周末理论大讲堂"。

7. 依托全国高校思政课教师研修（学）基地，组织思政课教师开展分课程、分专题研修活动。

8. "高校思想政治理论课'手拉手'集体备课中心"和"高校思想政治理论课名师工

作室",举办跨地区、跨学段、跨学校等多形式的集体备课、教学研讨活动。

9.举办"全国高校思政课教学展示活动"。

10.开展"高校优秀思政课教师和马克思主义理论学科学生奖励基金"遴选。

11.开展中小学思政课教师示范培训。

12.开展中小学思政课教师基本功展示交流活动。

六、拓展工作格局

17.分层分类开展"大思政课"综合改革试点。教育部围绕实践教学、教师队伍建设、大中小学思政课一体化、问题式专题化团队教学和均衡发展等思政课改革创新重大问题,在北京、天津、上海、江西、陕西等地设立综合改革试验区。地方党政负责同志坚持联系高校并讲思政课。坚持教材编写、师资培养、理论阐释、教学研究相结合,统筹推进习近平新时代中国特色社会主义思想研究中心(院)、国家教材建设重点研究基地、人文社科重点研究基地、师资培训中心、马克思主义学院等建设,开展"联学联讲联研"综合改革试点。深入推进"三全育人"综合改革,持续扩大高校"一站式"学生社区综合管理模式建设试点。

18.深入推进大中小学思政课一体化建设。教育部加强大中小学思政课一体化建设指导委员会建设,支持各地建设一批一体化基地,鼓励高校积极开展与中小学思政课共建。各地教育部门加强引导和协调,建立大中小学师资培育、听课评课、教研交流、集体备课等常态化工作机制。

19.全面推进课程思政高质量建设。教育部组建高等学校课程思政教学指导委员会,研制普通本科专业类课程思政教学指南,组织开展高校教师课程思政教学能力培训,建设一批课程思政系列共享资源库。建成一批课程思政示范高校,推出一批课程思政示范课程,选树一批课程思政教学名师和团队,建设一批高校课程思政教学研究示范中心。加强中小学学科德育建设。

20.扎实开展日常思政教育活动。学校党委书记、校长要在开学、毕业典礼等重要场合,讲授"思政大课"。学校要以重大纪念日、重大历史事件为契机,通过"学习新思想,做好接班人"主题教育、职教学生读党报、新时代先进人物进校园、论坛讲坛、讲座报告会等,组织专题"思政大课"。教育部打造并集中展示一批校园文化原创精品,建设一批文化传承基地。办好"全国大学生网络文化节"和"全国高校网络教育优秀作品推选展示活动"。

七、加强组织领导

21.强化统筹协调。教育部、中央宣传部做好"大思政课"建设的总体谋划。中央网信办指导做好"大思政课"全媒体宣传。科技部、工业和信息化部、生态环境部、国家卫生健康委、国家文物局、国家乡村振兴局、中国关心下一代工作委员会等部门,加强对基地的指导和建设,切实发挥好基地的育人功能。

22.积极推进落实。各地要把"大思政课"建设作为"十四五"时期推动思政课高质量发展的重要抓手,在基地资源、经费投入、队伍建设、条件保障等方面采取有效措施。将中外合作办学院校纳入"大思政课"建设整体布局。各地各校要及时总结宣传"大思政课"建设的好经验好做法,营造良好舆论氛围。

12.3 国家职业教育改革实施方案

国务院关于印发国家职业教育改革实施方案的通知

国发〔2019〕4 号

各省、自治区、直辖市人民政府,国务院各部委、各直属机构:

现将《国家职业教育改革实施方案》印发给你们,请认真贯彻执行。

国务院

2019 年 1 月 24 日

（此件公开发布）

国家职业教育改革实施方案

职业教育与普通教育是两种不同教育类型,具有同等重要地位。改革开放以来,职业教育为我国经济社会发展提供了有力的人才和智力支撑,现代职业教育体系框架全面建成,服务经济社会发展能力和社会吸引力不断增强,具备了基本实现现代化的诸多有利条件和良好工作基础。随着我国进入新的发展阶段,产业升级和经济结构调整不断加快,各行各业对技术技能人才的需求越来越紧迫,职业教育重要地位和作用越来越凸显。但是,与发达国家相比,与建设现代化经济体系、建设教育强国的要求相比,我国职业教育还存在着体系建设不够完善、职业技能实训基地建设有待加强、制度标准不够健全、企业参与办学的动力不足、有利于技术技能人才成长的配套政策尚待完善、办学和人才培养质量水平参差不齐等问题,到了必须下大力气抓好的时候。没有职业教育现代化就没有教育现代化。为贯彻全国教育大会精神,进一步办好新时代职业教育,落实《中华人民共和国职业教育法》,制定本实施方案。

总体要求与目标:坚持以习近平新时代中国特色社会主义思想为指导,把职业教育摆在教育改革创新和经济社会发展中更加突出的位置。牢固树立新发展理念,服务建设现代化经济体系和实现更高质量更充分就业需要,对接科技发展趋势和市场需求,完善职业教育和培训体系,优化学校、专业布局,深化办学体制改革和育人机制改革,以促进就业和适应产业发展需求为导向,鼓励和支持社会各界特别是企业积极支持职业教育,着力培养高素质劳动者和技术技能人才。经过 5—10 年左右时间,职业教育基本完成由政府举办为主向政府统筹管理、社会多元办学的格局转变,由追求规模扩张向提高质量转变,由参照普通教育办学模式向企业社会参与、专业特色鲜明的类型教育转变,大幅提升新时代职业教育现代化水平,为促进经济社会发展和提高国家竞争力提供优质人才资源支撑。

具体指标:到 2022 年,职业院校教学条件基本达标,一大批普通本科高等学校向应用型转变,建设 50 所高水平高等职业学校和 150 个骨干专业（群）。建成覆盖大部分行业领域、具有国际先进水平的中国职业教育标准体系。企业参与职业教育的积极性有较大提升,培育数以万计的产教融合型企业,打造一批优秀职业教育培训评价组织,推动建设 300 个具有辐射引领作用的高水平专业化产教融合实训基地。职业院校实践性教学课时原则上占总课时一半以上,顶岗实习时间一般为6个月。"双师型"教师(同时具备理论教学和实践教学能力的教师)占专业课教师总数超过一半,分专业建设一批国家级职业教育教师教学创新团队。从2019年开始,在职业院校、应用型本科高校启动"学历证书＋若干职业技能等级证书"制度试点(以下简称1＋X证书制度试点)工作。

一、完善国家职业教育制度体系

(一)健全国家职业教育制度框架

把握好正确的改革方向,按照"管好两端、规范中间、书证融通、办学多元"的原则,严把教学标准和毕业学生质量标准两个关口。将标准化建设作为统领职业教育发展的突破口,完善职业教育体系,为服务现代制造业、现代服务业、现代农业发展和职业教育现代化提供制度保障与人才支持。建立健全学校设置、师资队伍、教学教材、信息化建设、安全设施等办学标准,引领职业教育服务发展、促进就业创业。落实好立德树人根本任务,健全德技并修、工学结合的育人机制,完善评价机制,规范人才培养全过程。深化产教融合、校企合作,育训结合,健全多元化办学格局,推动企业深度参与协同育人,扶持鼓励企业和社会力量参与举办各类职业教育。推进资历框架建设,探索实现学历证书和职业技能等级证书互通衔接。

(二)提高中等职业教育发展水平

优化教育结构,把发展中等职业教育作为普及高中阶段教育和建设中国特色职业教育体系的重要基础,保持高中阶段教育职普比大体相当,使绝大多数城乡新增劳动力接受高中阶段教育。改善中等职业学校基本办学条件。加强省级统筹,建好办好一批县域职教中心,重点支持集中连片特困地区每个地(市、州、盟)原则上至少建设一所符合当地经济社会发展和技术技能人才培养需要的中等职业学校。指导各地优化中等职业学校布局结构,科学配置并做大做强职业教育资源。加大对民族地区、贫困地区和残疾人职业教育的政策、金融支持力度,落实职业教育东西协作行动计划,办好内地少数民族中职班。完善招生机制,建立中等职业学校和普通高中统一招生平台,精准服务区域发展需求。积极招收初高中毕业未升学学生、退役军人、退役运动员、下岗职工、返乡农民工等接受中等职业教育;服务乡村振兴战略,为广大农村培养以新型职业农民为主体的农村实用人才。发挥中等职业学校作用,帮助部分学业困难学生按规定在职业学校完成义务教育,并接受部分职业技能学习。

鼓励中等职业学校联合中小学开展劳动和职业启蒙教育,将动手实践内容纳入中小学相关课程和学生综合素质评价。

(三)推进高等职业教育高质量发展

把发展高等职业教育作为优化高等教育结构和培养大国工匠、能工巧匠的重要方式,使城乡新增劳动力更多接受高等教育。高等职业学校要培养服务区域发展的高素质技术技能人才,重点服务企业特别是中小微企业的技术研发和产品升级,加强社区教育和终身学习服务。建立"职教高考"制度,完善"文化素质＋职业技能"的考试招生办法,提高生源质量,为学生接受高等职业教育提供多种入学方式和学习方式。在学前教育、护理、养老服务、健康服务、现代服务业等领域,扩大对初中毕业生实行中高职贯通培养的招生规模。启动实施中国特色高水平高等职业学校和专业建设计划,建设一批引领改革、支撑发展、中国特色、世界

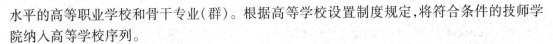

水平的高等职业学校和骨干专业(群)。根据高等学校设置制度规定,将符合条件的技师学院纳入高等学校序列。

(四)完善高层次应用型人才培养体系

完善学历教育与培训并重的现代职业教育体系,畅通技术技能人才成长渠道。发展以职业需求为导向、以实践能力培养为重点、以产学研用结合为途径的专业学位研究生培养模式,加强专业学位硕士研究生培养。推动具备条件的普通本科高校向应用型转变,鼓励有条件的普通高校开办应用技术类型专业或课程。开展本科层次职业教育试点。制定中国技能大赛、全国职业院校技能大赛、世界技能大赛获奖选手等免试入学政策,探索长学制培养高端技术技能人才。服务军民融合发展,把军队相关的职业教育纳入国家职业教育大体系,共同做好面向现役军人的教育培训,支持其在服役期间取得多类职业技能等级证书,提升技术技能水平。落实好定向培养直招士官政策,推动地方院校与军队院校有效对接,推动优质职业教育资源向军事人才培养开放,建立军地网络教育资源共享机制。制订具体政策办法,支持适合的退役军人进入职业院校和普通本科高校接受教育和培训,鼓励支持设立退役军人教育培训集团(联盟),推动退役、培训、就业有机衔接,为促进退役军人特别是退役士兵就业创业作出贡献。

二、构建职业教育国家标准

(五)完善教育教学相关标准

发挥标准在职业教育质量提升中的基础性作用。按照专业设置与产业需求对接、课程内容与职业标准对接、教学过程与生产过程对接的要求,完善中等、高等职业学校设置标准,规范职业院校设置;实施教师和校长专业标准,提升职业院校教学管理和教学实践能力。持续更新并推进专业目录、专业教学标准、课程标准、顶岗实习标准、实训条件建设标准(仪器设备配备规范)建设和在职业院校落地实施。巩固和发展国务院教育行政部门联合行业制定国家教学标准、职业院校依据标准自主制订人才培养方案的工作格局。

(六)启动1+X证书制度试点工作

深化复合型技术技能人才培养培训模式改革,借鉴国际职业教育培训普遍做法,制订工作方案和具体管理办法,启动1+X证书制度试点工作。试点工作要进一步发挥好学历证书作用,夯实学生可持续发展基础,鼓励职业院校学生在获得学历证书的同时,积极取得多类职业技能等级证书,拓展就业创业本领,缓解结构性就业矛盾。国务院人力资源社会保障行政部门、教育行政部门在职责范围内,分别负责管理监督考核院校外、院校内职业技能等级证书的实施(技工院校内由人力资源社会保障行政部门负责),国务院人力资源社会保障行政部门组织制定职业标准,国务院教育行政部门依照职业标准牵头组织开发教学等相关标准。院校内培训可面向社会人群,院校外培训也可面向在校学生。各类职业技能等级证书具有同等效力,持有证书人员享受同等待遇。院校内实施的职业技能等级证书分为初级、中级、高级,是职业技能水平的凭证,反映职业活动和个人职业生涯发展所需要的综合能力。

(七)开展高质量职业培训

落实职业院校实施学历教育与培训并举的法定职责,按照育训结合、长短结合、内外结合的要求,面向在校学生和全体社会成员开展职业培训。自 2019 年开始,围绕现代农业、先进制造业、现代服务业、战略性新兴产业,推动职业院校在 10 个左右技术技能人才紧缺领域大力开展职业培训。引导行业企业深度参与技术技能人才培养培训,促进职业院校加强专业建设、深化课程改革、增强实训内容、提高师资水平,全面提升教育教学质量。各级政府要积极支持职业培训,行政部门要简政放权并履行好监管职责,相关下属机构要优化服务,对于违规收取费用的要严肃处理。畅通技术技能人才职业发展通道,鼓励其持续获得适应经济社会发展需要的职业培训证书,引导和支持企业等用人单位落实相关待遇。对取得职业技能等级证书的离校未就业高校毕业生,按规定落实职业培训补贴政策。

（八）实现学习成果的认定、积累和转换

加快推进职业教育国家"学分银行"建设,从 2019 年开始,探索建立职业教育个人学习账号,实现学习成果可追溯、可查询、可转换。有序开展学历证书和职业技能等级证书所体现的学习成果的认定、积累和转换,为技术技能人才持续成长拓宽通道。职业院校对取得若干职业技能等级证书的社会成员,支持其根据证书等级和类别免修部分课程,在完成规定内容学习后依法依规取得学历证书。对接受职业院校学历教育并取得毕业证书的学生,在参加相应的职业技能等级证书考试时,可免试部分内容。从 2019 年起,在有条件的地区和高校探索实施试点工作,制定符合国情的国家资历框架。

三、促进产教融合校企"双元"育人

（九）坚持知行合一、工学结合

借鉴"双元制"等模式,总结现代学徒制和企业新型学徒制试点经验,校企共同研究制定人才培养方案,及时将新技术、新工艺、新规范纳入教学标准和教学内容,强化学生实习实训。健全专业设置定期评估机制,强化地方引导本区域职业院校优化专业设置的职责,原则上每 5 年修订 1 次职业院校专业目录,学校依据目录灵活自主设置专业,每年调整 1 次专业。健全专业教学资源库,建立共建共享平台的资源认证标准和交易机制,进一步扩大优质资源覆盖面。遴选认定一大批职业教育在线精品课程,建设一大批校企"双元"合作开发的国家规划教材,倡导使用新型活页式、工作手册式教材并配套开发信息化资源。每 3 年修订 1 次教材,其中专业教材随信息技术发展和产业升级情况及时动态更新。适应"互联网＋职业教育"发展需求,运用现代信息技术改进教学方式方法,推进虚拟工厂等网络学习空间建设和普遍应用。

（十）推动校企全面加强深度合作

职业院校应当根据自身特点和人才培养需要,主动与具备条件的企业在人才培养、技术创新、就业创业、社会服务、文化传承等方面开展合作。学校积极为企业提供所需的课程、师资等资源,企业应当依法履行实施职业教育的义务,利用资本、技术、知识、设施、设备和管理等要素参与校企合作,促进人力资源开发。校企合作中,学校可从中获得智力、专利、教育、劳务等报酬,具体分配由学校按规定自行处理。在开展国家产教融合建设试点基础上,建立产教融合型企业认证制度,对进入目录的产教融合型企业给予"金融＋财政＋土地＋信用"的组合式激励,并按规定落实相关税收政策。试点企业兴办职业教育的投资符合条件的,可按投资额一定比例抵免该企业当年应缴教育费附加和地方教育附加。厚植企业承担职业教

育责任的社会环境,推动职业院校和行业企业形成命运共同体。

(十一)打造一批高水平实训基地

加大政策引导力度,充分调动各方面深化职业教育改革创新的积极性,带动各级政府、企业和职业院校建设一批资源共享,集实践教学、社会培训、企业真实生产和社会技术服务于一体的高水平职业教育实训基地。面向先进制造业等技术技能人才紧缺领域,统筹多种资源,建设若干具有辐射引领作用的高水平专业化产教融合实训基地,推动开放共享,辐射区域内学校和企业;鼓励职业院校建设或校企共建一批校内实训基地,提升重点专业建设和校企合作育人水平。积极吸引企业和社会力量参与,指导各地各校借鉴德国、日本、瑞士等国家经验,探索创新实训基地运营模式。提高实训基地规划、管理水平,为社会公众、职业院校在校生取得职业技能等级证书和企业提升人力资源水平提供有力支撑。

(十二)多措并举打造"双师型"教师队伍

从 2019 年起,职业院校、应用型本科高校相关专业教师原则上从具有 3 年以上企业工作经历并具有高职以上学历的人员中公开招聘,特殊高技能人才(含具有高级工以上职业资格人员)可适当放宽学历要求,2020 年起基本不再从应届毕业生中招聘。加强职业技术师范院校建设,优化结构布局,引导一批高水平工科学校举办职业技术师范教育。实施职业院校教师素质提高计划,建立 100 个"双师型"教师培养培训基地,职业院校、应用型本科高校教师每年至少 1 个月在企业或实训基地实训,落实教师 5 年一周期的全员轮训制度。探索组建高水平、结构化教师教学创新团队,教师分工协作进行模块化教学。定期组织选派职业院校专业骨干教师赴国外研修访学。在职业院校实行高层次、高技能人才以直接考察的方式公开招聘。建立健全职业院校自主聘任兼职教师的办法,推动企业工程技术人员、高技能人才和职业院校教师双向流动。职业院校通过校企合作、技术服务、社会培训、自办企业等所得收入,可按一定比例作为绩效工资来源。

四、建设多元办学格局

(十三)推动企业和社会力量举办高质量职业教育

各级政府部门要深化"放管服"改革,加快推进职能转变,由注重"办"职业教育向"管理与服务"过渡。政府主要负责规划战略、制定政策、依法依规监管。发挥企业重要办学主体作用,鼓励有条件的企业特别是大企业举办高质量职业教育,各级人民政府可按规定给予适当支持。完善企业经营管理和技术人员与学校领导、骨干教师相互兼职兼薪制度。2020 年初步建成 300 个示范性职业教育集团(联盟),带动中小企业参与。支持和规范社会力量兴办职业教育培训,鼓励发展股份制、混合所有制等职业院校和各类职业培训机构。建立公开透明规范的民办职业教育准入、审批制度,探索民办职业教育负面清单制度,建立健全退出机制。

(十四)做优职业教育培训评价组织

职业教育包括职业学校教育和职业培训,职业院校和应用型本科高校按照国家教学标准和规定职责完成教学任务和职业技能人才培养。同时,也必须调动社会力量,补充校园不足,助力校园办学。能够依据国家有关法规和职业标准、教学标准完成的职业技能培训,要更多通过职业教育培训评价组织(以下简称培训评价组织)等参与实施。政府通过放宽准入,严格末端监督执法,严格控制数量,扶优、扶大、扶强,保证培训质量和学生能力水平。要按照在已成熟的品牌中遴选一批、在成长中的品牌中培育一批、在有需要但还没有建立项目的领域中规划一批的原则,以社会化机制公开招募并择优遴选培训评价组织,优先从制订过国家职业标准并完成标准教材编写,具有专家、师资团队、资金实力和5年以上优秀培训业绩的机构中选择。培训评价组织应对接职业标准,与国际先进标准接轨,按有关规定开发职业技能等级标准,负责实施职业技能考核、评价和证书发放。政府部门要加强监管,防止出现乱培训、滥发证现象。行业协会要积极配合政府,为培训评价组织提供好服务环境支持,不得以任何方式收取费用或干预企业办学行为。

五、完善技术技能人才保障政策

(十五)提高技术技能人才待遇水平

支持技术技能人才凭技能提升待遇,鼓励企业职务职级晋升和工资分配向关键岗位、生产一线岗位和紧缺急需的高层次、高技能人才倾斜。建立国家技术技能大师库,鼓励技术技能大师建立大师工作室,并按规定给予政策和资金支持,支持技术技能大师到职业院校担任兼职教师,参与国家重大工程项目联合攻关。积极推动职业院校毕业生在落户、就业、参加机关事业单位招聘、职称评审、职级晋升等方面与普通高校毕业生享受同等待遇。逐步提高技术技能人才特别是技术工人收入水平和地位。机关和企事业单位招用人员不得歧视职业院校毕业生。国务院人力资源社会保障行政部门会同有关部门,适时组织清理调整对技术技能人才的歧视政策,推动形成人人皆可成才、人人尽展其才的良好环境。按照国家有关规定加大对职业院校参加有关技能大赛成绩突出毕业生的表彰奖励力度。办好职业教育活动周和世界青年技能日宣传活动,深入开展"大国工匠进校园""劳模进校园""优秀职校生校园分享"等活动,宣传展示大国工匠、能工巧匠和高素质劳动者的事迹和形象,培育和传承好工匠精神。

(十六)健全经费投入机制

各级政府要建立与办学规模、培养成本、办学质量等相适应的财政投入制度,地方政府要按规定制定并落实职业院校生均经费标准或公用经费标准。在保障教育合理投入的同时,优化教育支出结构,新增教育经费要向职业教育倾斜。鼓励社会力量捐资、出资兴办职业教育,拓宽办学筹资渠道。进一步完善中等职业学校生均拨款制度,各地中等职业学校生均财政拨款水平可适当高于当地普通高中。各地在继续巩固落实好高等职业教育生均财政拨款水平达到12000元的基础上,根据发展需要和财力可能逐步提高拨款水平。组织实施好现代职业教育质量提升计划、产教融合工程等。经费投入要进一步突出改革导向,支持校企合作,注重向中西部、贫困地区和民族地区倾斜。进一步扩大职业院校助学金覆盖面,完善补助标准动态调整机制,落实对建档立卡等家庭经济困难学生的倾斜政策,健全职业教育奖学金制度。

六、加强职业教育办学质量督导评价

(十七)建立健全职业教育质量评价和督导评估制度

以学习者的职业道德、技术技能水平和就业质量,以及产教融合、校企合作水平为核心,

建立职业教育质量评价体系。定期对职业技能等级证书有关工作进行"双随机、一公开"的抽查和监督,从 2019 年起,对培训评价组织行为和职业院校培训质量进行监测和评估。实施职业教育质量年度报告制度,报告向社会公开。完善政府、行业、企业、职业院校等共同参与的质量评价机制,积极支持第三方机构开展评估,将考核结果作为政策支持、绩效考核、表彰奖励的重要依据。完善职业教育督导评估办法,建立职业教育定期督导评估和专项督导评估制度,落实督导报告、公报、约谈、限期整改、奖惩等制度。国务院教育督导委员会定期听取职业教育督导评估情况汇报。

(十八)支持组建国家职业教育指导咨询委员会

为把握正确的国家职业教育改革发展方向,创新我国职业教育改革发展模式,提出重大政策研究建议,参与起草、制订国家职业教育法律法规,开展重大改革调研,提供各种咨询意见,进一步提高政府决策科学化水平,规划并审议职业教育标准等,在政府指导下组建国家职业教育指导咨询委员会。成员包括政府人员、职业教育专家、行业企业专家、管理专家、职业教育研究人员、中华职业教育社等团体和社会各方面热心职业教育的人士。通过政府购买服务等方式,听取咨询机构提出的意见建议并鼓励社会和民间智库参与。政府可以委托国家职业教育指导咨询委员会作为第三方,对全国职业院校、普通高校、校企合作企业、培训评价组织的教育管理、教学质量、办学方式模式、师资培养、学生职业技能提升等情况,进行指导、考核、评估等。

七、做好改革组织实施工作

(十九)加强党对职业教育工作的全面领导

以习近平新时代中国特色社会主义思想特别是习近平总书记关于职业教育的重要论述武装头脑、指导实践、推动工作。加强党对教育事业的全面领导,全面贯彻党的教育方针,落实中央教育工作领导小组各项要求,保证职业教育改革发展正确方向。要充分发挥党组织在职业院校的领导核心和政治核心作用,牢牢把握学校意识形态工作领导权,将党建工作与学校事业发展同部署、同落实、同考评。指导职业院校上好思想政治理论课,实施好中等职业学校"文明风采"活动,推进职业教育领域"三全育人"综合改革试点工作,使各类课程与思想政治理论课同向同行,努力实现职业技能和职业精神培养高度融合。加强基层党组织建设,有效发挥基层党组织的战斗堡垒作用和共产党员的先锋模范作用,带动学校工会、共青团等群团组织和学生会组织建设,汇聚每一位师生员工的积极性和主动性。

(二十)完善国务院职业教育工作部际联席会议制度

国务院职业教育工作部际联席会议由教育、人力资源社会保障、发展改革、工业和信息化、财政、农业农村、国资、税务、扶贫等单位组成,国务院分管教育工作的副总理担任召集人。联席会议统筹协调全国职业教育工作,研究协调解决工作中重大问题,听取国家职业教育指导咨询委员会等方面的意见建议,部署实施职业教育改革创新重大事项,每年召开两次会议,各成员单位就有关工作情况向联席会议报告。国务院教育行政部门负责职业教育工作的统筹规划、综合协调、宏观管理,国务院教育行政部门、人力资源社会保障行政部门和其他有关部门在职责范围内,分别负责有关的职业教育工作。各成员单位要加强沟通协调,做好相关政策配套衔接,在国家和区域战略规划、重大项目安排、经费投入、企业办学、人力资源开发等方面形成政策合力。推动落实《中华人民共和国职业教育法》,为职业教育改革创新提供重要的制度保障。

12.4 职业教育提质培优行动计划(2020—2023 年)

教育部等九部门关于印发《职业教育提质培优行动计划(2020—2023 年)》的通知

教职成〔2020〕7 号

各省、自治区、直辖市教育厅(教委)、发展改革委、工业和信息化主管部门、财政厅(局)、人力资源社会保障厅(局)、农业农村(农牧)厅(局、委)、国资委、扶贫办,新疆生产建设兵团教育局、发展改革委、工业和信息化局、财政局、人力资源社会保障局、农业农村局、国资委、扶贫办,国家税务总局各省、自治区、直辖市、计划单列市税务局,有关单位:

现将《职业教育提质培优行动计划(2020—2023 年)》印发给你们,请结合实际,加强协同配合,认真贯彻执行。

教育部　国家发展改革委　工业和信息化部
财政部　人力资源社会保障部　农业农村部
国务院国资委　国家税务总局　国务院扶贫办
2020 年 9 月 16 日

职业教育提质培优行动计划
(2020—2023 年)

为贯彻落实《国家职业教育改革实施方案》,办好公平有质量、类型特色突出的职业教育,提质培优、增值赋能、以质图强,加快推进职业教育现代化,更好地支撑我国经济社会持续健康发展,特制定职业教育提质培优行动计划(2020—2023 年)(以下简称"行动计划")。

一、总体要求

(一)指导思想

以习近平新时代中国特色社会主义思想为指导,贯彻党的十九大和十九届二中、三中、四中全会精神,牢固树立新发展理念,落实高度重视、加快发展的工作方针,坚持服务高质量发展、促进高水平就业的办学方向,坚持职业教育与普通教育不同类型、同等重要的战略定位,着力夯实基础、补齐短板,着力深化改革、激发活力,加快构建纵向贯通、横向融通的中国特色现代职业教育体系,大幅提升新时代职业教育现代化水平和服务能力,为促进经济社会持续发展和提高国家竞争力提供多层次高质量的技术技能人才支撑。

(二)主要目标

通过建设,职业教育与经济社会发展需求对接更加紧密、同人民群众期待更加契合、同我国综合国力和国际地位更加匹配,中国特色现代职业教育体系更加完备、制度更加健全、标准更加完善、条件更加充足、评价更加科学。

——职业教育发展制度基本健全,职业学校层次结构合理,分类考试招生成为高职学校招生的主渠道,职业教育国家"学分银行"投入运行。

——国务院有关部门协同配合、地方落实主责的职业教育工作机制更加顺畅,政府行业企业学校职责清晰、同向发力,政府统筹管理、社会多元办学格局更加稳固。

——职业教育与普通教育规模大体相当、相互融通,职业学校办学定位清晰,专业设置和人才供给结构不断优化,每年向社会输送数以千万计的高质量技术技能人才。

——国家、省、校三级职业教育标准体系逐步完善,职业学校教学条件基本达标,评价体系更具职教特色,教师、教材、教法改革全面深化。

——职业学校办学水平、人才培养质量和就业质量整体提升,职业教育的吸引力和社会认可度大幅提高,有效支撑地方经济社会发展和国家重大战略。

(三)基本原则

——育人为本,质量为先。加强党对职业教育工作的全面领导,推进新时代职业学校思想政治工作改革创新。深化产教融合、校企合作,强化工学结合、知行合一,健全德技并修育人机制,完善多元共治的质量保证机制,推进职业教育高质量发展。

——固本强基,综合改革。聚焦薄弱环节,着力补短板、强弱项,夯实职业教育发展基础。系统推进体制机制、教育教学、评价体系改革,为职业教育发展注入新动力,激发职业学校办学活力。

——标准先行,试点突破。健全国家、省、校三级标准体系,完善标准落地的工作机制。以打造创新发展高地为抓手,推进关键改革,突破瓶颈制约,打造一批职业教育优质资源和品牌,带动职业教育大改革大发展。

——地方主责,协同推进。构建政府行业企业学校协同推进职业教育高质量发展的新机制,强化省级政府统筹,加强计划执行的过程管理、检查验收和结果应用,确保各项改革措施取得实效。

二、重点任务

(一)落实立德树人根本任务

1.推动习近平新时代中国特色社会主义思想进教材进课堂进头脑

以习近平新时代中国特色社会主义思想特别是习近平总书记关于职业教育的重要论述武装头脑、指导实践、推动工作。推进理想信念教育常态化、制度化,落实《新时代爱国主义教育实施纲要》和《新时代公民道德建设纲要》,加强党史、新中国史、改革开放史、社会主义发展史教育和爱国主义、集体主义、社会主义教育。将劳动教育纳入职业学校人才培养方案,设立劳动教育必修课程,统筹勤工俭学、实习实训、社会实践、志愿服务等环节系统开展劳动教育。加强职业道德、职业素养、职业行为习惯培养,职业精神、工匠精神、劳模精神等专题教育不少于16学时。加强艺术类公共基础必修课程建设,强化实践体验,促进学生全面发展。加强职业教育研究,加快构建中国特色职业教育的思想体系、话语体系、政策体系和实践体系。

2.构建职业教育"三全育人"新格局

加强党委对学校思想政治工作的全面领导,落实全员全过程全方位育人,引导职业学校全面统筹各领域、各环节、各方面的育人资源和育人力量,教育引导青年学生增强爱党爱国意识,听党话、跟党走。引导专业课教师加强课程思政建设,将思政教育全面融入人才培养方案和专业课程。构建省校两级培训体系,建立辅导员职务职级"双线"晋升通道,推动辅导员专业化、职业化发展。加强中职德育工作队伍建设,办好中职学校班主任业务能力比赛。鼓励从企业中聘请劳动模范、技术能手、大国工匠、道德楷模担任兼职德育导师,建设一支阅历丰富、有亲和力、身正为范的兼职德育工作队伍。将党建和思想政治工作评价指标全面纳入学校事业发展规划、专业质量评价、人才项目评审、教学科研成果评估等。到 2023 年,培育 200 所左右"三全育人"典型学校,培育遴选 100 个左右名班主任工作室,遴选 100 个左右德育特色案例。

3. 创新职业学校思想政治教育模式

加强中职学校思想政治、语文、历史和高职学校思想政治理论课课程建设,开足开齐开好必修课程,按照规定选用国家统编教材。高职学校应当根据全日制在校生总数,严格按照师生比不低于 1∶350 的比例核定专职思政课教师岗位,中职学校要加大专职思政课教师配备力度。实施职业学校党建和思政工作能力提升计划,开展德育管理人员、专职思政课教师培训。改革思政课教师考核办法,将政治素质作为教师考核第一标准。遵循职业学校学生认知规律,开发遴选学生喜闻乐见的课程资源,因地制宜实施情景式、案例式、活动式等教法,建设学生真心喜爱、终身受益、体现职业教育特点的思政课程。持续开展职业学校"文明风采"系列活动。充分挖掘和利用地方、企业德育教育资源,鼓励引导校企共建德育实践基地。到 2023 年,培训 10000 名左右德育骨干管理人员、思政课专任教师,遴选 100 个左右思政课教师研修基地,分级培育遴选 1000 个左右思想政治课教学创新团队、10000 个左右思想政治课示范课堂、10000 个左右具有职业教育特点的课程思政教育案例。

(二)推进职业教育协调发展

4. 强化中职教育的基础性作用

把发展中职教育作为普及高中阶段教育和建设中国特色现代职业教育体系的重要基础,保持高中阶段教育职普比大体相当。系统设计中职考试招生办法,使绝大多数城乡新增劳动力接受高中阶段教育。全面核查中职学校基本办学条件,整合"空、小、散、弱"学校,优化中职学校布局。结合实际,鼓励各地将政府投入的职业教育资源统一纳入中职学校(含技工学校、县级职业教育中心等)调配使用,提高中职学校办学效益。支持集中连片特困地区每个地市原则上至少建好办好 1 所符合当地经济社会发展需要的中职学校。建立普通高中和中职学校合作机制,探索课程互选、学分互认、资源互通,支持有条件的普通高中举办综合高中。加大"三区三州"等深度贫困地区的普职融通力度,发挥职业教育促进义务教育"控辍保学"作用。到 2023 年,中职学校教学条件基本达标,遴选 1000 所左右优质中职学校和3000 个左右优质专业、300 所左右优质技工学校和 300 个左右优质专业。

5. 巩固专科高职教育的主体地位

把发展专科高职教育作为优化高等教育结构和培养大国工匠、能工巧匠的重要方式,输送区域发展急需的高素质技术技能人才。不限制专科高职学校招收中职毕业生的比例,适度扩大专升本招生计划,为部分有意愿的高职(专科)毕业生提供继续深造的机会。推动各地落实职业学校毕业生在落户、就业、参加机关事业单位招聘、职称评审、职级晋升等方面与

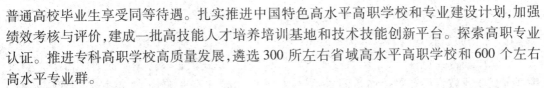

普通高校毕业生享受同等待遇。扎实推进中国特色高水平高职学校和专业建设计划,加强绩效考核与评价,建成一批高技能人才培养培训基地和技术技能创新平台。探索高职专业认证。推进专科高职学校高质量发展,遴选 300 所左右省域高水平高职学校和 600 个左右高水平专业群。

6. 稳步发展高层次职业教育

把发展本科职业教育作为完善现代职业教育体系的关键一环,培养高素质创新型技术技能人才,畅通技术技能人才成长通道。稳步推进本科层次职业教育试点,支持符合条件的中国特色高水平高职学校建设单位试办职业教育本科专业。推动具备条件的普通本科高校向应用型转变。根据产业需要和行业特点,适度扩大专业学位硕士、博士培养规模,推动各地发展以职业需求为导向、以实践能力培养为重点、以产学研用结合为途径的专业学位研究生培养模式。

（三）完善服务全民终身学习的制度体系

7. 健全服务全民终身学习的职业教育制度

推进国家资历框架建设,建立各级各类教育培训学习成果认定、积累和转换机制。加快建设职业教育国家"学分银行",制定学时学分记录规则,引导在校学生和社会学习者建立职业教育个人学习账号,存储、积累学习成果和技能财富。支持学校按照相关规则研制具体的学习成果转换办法,按程序受理学分兑换申请,符合条件的学生可免修部分课程或模块。支持国家开放大学体系创新发展,着力提高办学质量和水平,服务全民终身学习体系建设。

8. 推动学历教育与职业培训并举并重

落实职业学校并举实施学历教育与培训的法定职责,按照育训结合、长短结合、内外结合的要求,面向在校学生和全体社会成员开展职业培训。支持职业学校承担更多培训任务,成为落实《职业技能提升行动方案（2019—2021 年）》的主力军,实现优质职业学校年培训人次达到在校生规模的 2 倍以上。深入推进 1 + X 证书制度试点,及时总结试点工作经验做法,提高职业技能等级证书的行业企业认可度。发挥职业教育培训评价组织在实施职业技能培训中的重要主体作用。推动更多职业学校参与 1 + X 证书制度实施,服务学生成长和高质量就业。引导有条件的普通高校和职业学校参与企业大学建设。根据军队需要保证职业学校定向培养士官质量。支持国家开放大学办好面向军队军士的学历继续教育。依托职业院校、培训机构、农业技术推广站等机构,面向"三农"提供全产业链技术培训服务及技术支持,为脱贫致富提供持续动力。引导职业学校和龙头企业联合建设 500 个左右示范性职工培训基地。

9. 强化职业学校的继续教育功能

面向在职员工、现役军人、退役军人、进城务工人员、转岗人员、城镇化进程中的新市民、城乡待业人员、残疾人、农村实用人才等社会群体开展多种形式的继续教育。鼓励职业学校积极参与社区教育和老年教育,与普通高校、开放大学（广播电视大学）、独立设置成人高校、各类继续教育机构互联互通、共建共享,形成服务全民终身学习的发展合力。实施"职业教育服务终身学习质量提升行动",遴选 200 个左右示范性继续教育基地、2000 门左右优质继续教育网络课程,在老年教育、特殊教育、学前教育、卫生护理、文化艺术等领域,遴选 500 个左右社区教育示范基地和老年大学示范校。

（四）深化职业教育产教融合、校企合作

10. 深化职业教育供给侧结构性改革

建立产业人才数据平台，发布产业人才需求报告，促进职业教育和产业人才需求精准对接。研制职业教育产教对接谱系图，指导优化职业学校和专业布局，重点服务现代制造业、现代服务业和现代农业。遴选建设一批产教融合型城市，推动试点城市建设开放型、共享型、智慧型实训基地。加大对农业农村等人才急需领域的职业教育供给，建设100所乡村振兴人才培养优质校，发挥好"国家级农村职业教育和成人教育示范县"等在服务乡村振兴战略中的重要作用。

11. 深化校企合作协同育人模式改革

建好用好行业职业教育教学指导委员会，提升行业举办和指导职业教育的能力。支持职业学校根据自身特点和人才培养需要，主动与具备条件的企业在人才培养培训、技术创新、就业创业、社会服务、文化传承等方面开展合作。支持国有企业和大型民营企业举办或参与举办职业教育，将企业办学情况纳入企业社会责任报告。支持行业领军企业主导建设全国性职教集团，分领域建设服务产业高端的技术技能人才标准和培养高地。全面推行现代学徒制和企业新型学徒制，鼓励企业利用资本、技术、知识、设施、设备和管理等要素参与校企合作。培育数以万计的产教融合型企业，建立覆盖主要专业领域的教师企业实践流动站，依托国有企业、大型民企建立1000个左右示范性流动站。发挥职教集团推进企业参与职业教育办学的纽带作用，打造500个左右实体化运行的示范性职教集团（联盟）、100个左右技工教育集团（联盟）。推动建设300个左右具有辐射引领作用的高水平专业化产教融合实训基地。

12. 完善校企合作激励约束机制

健全以企业为重要主导、职业学校为重要支撑、产业关键核心技术攻关为中心任务的产教融合创新机制。围绕关键核心技术，推动公共教学资源和实训资源共建共享。支持行业组织积极参与产教融合建设试点项目。对纳入产教融合型企业建设培育范围的试点企业，兴办职业教育的投资符合规定的，可按投资额的30%抵免当年应缴教育费附加和地方教育附加。充分发挥市场配置资源作用，鼓励地方开展混合所有制、股份制办学改革试点，推动各地建立健全省级产教融合型企业认证制度，落实"金融＋财政＋土地＋信用"的组合式激励政策。

（五）健全职业教育考试招生制度

13. 健全高职分类考试招生制度

建立健全省级统筹的高职分类考试招生制度。完善高职教育招生计划分配和考试招生办法，每年春季省级教育行政部门统一组织开展以高职学校招生为主的分类考试。分类考试录取的学生不再参加普通高考。保留高职学校通过普通高考招生的渠道，保持分类考试招生为高职学校招生的主渠道。

14. 规范职业教育考试招生形式

鼓励中职毕业生通过高职分类考试报考高职学校。推动各地将技工学校纳入职业教育统一招生平台。鼓励退役军人、下岗职工、农民工和高素质农民等群体报考高职学校，可免予文化素质考试，只参加学校组织的与报考专业相关的职业适应性测试或职业技能测试。

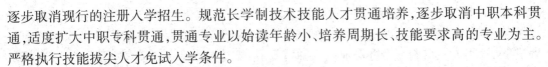

逐步取消现行的注册入学招生。规范长学制技术技能人才贯通培养,逐步取消中职本科贯通,适度扩大中职专科贯通,贯通专业以始读年龄小、培养周期长、技能要求高的专业为主。严格执行技能拔尖人才免试入学条件。

15.完善"文化素质+职业技能"评价方式

完善高职分类考试内容和形式,推进"文化素质+职业技能"评价方式,引导不同阶段教育合理分流、协调发展,为学生接受高职教育提供多种入学方式。文化素质考试由省级教育行政部门根据《中等职业学校公共基础课课程标准》统一组织。职业技能测试分值不低于总分值的50%,考试形式以操作考试为主,须充分体现岗位技能、通用技术等内容。省级教育行政部门按照专业大类统一制定职业适应性测试标准、规定测试方式。支持有条件的省份建立中职学生学业水平测试制度。鼓励高职学校与产教融合型企业联合招生。

(六)实施职业教育治理能力提升行动

16.健全职业教育标准体系

发挥标准在职业教育质量提升中的基础性作用。适时修订中职学校、专科高职学校设置标准,研制本科职业学校设置标准。结合职业教育特点完善学位制度。实施职业学校教师、校长专业标准,制定"双师型"教师基本要求。统筹修(制)订衔接贯通、全面覆盖的中等、专科、本科职业教育专业目录及专业设置管理办法。构建国家、省、校三级专业教学标准体系,国家面向产业急需领域和量大面广的专业,修(制)订国家标准;各地根据经济社会发展需要和有关技术规范,补充制定区域性标准;职业学校全面落实国标和省标,开发具有校本特色的更高标准。

17.完善办学质量监管评价机制

完善政府、行业企业、学校、社会等多方参与的质量监管评价机制。完善职业学校评价制度,把职业道德、职业素养、技术技能水平、就业质量和创业能力作为衡量人才培养质量的重要内容。研究制定职业学校办学质量考核办法,省级统筹开展职业学校办学质量考核,建立技能抽查、实习报告、毕业设计抽检等随机性检查制度。完善以章程为核心的校内规则制度体系,健全职业学校内部治理结构,深入推进职业学校教学工作诊断与改进制度建设,切实发挥学校质量保证主体作用。巩固国家、省、校三级质量年报发布制度,进一步提高质量年报编制水平和公开力度。完善职业教育督导评估办法,构建国家、省、校三级职业教育督导体系。

18.打造高素质专业化管理队伍

强化职业学校校长队伍建设,完善选拔任用机制。落实和扩大职业学校办学自主权,健全完善职称评聘、分配制度等,支持学校在限额内自主设立内设机构,按规定自主设置岗位、自主确定用人计划、按规定自主招聘各类人才。建立国家、省、市(县)分级培训机制,组织开展职业学校校长和管理干部培训,造就一支政治过硬、品德高尚、业务精湛、治校有方的管理队伍。到2023年,集中培训5000名左右中职校长(书记)和1000名左右高职校长(书记),各级各类培训覆盖全部职业学校管理干部。

(七)实施职业教育"三教"改革攻坚行动

19.提升教师"双师"素质

根据职业教育特点核定公办职业学校教职工编制。实施新一周期"全国职业院校教师素质提高计划",校企共建"双师型"教师(含技工院校"一体化"教师,下同)培养培训基地和教师企业实践基地,落实5年一轮的教师全员培训制度。探索有条件的优质高职学校转型为职业技术师范类院校或开办职业技术师范专业,支持高水平工科院校分专业领域培养职业教育师资,构建"双师型"教师培养体系。改革职业学校专业教师晋升和评价机制,破除"五唯"倾向,将企业生产项目实践经历、业绩成果等纳入评价标准。完善职业学校自主聘任兼职教师的办法,实施现代产业导师特聘计划,设置一定比例的特聘岗位,畅通行业企业高层次技术技能人才从教渠道,推动企业工程技术人员、高技能人才与职业学校教师双向流动。改革完善职业学校绩效工资政策。职业学校通过校企合作、技术服务、社会培训取得的收入,可按一定比例作为绩效工资来源。各级人力资源社会保障、财政部门要充分考虑职业学校承担培训任务情况,合理核定绩效工资总量和水平。对承担任务较重的职业学校,在原总量基础上及时核增所需绩效工资总量。专业教师可按国家规定在校企合作企业兼职取酬。到2023年,专业教师中"双师型"教师占比超过50%,遴选一批国家"万人计划"教学名师、360个国家级教师教学创新团队。

20.加强职业教育教材建设

完善职业教育教材规划、编写、审核、选用使用、评价监管机制。加强意识形态属性较强的哲学社会科学教材建设,纳入马克思主义理论研究和建设工程重点建设,做好教材统一使用工作。对接主流生产技术,注重吸收行业发展的新知识、新技术、新工艺、新方法,校企合作开发专业课教材。建立健全三年大修订、每年小修订的教材动态更新调整机制。根据职业学校学生特点创新教材形态,推行科学严谨、深入浅出、图文并茂、形式多样的活页式、工作手册式、融媒体教材。实行教材分层规划制度,引导地方建设国家规划教材领域以外的区域特色教材,在国家和省级规划教材不能满足的情况下,鼓励职业学校编写反映自身特色的校本专业教材。编写并用好中职思想政治、语文和历史统编教材。健全教材的分类审核、抽查和退出制度。到2023年,遴选10000种左右校企双元合作开发的职业教育规划教材,国家、省两级抽查教材的比例合计不低于50%,职业学校专业课程全部使用新近更新的教材。

21.提升职业教育专业和课程教学质量

推动依据国家战略和区域产业发展需求、专业建设水平、就业质量等合理规划引导专业设置,建立退出机制。规范人才培养方案研制发布程序,建立职业学校人才培养方案公开制度,为行业指导、企业选择、学生学习、同行交流、社会监督提供便利。加强课堂教学日常管理,规范教学秩序。推动职业学校"课堂革命",适应生源多样化特点,将课程教学改革推向纵深。加强实践性教学,实践性教学学时原则上占总学时数50%以上,积极推行认知实习、跟岗实习、顶岗实习等多种实习方式,可根据专业实际集中或分阶段安排。完善以学习者为中心的专业和课程教学评价体系,强化实习实训考核评价。鼓励教师团队对接职业标准和工作过程,探索分工协作的模块化教学组织方式。建立健全国家、省、校三级教学能力比赛机制。遴选1000个左右职业教育"课堂革命"典型案例,职业教育教学成果奖评选向课堂教学改革倾斜。

(八)实施职业教育信息化2.0建设行动

22.提升职业教育信息化建设水平

落实《职业院校数字校园规范》,推动各地研制校本数据中心建设指南,指导职业学校系

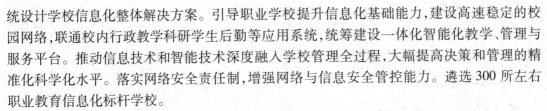

统设计学校信息化整体解决方案。引导职业学校提升信息化基础能力,建设高速稳定的校园网络,联通校内行政教学科研学生后勤等应用系统,统筹建设一体化智能化教学、管理与服务平台。推动信息技术和智能技术深度融入学校管理全过程,大幅提高决策和管理的精准化科学化水平。落实网络安全责任制,增强网络与信息安全管控能力。遴选300所左右职业教育信息化标杆学校。

23.推动信息技术与教育教学深度融合

主动适应科技革命和产业革命要求,以"信息技术+"升级传统专业,及时发展数字经济催生的新兴专业。鼓励职业学校利用现代信息技术推动人才培养模式改革,满足学生的多样化学习需求,大力推进"互联网+""智能+"教育新形态,推动教育教学变革创新。探索建设政府引导、市场参与的职业教育资源共建共享机制,服务课程开发、教学设计、教学实施、教学评价。建立健全共建共享的资源认证标准和交易机制,推进国家、省、校三级专业教学资源库建设应用,进一步扩大优质资源覆盖面。遴选100个左右示范性虚拟仿真实训基地;面向公共基础课和量大面广的专业(技能)课,分级遴选5000门左右职业教育在线精品课程。引导职业学校开展信息化全员培训,提升教师和管理人员的信息化能力,以及学生利用网络信息技术和优质在线资源进行自主学习的能力。

(九)实施职业教育服务国际产能合作行动

24.加快培养国际产能合作急需人才

加强职业学校与境外中资企业合作,支持职业学校到国(境)外办学,培育一批"鲁班工坊",培养熟悉中华传统文化、中资企业急需的本土技术技能人才。鼓励国家开放大学建设海外学习中心,推动中国与产能合作国远程教育培训合作。统筹利用现有资源,实施"职业院校教师教学创新团队境外培训计划",选派一大批专业带头人和骨干教师出国研修访学。鼓励引进国(境)外优质职业教育机构来华合作办学,促进国际经验的本土化、再创新。

25.提升职业教育国际影响力

推进"中文+职业技能"项目,助力中国职业教育走出去,提升国际影响力。引导职业学校与国(境)外优秀职业教育机构联合开展学术研究、标准研制、师生交流等合作项目,促进国内职业教育优秀成果海外推介。对接联合国教科文组织,积极承办世界职业教育大会,在"一带一路"沿线国家举办中国职业教育发展成果展,贡献职业教育的中国智慧、中国经验和中国方案,展示当代中国良好形象。

(十)实施职业教育创新发展高地建设行动

26.整省推进职业教育提质培优

主动适应国家区域发展战略,在东中西部布局5个左右国家职业教育改革省域试点。按照"一地一案、分区推进"原则,在学校设置、重点项目建设等方面加大政策供给,支持试点省份探索新时代区域职业教育改革发展新模式。引导地方落实主体责任,完善地方职业教育工作部门联席会议制度,推动各部门形成工作合力,优化职业教育办学体制机制,加强治理体系和治理能力现代化建设,探索职业学校毕业生高质量就业模式等。

27.合力打造职业教育样板城市

国家、省、市三级推动,建设10个左右国家职业教育改革市域试点。支持地市政府把握功能区定位,加强市场化资源配置,在职业教育服务城市文明、服务城市创新、服务民生需求、服务绿色发展等领域重点突破、先行示范,率先建成与城市经济和民生相适应的现代职业教育体系,开创职业教育开放办学新格局,形成一批基层首创的改革经验。

三、组织实施

(一)加强党的全面领导

把加强党的全面领导落实到职业教育提质培优工作的各方面全过程。全面贯彻党的教育方针,落实中央教育工作领导小组各项要求,完善省(区、市)委教育工作领导小组定期研究职业教育工作制度。按照社会主义政治家、教育家的要求选好配强职业学校领导班子。职业学校要选优配强院(系)领导班子特别是党政正职,全面开展党组织"对标争先"建设计划,促进学校各级党组织组织力全面提升。全面实施教师党支部书记"双带头人"培育工程。强化党组织在职业学校的领导核心和政治核心作用,履行好管党治党主体责任,牢牢把握学校意识形态工作领导权,引导广大师生增强"四个意识"、坚定"四个自信"、做到"两个维护"。

(二)完善职业教育财政支持机制

新增教育经费要向职业教育倾斜,逐步建立与办学规模、培养成本、办学质量相适应的财政投入制度,进一步完善职业学校生均拨款制度,合理确定生均财政拨款水平。支持地方将职业教育纳入地方政府专项债券资金支持范围。鼓励社会力量兴办职业教育,健全成本分担机制,落实举办者的投入责任,拓宽经费来源渠道。各地可通过购买服务、助学贷款、奖助学金等方式对民办职业学校予以扶持。

(三)完善协同推进机制

国务院职业教育工作部际联席会议加强对"行动计划"实施工作的指导,教育部负责实施工作的统筹协调,国务院相关部门在职责分工范围内落实相应任务。完善国家职业教育指导咨询委员会工作机制,进一步提高政府科学化决策的水平。国务院相关部门建立"行动计划"执行情况检查通报制度。各地有关部门积极承接任务项目、制定工作方案、协调支持经费、加大政策供给,将"行动计划"与"十四五"事业发展同规划、同部署、同考核,确保改革发展任务落地。"行动计划"执行情况作为省级政府履行教育职责的重要内容。各地实施成效作为国家新一轮重大改革试点项目遴选的重要依据。

(四)营造良好发展氛围

加快推进修订和落实《中华人民共和国职业教育法》,鼓励地方因地制宜制定和颁布促进职业教育发展的地方性法规。办好全国职业院校技能大赛,发挥以赛促教促学的引领作用。办好职业教育活动周和世界青年技能日宣传活动,深入开展"大国工匠进校园""劳模进校园""优秀职校生校园分享"等活动。办好全民终身学习活动周,开展"百姓学习之星"和"终身学习品牌项目"等认定、宣传和展示活动。加强中央和地方主流媒体、新兴媒体对职业教育的宣传力度,打造一批形式多样的职业教育宣传品牌。鼓励职业学校建好用好新型宣传平台,讲好身边的职教故事。常态化开展职业学校校园开放、企业开放日、面向中小学生的职业体验、面向社会的便民服务、职教成果展示等宣传展示及服务活动,提升职业教育的影响力和美誉度。

12.5　云南开放大学（云南国防工业职业技术学院）

网络思政育人团队建设纪实

云南开放大学（云南国防工业职业技术学院）马克思主义学院现有专职教职工 42 名，兼职教师 5 名，有教授 3 名，副教授 9 名，博士研究生 6 名，博士后研究人员 1 名，云南省高层次人才 1 名，省高校思政课教指委委员 1 名、云岭大讲堂主讲专家 1 名、"云岭青年"宣讲团成员 1 名；建设思政课数智化学习广场（任务驱动教学平台）一个，立项国家级课程思政示范课程 1 门、教学名师 8 名、教学团队 1 个，荣获全国高校思政课教学展示特等奖 1 项，五省区高校思政课教学比赛一等奖 1 项，省级教学比赛一等奖 5 项，立项云南省高校本科教学成果培育项目 1 项、思想政治理论课建设项目 2 项，立项高校思政工作精品项目 1 项，荣获省级精品在线课程 2 门；立项国家社科基金项目、全国教育科学规划项目、教育部人文社科项目、省社科基金项目等国家级、省部级科研项目 11 项。

学院坚持以习近平新时代中国特色社会主义思想为指导，牢记"马院姓马、在马言马"的鲜明导向和建设原则，贯彻党的教育方针，落实立德树人根本任务，在服务学校高质量发展大局中持续发力，在推动思想政治教育改革发展中守正创新，以研究好党的创新理论为引领，充分运用开放大学的数智化优势，建设具有开放大学特色服务全省开放教育的数字马院，推动实现教学、科研、人才培养、社会服务的高质量发展。

一、潜心数智化科研，深化马克思主义理论研究

突出"在马研马"，推动"研马育人"，深研党的创新理论，在省内率先研究开发任务驱动型数字化思政课教学平台，立项国家社科基金项目、教育部人文社科项目、全国教育科学规划项目 4 项，厅局级以上科研项目 20 余项，20 余项科研成果获省委组织部、统战部、省社科联、省委教育工委等奖励，出版专著、教材多部，搭建老中青传帮带科研团队，深入阐释党的创新理论，在思政数智化改革、思想政治教育理论与实践等领域成果显著。学院教师牵头创建的"研马育人"教学科研服务平台，常态化长效化面向全国思政课教师提供马克思主义理论研究辅导服务，集中推介马克思主义理论研究成果，受到全国广大思政课教师的一致认可和广泛好评。

二、专心数智化教学，打造新时代思政"金课"

在省内率先建设任务驱动型数智化思政课学习平台和数字马院体系，推动思政课数字化教育教学改革，展开面向开放教育与职业教育学生思想政治教育的"实验思政"，狠抓教学质量，教学成绩在全国开放大学系统和省内职业院校中位居前列，先后立项国家级课程思政示范课程、教学名师和团队，荣获全国高校思政课教学展示特等奖，五省区高校思政课教学比赛一等奖，云南省高校思政课教学比赛一、二、三等奖，立项省级高校思想政治理论课建设项目两项，两门课程荣获省级精品在线课程，获批高等教育本科教学成果培育项目、教改项目等项目多项。以思政课数智化推动教学质量"提质增效"，打造有温度、易贯通、成效足、影响大的"金课"。

三、精心数智化育人，建构学校"三全育人"新模式

"育人之本，在于立德树人"，推动思政课程与课程思政相协同，善用"大思政课"，依托数智思政平台和"张桂梅思政大讲堂学校分课堂",实现全员协同育人,常态化带领学生走进大思政课实践教学基地、数智化基地,沉浸式体验中国精神,感悟中国力量;建立数智化"大思政"工作平台和数智化教学移动端,实现日常教学、实践教学、自主复习、期末测验系统集成,设置"闯关答题"模式,不断增加思想政治教育的亲和力和针对性,可视化"实践教学"平台,一体化实现全天候思政育人;推动数智化多维协同育人,《育德育心育才:以思政课改革创新为引领的多维协同育人模式构建》立项为云南省高等教育本科教学成果培育项目,获评省级高校思政工作精品项目,云南开放大学教学成果特等奖,将宿舍党建、学区思政、全期心理一体推进,形成立体丰富、多元实效的思政教育的矩阵,让"三全育人"的力量直抵人心。

四、用心数智化服务,推动党的创新理论"飞入寻常百姓家"

发挥数智化平台、体系化办学和学科优势,立项省级社科普及志愿服务队,充分利用学校信息化办学优势,线上线下进行理论宣讲和非学历教育。在"乡村振兴大讲堂"等平台开展面向全省村(社区)干部的理论宣讲,立足"固定课堂",构筑"空中课堂",提质"流动课堂",打造"田间课堂",现已开展校内外宣讲50余场,覆盖6万人次,服务范围涉及省市党政部门、高校、村、社区、企事业单位等,理论宣讲得到学习强国等媒体的宣传报道。

启智润心砥砺前行,铸魂育人矢志复兴,马克思主义学院挺膺担当,善谋有为,深化数智化教学、科研和服务,在探索开放教育思政工作方面先行先试,在深化职业教育思政课教育教学方面成绩斐然,迄今已建设成为全国开放大学办学系统中有一定知名度、职业院校思政课教学科研等方面有较大影响力的"思政铁军",为培养堪当民族复兴重任的时代新人,为学校高质量发展持续贡献思政力量,不断续写育人篇章!

典型案例:

马克思主义学院党总支"一强化·四育人"典型工作法

教工第一党支部在学校党委、学院党总支的领导下,坚持以马克思列宁主义、毛泽东思想、邓小平理论、"三个代表"重要思想、科学发展观、习近平新时代中国特色社会主义思想为指导,紧紧围绕学校立德树人根本任务,以"一流党建"示范党支部创建为目标,不忘立德树人初心,牢记教书育人使命,精耕细作责任田,站稳守好主阵地,支部在党建工作中努力明方向、寻规律、找思路,有效发挥基层党组织战斗堡垒作用和党员先锋模范作用。

支部自成立以来,充分践行"党建带群建促团建",围绕学校"大思政"育人格局,党员教师深度参与指导社团、引导学生、服务学校,强化党建带团建,走进学生、关爱学生、研究学生、引导学生,勇当教书育人"大先生",甘做学生成长成才"引路人",在实践中以社团建设为抓手,强化党建带团建,初步探索出"一强化·四育人"工作方法,即聚焦"大思政课",突出理论育人;创新心理健康工作,实现"心理育人";组织志愿服务活动,推动"服务育人";指导学生比赛,打造"实践育人"。

在育人实践中加强政治引领、学理阐释和价值塑造,学生参加活动学有所获、学有所得;在育人实践中树立系统观念,支委加强统筹协同,党小组积极组织,党员人人参与,躬身入局,实现"有组织的育人活动",在育人实践中提升思政本领,理论与实践相结合,整体与个案相结合,对学生的思想动态有了更为全面的认知和把握,以实际行动助力学校"大思政"育人格局建设。

特色举措及成效:

一、讲深讲透讲活"大思政课",突出"思政育人"

面向学生讲深讲透讲活"大思政课",突出"理论育人",让有信仰的人讲信仰,推动习近平新时代中国特色社会主义思想"三进"工作,面向青年大学生宣讲党的二十大精神,党的二十大开幕式甫一结束,教工第一党支部联合文化旅游与国际交流学院2022级现代文秘2班团支部,创设"二十大·青年说"活动品牌,教师党员以"学好党的二十大精神,争做新时代好青年"为题与学生进行交流分享,引导学生立志做新时代好青年。

为深入走进学生、关爱学生、读懂学生、了解学情,用心用情用力备好课,讲深讲透讲活"大思政课",教工第一党支部党员教师带领学校模拟政协协会学生到云南省国营第二九八厂开展"传承军工文化 弘扬工匠精神 做新时代好青年"主题党日活动,参观中国光学历史博物馆、国营第二九八厂厂史馆,在"大思政课"教学基地切身感受军工文化的当代价值和工匠精神的实践意义。

充分发挥党小组的组织功能,支部党员指导学生社团创设"品读经典·读懂中国"读书会品牌活动,面向社团宣讲好党的二十大精神,充分利用好重大时间节点,突出思政引领,在学雷锋月,组织学生认真学习领悟习近平总书记对深入开展学雷锋活动作出的重要指示,拍

摄《读雷锋日记,扬雷锋精神》系列微视频;聚焦阅读《共产党宣言》《习近平著作选读》,带领学生逐字逐句读,认认真真悟,深刻领悟其中蕴含的道理学理哲理,不断从经典中汲取思想营养。

二、做实做细做精心理健康工作,实现"心理育人"

"浇花浇根,育人育心,育人之本,在于立德树人。"教工第一党支部党员教师认真指导学生心理健康协会,高度重视大学生心理健康工作,做实最细做精心理健康教育,努力实现"心理育人",认真组织开展正心讲坛、心理技能团体辅导活动、"心灵成长营"、心理健康作品大赛、电影赏析心理沙龙、心理情景剧比赛、心理健康主题班会、心理趣味运动会、心理知识竞赛、心理涂鸦活动,心理健康协会充分调动学生的积极性,将学生关注度高、难点大的问题收集起来,将心理健康活动做进学生心坎上,培养学生积极心态,争做时代新人。

三、精研精准精设志愿服务活动,推动"服务育人"

教工第一党支部党员教师指导学校学生红十字会,充分发挥红十字会的志愿公益职能,以发扬"人道、博爱、奉献"的红十字精神为宗旨,致力于服务校内外需要帮助的人群,通过举办初级救护员培训、军训应急救护保障、组织无偿献血、九九公益日、禁毒防艾等志愿服务活动,让学生真正明晰志愿服务的深切意涵,做到服务他人、奉献社会。

四、用心用情用力指导学生竞赛,打造"实践育人"

教工第一党支部党员教师认真指导学生竞赛,先后指导学生"互联网+"创新创业大赛、大学生"挑战杯"竞赛、大学生课外学术竞赛,以赛促学,引导学生将理论知识转化为竞赛能力,在竞赛中巩固学科基础、锤炼专业本领、增长知识才干、培养创业思维,立志做有理想、敢担当、能吃苦、肯奋斗的新时代好青年。

参考文献

［1］习近平.思政课是落实立德树人根本任务的关键课程［M］.北京:人民出版社,2020.

［2］习近平.高举中国特色社会主义伟大旗帜　为全面建设社会主义现代化国家而团结奋斗——在中国共产党第二十次全国代表大会上的报告［M］.北京:人民出版社,2022.

［3］习近平在中国人民大学考察时强调:坚持党的领导传承红色基因扎根中国大地走出一条建设中国特色世界一流大学新路［N］.人民日报,2022－04－26(1).

［4］习近平.在北京大学师生座谈会上的讲话［N］.人民日报,2018－05－03(2).

［5］习近平.论坚持人民当家作主［M］.北京:中央文献出版社,2021.

［6］习近平.论党的青年工作［M］.北京:中央文献出版社,2022.

［7］习近平.论中国共产党历史［M］.北京:中央文献出版社,2021.

［8］习近平谈治国理政:第1卷［M］.北京:外文出版社,2018.

［9］习近平谈治国理政:第3卷［M］.北京:外文出版社,2020.

［10］习近平谈治国理政:第4卷［M］.北京:外文出版社,2022.

［11］马克思恩格斯文集,第1卷［M］.北京:人民出版社,2009.

［12］马克思恩格斯文集,第2卷［M］.北京:人民出版社,2009.

［13］马克思恩格斯选集,第1卷［M］.北京:人民出版社,2012.

［14］习近平.在哲学社会科学工作座谈会上的讲话［M］.北京:人民出版社,2016.

［15］习近平.在纪念马克思诞辰200周年大会上的讲话［M］.北京:人民出版社,2018.

［16］习近平在全国高校思想政治工作会议上强调:把思想政治工作贯穿教育教学全过程开创我国高等教育事业发展新局面［N］.人民日报,2016－12－09(1).

［17］习近平.决胜全面建成小康社会,夺取新时代中国特色社会主义伟大胜利——在中国共产党第十九次全国代表大会上的报告［M］.北京:人民出版社,2017.

［18］中共中央党史和文献研究院.习近平关于社会主义精神文明建设论述摘编［M］.北京:中央文献出版社,2022.

［19］杜尚泽.“‘大思政课’我们要善用之”(微镜头·习近平总书记两会“下团组”·两会现场观察)［N］.人民日报,2021－03－07(1).

［20］《习近平总书记教育重要论述讲义》编写组,习近平总书记教育重要论述讲义［M］.北京:高等教育出版社,2020.

［21］新时代爱国主义教育实施纲要［M］.北京:人民出版社,2019.

［22］中办国办印发《意见》深化新时代学校思想政治理论课改革创新［N］.人民日报,2019－08－15(1).

［23］中共中央关于党的百年奋斗重大成就和历史经验的决议［M］.北京:人民出版社,2021.

［24］国家发展和改革委员会．中华人民共和国国民经济和社会发展第十四个五年规划和 2035 年远景目标纲要辅导读本［M］．北京：人民出版社，2021．

［25］教育部．国务院关于印发国家职业教育改革实施方案的通知（国发〔2019〕4 号）．

［26］教育部等九部门关于印发《职业教育提质培优行动计划（2020—2023 年）》的通知（2020 – 12 – 08）．

［27］杨凤城．强化新时代站位，搞好思想政治理论课教学与研究［J］．思想教育研究，2022（6）．

［28］陆道坤．新时代大中小学课程思政一体化的内涵、难点及优化路径［J］．新疆师范大学学报（哲学社会科学版），2022，43（2）．

［29］袁芳．思想政治教育话语创新论的马克思主义审视［M］．北京：中央编译出版社，2018．

［30］何理．思想政治理论课话语体系生成和发展研究［M］．北京：人民出版社，2015．

［31］刁生富，李香玲，刘晓慧，等．大数据时代思想政治教育新探［M］．北京：人民出版社，2019．

［32］龚萱．思想政治理论课教学场域中的学生话语权［J］．思想政治课研究，2017（1）．

［33］温美平：论高校思想政治理论课教学话语范式的转换［J］．思想理论教育导刊，2009（15）．

［34］马娇，刘钊．高校思想政治理论课教学话语内容的转换探析［J］．湖北经济学院学报（人文社会科学版），2020（6）．

［35］佘双好，张琪如．习近平总书记在学校思想政治理论课教师座谈会重要讲话研究透析［J］．学校党建与思想教育，2020（3）．

［36］吴海江．论高校思想政治理论课话语体系的创新［J］．思想理论教育，2014（1）．

［37］吴宏亮．论高校思想政治理论课话语体系的"三个转换"［J］．思想理论教育导刊，2014（6）．

［38］钟祖荣，张莉娜．教师专业发展阶段的调查研究及其对职后教师教育的启示［J］．教师教育研究，2012（6）．

［39］覃事太，马俊，金鑫．高校思想政治理论课教学话语建设的实践逻辑［J］．思想理论教育导刊，2018（5）．

［40］何理，宋洁琳．思想政治理论课话语体系发展的对策思考：基于对"05 方案"思想政治理论话语体系的探讨［J］．江汉大学学报（社会科学版），2016（2）．

［41］简臻锐．全媒体时代思想政治理论课话语体系的创新发展［J］．思想理论教育，2019（11）．

［42］刘同舫．高校思想政治理论课的功能及其实现［J］．思想理论教育导刊，2021（12）．

［43］欧庭宇．优化思想政治教育话语体系的再思考［J］．湖北社会科学，2020（10）．

［44］邓伯军．大众文化时代高校思想政治理论课教学话语体系创新研究［J］．思想理论教育，2012（13）．

［45］谢安邦，朱宇波．教师素质的范畴和结构探析［J］．教师教育研究，2007（2）．

［46］刘建军．论大国崛起对爱国主义的影响［J］．社会主义核心价值观研究，2017（2）．

[47]严冰.开放大学的教学学术与学习资源设计[J].中国远程教育,2011(8).

[48]翁朱华.我国远程教育教师角色与专业发展[J].开放教育研究,2012(1).

[49]许云.基于statal 2.0软件数据分析,提升远程教育课程团队教学质量[J].现代远距离教育,2014(5).

[50]周建松.关于高职院校培育名师名家的若干思考[J].江苏高教,2011(5).

[51]严冰,孙福万.关于远程教育教师专业化发展的若干思考[J].中国远程教育,2012(6).

[52]邹小军.传播视域下新时代高校思想政治理论课话语体系创新研究[J].高等教育研究学报,2021(2).

[53]佘双好.改革开放以来思想政治理论课教学方法的创新发展[J].思想理论教育导刊,2018(10).

[54]杜贤兵,姚建青.高校教学名师的统计学特征和教学特质——以第四届、第五届全国教学名师为样本[J].新课程研究(中旬刊),2012(2).

[55]杜华.名师成长的影响因素分析——以首届全国高校教学名师奖获得者于洪珍教授为例[J].煤炭高等教育,2006(6).

[56]王天泽,马涛.思想政治理论课建设坚持理论性与实践性相统一论析[J].思想教育研究,2020(7).

[57]李秀林.辩证唯物主义和历史唯物主义[M].北京:中国人民大学出版社,1990.

[58]Fessler R. Dynamics of teacher career stages[M]. Teachers College Press,1995.

[59]Berliner D C. The Development of Expertise in Pedagogy[J]. Beginning, Teachers,1988.

[60]亚里士多德.政治学[M].吴寿彭,译.北京:商务印书馆,1983.

[61]理查德·L.阿伦兹,学会教学[M].丛立新,等译.北京:中国人民大学出版社,2016.

[62]苏霍姆林斯基,给教师的建议[M].萧杭,译.南京:江苏凤凰文艺出版社,2022.

[63]维克托·迈尔·舍恩伯格,肯尼思·库克耶.大数据时代[M].周涛,译.杭州:浙江人民出版社,2012.

[64]哈肯.高等协同学[M].郭治安,译.北京:科学出版社,1989.

[65]哈肯.协同学:大自然构成的奥秘[M].凌复华,译.上海:上海译文出版社,2005.